国学基础知识问答

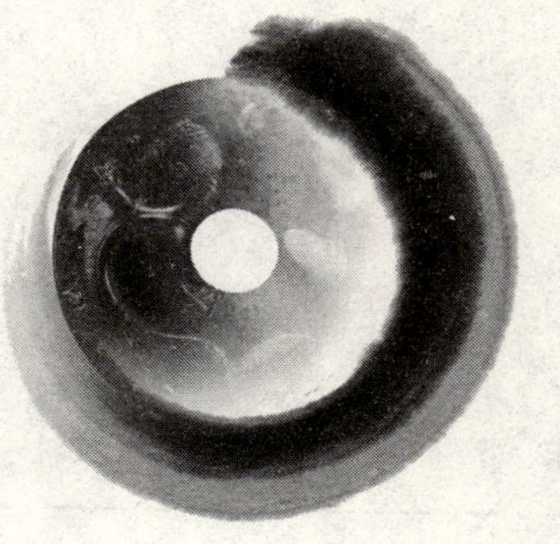

张践 主编

中国财富出版社

图书在版编目（CIP）数据

国学基础知识问答/张践主编．—北京：中国财富出版社，2014.2

ISBN 978－7－5047－4190－5

Ⅰ.①国…　Ⅱ.①张…　Ⅲ.①国学-问题解答　Ⅳ.①Z126－44

中国版本图书馆 CIP 数据核字（2012）第 215545 号

策划编辑	宋　宇	**责任印制**	方朋远
责任编辑	康书民　宋　宇	**责任校对**	梁　凡

出版发行　中国财富出版社

社　　址　北京市丰台区南四环西路 188 号 5 区 20 楼　**邮政编码**　100070

电　　话　010－52227568（发行部）　010－52227588 转 307（总编室）

010－68589540（读者服务部）　010－52227588 转 305（质检部）

网　　址　http：//www.cfpress.com.cn

经　　销　新华书店

印　　刷　三河市西华印务有限公司

书　　号　ISBN 978－7－5047－4190－5/Z·0001

开　　本	710mm×1000mm　1/16	**版　　次**	2014 年 2 月第 1 版
印　　张	28.25	**印　　次**	2014 年 2 月第 1 次印刷
字　　数	459 千字	**定　　价**	56.00 元

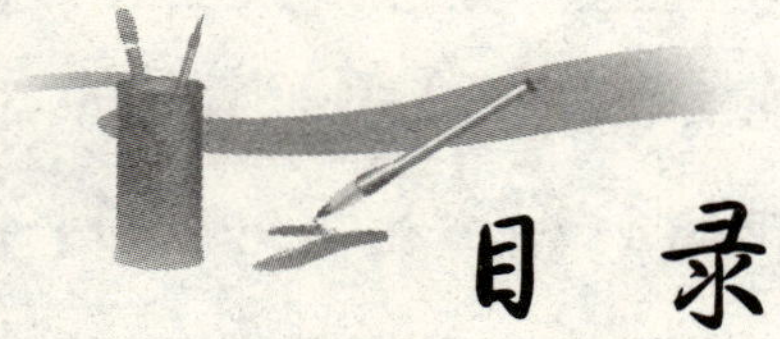

目 录

绪 论 …… 1

1. 什么是国学 …… 3
2. 当代为什么会出现国学热 …… 5
3. 国学将为现代中国提供什么样的文化资源 …… 8
4. 国学典籍的基本分类有哪些 …… 11
5. 中国古籍知多少 …… 14

第一编 经部——经学与经学家 …… 17

1. 什么是经学 …… 19
2. 《周易》是怎样产生的，其主要内容是什么 …… 21
3. 《尚书》是怎样一部经典 …… 24
4. 《诗经》的主要内容是什么 …… 26
5. 《周礼》是怎样一部经典 …… 29
6. 为什么说《仪礼》是一部记载古代习俗礼仪的经典 …… 30
7. 《礼记》为何在传统文化中占有十分重要的地位 …… 32
8. 《春秋公羊传》是怎样一部经典 …… 34
9. 《春秋谷梁传》是怎样一部经典 …… 36
10. 《春秋左氏传》是怎样一部经典 …… 37

11. 《论语》是怎样成书的，其中心思想是什么 …… 39
12. 《孟子》有何价值 …… 41
13. 《孝经》为何字数虽少却影响深远 …… 43
14. 为什么说《尔雅》是最早的一部词典 …… 45
15. 两汉经学的状况如何，今古文之争是怎么回事 …… 46
16. 魏晋南北朝的经学有何发展 …… 49
17. 唐宋明清经学有何成就 …… 51
18. 孔子 …… 55
19. 孟子 …… 57
20. 郑玄 …… 60
21. 陆德明 …… 61
22. 孔颖达 …… 63
23. 顾炎武 …… 64
24. 戴震 …… 66
25. 阮元 …… 68
26. 刘逢禄 …… 69

第二编　史部——史学与史学家 …… 71

1. 何谓“史”，何谓史书，何谓史学 …… 73
2. 中国史学思想发展的基本脉络是什么 …… 75
3. 经学与史学有何关系 …… 78
4. 历代先哲如何看待历史进程 …… 80
5. 历代先哲如何分析中国社会的治乱兴衰 …… 83
6. 史学在中国传统文化中具有怎样的功能 …… 86
7. 历代先哲如何论述史家的修养 …… 89
8. 什么是纪传体，二十六史的特点有哪些 …… 91
9. 什么是编年体，何谓九通 …… 94

10. 什么是纪事本末，纪事本末的史书有哪些 …………………… 96
11. 什么是政书，政书的史书主要有哪些 ……………………… 98
12. 左丘明 …………………………………………………… 101
13. 司马迁 …………………………………………………… 103
14. 班固 ……………………………………………………… 106
15. 范晔 ……………………………………………………… 108
16. 陈寿 ……………………………………………………… 110
17. 刘知几 …………………………………………………… 112
18. 杜佑 ……………………………………………………… 114
19. 郑樵 ……………………………………………………… 117
20. 司马光 …………………………………………………… 119
21. 赵翼 ……………………………………………………… 122
22. 章学诚 …………………………………………………… 124

第三编 子部——诸子学与思想家 …………………………… 127

1. 子学的基本含义有哪些 …………………………………… 129
2. 诸子的流派和发展脉络如何 ……………………………… 132
3. 何为儒家，由何人所创 …………………………………… 136
4. 先秦儒家的分化与主脉如何 ……………………………… 138
5. 《荀子》一书有何价值 …………………………………… 141
6. 孟子与荀子在人性论上有何异同 ………………………… 143
7. 什么是道家 ………………………………………………… 144
8. 《老子》一书的主旨何在 ………………………………… 147
9. 《庄子》一书有何特色 …………………………………… 149
10. 墨家的基本特征有哪些 …………………………………… 151
11. 法家的主要代表人物和主要观点有哪些 ………………… 153
12. 《韩非子》一书提出了哪些重要的观点 ………………… 156

13. 《管子》一书是否为管仲所作 …… 158
14. 什么是名家 …… 160
15. 什么是阴阳家 …… 163
16. 纵横家和杂家有何作为 …… 165
17. 农家和兵家的文化贡献有哪些 …… 168
18. 汉初黄老之学的基本内容是什么 …… 170
19. 《淮南子》是怎样一本书 …… 173
20. 董仲舒的《春秋繁露》如何论述天人感应学说 …… 175
21. 《盐铁论》中讨论了什么问题 …… 177
22. 王充的《论衡》如何以“疾虚妄”为宗旨 …… 179
23. 何晏与王弼代表的“玄论派”有何理论贡献 …… 182
24. 阮籍与嵇康代表的“旷达派”为何名垂千古 …… 184
25. 魏伯阳的《参同契》在道教史上有何重要影响 …… 186
26. 葛洪的《抱朴子》提出了哪些重要观念 …… 188
27. 什么是“格义”之学 …… 190
28. 三论宗以何为本 …… 192
29. 天台宗在理论上有何特色 …… 194
30. 何为法相宗 …… 196
31. 华严宗有哪些重要理论 …… 198
32. 为什么禅宗称为“教外别传” …… 201
33. 律宗在佛教发展中的地位如何 …… 204
34. 为什么说净土宗是佛教中的“方便法门” …… 206
35. 密宗有哪些主张 …… 207
36. 道教在唐宋时期有哪些重要发展 …… 210
37. 金元之际的“新道教”包括哪些主要派别 …… 212
38. 道教在明清时代有哪些重要派别 …… 215
39. 什么是理学 …… 217

40. 周敦颐为代表的“濂学”如何强调“诚”的意义 …… 220
41. 张载所代表的“关学”有哪些特点 …… 222
42. 程颢、程颐所代表的“洛学”是怎样论述“性即理”学说的 …… 225
43. 朱熹所代表的“闽学”的主旨是什么 …… 228
44. 曾有“鹅湖之会”的陆九渊与朱熹的思想有何不同 …… 231
45. 王阳明如何把心性之学推至登峰造极 …… 233
46. 何谓朴学，有何重要成果 …… 236
47. 管仲 …… 238
48. 李耳 …… 240
49. 孙武 …… 242
50. 墨翟 …… 245
51. 庄周 …… 248
52. 公孙龙 …… 251
53. 荀况 …… 253
54. 韩非 …… 255
55. 李斯 …… 258
56. 董仲舒 …… 260
57. 王充 …… 262
58. 周敦颐 …… 265
59. 张载 …… 267
60. 程颢 …… 268
61. 程颐 …… 270
62. 朱熹 …… 272
63. 陆九渊 …… 274
64. 王守仁 …… 276

第四编　集部——文学与文学家 …… 279

1. 中国文学的基本含义和文体分类有哪些 …… 281
2. 《诗经》中的风、雅、颂有何异同 …… 285
3. 《楚辞》是怎样一部书 …… 287
4. 为什么说汉赋的成就较高 …… 289
5. 什么是乐府诗 …… 292
6. 什么是古体诗，什么是近体诗 …… 294
7. 盛唐浪漫派、写实派代表诗人有哪些 …… 297
8. 盛唐山水田园派的代表诗人有哪些 …… 300
9. 盛唐边塞派的代表诗人有哪些 …… 302
10. 中唐诗风如何，有哪些重要的诗人 …… 303
11. 晚唐时期的诗人有何佳作 …… 305
12. 什么是词 …… 308
13. 中唐时期有哪些重要的词家和作品 …… 311
14. 何谓“花间词人” …… 313
15. 北宋词风如何，有哪些代表人物 …… 315
16. 南宋词有何发展 …… 317
17. 元曲兴盛的原因何在，元曲的样式主要有哪些 …… 318
18. 中国古代戏曲的演变脉络如何 …… 321
19. 什么是明代“五大传奇” …… 325
20. 清代重要的传奇作家有哪些 …… 329
21. 《昭明文选》是怎样一部书 …… 334
22. 刘勰的《文心雕龙》为何被视为文学批评的巨著 …… 336
23. 什么是骈文，骈文与散文有何不同 …… 338
24. 唐代古文运动的主要人物和主要观点有哪些 …… 341
25. 北宋古文运动的主要倡导者是谁 …… 343

26. 何谓“唐宋八大家” …… 346
27. 笔记小说演变脉络如何 …… 347
28. 最早的话本有哪些 …… 351
29. 什么是明清章回小说的“四大部” …… 354
30. 屈原 …… 358
31. 司马相如 …… 360
32. 曹植 …… 362
33. 陶渊明 …… 365
34. 王维 …… 369
35. 岑参 …… 371
36. 王昌龄 …… 373
37. 王之涣 …… 375
38. 李白 …… 377
39. 杜甫 …… 381
40. 韩愈 …… 384
41. 白居易 …… 386
42. 刘禹锡 …… 389
43. 柳宗元 …… 391
44. 杜牧 …… 393
45. 李商隐 …… 395
46. 温庭筠 …… 398
47. 李煜 …… 400
48. 欧阳修 …… 402
49. 王安石 …… 405
50. 苏轼 …… 407
51. 李清照 …… 410
52. 陆游 …… 413

53. 辛弃疾 …… 415
54. 关汉卿 …… 419
55. 施耐庵 …… 421
56. 罗贯中 …… 425
57. 冯梦龙 …… 428
58. 凌蒙初 …… 430
59. 曹雪芹 …… 432
60. 吴敬梓 …… 435

后　记 …… 438

绪　论

1. 什么是国学

“国学”一词古已有之，《周礼·春官》载：乐师“掌国学之政，以教国子小舞。”在夏、商、周三代，国学是国家主办的中央学校，专门培养贵族子弟。汉代称太学，旧称国子学，隋改称国子监，以后相沿使用，也可以简称为国学。但是我们这里所说的国学，则是近代以来相对于西学的一种用法，广泛地指谓中国的传统文化。“国学者何？一国所有之学也。”（邓实《国学讲习记》，《国粹学报》第十九期，光绪三十二年六月二十日出版）

鸦片战争以后，中华民族危机日重，这种危机不仅仅是政治、军事、外交上的，更主要地表现在文化上。在东西方列强“船坚炮利”的打击下，腐朽的清政府节节败退，丧权辱国。这其中的原因引起了有识之士的思虑，许多人简单地将其归结为中国传统文化的过时、落后，主张彻底抛弃“国故”，全面西化。然而，且不说一个民族完全放弃自身传统，接受外来文化是否就可以获得新生，就是看看被推崇为楷模的西方国家，它们在 19 世纪末 20 世纪初，无不是国内阶级矛盾尖锐，在国外侵略剥削其他弱小民族，究竟有何优秀可言？于是一批思想深刻的民主革命先行者，便提出了弘扬民族优秀传统文化的问题，使国人精神有所寄托，民族的血脉得以延续，国家的复兴有所依托。章太炎在日本主办“国学讲习所”，后又出版了《国故论衡》《国学概论》，刘师培主办了“国学保存会”，邓实主办《国粹学报》，从此“国学”一词便开始流行了起来，成为西方学术传入以前，中国各种传统学术思想的总称。同时，“国学”一词也包含了传统文化精粹，国家自立之本的深层含义。如章太炎在《民报》第七期《国学讲习会序》中所说：“夫国学者，国家所以成立之源也。吾闻处竞争之世，徒恃国学固不足以立国矣，而未闻国学不兴而国能自立者。”为了国家和民族的振兴，必须大力弘扬国学。

所谓的国学可以从空间和时间上加以定义。从空间上看，国学一定是中国之学，以便与各种外国之学加以区别。从时间上看，一些外国之学传入中国日久，早已经中国化了，也可以进入国学的范畴。如佛教基本已经在其原产地印度失传，但是在中国却得以发扬光大，所以也可算是中国的国学。但如传入时间不久，似不应列入国学的范围，不然国学概念会泛化，可以囊括当代所有学科。故我们将1840年以前在中国流行学问统称为国学。

中国古代学术，向来无所谓分科。一般儒家学者，都以万能博士自居，“一事不知，儒者耻之”。这种状况是和古代社会的自然经济发展水平相适应的，学者集经义注疏、诗词歌赋、论史文章，无所不通，所以在学科门类上文、史、哲浑然一体。然而限于古代学者个人的性情及其偏好，成就在各方面又有短长。朱熹的诗词亦为上乘，但没有人会称他为诗人；李白也有时文传世，但却不以史论著称，因而国学中实际上还是有分科的。《汉书·艺文志》把古代学术分成了六类：一六艺，二诸子，三诗赋，四兵书，五数术，六方技。其中六艺指的是经学，包括“小学”，即文字学。按照当代习惯的学科分类，诸子主要指哲学，诗赋是文学，数术是天文、历法等科技，方技主要指医学。汉代以后，儒学地位上升，《隋书·经籍志》正式开创了“经、史、子、集”的图书分类系统，到清代纂修《四库全书》时，将这个分类系统发挥到了极致。其中经部指儒家经学，包括十三经及其注疏，以及为读经服务的文字学；史部是史学，包括正史、编年史、别史在内的各类典籍及其史学研究著作；子部是历代思想家的著作，包括诸子百家，其中既有儒、道、墨、法、名、阴阳等哲学家，也有兵家、医家、天文、算法、艺术、小说等科技杂家，甚至包括佛、道等宗教；集部分楚辞、别集、总类、诗文评、词曲五类，以文学作品为主。在这个分类体系中，实际上已经包括了哲学、历史、政治、军事、宗教、科技、文学、艺术等现代的学科分类，只不过未用其名而已。到了清末，曾国藩在给其弟的书信中，将传统学术分成三大类：“盖自西汉以至于今，治学之儒，约有三途：曰义理之学，曰考据之学，曰词章之学。……此三学皆从事于经史，各有门径。”他所说的义理之学，可以相当于今日之哲学；考据之学，相当于历史；词章之学，相当于文学。这是一种使古代学术与近代流行的西方学科分类方法接轨的尝试。至民国初年章太炎作《国学概论》，则将国学分成了经学、哲学、文学三大块。这样的分类方法，既考虑到近代人思维方式的特点，也注意突出中国文化的特色，防止中国传统学术被西方的分类体系切割得支离破碎，不见全貌。本书基本采纳了传统国学的分类方法，将经学放在首位，突出儒家经典在传统文化中的主导地位；史部集中介绍中国历史，包括著名历史著作和历史学家；子学部分主要介绍在中国思想史上影响重大的哲学、宗教流派；而在集部介绍文学与文学家。为了避免内容的重复，我们在介绍学术流派、文学形式的时候，尽量与思想家、文学家的条目有所错落、避让。

中华民族作为人类历史上最古老的民族，虽历经磨难，几落几起，仍自强不息，正再度崛起于世界的东方。中华民族地域辽阔，人口众多，民族成分复杂，可千百年来凝为一体，生生不息，靠的就是灿烂辉煌的中华文化。古语云："国有天下，有与立焉。"（《左传·昭公元年》）国学所包括的各种学术文化，就是我们国家民族的自立之本。可以说，博大精深的国学，孕育了中华民族的万千气象。当然，我们也毋庸讳言，传统国学中瑕瑜互见，良莠并存，有历代剥削阶级压迫人民的统治之术，也有落后于时代发展的糟粕。我们将以分析的态度，深入浅出的方法，客观地将国学的基本知识介绍给读者，以展现传统学术文化的风采，激励今人继往开来的信心。

（张 践）

2. 当代为什么会出现国学热

20 世纪末，伴随着中国改革开放的步伐，国学热再一次出现在中国的文化领域。中国改革开放的核心内容是将苏联式的计划经济体制，改变为社会主义的市场经济体制，"与世界接轨"一度成为社会上使用频率极高的关键词。世界上的市场经济首先成熟于西方国家，所以随着中国建设社会主义市场经济体系的过程，各种与市场经济相适应的政治、文化也陆续传入我国。改革开放以来，中国在经济、政治、社会方面取得的成就有目共睹，但是在经济上取得巨大成就的同时，人们也开始感到精神上的疏离与异化，发生了中华民族的文化认同危机。面对着五光十色的物质享受和光怪陆离的外来文化，人们不禁要问："我们是谁?"就是在这样的背景下，发生了当代的"国学热"。以笔者之见，"国学热"的出现成因有二：一是民族自信心提高的反应；二是寻找精神家园的需要。

自1840年以来，中国就一直处于被动挨打的地位，封建主义的压迫和帝国主义的侵略，使中国人民长期处于极端贫困的状态。尽管许多的中国有识之士进行了多方面的尝试，但是都无法从根本上改变这种局面。试想30年前中国作为一个世界大国，其GDP排在世界的十多位，国民的生活水平之低就可想而知了，综合国力更是无从谈起。从世界各国现代化的进程看，一个国家的经济发展如果不顺利，再说多少政治优越都是骗人的谎话，其国民自然就会想到是不是自己选择的道路出了问题。久而久之，人们又就会对自己的文化传统产生怀疑，甚至认为这是民族劣根性在作怪，似乎只有实行全盘西化，与自己的历史文化传统彻底决裂才有出路。因此近代以来的150多年中，传统文化就成为人们对当代中国各种社会现实不满的替罪羊。甚至一些自认为精英的人物，不敢直接抨击社会现实，往往把祖宗当成自己无能的挡箭牌。中国大陆经过改革开放30多年的发展，在经济上取得了巨大的成就。从2011年开始，中国就成为世界上第二大经济体，GDP总量仅次于美国。尽管中国人均GDP仍然不高，在世界上处于中间偏后的低位；基尼系数偏高，社会存在两极分化现象；社会上各种不合理现象仍然大量存在，政治改革、社会改革的步伐仍然不尽如人意等。但是这些矛盾都无法掩盖中国经济总量迅猛发展的事实，都无法抹杀GDP排上世界第二所引起的民族自豪感。从世界各国的情况看，民族自豪感一般都表现在对自己国家、同胞、文化的高度认同上。中国当代的"国学热"，就是这种自豪感的直接表现。

"国学热"出现第二方面的成因，则是国人在急剧发展的市场经济大潮中，寻找精神家园的迫切需要。我们国家用30年的时间走过了西方国家几百年的历程，但是不可否认，在高速的发展过程中，也出现了一些严重的社会问题，其中社会两极分化、唯利是图、环境污染、资源浪费等问题是任何国家现代化过程中都难以完全避免的；而价值紊乱、诚信缺失、心态冷漠、人伦失范等问题，则是传统文化断裂、社会转型急剧所造成的中国特有问题。经济再发达，但是当人民发现自己生活在终日不见蓝天的雾霾之中，吃着含有各种过量激素、农药和化肥的食物，喝着加了三聚氰胺的牛奶和被重金属污染的水，那么他们心中还有什么“幸福感”可言？唯利是图的经济法则，已经替代了人间的一切价值，真善美都被花花绿绿的钞票取代了。人们反复在问，当代社会还有什么可以超过金钱作为人生价值的东西。

一个民族、一个社会必须根据时代的发展和社会的变迁，不断修正自己的前进轨迹，变革社会制度。但是一个民族、一个社会无论如何变化，总会有一些基本的东西不能变，或者说不会变，这样才能保持其特有的精神价值，稳定社会。西方国家在文艺复兴时代，对黑暗的中世纪进行了严厉的批判，基督教受到的冲击绝不亚于儒家文化。但是基督教并没有因此消亡，除了少数思想家走上了无神论的道路，大多数思想家则是走向改造基督教，重新诠释基督教的道路。一方面国家制定宪法规定了政教分离的原则，防止任何宗教再度获得国教的特殊地位；另一方面基督教作为整个欧美政治文化的底色，成为政治权力合法性的文化符号，道德理论的终极依据，对于西方资本主义社会的发展，起到了稳定价值、和谐群体、消解矛盾、提供理想的作用。

反观中国，什么才是中华民族共同的精神家园？毫无疑问，一定是五千年来一直传承不断的，以儒、释、道为主体的传统文化，也可以说就是国学。由孔子开创的儒家、由老子开创的道家和由释迦牟尼开创的佛教，都形成于人类所谓的“轴心时代”。1948 年，德国历史学家雅斯贝斯揭示了“轴心时代”这样一种文化现象，他指出：在经历了史前文明和古代文明以后，在大约公元前 800 年至公元前 200 年的时间内，在世界范围内出现了一些最不平常的历史事件，以后“直至今日，人类一直靠轴心期所产生、思考和创造的一切而生存。每一次新的飞跃都回顾这一时期，并被它重燃火焰，自那以后，情况就是这样，轴心期潜力的苏醒和对轴心期潜力的回忆，或曰复兴，总是提供了精神动力”。雅斯贝斯“轴心时代”的学说，是对人类文化发展模式的一种正确总结，世界各国人民，在每一次重大的历史发展关键期，总是要重新回顾并反思自己的历史传统，为新的发展提供精神上的原动力。对历史的反思、回归，并不是无限的、盲目的，基本都是指向各民族的轴心时代。

那么，为什么世界各地都会出现向轴心时代“回归”这样一种文化现象呢？笔者认为：从生产工具发展水平上看，轴心时代的文明属于铁器文明，以坚硬的铁器作为主要生产工具，使人类社会迸发出了巨大的爆发力，迅速建立以独立家庭、私有制和地缘国家为主要标志的人类文明体系。如果我们作一个比喻，那么轴心时代就如同人的青春期，是一个人身体和思想的成熟时期。人类的文明发展也是这样，在轴心时代所形成的社会体制和文化类型，可以说至今没有发生根本性的改变。那个时期的圣贤所面对的人类社会问题，也没有发生根本性质的变化。不过当时人类文明发展水平尚低，人生面临的问题也比较简单，所以孔子、老子、佛陀、耶稣、苏格拉底、柏拉图、亚里士多德等先哲面对人类困惑进行的思考，至今仍然对我们的生活具有启迪意义。因此才会发生雅斯贝斯所注意到的现象：即人类文明发展的每一个关键时期，人们总是到轴心时代的文明经典中去寻找解决的方案和前进的力量。

当今的国学热，正是向现代化社会快速迈进过程中的中国人，寻找自己的精神家园努力的一种表现。

（张　践）

3. 国学将为现代中国提供什么样的文化资源

当代国学热的兴起，引起了社会上某些“有识之士”的忧虑，他们担心的主要问题集中在两点：其一是既然当代中国已经进入了世界的文化体系，普遍采用西方式的学科分类体系，那么国学经、史、子、集的分类系统会不会影响学术的国际交流；其二是传统国学产生于中国的封建专制时代，其中某些内容会不会影响当代中国的政治民主进程。以笔者的眼光来看，这些看法有些多虑了，因为国学本身并不能替代各学科的具体知识，而只是为中国人提供学习运用各种自然科学、社会科学精神动力；国学并不能替代现代民主制度和政治文明建设的具体

实践，而只能为建设当代民主社会的中国人民提供一个共有的精神家园。就如同经过资本主义革命洗礼的基督教，成为当代西方人文化认同的依据，但并不会将欧美带回黑暗的中世纪。总而言之，国学热正是当代中国人重塑民族精神的具体表现。

在历史上，国学是中国全部文化知识的总合，对于当代各门学术都有研究的价值。我们这里谈国学，不可能对其丰富的内容面面俱到，只能主要着眼于人们的精神生活方面。从构成国学精神文化主体的儒、释、道三教而言，它们将提供如下一些精神资源：

儒家文化的精神价值至少可以包括以下四点：首先是“以人为本”的入世倾向。儒家文化从孔子开始，就确定了“未知生，焉知死”“未能事人，焉能事鬼”（《论语·先进》）的宗教观，对彼岸世界给予了不可知的回答。所以后世的儒者，都把主要精力放在了现实世界里“立德、立功、立言”的追求上，并不过分关注灵魂的安顿问题。所以在中国历史上，各种出世型的宗教都不会处于文化的主导地位。其次是“以和为贵”的群体和谐观念。孔子说：“礼之用，和为贵”（《论语·学而》），把社会群体的和谐当成是政治生活的头等大事，经过儒家文化长期的熏陶，形成了中华民族宽厚包容、和睦互助、荟萃精华的特点。由此形成了中国古代社会上下层相对稳定，多民族和谐共处的特点。再次是“以礼为序”的差等互动的观念。荀子说：“礼者，贵贱有等，长幼有序，贫富轻重皆有称也。”（《荀子·富国》）儒家社会和谐的理想并不是墨子式的“兼爱”空想，在社会差异客观存在的现实情况下，与其鼓吹绝无实现可能的“等贵贱，均贫富”，不如搞“上下相恤，有无相助”的和谐社会。历史的实践一再证明，绝对平均主义只能制造破坏社会发展的“均贫”，而不会出现生产力大发展的“均富”。最后是“经世致用”实践精神。儒家文化提倡“修身、齐家、治国、平天下”，进行道德修养的目的不仅仅是个人精神的圆满，而是追求“博施济众”“经世治国”“利国利民”。孔子说：“诵诗三百，授之以政，不达；使于四方，不能专对。虽多，亦奚以为？”（《论语·子路》）儒家“经世致用”的实学传统，造就了中国人反对空谈，重视实践的民族性格，对于当代中国人民在摸索中国特色社会主义建设的实践，具有极大精神导向作用。

道家文化对于当代中国人民精神生活，至少可以提供以下三方面的精神资源：首先是“清静无为”的精神取向。当代人面对急剧发展的物质文明，难免就会产生急躁和焦虑，致使各种精神疾病高发。而道家提倡“见素抱朴，少私寡欲”（《老子》第十九章），这有助于人们摆脱一味追求金钱、权力或感官享乐等病态需要，保持健康人格。其次是“绝圣弃智”的心理防御机制。市场经济难免造成社会上的贫富两极分化，如何面对这一单纯依靠个人力量无法完全逆转的社会异己力量？心灵的平衡就成为维持社会和谐和个人精神稳定的关键。老子说：“绝圣弃智，民利百倍；绝民弃义，民复孝慈；绝巧弃利，盗贼无有。”（《老子》第十九章）道家的原意并非消灭人类创造的所有文明成果，而是教人们形成一种心理防御机制，当短时间内无法获得某些东西时，就在自己主观精神上否定这些东西的价值，把不可能变成无必要，从而减轻自己的失败感。最后是超越生死的精神自由。《庄子·至乐》中记载了一个故事：“庄子妻死，惠子吊之，庄子则方箕踞鼓盆而歌。”亲人死了为什么还要鼓盆而歌呢？因为在庄子看来，人的一生就如同春夏秋冬四时的运行一样自然，不过只是形态发生了一些变化而已。道家将个人微小的生死，放到宇宙、自然的大世界中来观察，就使人们获得了一种广阔的视野，可以超越对于个体生死的依恋，来考虑人生的意义。

佛教至少可以为现代中国人提供如下一些精神资源：首先是“慈悲为怀”的济世精神。《大智度论》中说：“大慈与一切众生乐，大悲拔一切众生苦。大慈以喜乐因缘与众生，大悲以离苦因缘与众生。”中国佛教讲究“普度众生”，所以自古以来就成为重要的社会救济机构，济贫救灾、养老恤孤，成为稳定社会的重要机制。在现代社会中，这种慈悲精神，也是调节社会贫富差异，共建和谐社会的重要文化资源。其次是“重生戒杀”的和平思想。佛祖释迦牟尼教导信徒要“爱人如己，勿相残杀”，佛教的第一戒律就是“戒杀生”。佛祖在世就是非战主义者，是倡导世界和平的使者。他在《长阿含经·游行经》中说：“战胜增怨敌，战败卧不安，胜败两俱舍，卧觉寂静乐。”这是佛陀热爱和平、反对战争的圣训。在当代文明冲突加剧，恐怖主义活动猖獗的时代，佛教的和平思想可以成为各种宗教平和对话，信仰不同宗教的人们和平相处的重要文化资源。最后是“转世”“涅槃”的生命关怀思想。佛教认为，人生在世，疾病交加、容颜尽衰、生死无常。但是人的灵魂不灭，可以不断转世。而修佛之人，只要按照佛祖指引的“正道”修习，就可以获得“涅槃”成佛。生死问题对于任何哲学都是一道难题，人类至今没有找到解决这个问题的绝对正确答案。尽管从唯物主义的角度看“转世”“涅槃”都是虚幻的，但是对于临终的病人，宗教的终极关怀可以给人一个安详体面的归宿。

（张 践）

4. 国学典籍的基本分类有哪些

典籍，从字义解释，典，即标准，可以作为典范的书籍。典籍，原指记载古代法制的图书，现在泛指古代图书。

书籍，是人类物质和精神建设的经验总结，是宝贵的文化遗产。为了保护和利用古代典籍，古人早有藏书之举。周代设有“藏室”，老子曾任“藏室之史”（相当于国家图书馆馆长）；秦始皇对农、医一类书籍亦加以保护。汉代设太史令掌管天下之书，而真正对图书典籍进行分类，却是到了汉哀帝时期，刘歆继承其父刘向的事业，校勘典籍，著《七略》（辑略、六艺略、诸子略、诗赋略、兵书略、术数略、方技略），将图书分成6部分（因为“辑略”是对其他六略的总括，说明各类图书的内容和学术流派），38小类，著录图书603种，13119卷。可以说，这是我国，也是世界上最早的图书分类法（比欧洲第一个正式的图书分类表——德国吉士纳《万象图书分类法》要早1550年），它基本上奠定了我国图书目录分类的发展方向，具有开创性的贡献。东汉班固的《汉书·艺文志》，就是按照《七略》的分目，奠定了我国图书分类目录的方法，使后世史家编志经籍、艺文，均沿用其例。

隋唐时期，天下统一，经济和文化有了更大的发展。唐太宗贞观年间，广购天下图书，由魏徵、虞世南、颜师古相继出任秘书监，集《古今书录》51852

卷，为此，在秘书省之外另辟了集贤书院、丽正书院作为国家藏书之所，以甲乙丙丁为序，列经、史、子、集四库，开创了中国古籍以四部分目的办法，使图书的管理更细致、更科学。

第一部正式使用“经、史、子、集”名称区分部属的书目，是由唐代魏徵主编，长孙无忌参与撰写的《隋书·经籍志》。凡四卷，首创经、史、子、集四部分类法。四部之下又分四十小类，另附佛、道二经十五类。各部、类之后皆有序文，对诸家学术源流及其演变，均有简要说明，是唐朝以前六百余年间图书状况说明最为完整的书目，历来为学者所重视，有很高的学术价值（后世清代编辑的“四库全书”即用此分类法）。

唐代保存古籍篇目极多的另一种类书，是虞世南辑录的《北堂书钞》，从八百多种古籍中摘录可供吟诗作文之用的典故、词语和一些诗文佳句，按部类编排，分帝王、后妃、政术、刑法、封爵、设官、礼仪、艺文、乐、武功、衣冠、仪饰、服饰、舟、车、酒食、天、岁时、地 19 部，部下分类，可算是现存最早、最完整的类书。

被称为“博不及《艺文类聚》，而精则胜之”、实用价值较高的《初学记》，是唐玄宗李隆基为便于诸皇子作文时检查事类使用，命徐坚等人编撰的。书的卷帙不大，仅三十卷，但分类精细，便于查找和运用。全书分为天、岁时、地、州郡、帝王、中宫、储宫、帝戚、职官、礼、乐、人、政理、文、武、道释、居处、器物、宝器、果木、兽、鸟 23 部，下列子目 313，每一子目内均分为“叙事”“事对”“诗文”三部分，内容精审、去取谨严，具有一定的特点。

宋代的《册府元龟》，内容和体例皆异于其他类书，它仅录历代君臣事迹，不取天地时序，不用小说、杂书，是专供君王借监前事而辑录的，因而分为帝王、闰位、僭伪、列国君、储宫、宗室、外戚、宰辅、将帅、台省、邦计、宪官、谏诤、词臣、国史、掌礼、学校、刑法、卿监、环卫、铨选、贡举、奉使、内臣、牧守、令长、宫臣、幕府、陪臣、总录、外臣 31 部，1104 门。

《太平御览》是宋太宗为夸耀自己好学，要日读三卷，而命李昉等辑编的一部大型类书，全书千卷，分为天、时序、地、皇王、偏霸、皇亲、州郡、居处、封建、职官、兵、人事、逸民、宗亲、礼仪、乐、文、学、治道、刑法、释、道、仪式、服章、服用、方术、疾病、工艺、器物、杂物、舟、车、奉使、四夷、珍宝、布帛、资产、百谷、饮食、火、休征、咎征、神鬼、妖异、兽、羽族、鳞介、虫豸、木、竹、果、菜、香、药、百卉55部，5363类。此书以征引浩博著称，所引资料，先列书名，后录原文，为后人保存了大量的珍贵典籍。

其后的《事类赋》（宋·吴叔撰注）、《玉海》（南宋王应麟撰）分类方法与《艺文类聚》《太平御览》大体相同。

明代的《永乐大典》编辑体例与前列各书皆不相同，它是“用韵以统字，用字以系事”，按韵分别单字，每字之下，先释音义，并以颜真卿《韵海镜源》之例，详列各种书体，然后按单字辑入各类资料，收罗宏富，学术价值极高。

清代的《古今图书集成》（陈梦雷辑），分汇编、典、部三级类目编排，共计6编、32典、6109部，其内容为：

（1）历象汇编——包括乾象、岁功、历法、庶征四典；

（2）方舆汇编——包括坤舆、职方、山川、边裔四典；

（3）明伦汇编——包括皇极、宫闱、官常、家范、交谊、氏族、人事、闺媛八典；

（4）博物汇编——包括艺术、神异、禽虫、草木四典；

（5）理学汇编——包括经籍、学行、文学、字学四典；

（6）经济汇编——包括选举、铨衡、食货、礼仪、乐律、戎政、祥刑、考工八典。

每典之下又分若干部，部下按汇考、总论、列传、文艺、选句、纪事、杂录、外编等项排列有关资料，有的还附有图表，内容繁复，区分详晰，集古代典籍之大成，而且体例较其他类书为善，检索方便，实用性强，是古代图书分类比较科学的一部著作。

（张志英）

5. 中国古籍知多少

中华民族素以勤劳、勇敢、仪礼、文明著称于世，它的古老文化源远流长、根深叶茂，中国的古代典籍曾流播全世界，对世界文化的发展做出了卓越的贡献。

自从汉代发明了造纸，唐代出现了雕版印刷，宋代产生了活字印刷以后，书籍大量印行，进一步推动了文化的发展，出现了数量可观的古代典籍，丰富了人类的知识宝库。两千多年来，无数优秀人才以辛勤的笔耕，从文学、哲学、历史、军事、经济、农业、医药、天文、地理、建筑、机械、民族、宗教及其他诸方面，总结和保存了历代人民群众改造自然、改造社会的丰富经验，形成了今天浩如烟海的古代典籍，留下了蔚为壮观的文化遗产。

唐朝初年，虞世南编著的《北堂书钞》，摘录了当时各类书中的名言佳句，摘录是从850多类典籍中辑出的，可见早在唐代以前就已出现了大量的古籍书册。《北堂书钞》原为173卷，后有佚缺，现存160卷。

欧阳询、裴矩等人，奉唐高祖李渊之命，编辑《艺文类聚》，这是现存最早的官修类书，从1430多种古籍中；分门别类摘录汇编成100卷。按岁时、政治、产业等分成48部，前列事实，后附诗文，内容丰富广博。

到宋代太平兴国年间，宋太宗赵光义命李昉、扈蒙等14人编纂供皇帝按日阅览的书籍，这就是《太平御览》。全书编成1000卷，分为55门，所引用书籍多达2579种，内容包罗甚广。

景德二年（1005年），宋真宗赵恒又命王钦若、杨亿等编辑史料性类书《册府元龟》（“册府”，即收藏典籍的秘府；“元龟”，即以灵龟占卜未来之意。《册府元龟》就是可供借鉴的文献宝库），字数比《太平御览》多一倍，亦编为1000卷，历时8年完成，全书分为31部，1104门，把上古至五代的事迹有条不紊地编排出来。

明朝永乐年间，明成祖朱棣为了粉饰太平，笼络更多的“宿学大儒”为新政权服务，命令翰林学士解缙等编辑《永乐大典》，并要其除使用国家保存的文渊阁藏书之外，还要求广泛“购募天下书籍”，旁搜博采，不厌浩繁，有书必录，因而辑入的内容广泛，不仅有经史典籍，也包括了许多对于民生日用比较切实有益的书籍，工农技艺、平话、戏曲以及道经、释藏，应有尽有。为编辑此书，前后6年辑入的典籍图书约有7000~8000种，辑成22937卷（其中有凡例、目录60卷），装订成11095册，总计三亿七千多万字。工程之浩繁，内容之丰富，卷帙之众多，在当时的世界文化领域中是名列前茅的。可惜在八国联军侵入北京时，大部分被焚毁，未焚者亦被劫掠净尽。

到清代康熙、雍正时期，由陈梦雷、蒋廷锡等先后主持编辑的《古今图书集成》，更是一部内容丰富，区分详尽的巨大类书，全书一万卷，分为六编，32典，6109部，一亿六千多万字，比《大英百科全书》的规模要大三四倍。

乾隆三十八年（1773年），一向喜欢贪大求全的皇帝爱新觉罗·弘历，组织了以纪晓岚为首的一大批文人，用10年的工夫，编出了中国封建时代空前绝后的一个大部头——《四库全书》。

《四库全书》包罗的内容极广，编辑者们把过去的敕撰本、内府本、永乐大典本、各省的采购采访本、私人进献本以及国内一些通行流传本，统统集中起来重新校勘，加工整理，并把明、清两朝政府编辑的实录、政书、正史、会典、方略、方志、目录、诗文总集等各种图书，大部分收入《四库全书》之内。

《四库全书》一共收书3503种，79337卷，总目录100卷，装订成36304册；存目6766种，93556卷。负责编纂的人员近360名，抄写人员共有1500人之众，按“经、史、子、集”分为四部，可知《四库全书》规模之宏大。

《四库全书》由于内容广泛，总计有九亿九千七百多万字，相当于《永乐大典》的三倍多，比同时代法国的《狄德罗学典》字数多十倍以上，基本上包括了清乾隆以前我国古书中的全部重要著作，起到了保存和整理古籍的作用，是研究我国古代政治、经济、科技、哲学以及文学艺术的重要资料。

当然，乾隆皇帝命令编纂《四库全书》的另一个目的，在于宣扬清王朝的统治，禁毁和篡改不利于其统治的书籍。乾隆皇帝为了毁掉那些触犯清朝、表彰明季、寓意感慨、词含激愤的遗书，曾下令各省、府、州、县成立“收书局”，仅浙江一省，从乾隆三十九年（1774 年）到乾隆四十七年（1782 年），就毁书 24 次，毁掉书籍 538 种，13862 部之多！总计乾隆时期，被毁、禁的书籍有 71 万卷之众，可以说，这也是中国封建社会焚书、毁禁规模空前的悲剧。

纵观古今典籍，至清末期间，编辑成册的大部分、被毁禁的部分、散遗在民间的部分，加上乾隆以后未见官府收藏的“新作”，汇集起来，我国古籍何止十万卷之数，这在世界的文化遗产中恐怕要算是首屈一指了。

（张志英）

第一编

经部——经学与经学家

1. 什么是经学

“经”字，甲骨文中未见，钟鼎字写作“巠”，本意是指纺织物的纵线，后引申为“经营”。由于纵线在纺织过程中的主导、纲领作用，又引申为恒常不变的法则、原则、义理。大约在战国时期，把内容具有根本性指导意义的书籍称为“经”，例如《荀子·劝学篇》中有“学恶乎始？恶乎终？曰：其数则始于诵经。”《庄子·天道篇》有“孔子翻十二经”。以后一些在某一专业方面有开山作用的书籍也被称为“经”，例如《茶经》《山海经》《黄帝内经》等。

最先称为经的书籍是被儒家视为立论基础的六部书：《诗》《书》《易》《礼》《春秋》《乐》。其起始时间，有的说在战国时期，例如前引《荀子》和《庄子》。皮锡瑞认为，孔子以前已有经说，但无经名，经名始自孔子，他引《庄子·天运篇》“孔子谓老聃曰：丘治《诗》《书》《礼》《乐》《易》《春秋》六经”，说孔子“删定六经之时，以其道可常行，正名为经”。但是，以经名称六部书是出自孔子之口，还是后人的转述，实难确定。直到班固的《汉书》，《诗》《书》《易》《礼》《春秋》《乐》还被称为“六艺”，也有的地方称作“六经”，起码是经、艺并称。六艺升格为六经，是汉武帝以后的事。以前，即使有经之名，恐怕也无经之实，即在学术上和实践上都未占统治地位。

汉初时统治者治国不用儒术，及至汉武帝时，天下大定，汉朝进入和平发展时期，才逐渐认识到儒术有守成作用，开始重视。汉武帝建元五年（公元前136年）立五经（《诗》《书》《易》《礼》《春秋》）博士，并为博士设弟子数人。从此，五经置为官学。治五经有成者，可获高官重禄。凡官方文件或皇帝大臣论及国家大事，必引五经之言作为根据。儒家典籍作为经的地位，得到国家的认可、支持与保护。由此，经学就成了专治儒家经典的学问，从此为业者被称为经学家。

被尊立为经的书籍有十三部。秦以前的六艺，《乐》到汉时已亡佚，余下的

《易》《书》《诗》《礼》《春秋》被定为五经；东汉时增《论语》《孝经》为经，称七经；唐朝时将《礼》分为《周礼》《仪礼》《礼记》，《春秋》分为《左传》《公羊传》《谷梁传》，分别设科，加上《易》《诗》《书》，称为九经；后又增《论语》《孝经》《尔雅》，称十二经；到宋代，《孟子》也被升格为经，计十三经。

经书的地位一经确定，就是神圣的，他人他说不得僭越，不可妄称经名。后人能做的，只是解释经文，传授经说，实践经义。他们治经的成果只能称为“传”“注”或“疏”，经学的内容，实际上就是关于十三经的“传”“注”“疏”。

经学的工夫主要集中在三个方面：一是关于经书中文字、名物的训诂；二是关于经书义理的阐释；三是关于经书、经说的真伪，关于传疏之虚实的辨正。一三两项工作往往被视为烦琐，但在文字学、考古学、历史学上的学术价值不可低估。至于第二项工作，多是时人借经文以表达自己关于社会、道德、政治的见解，孰对孰错，实难公断。不过，经学家们演绎经说的过程，实际上也就成了中国哲学，特别是儒家哲学的演变过程。没有对经说义理的阐释，也就没有儒家哲学。

经学的根本任务是继承“道统”，护卫真经，于是，辨证经书、经文的真伪和释义虚实就构成了它的基本问题。汉初立五经，只是今文经，西汉末又出古文经，孰真孰伪，一直争论不休。至于义理阐释的虚实，就更难认定，一直到清末也没有解决。简单的解决办法就是确定师承授受关系，所以，经学特别注重家法和专门，否则即为离经叛道。由此也就规定了经学的根本特点——守旧而不能创新。皮锡瑞说：“盖凡学者皆贵求新，唯经学必专守旧。经作于大圣，传自古贤。先儒口授其文，后学心知其义，制度有一定而不可私造，义理衷一是而非能臆说。世世递嬗，师师相承，谨守训辞，毋得改易。”这位经学家的概括，算是准确的。经学有数家，实际上每一家都在遵守这个法则。

经学分为几派。分派的方法，史家各有其说。《四库全书·总目提要》分为今文派和古文派；刘师培按历史时代分为两汉派、三国隋唐派、宋元明派、清

派；周予同先生说有三派，即西汉今文派、东汉古文派、宋学派。经学分派的方法本不可强求一律，因研究者的目的不同，观察角度不同，学术思想有别，实际上会有多种分派方法。

如何描述经学的历史过程，也有不同说法。《四库全书·总目提要》说经学有六变：两汉、魏晋到宋初、宋庆历（1041—1048 年）至南宋、宋末至元、明末王学、清朝汉学，并分以一字断之，为“拘”“杂”“悍”“党”“肆”“琐”。皮锡瑞则将经学划为开辟、流传、昌明、极盛、中衰、分立、统一、变古、积衰、复盛十个阶段。两者都有很强的价值评价的味道。经的本意和立经的主旨是要为国人规定一个万古不变的根本大法。它一贵经义纯正，二贵实行。皮氏以此为准划分经学的盛与衰。经学作为历史上存在的事物，自有其产生、发展、终结的过程，这个过程不是盛衰二字所能了断的。通观各代各家经说，从思想上看，都是在演绎经的内容，每一家就成了这一演绎上的分支。要求经义绝对纯正，这不可能的，或因为史学、考古学、文字学的新材料，或因为政治立场的对立，或因为各家为利禄而争雄，经说的差异在所难免，并且这有差异的各说本来就是经义中隐含的或能容纳的。一旦这隐含和能容纳的思想都释放尽了，经学也就终结了。一旦它不能作为匡正世人行为的根本大法，它的命运也就终结了。汤志钧先生认为五四时期，就是经学的终结时期。不过，这个终结似乎缺少一种哲学认识论上的反思，而多是从政治、道德上做责难。以后，虽经学之名逐渐势弱，但其基本的思想方法仍很顽固。近世有经学“转换”“重构”“再造”等说法，更有以现代科学附会经书的，不论在理论上还是实践上，都恐难有更大作为。

（汤泽林）

2.《周易》是怎样产生的，其主要内容是什么

《周易》分《易经》和《易传》两部分。《易经》包括六十四卦，它们是：乾、坤、屯、蒙、需、讼、师、比、小畜、履、泰、否、同人、大有、谦、豫、随、蛊、临、观、噬嗑、贲、剥、复、无妄、大畜、颐、大过、坎、离、咸、

恒、遁、大壮、晋、明夷、家人、睽、蹇、解、损、益、夬、垢、萃、升、困、井、革、鼎、震、艮、渐、归妹、丰、旅、巽、兑、涣、节、中孚、小过、既济、未济。卦有卦象，例如乾卦卦象是☰；有卦名，乾、坤等都是卦名；有卦辞，例如乾卦卦辞是“元亨，利贞”。每卦有六爻，“⚊”代表阳爻，其数为九，“⚋”代表阴爻，其数为六。爻有爻位，自下至上分别冠以“初、二、三、四、五、上”名称，例如乾卦最下边一爻称“初九”。每一爻有爻辞，例如乾卦初九爻辞是“潜龙，勿用”。六十四卦共有三百八十四爻。

关于《易经》的性质及形成过程，历来有不同说法。经学家认为，它的形成大体可分为三个阶段，第一是只有八卦，即乾（☰）、坤（☷）、震（☳）、巽（☴）、坎（☵）、离（☲）、艮（☶）、兑（☱），分别代表天、地、雷、风、水、火、山、泽八物。始画八卦的是伏羲。第二是重为六十四卦，重卦人是周文王。第三是系卦名卦爻辞，系辞有的说是周公，有的说是孔子。做出某一阶段成就的是否是某一圣人，已不可考，但《周易》起源占筮，并且有个从简单到复杂的演变过程，这是可信的。古人关心自己的命运，想预知并掌握它。最初，他们积累长期观察的经验，依据自然界物候的常异推断吉凶灾祥，占星术是其遗迹之一。用这种方法推断吉凶，人处于被动地位，只能根据已出现的自然现象推断，而某种自然现象的出现是不由人的。如果人们想在做某一事情之前就预知后果，占候的办法就行下通。于是，人们创造一些人为的“模型”（符号、图象等）表现自然界的物候。这样，不由人的自然界物候变为可以根据人们的需要随时再现的模型，便可随时随地预测行为的后果。这种预测行为后果的模型，商朝用的是龟卜，周朝人用的是占筮。

占筮的工具是蓍草。先由一定数目的蓍草（一般认为是五十根），按一定规则经营而成卦，再到《易经》上查找这一卦的卦爻辞，根据卦爻辞推断吉凶。皮锡瑞说，古代经营蓍草成卦的方法，后逐渐失传不明，以掷钱的办法取而代之，钱的面代表一爻，背代表另一爻，数次掷钱而成一卦。

据近人考证，《易经》形成于商末周初。商代以卜龟断吉凶，周朝起于西北内陆地区，视蓍草为圣物，占筮方法逐渐代替龟卜。最初的占筮，揲蓍成卦，卜

官据卦断吉凶，隔一段时间作一总结，看哪些应验，哪些未应验，长时间积累的结果，才有卦名、卦爻辞。占筮方法、卦象、卦爻辞是否有内在的联系，也众说纷纭。经学家都认为是有必然联系的，他们解说《易经》，都是力图以自己的观点建立这种联系。近人有的认为这种联系可能不是内在的，占筮先是有卦象无卦爻辞，后来为了记忆的方便才系爻辞，此说不易解释卜官怎样能据卦象推断吉凶。前面说过，在占卜方法之前，古人曾使用占候方法断定吉凶。关于自然界物候与吉凶的联系，人们可能已积累了相当的经验，并以民谣、谚语的形式记录下来，这些民谣、谚语很可能就是卦爻辞的基本素材，将它们与某特定卦象联系起来，完成由占候到占筮方法的转变。

西汉初，《易经》列为诸经之首，被赋予极高的地位，成了诸经的总纲。《易》本是占筮用书，自圣人（周公或孔子）系辞后，就成了阐明天地运行和治世人生的根本法则的经典，经学家们都按这个路数评价解说《易经》，并借解《易经》之名申明自己的宇宙观和社会历史观。同时，历代仍热衷于占卜吉凶的人们，也都利用《易经》这块金字招牌附会演绎出各种算卦方法，迎合了不少人的需要。

《易传》是系统解释《易经》的著作，成书于战国时期，也非一时一人所作。《易传》内容共七种十翼，即《彖》（上下）、《象》（上下）、《文言》、《系辞》（上下）、《说卦》、《序卦》、《杂卦》。东汉经学家称此十篇为“十翼”，取“辅助”之意，作为理解《易经》必不可少的工具。十翼内容各有侧重。《彖》是解释六十四卦象、卦名、卦辞的，下涉及爻辞；《象》解释六十四卦卦象、卦辞、爻辞，其中解说卦象、卦义的称《大象》，解说爻象和爻辞的称《小象》。《象》解释卦爻辞依取象说，把八卦视为八种自然现象，据此解说六十四卦卦义；《文言》是战国时经学家解释乾坤两卦卦爻辞的；《说卦》将八卦配以八方方位，以此为基础解释八卦的卦象卦义；《序卦》是说明六十四卦的排列顺序的；《杂卦》从相反相成角度将六十四卦视为三十二个相互反对的卦，以此解释六十四卦；《系辞》在十翼中地位独特，相当于《易传》的导论，从整体上全面论述《周易》的基本意义，并不逐句逐条地解释《易经》的卦爻辞，所以，也将系辞称《易大传》。

现《周易》所见通行本出自《十三经注疏》魏王弼、晋韩康伯注，唐孔颖达疏。长沙马王堆汉墓曾出土有帛书《易经》，引起研究者的广泛关注。

（汤泽林）

3.《尚书》是怎样一部经典

《尚书》又名《书》《书经》，西汉初列六经之一。《十三经注疏》本《尚书》综合了今古文《尚书》共二十卷，第一卷是《尚书序》，相传为西汉孔安国所作，说明《尚书》成书的历史。余下共五十八篇文，分《虞书》《夏书》《商书》《周书》四部分。《虞书》含文五篇：《尧典》《舜典》《大禹谟》《皋陶谟》《益稷》；《夏书》有四篇：《禹贡》《甘誓》《五子之歌》《胤征》；《商书》有十七篇：《汤誓》、《仲虺之诰》、《汤诰》、《伊训》、《太甲》（上中下）、《咸有一德》、《盘庚》（上中下）、《说命》（上中下）、《高宗肜日》、《西伯戡黎》、《微子》；《周书》有三十二篇：《泰誓》（上中下）、《牧誓》、《武成》、《洪范》、《旅獒》、《金縢》、《太诰》、《微子之命》、《唐诰》、《酒诰》、《梓材》、《召诰》、《洛诰》、《多士》、《无逸》、《百奭》、《蔡仲之命》、《多方》、《立政》、《周官》、《君陈》、《顾命》、《康王之诰》、《毕命》、《君牙》、《冏命》、《吕刑》、《文侯之命》、《费誓》、《秦誓》。

经学家们认为《尚书》是记叙上古时代圣贤君主关于经邦治世的言论及发布的治国大法的书，篇名中的“典”“谟”“诰”“诏”“誓”都有这样的意思。

关于《尚书》的性质及成书过程，历来也有不同说法，经学家们都给它加上了神圣的光环。据说古代君王作为万邦之主，一言一行都不是随便的，都有垂范示教的作用，所以有史官记录君王的言行，所谓“左史记言，右史记事”。记事即为《春秋》之类，记言即为《尚书》之属。那么，《尚书》的原始素材便是出自古左史之手。据传孔子曾求《书》，得三千二百四十篇，断远取近，定可以为世法者百二十篇，作序，并向弟子讲授，其中漆雕开工《尚书》有成，并传孔子所定《尚书》。秦始皇焚书坑儒，《易》是筮书得免遇难，《诗》因口耳相传，非焚书所能灭绝，其他凡见诸文字的儒家经书，都难逃其难，《尚书》也不例外。有一称伏生的经师将孔子所定《尚书》百二十篇秘藏于山中。汉初，求能治《尚书》者，伏生寻所藏《尚书》，只得二十九篇，授于晁错。伏生在齐鲁讲授《尚书》，济南人张生和千乘人欧阳生得其传。欧阳生传倪宽，又有夏侯胜师从倪宽门人简卿学研《尚书》，夏侯胜传其兄子夏侯建。至此，西汉治《尚书》形成欧阳氏之学和大小夏侯之学，两者都源于伏生，此一系被称为“今文尚书”。西汉时期，今文尚书一直处于独尊地位。

汉武帝时，汉景帝之子、鲁恭王刘馀拆孔子旧宅以扩建宫室，从宅壁中发现虞夏商周之书并《论语》《孝经》，都用先秦古文字即蝌蚪文写成，汉时人已不能识。孔子之后孔安国得到这些古籍，呈报朝廷，一说因无人能识，遂秘藏府中不外传；一说孔安国以今文（即汉时隶书）读古文尚书，请求立于学官，未果。此孔壁古文尚书遂一直秘而不传，直到东晋梅赜将其献于朝廷，立于学官。不过，后世经学家都认梅赜所献《古文尚书》及《尚书孔氏传》为伪。

汉成帝时，广求能治古文尚书者，一个叫张霸的人献上一部古文尚书，共一百零二篇。成帝命将其与孔壁古文尚书相核对，相差甚远，认其为伪作。又传东汉杜林得漆书《尚书》，也是古文字。于是，《尚书》除已立于学官的今文外，又别出三种古文的。经书本来是神圣唯一的，现不但出了今古文书经，且古文又有多种，叫人莫衷一是。今古文开始还只局限于文字的不同，后来又涉及书的内容，便形成治《尚书》的今文派和古文派之争。西汉时崇尚今文《尚书》，东汉时古文《尚书》渐受推崇，著名经学家马融、郑玄都为之作注。

《尚书》今古文之争、真古文伪古文之争连绵不断，到清末为止，两千年来的经学家治《尚书》，主要工夫就在分辨真伪古文尚书和如何解释《书经》的“微言大义”。清末民初，一些有近现代气息的史学家开始跳出以经解经的怪圈，摆脱经学家之间纠缠不清的纷争，以历史主义的方法研究《尚书》及其他各经，对“凡经书必出自圣人之手”已有怀疑。顾颉刚就说，“六经皆周公之旧典”一句话，已经被今文家推翻，“六经皆孔子之作品”的观念，现在也可以驳倒了。且他还说，从前人们治学的最大希望是继承道统，现在应该打破求正统而代之求

“真实”的观念。他认为：“六经自是周代通行的几部书，《论语》上见不到一句删述的话；到孟子，才说他作《春秋》；到《史记》，才说他赞《易》、序《书》、删《诗》；到《尚书纬》，才说他删《书》；到清代的今文家，才说他作《易经》、作《仪礼》。”今文经学家都疑古文尚书为伪，只有经伏生所传的一支才是真经。其实，这也很难考证，经学家们都是极讲究师徒授受统绪的，只说孔子序《书》向弟子讲授，漆雕开传之，而漆雕开与伏生之间的授受关系就很不明确。并且，孔子序《书》，将三千二百四十篇定为百二十篇，也难考证。再者，中国上古史，明商夏既已困难，何况尧舜？传说的成分也是难免的，后人假托圣人之名以抒己意的，更是难免。《尚书》及其传、注、疏、解之类，作为研究中国古代历史和政治文化的材料，必须重视，只是不应迷信它，不应把它看作绝对的圣物。

（汤泽林）

4.《诗经》的主要内容是什么

《诗经》又称《诗》，《十三经注疏》中辑录311篇，其中《南陔》《白华》《华黍》《由庚》《崇丘》《由仪》六篇有题名而无辞，实305篇，称大数曰“诗三百篇”。

《诗经》的内容分风、雅、颂三部分：《风》含《周南》《召南》《邶风》《鄘风》《卫风》《王风》《郑风》《齐风》《魏风》《唐风》《秦风》《陈风》《桧风》《曹风》《豳风》；《雅》分《小雅》《大雅》；《颂》分《周颂》《鲁颂》《商颂》。“风”有两层意思：一是教化，君主以礼义施教化于民，民皆感而动之，这是上对下的教化。臣子对君主也有教化，臣子发现施政有得失，可以借物喻事以刺上，这类诗也称“风”，是“讽”的意思。二是界定地域，“以一国之事，系一人之本，谓之风。言天下之事，形四方之风，谓之雅”。所以，《风》部诗都是就某一国的事情而发的。“雅”字的意义，一是指施教天下四方之风；二是含“正”的意思，“正”指“齐正”，君王施政于天下，使天下齐正，臣民

述此齐正的政治，即为“雅”诗。“政”分小大，诸如饮食宾客、赏劳群臣等为小事，述此类事的诗为“小雅”；周受天命代殷，尊考祖以配天地，泽被昆虫，仁及草木等，对于君王施政来说是大事，述这类事的诗为“大雅”。“颂”是“美盛德之形容，以其成功告于神明”的意思。“颂”都是赞美诗，功成才能赞，无功或功未成不能赞，所以“颂”诗都是述说先人已成就的功德。

《诗》有六义，风、雅、颂三义是就内容说的；赋、比、兴是就表现手法说的。“赋”训“铺”，是直接陈述的意思；“比”是不直言当时之事，比类于某物以抒己意；“兴”也是不直言，而托于某物以表己意。为什么不直言而用“比”“兴”呢，一说是有所顾忌，刺时政得失而有所惧，所以用“比”，赞美功德又担心人说成是媚谀，所以用“兴”；一说“比”“兴”并非起于顾忌，而是诗本来的表现手法。

《诗》有“四始”。何谓四始，其说不一。郑玄解“四始”，即指风、小雅、大雅、颂。认为此四者，“人君行之则为兴，废之则为衰”。所谓“始”，是“王道兴衰之所由”。又有说“四始”是指《风》《小雅》《大雅》《颂》各部分的第一篇，即《关雎》为《风》始，《鹿鸣》为《小雅》始，《文王》为《大雅》始，《清庙》是《颂》始，并说这四始是经孔子定的，不可更改，认为这对理解《诗》的本义有重要意义。

《诗》又有“正诗”“变诗”之说。“正诗”是正面赞美先圣和时政的，“变诗”是刺施政之失的。因为《颂》是歌颂圣君的功德的，所以不分正、变，只有《风》《雅》有正、变之分，称正风、正雅和变风、变雅。变风、变雅都是出自乱世，“至于王道衰，礼义废，政教失，国异政，家殊俗，而变风变雅作矣”。周政衰微时期的诗即为变风、变雅。

研读《诗》，涉及作诗人、引诗人、诵诗人、编诗人、删诗人。一般认为《诗》作于西周初至春秋时期，作诗者有民间无名氏，也有圣贤。关于圣贤所作诗，今古文经学家有激烈争论。经学家认为，诗是言情志的，所以，有史官专门负责收集诗，供君王以观民心民情。《诗》的原始素材可能就是出于史官之手。据说，孔子时有这样的诗三千多篇，人们广泛传诵，并且都能心照不宣地理解诗的含义，吟诵诗，用诗表达自己的意见，被认为有很高的修养。广泛传诵也可能使诗的本义走失，孔子鉴于此，删定诗三百篇，作为正礼义纲常的经典，教授弟子。由孔子所定的这三百篇诗，就是《诗经》，传授《诗经》的第一代传人是孔子的弟子子夏。现通行本《诗经》诸篇有一序，称“诗大序”，据说就是子夏所作。

西汉初，《诗》正式列为六经之一，立齐鲁韩三家诗为学官，设博士，这是今文《诗经》。东汉时期，今文《诗经》受轻视，逐渐失传，到宋代，只剩《韩诗外传》。另有古文《诗经》，称“毛诗”，据传是毛亨（大毛公）作传（《十三经注疏》辑录即为毛诗，诸篇之前的《训诂传》据说是毛亨所作）毛苌（小毛公）受此书。今文经学家认为毛诗不可信，皮锡瑞在他的《经学通论》中罗列多条理由申明毛诗的不可信处。

经学家赋予《诗》很高的地位，所以才视其为“经”。与文学家从文学的角度论《诗》不同，他们认为《诗》是正纲纪人伦的大法，不论君臣民人，都不可不知。知《诗》之道，君王可以使国家天下太平，反之，则失国亡身；臣民可以使自己享受荣福，避祸辱。《诗》不仅内容上含人生大道，且就表达情思的形式上说，它论事不质直言，而用比、兴。作诗引诗者不求胜人，旨在和人，不是直陈理论，而是以情动人。所以，学《诗》，可使人养成一种敦厚温柔、委婉平和的气质，利于人际关系的和谐。《诗》不同于《易》《书》《春秋》诸经，它有广泛的群众性，是“人人童而习之之经”。《诗》与歌、舞往往合为一体，是教化与娱乐合一的形式。《诗》之所以列为经，在于它的教化作用，教化形式是以情相感，相感而动即成风。所以，《诗》有《风》《雅》《颂》，概括地说都是“风”。依据这种关于诗教的观点，后世养成了“寓教于乐”“因乐施教”的传统。

近人多从文学角度看《诗》，经学家则极重它的教化意义。经学家之间争论的焦点是如何解说《诗》义。他们说，孔子用“思无邪”三字概括《诗》的精髓，合此义的是正义，其他则是旁义、俗义。然而，真正解说《诗》中每一篇的正义，也非易事，必定年代久远，难于考证。经学家们所谓的正义，往往在

《诗》设定为经的前提下，先规定一个解《诗》的框框，而这个前提本身又是有待深入研究的。《诗》作为古代文化的重要史料，从文化人类学、民俗学、社会学的角度深入研究，对了解西周时期的社会风貌有重要意义，只是要摆脱掉经学家事先设定的圈子以及其他人为设定的公式，真正遵循实事求是的原则。

（汤泽林）

5.《周礼》是怎样一部经典

《周礼》本来称“周官”，西汉刘歆始称“周礼”，唐代列入九经，又称“周官经”。收入《十三经注疏》中的《周礼》是东汉郑玄注，唐代贾公彦疏，全书分四十二卷，含六部分，即《天官冢宰第一》《地官司徒第二》《春官宗伯第三》《夏官司马第四》《秋官司寇第五》《冬官考工记第六》。此六部分，汉代称“六篇”，第六篇本应是冬官司空，因亡佚，用考工记代替。六部分即西周国家的六个职能部门，据说是象天、地、春、夏、秋、冬以设官制。天官冢宰，是象天设官，冢宰即大官的意思，是协助周天子统领百官、总揽万事的，不专司某一部门。地官司徒，是象地设官，司徒率部属辅佐周天子安抚邦国，是掌邦教的。春官宗伯，是象春设官，宗伯统领史、祝、卜、礼诸官，主持祭祀天地鬼神方面的事务，是掌邦礼的。夏官司马，是象夏设官，司马掌邦政，率部属主持军旅方面的事务。秋官司徒，是象秋设官，司徒掌邦禁，率部属主持刑罚方面的事务。冬官司空是象冬设官，冬季农事休息，主要从事手工业活动，司空掌邦事，使天下属民都有事可做，不因冬闲而游逛，使人恪尽职守，立业富家。汉河间献王刘德献《周礼》时，已无冬官司空，重金到民间寻求，未得，才以《考工记》补上。《考工记》是春秋末齐人所作，是中国古代手工业方面的重要书籍。上述六个部门都有明确的编制，总共设官职大约360个，每个岗位都有确定的人数，并规定了各自的职责。看起来，《周礼》很像是一部西周王朝国家机构的组织法。

《周礼》在诸经中最晚出，据传是汉武帝时河间献王刘德所献，因是古文，无人能识，遂藏于秘府，未外传，到西汉末刘歆时才重新整理问世。古文经学家多认为《周礼》是周公所作。周公代成王摄政六年后才政于成王，担心成王年少，经验不足，治世偏离周制，作《周礼》以戒成王。秦始皇行政用商鞅之法，对《周礼》特别仇视，焚书坑儒时对此书尤欲彻底灭绝，虽有人藏于山岩之中，损失却最大。再者，据考证，西周的实际官制情况与《周礼》中所记也不一致，所以不少人，特别是今文经学家多不信《周礼》，认为《周礼》最早出于战国时期，绝不是周公所作。也有人认为，尽管西周官制并未实行《周礼》所记，但并不能因此否认它是周公所作，制官礼后因实际情况的变化，不能尽数实行的情况，历代都有。礼法随世变迁，因当时情况的变化，礼法也定会有增删，《周礼》也可能如此，周公最初作《周礼》，其后有人随世变而对之除旧布新，但哪些为周公原作，哪些为后人增删，已不可考。所以，不能怀疑《周礼》的真实性。《周礼》作为理想的经邦治国的组织制度，基本原则永远有意义。东汉郑玄就是坚信《周礼》为真的，他注经就以《周礼》为基础。宋朝张载也认为《周礼》为真，只是其间有后人增删。近人参照周秦铜器铭文所载官制，根据《周礼》中的政治、经济制度等，确定《周礼》是战国作品。

（汤泽林）

6. 为什么说《仪礼》是一部记载古代习俗礼仪的经典

《仪礼》又称“士礼”，汉初立五经，礼经就是《仪礼》，那时没有“仪”字，只称“礼”，全经共十七篇。关于《仪礼》的作者，今文经学家说是孔子，古文经学家说是周公。《史记·儒林列传》说，“礼”自孔子时其经已不具，到秦始皇焚书，散亡亦多，并没有说周公或孔子作《仪礼》。近人考证，《仪礼》当是出自战国初到中期。《汉书·儒林传》描述《仪礼》自汉初的传授系统，说是鲁高堂生传《士礼》十七篇，而鲁徐生善为“容”，即能指导人按礼行事，却不善讲礼经。徐生以“容”升为礼官大夫，其弟子也以善“容”为礼官大夫。瑕丘人萧奋从鲁高堂生受礼经，孟卿事萧奋，又传礼经于后仓。后仓说礼数万

言，号曰“后氏曲台记”，曲台殿是汉未央宫前，后仓是曲台殿署长，他在这里校书著礼记，即“后氏曲台记”。后仓又传《仪礼》给戴德、戴圣、庆普，于是《仪礼》有大戴（戴德）、小戴（戴圣）、庆氏三家之学。

《仪礼》作为礼经的地位确立后，有古文礼书出现，一个是河间献王献古文书中有礼书，一个是鲁恭王坏孔子旧宅，所得古文书中有礼书，共五十六篇，其中十七篇与当时立于学官的《仪礼》十七篇同，只文字稍有差异。后人把五十六篇中除去十七篇，剩下的三十九篇称为“逸礼”。“逸礼”后来失传，因为有这五十六篇古文礼书出，有人怀疑《仪礼》十七篇为残缺不全，不足以为礼经。礼经的今古文之争遂起，后来一直无休止。东汉郑玄注经书，长于礼书，他将礼书分为《周礼》《仪礼》《礼记》史称“三礼”。郑玄认为《周礼》才是礼经，《仪礼》只是礼传。今文经学家对此很不满，认为郑玄将《仪礼》的地位降低了。但郑玄分礼书为三，解决礼书流传方面的混乱思想，给出一个将礼书统一起来的较为合理的结构，因为被世人认可，就一直延续下来。

现收入《十三经注疏》中的《仪礼》，是郑玄注，唐代贾公彦疏，共十七篇，即《士冠礼第一》《士昏礼第二》《士相见礼第三》《乡饮酒礼第四》《乡射礼第五》《燕礼第六》《大射礼第七》《聘礼第八》《公食大夫礼第九》《觐礼第十》《丧服礼第十一》《士丧礼第十二》《既夕礼第十三》《士虞礼第十四》《特牲馈食礼第十五》《少牢馈食礼第十六》《有司第十七》。

《仪礼》不涉及庶人、“野人”。行“礼”的主体是天子、诸侯、卿大夫、士。“礼”是行为规范，规定了不同场合、不同社会角色地位的人之间的相互关系，以及待人接物的具体行为守则。《仪礼》十七篇将一个人从行成年礼开始到死亡的各种社会活动规则，都事无巨细地做了具体规定。据说，十七篇的顺序也是不能随便更改的，例如，之所以把“士冠礼”放在第一位，是因为男子二十岁始冠，是成年的标志，“士”的身份由此开始。成年后第一件大事便是结婚成家，所以“士昏礼”便放在第二位。古代有“五礼”说，是将各种礼事活动按其性质分为吉、凶、嘉、军、宾五类，十七项仪礼都可纳入这五礼之中，例如：“士冠礼”“士昏礼”是嘉礼，“士相见”属宾礼，“士丧礼”属凶礼，“特牲馈食礼”属吉礼等。中国古代还有“礼仪三百，威仪三千”的说法，前者指《周礼》，后者即指《仪礼》，可见其内容繁杂，非一般人能掌握，必有礼官专门司掌礼事活动。关于《仪礼》的这些内容，天子、诸侯、卿大夫、士等是否都能认可，自觉实行，恐怕并不尽然。《孟子·滕文公上》记载，滕定公薨，孟子劝世子行三年之丧礼，滕的同姓老臣和百官都不答应。所以，《仪礼》的真正实行要有国家力量干预，并未成为民间习俗。儒家理想的社会制度是讲究君臣、父子、长幼、男女的尊卑等级秩序，诸经典都为实现此目标服务。《仪礼》从日常生活的各个方面规范人们的行为，也是要确立这样的秩序，强化人们的尊卑意识。《史记·高祖本纪》上说，汉高祖刘邦开始见他父亲，行父子礼。刘邦父亲的家人说，不能如此，应行君臣礼。刘邦统一天下，见群臣武将们举止粗俗，刘邦很不满意。叔孙通作礼以正君臣秩序，刘邦很欣赏。《仪礼》中的各项规定，多是国家活动的范畴，与一般人的生活习惯和自由意识多有不合，所以，在民间的、私人活动的场合，人们不一定处处遵行《仪礼》，但在正式场合，它又是必须遵守的。

（汤泽林）

7.《礼记》为何在传统文化中占有十分重要的地位

《礼记》共四十九篇，是对《仪礼》的解释和说明。《仪礼》重在作，是“礼事”。《礼记》重在阐述必须遵行《仪礼》的道理，称“礼理”，是关于仪礼思想意识教育的。

《礼记》本来与《仪礼》不分，是作为礼传看待的，又称“曲礼”。但皮锡瑞认为“曲礼”不是《礼记》，而是《仪礼》。“曲礼”名称的来源，是汉后仓氏从孟卿受《仪礼》，在汉未央宫前的曲台殿校书著记，成书是《仪礼》。《礼记》应是汉高祖时人叔孙通所作。现收在《十三经注疏》中的《礼记》将四十九篇分为六十三卷，是戴圣所作，称“小戴礼记”，以区别于戴德的“大戴礼记”八十五篇。《大戴礼记》现已失传。

《礼记》收集了秦汉前儒家关于社会经济、政治、文化制度及道德伦理的论述，是古典儒家学派关于“礼”的理论的大全。六十三卷中，《曲礼》占五卷，主要是解说日常生活中的“礼事”活动。作者特别强调礼的重要作用。“夫礼者，所以定亲疏，决嫌疑，别同异，明是非也。”“道德仁义，非礼不成；教训正俗，非礼不备；分争辨讼，非礼不决；君臣上下、父子兄弟，非礼不定；宦学事师，非礼不亲；班朝治军，莅官行法，非礼威严不行；祷祠祭祀，供给鬼神，非礼不诚不庄。”（《礼记·曲礼上第一》）又认为，有礼是动物与人类的根本区别。《檀弓》篇也占五卷。檀弓，人名，战国人，善礼。此篇收集了诸多历史材料，结合这些材料具体说明怎样行合于礼，怎样行就不合于礼。例如，仲子（鲁同姓贵族）不立嫡孙，而立庶子为嗣，檀弓就认为不合于礼，并记此以警后人。《王制》篇占三卷，是记载先王班爵授禄、祭祀、养老法度的，传是汉文帝令博士所作。《月令》篇占四卷，原载《吕氏春秋》，记录一年中十二个月的月政所行。如春季立春日，《月令》记载：“立春之日，天子亲帅三公九卿、诸侯大夫，以春于东郊。还返，赏诸侯公卿大夫于朝。”（《礼记·月令》）《文王世子》篇，以周文王、武王、周公为榜样，记述了下事上，上教下的具体规范。譬如，文中说文王为世子时，每日三朝王季，鸡初鸣，即至寝舍门外问安，日中一次，日落后又一次。闻王季安好，文王乃喜；闻王季有不安，文王则“色忧，行不能正履”。这无疑是在树一个孝子的样板。

《礼记》诸篇中，系统性较强的是《礼运》《经解》《学记》《儒行》《大学》《中庸》等篇。《礼运》记述五帝三王世代历史的变迁和礼法制度的盛衰，其中关于“大同”和“小康”的描述，对后世有广泛深远的影响。所谓“大同”，即“大道之行也，天下为公。选贤与能，讲信修睦。故人不独亲其亲，不独子其子。”（《礼记·礼运》）在“大同”社会，老有所养，壮有所用，少有所长，孤寡废疾者都有所养，财尽其用，人尽其力，人人不必为己，所以相互间也不必谋于心计。这样的“大同”世界，一直是历代中国人所追求的目标。《学记》记载了儒家关于学与教方面的言论，是研究儒家教育思想的重要材料。《儒行》则汇集了有关圣贤君子的行为风范、道德情操的材料，成为士人塑造理想人格的依据。《中庸》《大学》被朱熹与《论语》《孟子》合为“四书”，成为元、明、清教化取士的标准教材，对近代中国社会都留下了深刻影响。

（汤泽林）

8.《春秋公羊传》是怎样一部经典

《春秋公羊传》属今文经系统，其作者，一般认为是公羊高。公羊高是孔子弟子子夏的学生，从子夏学《春秋经》，遂为之作传。公羊高传《春秋》于其子平，平传其子地，地传其子敢，敢传其子寿。公羊寿已是汉初时人，与弟子胡毋子都将《春秋公羊传》著于竹帛。另有说是公羊寿作《公羊传》。

汉初立五经，设博士，《春秋公羊传》在“春秋三传”中地位最高，汉武帝尤其好《公羊传》，治《公羊传》的学者也最多，公孙弘善讲《公羊传》而为宰相，董仲舒苦读数年，治《公羊传》有成，受武帝重视。西汉治《春秋公羊传》的还有严彭祖、颜安东，两人都是眭孟的学生。眭孟是董仲舒再传弟子，有弟子百余人，独善严、颜二人。眭孟死，严、颜二人各颛门教授，成为治《公羊春秋》独立的两家。

“春秋三传”相互排斥，公羊、谷梁两家都力贬《左传》，公羊、谷梁都属今文经，也互有抵牾，或说《谷梁传》先出，或说《公羊传》先出。《谷梁传》自有短处，影响不大，今文经学家最看重的是《公羊传》。

《公羊春秋》汉时由于有汉武帝支持，红极一时。《春秋左氏传》虽不立于学官，传播却渐广。到东汉，《春秋左氏传》的势力已有盖过《公羊春秋》的趋势。东汉今文经学家何休有感于此，作《春秋公羊解诂》，继承董仲舒《春秋繁露》的基本思想，定下解说《公羊传》的“义例”，力排《左传》。何休的《公羊传》“义例”有“三科九旨”说，“通三统”“张三世”说。所谓“三科九旨”，指三个科段内有九种旨意。新周、故宋，《春秋》当新王，是一科三旨；所见异辞，所闻异辞，所传闻异辞，是二科六旨；内其国而外诸夏，内诸夏而外夷狄，是三科九旨。“三科九旨”的大意是说，孔子是宋国贵族后裔，殷人之

后，但生在周世，作《春秋》成就素王之业，这是就时间顺序上讲的；就《春秋经》的史实上说，鲁隐公、桓公、庄公、闵公、僖公时事是孔子所传闻的，文公、宣公、成公、襄公时事是孔子所闻的，昭公、定公、哀公时事是孔子所见的；而就亲疏远近上说，《春秋经》依据鲁史，是以鲁国为内、为亲，诸夏列国为外，夷狄又次之。何休认为，"三科九旨"是孔子作《春秋经》的指导思想。所谓"通三统"，是指夏朝为黑统（人统），商朝为白统（地统），周朝是赤统（天统），夏、商、周三代礼法制度各有不同。孔子作《春秋经》，对三代制度各有损益，以"通三统"，作为后代改革法制的基本原则。所谓"张三世"，是说孔子在《春秋经》中听记鲁国十二公，隐、桓、庄、闵、僖对孔子是传闻时代，是"据乱世"；文、宣、成、襄是孔子所闻时代，是"升平世"；昭、定、哀是孔子所见时代，是"太平世"。按《礼记·礼运》记载，远古时代是"大道之行，天下为公"，为"太平世"；禹、汤、文、武、成王、周公时代是"大道既隐"，为"升平世"；春秋时代则是"据乱世"。何休将十二公的时代作了相反的描述，是"据乱世""升平世""太平世"，意为孔子作《春秋经》，微言大义复明，可为万世师法，是历史进入"太平世"的开始。何休发挥《公羊春秋》的这套思想，正是为今文经学家所看重的地方。皮锡瑞所谓《春秋经》重在申明"微言大义"，他所谓"微言"是指改革法制，大约就是"通三统""张三世"的思想了。清代今文经学家也极为推崇"通三统""张三世"说，并运用到当时的政治实践中去。

《公羊春秋》的"大一统"思想，也是被政治性极强的今文经学家所看重的。《春秋经》关于隐公元年一条，经文是"元年春王正月"。《左氏传》只写："元年春，王周正月，不书即位，摄也。"《公羊传》文是："元年者何？君之始年也。春者何？岁之始也。王者孰谓？谓文王也。何为先言王而后言正月？王正月也。何言乎王正月？大一统也。"所谓"大一统"，即"普天之下，莫非王土，率土之滨，莫非王臣"。所谓"春秋大义是讨逆臣贼子"，就是根据这"大一统"思想而发的。

《春秋公羊传》是今文经学思想的重要体现之一，研究经学史不能不注意此书，然而它留给后人的学术价值，确是极为有限的。

（汤泽林）

9.《春秋谷梁传》是怎样一部经典

“春秋”一词是战国时人对此前各国史记的通称。中国古代宫廷中有史官，专门记录君主帝王的言行及天下国家大事，并有分工，右史官记言，左史官记事。这种由史官所记的典籍即为“春秋”，取一年四季之意。所以，“春秋”是中国最早的编年体史记。

春秋时期，各国史记又都有自己的特称，如晋国称“乘”，楚国称“梼杌”，鲁国称“春秋”。经学史上的“春秋”是出自鲁国的古史记。

“春秋”本来是史，据传孔子根据这些史料，选取自鲁隐公元年至鲁哀公十四年（后有人续至哀公十六年）共244年间的事，对这期间的人物事件加以褒贬扬抑等评论，申明所谓治世的微言大义，“诛讨乱臣贼子以威后世”“改立法制以致太平”，成为《春秋经》。这是今文经学家的看法，但即使承认孔子成《春秋经》意见也不一致，有的说是孔子“修”《春秋》，有的说是孔子“作”《春秋》，有的说孔子只是整理抄录《春秋》。杨伯峻先生考记，孔子并没有“作”《春秋》，顶多是利用《春秋》作教材教授学生。

《春秋经》有三传，即《春秋谷梁传》《春秋公羊传》《春秋左氏传》。

《春秋谷梁传》的作者据传是谷梁赤，他受《春秋经》于子夏并为之作传，又有说是谷梁赤门人所作。《谷梁传》的师徒传授统绪不太明确，最初只是口耳相传，汉初书于竹帛。据《汉书·儒林传》载，瑕丘江受《谷梁春秋》于申培公，申培公是秦末汉初人，瑕丘江又传《谷梁春秋》给他的儿子至孙子，到他的孙辈，《谷梁春秋》立博士。汉武帝时，公孙弘、董仲舒治《公羊春秋》，曾与瑕丘江议论，瑕丘江不及董仲舒，于是，武帝尊崇《公羊春秋》，《谷梁春秋》地位不及《公羊春秋》。到汉宣帝时，丞相韦贤、少府夏侯胜等，都是鲁人，说谷梁子是本于鲁学，公羊氏是齐学，力主兴《谷梁春秋》，获宣帝认可。此后，

《谷梁春秋》的地位一度上升，治《谷梁春秋》的学者也不少。晋代范宁认为这些人对《谷梁春秋》的解说多有不当之处，未能释《春秋经》的本意，便召集同朝二三学友及弟子数人，作《春秋谷梁传集解》。在该书序中，范宁比较“春秋三传”，断为：“《左氏》艳而富其失也巫，《谷梁》清而婉其失也短，《公羊》辩而裁其失也俗。”《谷梁》的所谓短，是说“经”中本该作“传”的，《谷梁》却未作。《谷梁传》在经学史上的影响不大，流传范围也不广，只在汉宣帝世兴了一时，其“短”可能是一个原因。皮锡瑞解释说：《春秋经》本义是弘扬微言大义，最能体现这种精神的是《公羊传》。《左氏传》虽不讲微言大义，但详于记事，也为世人所重视。唯《谷梁传》只讲大义，不传微言，在“经”与“史”两方面难敌《公羊传》和《左氏传》，以至治《谷梁春秋》的学者寥寥，几近失传。范宁所作《春秋谷梁传集解》由唐初人杨士勋作疏，收入《十三经注疏》中。

（汤泽林）

10.《春秋左氏传》是怎样一部经典

《春秋左氏传》属古文经系统，汉初立五经，《春秋》经只有《谷梁传》和《公羊传》设博士，立于学官。西汉时，《春秋左氏传》的流传有两种情况，一是出自孔子旧宅屋壁，是用先秦古文书写的竹简，孔安国力争将其立于学官，因今文经学的排斥，未能成功，但师徒相授受者不少。《汉书·儒林传》上说，汉兴，北平侯张苍、梁太傅贾谊等都修《春秋左氏传》，传至西汉末，刘歆治《左传》已自成一家。刘再度力争将《左传》立于学官，仍没有结果。二是民间流传。战国时期，《左传》的流传就已很广，《战国策》《韩非子》《荀子》中都有引用《左传》的文字。楚威王和赵孝成王为读《左传》方便，还曾让人另编微缩本。可见《左传》已很受重视。秦始皇焚书，并不能根绝人们的口头传播，至汉初，《左传》在民间的流传一直未中断。

关于《春秋左氏传》的作者，历来其说不一。多数倾向于“左丘明作《左氏传》”说。但左丘明是谁？什么时候的人？姓什么？是姓左名丘明，还是姓复

姓左丘名明？都没有明确答案。杨伯峻先生认为，作《春秋左氏传》的，是“某一儒家别派人物”。这位作者的思想受孔子思想影响，又与孔子思想有明显差异，并且杨先生推测，《左传》的成书时间是在公元前403—公元前389年。以后，由曾申（曾参次子）开始，师徒授受，延绵不绝。

《春秋左氏传》的特点及历史价值，由于学派的或是政治立场的不同，评价也不一致。晋代范宁说，《左传》的长处是艳而富，短处是巫。所谓艳，是就文笔上说的，《左传》文美；所谓富，是就史料内容上说的，材料丰富；所谓巫，是说《左氏传》中记有不少鬼神，巫觋之事。这三条评价，大抵中肯。范宁对《左传》体现的政治伦理思想也多有批评。他举了两件事，一件是鬻拳兵谏而《左传》认为是爱君，另一件是文公纳币而《左传》以为合于礼。鬻拳兵谏发生在庄公十九年，鬻拳以有事强谏楚子，楚子不从。鬻拳以兵器对着楚子，楚子惧而从。鬻拳认为自己以兵器使君惧，罪莫大焉，遂自己砍下双脚。《左传》评价，君子曰：“鬻拳可谓爱君矣，谏以自纳于刑，刑犹不忘纳君于善。”范宁认为，以兵谏君，则君主可以为大臣任意胁迫，这是大逆不道的。文公纳币发生在文公二年，说鲁文公在为鲁信公服丧期间即纳币行婚礼，今文经学家认为此是不孝，不合礼法。《左传》则说：“襄仲如齐纳币，礼也。”同一件事，《公羊传》则说这是该讥讽的，因为不合于礼。看来，《左传》对历史事件的解释评价，确有不同于儒家正统观念的地方。

《左传》在史学上的价值是极为突出的。中国古史，有确切文字可考的，实自春秋时起。所以如此说，很大程度上是因为有《左传》对春秋史实作了详细的记载。《春秋经》文字极简，若没有《左传》，许多历史事件的本来面目实在无法弄清。像《谷梁传》《公羊传》那样，根据礼法、道德观念对简单的经文作解说，于弄清史实不会有多大帮助。《春秋左氏传》对研究春秋及以前的中国历史，是必备的资料。

《春秋左氏传》注本很多，以晋代杜预的注本最优。此注由唐代孔颖达作疏，收入《十三经注疏》中。

（汤泽林）

11.《论语》是怎样成书的，其中心思想是什么

《论语》是辑录孔子及其弟子言论的书，东汉时列为七经之一（其余六经是:《诗》《书》《易》《礼》《孝经》《春秋》)。现通行本《论语》共二十篇，即《学而第一》《为政第二》《八佾第三》《里仁第四》《公冶长第五》《雍世第六》《述而第七》《泰伯第八》《子罕第九》《乡党第十》《先进第十一》《颜渊第十二》《子路第十三》《宪问第十四》《卫灵公第十五》《季氏第十六》《阳货第十七》《微子第十八》《子张第十九》《尧曰第二十》。

关于《论语》成书，说法不一。三国时魏人何晏认为，《论语》所记是孔子应答弟子及时人所问，或孔子弟子相互间述说孔子言论的，弟子们各有所记。及孔子卒，弟子们担心自己分离之后，各生己意，孔子真意失传，便相与论撰，辑成《论语》。粗略地说，《论语》成书大体如此。孔子授徒讲学，弟子三千，贤人七十，既不是像现在这样面对几十人、上百人讲大课，也无现在这样的教科书、讲义。当时只是口耳授受，老师讲学生听。并且孔子讲学，重因材施教，学生随时发问，老师及时解答，一问一答即是教学。所以，弟子们聆听孔子教诲，多是记下孔子答自己所问及答学友所问。孔子死后，弟子们聚集在一起，各述自己所记，总而成书。但若成为现存《论语》这样编排的集本，并刻成书，仍要“执笔人”。东汉郑玄曾提及仲弓、子游、子夏撰定《论语》，宋朝程颐则说是有子、曾子的门人所成，具体情况难于考定。

西汉时期，传世《论语》有三种——《齐论语》《鲁论语》《古论语》。《鲁论语》是鲁人所传，有二十篇，篇次基本同于现通行《论语》;《齐论语》是齐人所传，有二十二篇，比《鲁论语》多《问王》《知道》两篇，各篇章句也多于《鲁论语》。齐、鲁《论语》先秦时期都是口耳相传，不见诸文字，所以得免于秦火之祸，汉初仍以师徒家传的形式传于世间。汉元帝、成帝时人张禹兼学《齐论语》《鲁论语》，将两者统合为一，称《张侯论语》，后汉人包咸、周氏为之作训解，并立于学官。《古论语》相传出孔子旧宅壁中，有二十一篇，篇次不同于齐、鲁《论语》，孔安国作训解，但不传于世间。东汉郑玄综合《齐论语》《鲁论语》《张侯论语》《古论语》，博采众长，并作注，定成今存《论语》的型制，《十三经注疏》所录《论语》即何晏、郑玄本为主作集解，宋代邢昺作疏的本子。

《论语》自东汉列为“经”，渐受重视。到宋代，经学家解经重义理，而义理之源泉，他们认为自当在孔子。《论语》所记，多是孔子答弟子及当时人关于仁、义、礼、智、信等问题的言论，直抒孔子的思想和情怀，描述孔子接人待物处世的仪容举止，所以，尤为宋儒推崇。朱熹始将《大学》《中庸》《论语》《孟子》合为一，作《四书集注》，《论语》的地位被提高了。程颐则说：“学者当以《论语》《孟子》为本。《论语》《孟子》既治，则六经可不治而明矣。”《论语》不是论文，看起来没有一个中心主题，各篇篇名也不是论题，综合起来看，似又紧紧围绕一个中心主题，不像是辑录者拼凑而成的集子。通观《论语》，它是在描述圣贤君子的形象以及他们的思想情操、行为举止，并且不是空发议论，而是结合具体事物、环境，说明圣贤君子应是怎样想、怎样做。《论语》的中心是回答什么是圣贤君子，以及怎样才能成为圣贤君子的。

《论语》讲得最多的是一个“仁”字。讲圣贤君子都离不开“仁”。“君子去仁，恶乎成名。君子无终食之间违仁，造次必于是，颠沛必于是。”（《论语·里仁》）具体什么是仁，孔子未下明确定义。“子罕言利与命与仁。”（《论语·子罕》）孔子重仁为什么又罕言仁？朱熹说是因为“仁之道大”，不好空泛而论。孔子解仁，是针对弟子就具体人、具体事、具体场合的问题，发挥“仁”字的精神实质。大体说来，《论语》讲“仁”有两条主要线索，一是“道”，一是“礼”。天有天道，地有地道，人有人道，为人之道就是“仁”。“仁”就是人的本质，真正意义上的人的定义。所谓至贤君子，即真正的人，就是有志于行人道，即“仁”道，勇于行仁道，坚韧不拔地行仁道。孔子并非把“仁”当做抽象的空洞物，“仁”应体现在人的一言一行之中，有明确的外在表现，这又主要集中在“礼”字上，“克己复礼为仁”（《论语·颜渊》）行仁道就是要做到“非礼勿视，非礼勿听，非礼勿言，非礼勿动。”（同上书）言行合于礼的表现又是多方面，待己则要下为私欲所害；待人要讲究孝悌、爱人；施政则“因民之所利而利之，……择可劳而劳之。”（《论语·尧曰》）总之，要突出一个“和”字。

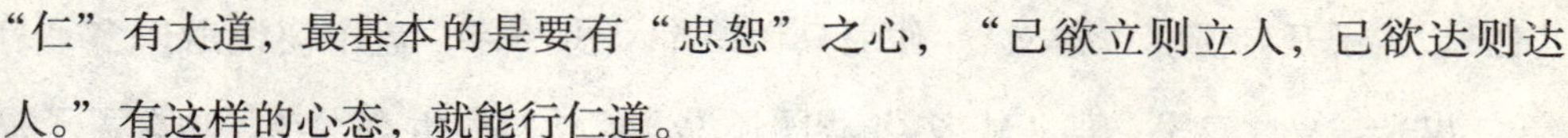

“仁”有大道，最基本的是要有“忠恕”之心，“己欲立则立人，己欲达则达人。”有这样的心态，就能行仁道。

如何成为志士仁人？《论语》突出一个“学”字，“学而时习之”（《论语·学而》），学习也就是“克己”的过程，“修己”的过程。克己而复归于礼，修己以敬，修己以安人，修己以安百姓，这就是行仁道的最高境界了。

（汤泽林）

12.《孟子》有何价值

《孟子》一书在西汉文帝时与《论语》《孝经》一起曾立博士，武帝罢废，只立五经博士。到宋代，《孟子》被列入十三经，朱熹把《论语》《大学》《中庸》《孟子》集在一起，重新作注，从此它又成为“四书”之一。

《孟子》书的作者，大多数人从《史记》的说法，以为是孟子所作。孔子当时周游列国，道下为用，退居鲁而定《书》，删《诗》，笔削《春秋》。孟子与孔子相似，他先游事齐宣王，齐宣王下能用，到梁国，梁惠王对孟子的治国方略也不感兴趣。孟子生活的战国时期，各诸侯国争霸天下，以富国强兵为要务，秦国用商鞅，楚、魏用吴起，齐用孙子、田忌，都是长于攻伐，合纵连横之术者，孟子则坚持祖述唐、虞、三代之德，被认为是迂腐的。无奈，孟子返回家乡，与门生万章等人序《诗》《书》，阐发孔子的思想，作《孟子》书。秦始皇焚书坑儒，《孟子》书作为诸子论，躲过秦火，世间一直有流传。后来，东汉人赵岐作注，末代孙奭作疏，《十三经注疏》本中《孟子》就是以赵、孙二人的注疏为蓝本的。

《孟子》有十四卷，即《梁惠王上》《梁惠王下》《公孙丑上》《公孙丑下》《滕文公上》《滕文公下》《离娄上》《离娄下》《万章上》《万章下》《告子上》《告子下》《尽心上》《尽心下》。作为儒家经典，《孟子》只能“述仲尼之意”，超不出治世、做人两大主题。当然，既独立为经，也自有其特色。朱熹《四书集注·孟子序说》引程颐的话说：“孟子有功于圣门，不可胜言。仲尼只讲一个

‘仁’，孟子开口便说‘仁义’。仲尼只说一个‘忠’字，孟子便说出许多‘养气’出来。只此二字，其功甚多。”程颐还说，孟子对后世有大功，功在孟子提出“性善论”，认为孟子的“性善”“养气”论是发前圣所未发。孟子认为，人心本善，只要能做到尽心知性，邪念就能被剔除，回归于人的本心。良知，即恻隐之心，羞恶之心，辞让之心，是非之心。做人要做正人君子，修身以成君子，关键在正心，而正心要在自我培养“浩然之气”。这是孟子关于修身养性做人方面的主要思想。

《孟子》讲得最多的是治国方略，可以说是儒家政治思想的集大成者。《孟子》发挥孔子“仁”的思想，提出“仁政”论，这是它与《论语》最明显的区别。孔子论“仁”，主要是从道德意义上讲的，将“仁”作为圣贤君子的道德品行和人际间的伦理规范。《论语》也散见一些政治思想，孔子论政治，把“正名”放在首位，认为名不正则言不顺，言不顺则令不行。他还认为，治民要“道之以德，齐之以礼”。(《论语·为政第二》) 又讲到治国有三大措施：足食，足兵，民信，以民信为第一位。孔子的政治理想是使春秋衰世恢复周礼，他的那些治世方略还都是建立在血缘宗族基础上的。孟子周游列国的目的与孔子已有所不同，他游说诸侯，虽祖述尧、舜、三代，但已不是再恢复周天子的一统天下，而是希望诸侯们能采用他的治国之道，称王天下。孟子是要辅佐诸侯完成保国王天下的事业，这与以攻伐、合纵连横术服务于诸侯的商鞅、吴起等人已无根本的不同，成为各自以一已之术取悦于诸侯的一家，《孟子》被作诸子论，逃过秦火之灾，看来也并非没有理由。

《孟子》中的“仁政”思想已是相当有系统的了。他说，要保身保家保国，成就王业，就该施仁政于民，周文王就因为发政施仁，才称王天下的。孟子认为，有国者要王天下，不在国土大小，所治之民人数多少，关键在“仁义”二字上，治国者要“善推其所为”，做到“老吾老，以及人之老；幼吾幼，以及人之幼”，“推恩足以保四海，不推恩无以保妻子”。(《孟子·梁惠王上》) 这是说治国者要有仁者之心。在具体措施上，孟子将“制民之产”作为施政的首位。孟子说：“夫仁政，必自经界始。经界不正，井地不钧，谷禄不平，是故暴君污

吏必慢其经界。”又说：“民之为道也，有恒产者有恒心，无恒产者无恒心。苟无恒心，放辟邪侈，无下为己。”（《孟子·滕文公上》）一国之民，如果少有所养，老有所安，生活有保证，天下人就会乐而归之，何愁王业不成？使民“养生丧死无憾，王道之始也。”（《孟子·梁惠王上》）

《孟子》政治思想另一重要内容是“民贵君轻”论。孟子说：“民为贵，社稷次之，君为轻。”（《孟子·尽心下》）这一思想为后来历代较为开明的帝王所重视。当然，还不能视此为“民为本”的思想，但对制衡“独夫”还是有积极意义的。

由此看来，《孟子》是研究儒家政治思想的重要材料。经学家们关于《孟子》价值另有自己的看法。韩愈说：“孔子之道，大而能博，门弟子不能遍观而尽识也，故学焉而皆得其性之所近。其后离散，分处诸侯之国，又各以其所能授弟子，源远而末益分。唯孟轲师子思，而子思之学出于曾子。自孔子没，独孟轲氏之得其宗。故求观圣人之道者，必自《孟子》始。”（朱熹《四书集注·孟子序说》）得孔子思想真传。这是经学家归纳的《孟子》的第一个意义。他们认为《孟子》的第二个重大价值是辟杨、墨邪说。韩愈说，杨、墨两家思想行于世，儒家的正道就要受损害，唯藉《孟子》之力，后人才知亲孔氏，崇仁义，贵王贱霸。所以，他以为孟子之作《孟子》书传世的功劳，不在禹以下。

（汤泽林）

13.《孝经》为何字数虽少却影响深远

《孝经》于东汉时列为七经之一。现存《十三经注疏》本《孝经》是唐玄宗李隆基注，宋朝邢昺疏，共十八章，即《开宗明义章第一》《天子章第二》《诸侯章第三》《卿大夫章第四》《士章第五》《庶人章第六》《三才章第七》《孝治章第八》《圣治章第九》《纪考行章第十》《五刑章第十一》《广要道章第十二》《广治德章第十三》《广扬名章第十四》《谏诤章第十五》《戚兴章第十六》《事君章第十七》《丧亲章第十八》。全经不足两千字，经前有一唐玄宗亲自作的《御制序》。

始作《孝经》者，有说是孔子，有说是曾子，有说是曾子门人。经文多是问答体，曾子问，孔子答，所以有的说是曾子记下这次问答，成《孝经》。说《孝经》是孔子亲自作的，也只依经文文体，或说因为“孝”是德之本，对治世做人太重要，所以认为有必要详细说明，传于后世。如没有其他佐证，只是以文论文，以经论经，上述说法都很难验证，也有可能是某无名儒者假托圣人之名而作。

《孝经》在秦代以前的流传情况，史籍记载不多，说孔子作《孝经》的，认为经书成于春秋时期，但当时儒学已不时兴，士人多靠一些实用性强的知识技术取悦于诸侯，学儒术的人大概已经不多，《孝经》的流传也不会广，授受统绪也不清。

《孝经》真正广泛流传从汉朝开始。据说，遭秦火后，西汉初人颜芝献出秘藏《孝经》，开始传授，《汉书·艺文志》说当时传《孝经》的已有长孙氏、江翁、后仓、翼奉、张禹五家，所传经文大同小异。东汉郑玄曾注《孝经》，称今文经。古文孝经也出自孔子宅壁，由孔安国传授，经文内容章序与今文孝经不同，后人称是孔安国伪作。

由皇帝亲自作注颁行天下的，诸经之中唯《孝经》，表明它在立经和传经者的心目中具有非同寻常的地位。

《孝经》也确不同于其他各经。其他各经的内容和意义虽也各有侧重，但基本上是从总体上通论治世人伦大道。《孝经》只以“孝”为中心，可以说是关于“孝”的专题论文。全经的结构也相当严谨，第一章首先点明“孝”在人伦中的地位，进而分别说明“孝”在天子、诸侯、卿大夫、士、庶人身上的具体表现，再进一步说明上述各层次人们在治国、事亲、敬亲、丧亲等具体事务上孝行的表现，系统地阐述了“孝”字的意义，绝不像散见于《论语》中关于“孝”的语录，不易抓住要领。《孝经》言简意赅，确不失为进行普及教育的好形式。

《孝经》之所以被赋予显要地位，经学家认为它是“百行之宗，五教之要”，

与《春秋》互为表里。《春秋》褒贬诸侯，要在正君臣父子，表明孔子的志，《孝经》则表明孔子崇人伦之行。人的行为应该有德行，而“孝”就是“德”的本源、本体。《孝经》旨在教人以孝行，从经文的内容看，“孝”实际上是确立一种尊卑长幼贵贱的人际关系，这是社会稳定，即国治天下平的重要条件。儒家思想的重点是讲治世和做人。两者统一起来形成一个治世在于治人，治人在于治人心，治人心在于灭人欲的公式。摒弃私欲，能使人归于本心、良知，即仁、义、礼、智、信，而良知在行为的表现就是孝行。如果世人都能有良知，行孝行，就达到了国治天下平的目的。所以，《孝经》被推到极高的地位上，主要还不在培养个人的道德品行，而是出于政治上的动机，则《孝经》的政治意义就远远大于道德意义了。

（汤泽林）

14. 为什么说《尔雅》是最早的一部词典

《尔雅》是中国最早的一部词典，唐宋时列入十三经之一。关于《尔雅》的成书时代及作者，说法不一。有说春秋以前就有了《尔雅》，孔子还曾教授过鲁哀公学《尔雅》。作《尔雅》的，有的说是周公，有的说是孔子、子夏。这些都属传说，无从考证。清代人以为，《尔雅》在汉代才逐渐成为型制，作书人不会是某几个人，而是文学家们不断收集整理材料，积累而成书，周公、孔子之名只是假托。此说应是可信的。

现收在《十三经注疏》中的《尔雅》，是东晋人郭璞注，宋代邢昺疏，分十卷十九篇。《释诂第一》《释言第二》《释训第三》此三篇解释一般性的词汇，特别是将古代表达相同意思的词集中到一起，用一个字或词解释它们的通义，例如，“禄、祉、履、戬、祓、禧、禠、祜，福也。”《释亲第四》《释宫第五》《释器第六》《释乐第七》《释天第八》《释地第九》《释丘第十》《释山第十一》《释水第十二》《释草第十三》《释木第十四》《释虫第十五》《释鱼第十六》《释鸟第十七》《释兽第十八》《释畜第十九》分别注释经书中出现的天地山川、草木

鱼虫、宫室器物、社会角色的称谓等方面的古字词。

凡经书，都是阐述关于天地人伦的微言大义的，《尔雅》作为文字学的书，为什么也被列入十三经之列?

据说，《尔雅》最初是为人们读懂《诗经》而作，但《诗经》中的字词只占全经的十分之一。又有说《尔雅》专为解释五经的字词，而五经字词也只占全经的十分之三四，据此，《四库全书》总目提要不认为《尔雅》专为读五经而作。不过，《尔雅》即长时间经众人积累而成篇，其最初的意图仍然可能是为读经。五经流传久远，到汉代字形字音已全然不同，其中提到的自然物、器物等，汉代或已失存，或即使存在，称谓也发生变化。总之，到汉代，先秦时的典籍，字已不能识，音已不能读，义已不知所指。经书所从列为经，目的在于施行教化，将经书的思想灌输到人们的头脑中去。如果人们全然不能识读经书，那么经的意义也就失去了。所以，《尔雅》这样的通古今字词的书，实际上就成了时人读书必不可缺少的工具。可以说，无《尔雅》，就无经书的实际价值，《尔雅》被尊为经的意义就在这里。

《尔雅》不像一些所谓从义理解释经书的经学家的言论。这些书往往主观臆测的成分很浓，借经书发挥自己的见解。《尔雅》释古字词采用收集大量古人言论的方法，例如，释天中用暴雨解“冻”，出自楚辞；释诂中用往字解“嫁”，出自列子等。这种方法也符合语言文字演变的历史过程。语言文字是标记事物的符号，传递信息的手段，其源头不是由圣贤先创制，再向社会推广，而是起自民间，约定俗成，再经加工使之规范化，释古代字词，以古人的实际用法为依据，提供了古字词的语境，使人更容易理解古字词的真实意义。同时，《尔雅》用古文献解释古字词，也就保留汇集了大量古文献的资料，有长远的历史意义。

（汤泽林）

15. 两汉经学的状况如何，今古文之争是怎么回事

皮锡瑞经学历史把经学分成十个发展阶段，即开辟时代、流传时代、昌明时

代、极盛时代、中衰时代、分立时代、统一时代、变古时代、积衰时代、复盛时代。其中两汉就经历了流传、昌明、极盛、中衰四个时期。皮氏是今文经学派，他认为孔子定六经开辟经学，孔子之前有书无经，例如《书》《诗》在孔子之前都有数千篇，但那不是经，因为微言大义不明，孔子定《书》百篇，删《诗》成305篇，《诗》《书》才成为垂范万世的经书。这一点可商榷。实际上，即使孔子定成六经，如果没有政府的支持，它们也不会成为经。秦以前，六经地位不佳，虽是显学，不过是儒、墨、法、道诸家中的一家。所以，经学开创由西汉始，没有汉政府的支持，六经就不成其为经。

经学在西汉初始立。汉初定天下，百业待举，首要的是吸取秦二世败亡的教训，制定新的制国方略。汉高祖刘邦认为自己是在马上打天下，不信儒学。有谋臣劝他说，在马上打天下，并非可以在马上坐天下。叔孙通这个人对儒学复兴是有功的，他是秦博士，归汉以后，很识时务，顺着刘邦的心意，逐步启发刘邦对儒学的兴趣。他说，儒学虽不能进取，但可以守成。叔孙通按儒学制定的礼仪，刘邦果然很欣赏，任他为太子太傅，叔孙通的弟子也多被任官，这是儒学在汉复出的开始。惠帝、吕后时，公卿都是武力有功之臣，儒学未受重用。文帝时，有儒生稍有征用，并立《诗》经博士，但汉文帝本好刑名之学。景帝时不任用儒者，窦太后又好黄老之术，儒学之士始终没受重用。

儒学的大翻身是在汉武帝时期。武帝建元五年（公元前136年）春，立《诗》（文帝时已立）、《书》、《礼》、《易》、《春秋》五经博士。武安侯田蚡为丞相，又罢黜黄、老刑名百家之言，重用文学儒士，凡通五经之一者，都受俸禄为官，一些治经有成就者，更高居显位，如公孙弘因精通《春秋》升为天子三公，封平津侯。

经学自西汉元帝、成帝至东汉，处极盛时期，全社会上下尚儒崇经成为风气。自公孙弘以治《春秋》为丞相后，成为惯例，凡丞相必用精通经术者。公孙弘还建议，为弘扬经术，请为博士官设弟子五十人，凡学经有成，都有任用，开中国明经取士之先。朝廷对这些因通经术而受任用的人给予极高的礼遇，不但任官，且免赋税。兴经学导以利禄，这是汉代推动经学发展的重要策略。自此，学习经学成为时尚，四海之内，学校如林，汉末太学学生达到了万余人，是从前从来没有过的。当时，社会上有这样的说法："黄金满籯，不如教子一经。"

西汉重经学讲究实用，朝廷制礼仪，定治国政策，必引经据典，官员论辩，帝王论政，也必定引用经文，出口成章，凡议论，不引经便无以作据，不足信。不少人在日常生活中，也确实努力实践经教，并不浮于空泛议论。所谓经学极盛，这是重要标志之一。"经"不论从国家施政还是生活言行上，都是实践的准则，起行为规范作用。这其中似没什么学术性，实际是"有经无学"，经文已明，照着做就是了，对"经"本身不能再生议论，皮锡瑞称此为经学昌明纯正的表现。当时流行的经文，主要是由"焚书坑儒"劫后余生的耄耋儒生口授，用汉代通用的隶书写成，故称为"今文经"。

经学的今古文之争始于西汉。秦始皇坑儒，经书都在该烧之列，《易》按占筮书论，《孟子》按诸子书论，躲过秦火。其他如《诗》是口耳相授，焚书也奈何不得。汉初倡儒学，凡无字的"经"，方开始书于帛卷上，这就是"今文经"了。另外的被秘藏而躲过秦火的经书，例如《书》，则是先秦篆书书写。所以，汉初经书就有今古两种文字的版本。

鲁恭王坏孔子宅，得到一批先秦经书，自然都是古文，这与当时已存在用今文（隶书）书写的经书有同有异。孔安国得到这批书，用今文读之，并请求立博士，这便与已获认可并占据一统地位的今文经博士们发生冲突。西汉末刘歆极力要打破今文经的统治地位，力争古文经的地位。刘歆后来做了王莽的国师，助莽篡汉，古文经的名声也随之大坏。东汉时期，今古经已不是两种文字的异同问题，而是涉及如何解释经书的意义，出现经今文学派和经古文学派的对立。

由于以利禄作导向，两汉学经论经蔚然成风，皮锡瑞看出这极盛之中已隐含走向衰落的趋势。今文经占统治地位时，学经极重师徒传授统绪即师法、家法，论经者绝不能背叛师门家规。古文经的出现打破了这种平静，辩论经义已是不可避免的。于是，开始出现对今文经的疑虑，有人认为今文经的风气不变，便难以经受古文经的诘难。于是，各种不同的经说纷纷萌生。其实，从经学发展过程看，这也是必然，就学术上说，也未必不是好事。

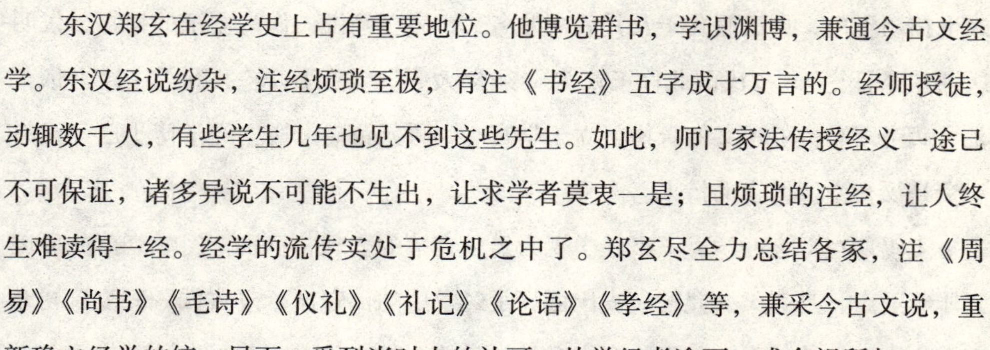

东汉郑玄在经学史上占有重要地位。他博览群书，学识渊博，兼通今古文经学。东汉经说纷杂，注经烦琐至极，有注《书经》五字成十万言的。经师授徒，动辄数千人，有些学生几年也见不到这些先生。如此，师门家法传授经义一途已不可保证，诸多异说不可能不生出，让求学者莫衷一是；且烦琐的注经，让人终生难读得一经。经学的流传实处于危机之中了。郑玄尽全力总结各家，注《周易》《尚书》《毛诗》《仪礼》《礼记》《论语》《孝经》等，兼采今古文说，重新确立经学的统一局面，受到当时人的认可，从学经者逾万，成众望所归。

（汤泽林）

16. 魏晋南北朝的经学有何发展

东汉灭亡，由汉代首倡的经学盛势随之终结。首先，经学的社会地位不再像汉时那么显赫。东汉恒帝、灵帝时期，有司隶校尉李膺等数人两次被诬为结党，株连数百人下狱，与政府政治密不可分的经学也因此而锐气大减，西汉时期在利禄诱使下万人学经的局面已成旧事。《三国志》载董昭上疏陈述当时的社会风气说："窃见当今年少，不复以学问为本，专更以交游为业。国土不以孝悌清修为首，乃以趋势游利为先。"（《三国志》卷十四《魏志·董昭传》）又有杜恕上疏说："今之学者，师商、韩而上法术，竟以儒家为迂阔，不周世用，此最风俗之流弊，创业者之所致慎也。"（《三国志》卷十六《魏志·杜畿传》）汉代重用明经身修者为官，议论政事都能引经据典。到魏晋时，公卿学士万人中，能依据经书议论时事的寥寥无几。

其次，汉初立经设博士，都取今文经学。后来，古文经学虽未能立于学官，但影响日增，有的今文经已趋于失传。郑玄注经兼采今古文，获大多数人认可，从此改变了汉初确立的经学格局。王肃是魏晋时期第一位大经学家，其经学思想也是合今古文，但又以郑玄经学为论敌。皮锡瑞对王肃很不满，说他本应该纠正郑玄合今古文经的错误，理出今古文经的分野，重新确立今文经学的纯正地位。而王肃却进一步混淆了今古文经的界线，连郑注经书中保留的今古文经分列的形式也扫荡干净，自己假孔子及其后裔的名义，另立经说，作为立论的根据，发明所谓“圣证论”。皮氏因此称王肃为“经学大蠹”。西晋初，王肃所注经书依他是晋武帝司马炎外祖父的身份，立于学官。到晋元帝时，所立经学博士已经没有一个是汉初十四博士的传人。

皮锡瑞把郑玄经学、王肃经学视为经学衰落的表现，特别把经学衰落的原因归罪于王肃，是有欠公允的。皮氏可算是经学中的保守派，复古派——复汉初今文学之古。按他的看法，汉初今文经学是最纯正的，足以垂范万世，不应再有丝毫变更。经学作为封建国家控制社会的意识形态，是因实用目的而产生的。有用，经学才能立住脚，不合于实用目的，必得随世势变迁而变更。从汉初到魏晋，今文经学的衰落，就是世势变迁的结果，郑玄经学和王肃经学都是经学适应世势变迁的表现。南北朝时期，随着国家政治的分裂，经学也分为“南学”和“北学”。北学主要继承郑玄的传统，流传于江北的经注中，《易》《书》《诗》《礼》都宗郑注，《春秋》取服虔注，服虔是郑玄的门生，与郑学实是一家。南学在学术上则以王肃经学为宗，《易》取王弼注，《书》取孔安国传，《春秋》取杜预注《左氏传》。

南北两家经学的地位与南北朝的政治状况有密切关系。北魏拓跋氏入主中原，努力适应中原礼仪，以巩固自己的统治，经学因而受到高度重视。北魏道武帝拓跋珪在建立政权之初，便把弘扬经学放在首位，立太学，设五经博士，征生员一千多人，历明元帝、太武帝，到孝文帝时，崇尚经学儒术已成为风气。

南朝重经学的帝王首推梁武帝萧衍。他在立国后不久即开五馆，建立国学，教授五经，置五经博士各一人，生员有数百人，全由朝廷供给费用，通过考试者，都授予官职。又派遣博士祭酒到各州郡立学，讲授经术，并诏皇太子宗室王侯都到学馆学研经术。经萧衍的推动，学经又成为士人向往的事，经学的地位有所提高。然而，梁武帝的崇儒政策并不持久，他本人好佛，起用儒学，只是为一时立住政权，并且在诸经之中，他只重视《礼经》，显然旨在用它的等级纲常秩序观念巩固自己的统治地位。

魏晋南北朝经学是经学史上承前启后的阶段。自东汉以来，由于经学，特别

是今文经学内容的匮乏，社会政治动荡分化，其一统权威地位已受到冲击，桓谭、王充对今文经，特别是谶纬灾异思想的批判，影响很大。古文经学烦琐训诂的学风也受世人冷落。以郑玄、王肃为代表的魏晋经学独辟蹊径，保持了经学的传统。后世经学大多以郑学王学为基础。

两汉时期，经学独尊。东汉末起，讲学术有四，即儒学、玄学、道家和佛教。魏晋南北朝时，玄学影响很大。玄学始于汉魏时期的“清谈”风。由于政局动荡，朝廷中的派系斗争复杂，官员和士人的地位不保，于是，他们不再议论具体的时政，转而议论清高玄远问题。这种风气培育了玄学。玄学尊崇老子、庄子的道家思想，又引儒入道，以道解儒，成一新的学派，王弼是其著名者。王弼注《周易》，把《周易》看做是解释宇宙的本末、体用结构的书，背弃经学家视《易》为正人伦纲常的主张，是经学玄学化的代表作。

（汤泽林）

17. 唐宋明清经学有何成就

隋朝结束了南北分裂的局面，不到三十年而亡。隋文帝、隋炀帝又从骨子里重佛轻儒，所以经学在隋朝没有什么大的作为。

唐继承隋的统一大业，重整纲常，把复兴儒学推到重要地位。唐太宗的统治经验是“戡乱以武，守成以文，文武之用，各随其时”。唐朝完善了科举取士制度，考试科目有八科，即秀才、明经、进士、明法、明字、明算、通举、童子。各科中第有严格标准，其中明经、进士科最受学子看重。明经科以九经为业，《礼记》《春秋左氏传》称大经，《诗》《周礼》《仪礼》称中经，《易》《尚书》《春秋公羊传》《春秋谷梁传》称小经。为适应科举制，唐朝在全国设立各级学校。在京师有国子学、太学、四门学、律学、书学、算学，各府、州、县、乡也都设学校，课程以经学为主。由于明经可以入仕，士人都以研读经学为进取。

唐代于经学的最大贡献是考定五经和撰定《五经正义》。唐代以经学治国，唐太宗经常与儒生议论经义，深感南北朝经学分歧杂乱，以为“经籍去圣久远，文字讹谬”。贞观四年，唐太宗诏颜师古于秘书府考定五经，颁行天下，命学者研习。又诏国子祭酒孔颖达主持撰定《五经正义》，即《周易正义》十四卷、《尚书正义》二十卷、《毛诗正义》四十卷、《礼记正义》七十卷、《春秋正义》三十六卷，共一百八十卷。唐高宗永徽二年，又诏诸群儒修订，永徽四年颁于天下，并作为明经科考试的依据。一直到北宋初期，明经取士都遵循《五经正义》为标准本。

李鼎祚的《周易集解》也是唐代传于后世的有影响的经学著作。该书共十七卷，汇集了从子夏开始到唐代三十五人的解《易》观点，是考辑古代《易》学的重要文献。

唐文宗开成二年，国子祭酒郑覃完成“开成石经”，将九经刻于石壁上，文宗很赏识，诏令立于大学，对长久保留经书文字有重要作用。后唐长兴三年，依“开成石经”文字，刻成九经印版，开经书刻木板之先。

两宋经学一反以往死板的注疏学风，注重解说经书的义理。汉初始立经学，今文经独尊一统，经学传授严守师门家法，决不可违背师说的一字一句。古文经出，经说有异，经学以辩论诸经说的正伪为主题。郑玄和王肃融合今古文经，兼采立说，似乎实现了经学的统一。但这统一只是众说的汇集，再不像汉初今文经学那样是唯一、绝对的垄断。唐撰定《五经正义》结束了经学南北分立，作为科举考试的标准，读经人都严守其说，不敢越雷池一步，经学又陷入僵化状态。“经”实在专一不变，又贵在实用。汉初，这两者基本统一，严守家法是不变，汉初立制度，定礼仪，都以经学为依据，是讲实用。然而既讲实用，而实事变，经学不可能不变，经学不变，便不可能永远实用。唐代用经学，重在用它取士，至于具体施政，已不拘于经说。宋代世事变迁，又不同于唐代，固守前代经说，已更是不可能，开一代新的经学风气，也是势在必行。

宋儒解经，当然不能离开经书的微言大义，否则，他们就不是经学中的一员了。但是，若只是囿于注疏经文，如无什么新的考古发现和文献资料，也断不会有什么新义。宋人抛开注疏，以阐扬经书义理为名，抒发自己的见解，这是思想上的一次解放。

经学在宋代的作用也发生了明显的变化，它的意识形态特色越来越突出。唐将《五经正义》主要用于取士，北宋初沿袭此法，但不用《五经正义》作范本，改用王安石等人的《三经新义》，即《毛诗新义》《尚书新义》《周官新义》。经书只作为考试入仕的工具，用它修身正已、经营事务的意义就丧失了，流于空泛议论也是难免的。以“二程”和朱熹为代表的理学，极力想排除经学中空发议论的劣迹，重申“经”贵在实用。但理学家从意识第一的角度看世事变迁，认为人心状况是决定社会治乱安危的根本因素，把经学作为正人心的手段。蔡沈《书经集传序》说：“二帝三王之治本于道，二帝三王之道本于心。得其心，则道与治固可得而言矣。……后世人主，有志于二帝三王之治，不可不求其道；有志于二帝三王之道，不可不求其心。求心之要，舍是书何以哉?”理学家初衷如此，但是以经书匡人心，也不太可能。元明以后，朱子理学极受重视，元代以五经四书作考官依据，明代只以朱子注四书为科举考试的标准教材，士人只为考取功名读经书，则经学只是控制社会思想和舆论的意识形态了。

经学到清代已是穷途末路。两千年的历史，它的全部内容已合于逻辑地全部演绎出来，其内在生命力几近终结。在没有新的思想体系能代替它之前，它当然不会自动退出历史舞台，必然要作最后的一搏。

大凡宗教或有准宗教色彩的圣经，面对新的环境，往往呈现两种姿态，一个是复古，一个是迎新。清朝的经学也大体如此。

“汉学”是反映清代经学复古倾向的一支，它是在反对宋明理学的基础上成长起来的。宋明理学在理论上达到了儒学的最高成就，但在汉学家看来，它又是导致国家危难、明朝灭亡的罪魁祸首。汉学家认为，宋明理学抛弃了儒学的精华，将大量佛、道思想引入儒学。挽救国家民族的危势，最根本的还是要儒家经典，但是，必须弄清什么是儒学的精神实质。于是，汉学家主张回到汉代经学家那里去，认为汉代去古不远，汉代经学更符合经学的本意，更有人主张经学的复兴应该复归其源头，回到孔孟、周公那里。

宋明理学所以背离经学的基本精神，汉学家将其归结为不懂古音古字、对经书缺乏实事求是的考据精神，只凭主观臆说演绎义理。所以，要恢复儒学经典的本意，必须倡求实考据精神，在古文字音韵、器物的训诂上下工夫。汉学对经学，以至对整个中华文化史的主要贡献也正在这里。汉学的开拓者顾炎武所著《京东考古录》《音学五书》，毛奇龄著《四书改错》，闫若璩著《古文尚书疏证》，胡谓著《易图明辨》，在今天也不失其学术上的重大意义。汉学吴学派的代表惠栋、皖学派代表戴震、扬州学派代表阮元等，在古文献的收集整理、勘定、训诂、拾遗补阙方面，都成就了不可磨灭的功绩。

经学的复古本意是弄清儒学经典的精神实质，训诂考据是为明道服务的。考据必须埋头钻研古文献，但醉心于故纸堆若成为一种风气，也确实有悖于经学的经世致用传统。以庄存与、刘逢禄为代表的清代今文经学力图纠正乾嘉考据学的偏颇，将经学运用于当时的政治实践。

《春秋经》被历代经学家视为政治性最强的，凡讲经世治民的，大多以《春秋》作思想依据。庄、刘等也长于治《春秋》。他们特别看重《春秋公羊传》阐发的“微言大义”和“大一统”思想。然而治“公羊学”，及至清代，在理论上已不会再有什么大的作为，在考据学之后，若不从训诂学上研究，在学术上也难成大事。庄、刘等人的作用，是继考据学后重新光大了经学的经世致用传统，清代今文经学的主要贡献不在理论方面，而在实践方面。龚自珍、魏源等人都接过“公羊学”的“微言大义”思想，不再就经论经，而是用心到时政的分析与社会政治的改革实践中去，这是既坚持经学的基本精神，又将其推向终结的道路。世事的变迁，眼界的开阔，西方文化的影响，今文经学家们提出的具体治世主张已不可能再囿于古典经学。譬如关于“政”，又含学校、地理、官吏、赋税、武备、律例、劝工、通商等“西政”的内容；关于“艺”，含算、绘、矿、医、声、光、化、电等“西艺”，也不再限于传统的“六艺”。清代今文经学已为“新学”的生长准备了条件，从而也就将统治中国两千年的经学逐渐推出了历史舞台。

（汤泽林）

18. 孔子

孔子姓孔名丘，字仲尼，鲁襄公二十二年（公元前551年）生于春秋鲁国昌平乡陬邑，鲁哀公十六年（公元前479年）卒于鲁，年七十三岁。孔子是中国伟大的政治家、思想家、教育家，儒家学说的创始人。

孔子先人是宋国（殷商之后）贵族，后衰落而徙居鲁国。孔子父亲名叔梁纥，母亲颜氏名徵在，史称孔子是父母野合而生。野合，《史记·孔子世家》索隐称是“不合礼仪”，叔梁纥老而徵在少，非当壮室初笄之礼。《史记·孔子世家》正义称男过六十四岁，女过四十九岁而结婚，为野合。孔子母十几岁，父过六十四岁，所以是野合而生。孔子青少年时代境遇不佳，生而丧父（也有说是三岁丧父），由母亲抚养长大。又因“贫且贱”，常受人辱。年岁稍长，孔子曾做过季氏的委吏，还曾为人管过畜牧事。

孔子被后人尊圣人，但他自己并不认为自己是生而知之者。孔子的长处是勤问好学。他对子路说：“好仁不好学，其蔽也愚；好知不好学，其蔽也荡；好信不好学，其蔽也贼；好直不好学，其蔽也绞；好勇不好学，其蔽也乱；好刚不好学，其蔽也狂。”（《论语·阳货第十七》）孔子把“学而时习之”当做一件乐事。孔子学无常师，他曾向老子问礼，向苌弘学乐，向师襄学琴。他认为人人可以为师，关键在于自己留心学习。孔子认为自己的才能是多方面的，这得益于自己少时的经历。“吾少也贱，故多能鄙事。”（《论语·子罕第九》）又因为他不为世所用，所以得以习艺并有所成。

孔子有丰富的古代礼法知识和历史知识。《史记·孔子世家》记有三件事，第一件事是孔子四十二岁时，鲁大夫季桓子凿井时得一状如土缶的东西，里面有一物像只怪羊，对孔子说是得物如狗，想以此测知孔子是否真的博学，孔子马上说，此怪物是羊而不是狗。第二件事是吴国伐越，毁会稽城，得一很长的大骨节。吴国专门派使节去问孔子这大骨节是谁的，孔子答是防风氏的，防风氏被禹杀于会稽山。吴国使者很佩服孔子的解答。第三件事是孔子游于陈国时，有一只带着箭的鹗鸟落宫廷中死掉了，陈湣公派人去问孔子此鸟的来历。孔子答，鹗鸟飞自肃慎国，因为只有肃慎国才有鸟身上带的那种箭，周武王克商后，肃慎曾把这种箭当做方物献给武王，武王又将此箭给了他的大女儿带到陈国。陈滑公派人到库府中查找，果然发现了这支箭。

孔子政治思想的核心是“礼”与“仁”，在治国的方略上，他主张“为政以德”，用道德和礼教来治理国家是最高尚的治国之道。这种治国方略也叫“德治”或“礼治”。这种方略把德、礼施之于民，实际上已打破了传统的礼不下庶人的信条，打破贵族和庶民间原有的一条重要界限。孔子的“仁学”思想在《论语》中多有论述，但多是针对具体问题而言，答案各不相同。不过从根本上讲，“仁”讲的是人与人之间的关系。那么人与人之间有没有可以贯穿始终的“一贯之道”呢？孔子认为就是“忠恕而已矣”。孔子进一步解释说，“己欲立而立人，己欲达而达人”，“己所不欲，勿施于人”。宋人朱熹说“尽己之谓忠，推己之恕”，也就是说与人相交，要有换位思考的意识，把反思自己认可性的原则用于为人处世，也可以算是“仁”。儒家的“忠恕之道”，就是基督教的“道德黄金律”，西方哲学中的“绝对命令”，是我们处理一切社会关系的根本准则。

孔子五十六岁时，曾官至鲁国大司寇，“摄相事三月”，治理鲁国很有成就，他也希望在家乡实现自己的政治理想。但是“堕三都”的行为得罪了鲁国执掌大权的季孙、孟孙、叔孙三大家族，因此鲁国的国君也不敢再支持孔子的改革。孔子由此觉得鲁国兴国无望，愤而出走。孔子时代，士人以自己的特长周游诸侯，谋求入仕，是很普遍的。孔子的求仕之路很坎坷，他先后到过齐国、卫国、宋国、楚国、陈国、蔡国，辗转十多年，终不能被人所用，最后不得不返回鲁国。孔子求仕屡次失败的原因是多方面，但根本的问题在于孔子的社会理想与现实差异太大。他总是从治国安天下的根本处考虑问题，而几乎所有执政者都是从眼前的利益考虑问题，故大多数诸侯不能采纳他的主张，或者孔子认为它们不足以辅佐。在卫国，卫灵公本已留用孔子，给予俸禄。一日，卫灵公与夫人同车，让孔子随着他招摇过市，孔子说，卫灵公是个好色盛于好德的人，离开卫国。楚昭王也曾想用孔子，并要给他封地，被楚令尹子西劝止。他说，楚国将相官尹没有能比得上孔子那些弟子的，并且孔子治国讲先圣之法，这会有碍于楚国的霸

业，留用孔子是楚国一祸。齐景公也曾想用孔子，晏婴劝阻说：“夫儒者滑稽而不可轨法；倨傲自顺，不可以为下；崇丧遂哀，破产厚葬，不可以为俗；游说乞贷，不可以为国。自大贤之息，周室既衰，礼乐缺有闲，令孔子盛容饰，繁登降之礼，趋详之节，累世不能殚其学，当年不能究其礼。”（《史记·孔子世家》）

孔子对自己屡不能入仕也早有思虑，他同子路、子贡、颜回议论这事。子路说，夫子仁且智，但这仁与智不为世人信任。孔子不满意子路的说法。他说，如果仁而必能为人信任，就不会有伯夷、叔齐了；如果智必能为人所行，就不会有箕子比干了。子贡认为孔子不能仕，是因为孔子之道巨大，天下不能容。孔子认为，不能因为为了天下不容己而放弃修道。颜回的回答孔子最满意。他说，夫子之道确实之大，天下不能容，但这是有国者的耻辱。正因为道大不能，才显出君子本色。这是孔子的真心想法，还是自慰？总之，孔子确为自己不能为天下用而苦恼，但他仍然坚守着自己的信仰和理想，被世人称为“知其不可而为之”。

孔子晚年返回故乡，专心于授徒讲学，修《诗》《书》，订《礼》《乐》，序《周易》，撰《春秋》，成为三代文化最大的继承人。孔子最早开办私学，传播儒学，成为当时最大的教育家。孔子提出了“有教无类”，“学而不思则罔，思而不学则殆”，“因材施教”，“不愤不启，不悱不发”，“学而优则仕”，等等重要的教育理念，至今仍然对教育学有重要的指导意义。孔门弟子三千，贤人七十二，从而形成了中国思想史上一个重要流派。到了汉代中国封建社会趋于稳定，统治者发现儒学才是社会长治久安之道，因此儒学开始受到重视，成为国家意识形态。孔子被后世统治者尊为孔圣人、至圣文宣王、至圣先师、万世师表等，成为中国文化的象征。后来孔子的思想被先后传播到亚洲、世界的各个地区，成为全世界公认的思想家，名列“世界十大文化名人”之首。

（汤泽林　张　践）

19. 孟子

孟子，姓孟，名轲，字子舆，生于约公元前372年，卒于公元前289年，是战国时期邹国人，被后世称作“亚圣”。关于孟子的生平，史籍记载不多。《史记·孟子荀卿列传》只说他“受业子思之门人。道既通，游事齐宣王，宣王不能用。适梁，梁惠王不果所言，则见以为迂远而阔于事情。当是之时，秦用商鞅，富国强兵；楚、魏用吴起，战胜弱敌；齐威王、宣王用孙子、田忌之徒，而诸侯东面朝齐。天下方务于合纵连横，以攻伐为贤，而孟轲乃述唐、虞、三代之德，是以所如者不合。退而与万章之徒字诗书，述仲尼之意，作《孟子》七篇。”民间广泛流传孟母择宅的故事，从一个侧面反映了孟子儿时的状况。孟母开始的宅所近在墓地旁，孟轲常在墓地间玩耍游戏，见此，孟母以为这绝不是一个单纯的孩子该住的地方，便迁住一个靠近市场的居所。在这里，孟轲成天在市场中玩耍，以买卖事为游戏。孟母又觉得这对孟轲的成长不利，又迁居到一学宫傍，从此，孟轲做的游戏都是一些有关礼法的事。孟母见了很高兴。及至上学，孟母对孟轲的学业督促很严。一次，孟母问起孟轲的学业，孟轲显出无所谓的样子，孟母用刀劈了自己的织机，对孟轲说，你要荒废了学业，就如同这被砍断的织机。从此，孟轲发奋学习。

唐宋经学家都说孟子在思想上继承了尧、舜、禹、汤、文、武、周公、孔子的真传正统。细究起来，孔、孟两位大思想家由于所处时代不同，还是有所区别的。

“仁”是儒家思想的重要概念。在孔子，“仁”字更多的是道德伦理和人格范畴上使用。孔子首先把“仁”与人联系在一起，提出真正的人的人格标准是仁人。所谓仁人，从思想意识上说就是要有推己及人之人，怀“忠恕”之情“己所不欲，勿施于人”，“己欲立则立人，己欲达则达人”。“仁”在道德上的集中表现是“礼”，克己复礼就是仁，克服自己的私欲，自觉做到“非礼勿视，非礼勿听，非礼勿言，非礼勿动。”就是仁人，就能成为仁人。

孟子则把“仁”与政治连在一起，讲“仁政”，“仁”是施政纲领，治国策略。治国不能讲“利”，不能把治国方略放在获利的基础上，这个大目标必须坚持，否则，君王讲获利，卿大夫讲获利，上下左右交相争利，国家就会陷于动乱之中，人人地位不保。君主要能推行仁政，必须有“不忍人之心”，君王是人，

卿大夫是人，百姓也是人，人对人就应有恻隐之心，否则，就不是与人同类，就不是人。有国者将此恻隐之心用于治国，便是仁政，就能与民同忧乐。所谓与民同忧乐，即我有，也要使民有；我生，也要让民能生。生存就要有生存的基本条件，使百姓能够少有所养，老有所安，荒年不危。所以，仁政的首要措施是从经界始，使民有恒产。对于君子来说，有没有恒产无所谓，如一般百姓，无恒产则能恒心，邪乱事端就会滋生。

孔子讲“仁”，多是对他的学生从育人的角度讲的，在于使受教育者具有“仁”的人格。孟子讲“仁政”是对有国有家者讲的，教以保国保家的策略。施仁政是一种保国保家之道，对个人则是保身之道。孟子劝梁惠王不必“曰利”，可他自己劝人行仁政，都是以晓以利害为先。他劝梁惠王“曰仁义”，否则会有杀身之祸。他教人行仁政，是因为只有行仁政，国才可以由小变大，由弱变强，由民少到民多。施仁政于民，民便可以“制梃以挞秦楚之坚甲利兵”，行仁政又叫王道，使国变为强大，有王道、霸道两途。依靠霸道，本身就要有实力做基础；行王道，则弱小之国也可以变强大而王天下。孟子讲“仁则荣，不仁则辱”，“祸福无不自己求之者”（《孟子·公孙丑上》）。在孟子那里，是否能行“仁”，关系到福祸荣辱问题。

孟子讲仁政，有政治上的现实主义色彩；孔子讲“仁”，则有强烈的道德理想主义色彩。孔子教导人做仁人，培养“仁”的人格，不再有其他目的，作仁人本身就是目的。孔子到列国求仕，希望辅佐有志君王治理国家，只是要以周礼治国家，从某一诸侯国开始，恢复周礼于天下。孔子很少顾及诸侯国君的利害要求，并不是要辅佐某一个诸侯国强大起来，统一天下，他是在实现自己以周礼为基础的理想国的愿望。所以孔子周游列国的态度是，容我行周礼，就入仕，不然，就离开。孟子就不同。他同周游各国的名、法、墨、兵各家人士一样，是要成为某一国君的谋士、辅臣，助其实现富强国家，统一天下的目的，区别只在崇尚不同的治国之道。譬如，梁惠王就曾明确向孟子道出自己的动机，即“欲辟土地，朝秦、楚，莅中国而抚四夷。”于是，孟子就对梁惠王说，要达到这个目的，只有行仁政，“使天下之仕者皆欲立于王之朝，耕者皆欲耕于王之野，商贾皆欲藏于王之市，行旅皆欲出于王之途，天下之欲疾其君者皆欲赴愬于王，其若是，孰能御之。”（《孟子·梁惠王上》）否则，后必有灾。

关于成就圣贤人格的通路，孟子也有不同于孔子的见解。孔子强调学习、实行的作用，要“学而不厌”，“学而时习之”。“仁”不是一种空泛的理论，而是实践上的规范。能不能行“仁”，不在是否知其道理，而在愿不愿实行。孟子更强调心性修养，仁、义、礼、智本是人的四端，天性中就具备，养“浩然之气”，发起四端，就能成为圣贤。

孟子在新的形势下阐发孔子思想，把儒学向前推进了一步，在后世被称为儒家的“亚圣”。

（汤泽林）

20. 郑玄

郑玄（127—200 年），字康成，是经学史有关键性影响的经学家，东汉后期人，祖上家世显赫，到郑玄时衰落。郑玄年轻时被迫中断学业，曾任低等乡吏，但又不甘心荒废学业，勤奋好学，终有成就，招入太学学习今文《易》和《春秋》《公羊传》，兼通《三统历》《九章算术》，又从张恭祖学习《周官》《礼记》《左氏春秋》《韩诗》《古文尚书》，又经卢植引见，追随马融学习古文经，很受马融赏识。马融弟子甚众，曾委托郑玄代其向弟子讲学。东汉党锢祸殃及郑玄，曾受禁锢，获释后潜心学问，不问政事，聚众讲学，有弟子数百人。郑玄曾与何休激烈辩论，信《周礼》为真，扬《左氏春秋》。他遍注诸经，计有《周易注》《尚书注》《毛诗笺》《仪礼注》《礼记注》《论语注》《孝经》注等，又著《天文七政论》《鲁礼帝祫义》《六艺论》《毛诗谱》《答临孝存周礼难》等，洋洋百万余言，独树一帜，被称为“郑学”。

郑玄注经，以古文经为主，兼采今文经，综合今古文经，成一新的体系，皮锡瑞说，经学到郑玄，为之一变。

西汉初立经，都是今文经学，古文经学后出，不立学官，但实际影响不断增

强，对今文经学大有取而代之之势。今文经学是出于政治上的实用目的被奉为统治地位的，它不是纯学术，与国家的意识形态控制和施政政策的实施有密切联系，朝廷论政，都要引经据典，以今文经为依据。这对今文经学来说，是长处，也是短处，大大限制了它学术上的活力。今文经学又极重家法，师徒授受，弟子只许讲述师尊的思想，不许妄加增删变更，不许依自己的见解对经传妄加评论。那么，今文经就成了准教条，而不是学问的对象。古文经出，打破了今文经一统天下的死寂局面，开阔了人们的思路。今古文经的相互比较、论争，迫使双方在学术本身方面都必须有所突破、发展，今文经学的家法颛门也有所松动，注经言论不断膨胀，至有经中一句话，注则数万、数十万言的。并且各种注说纷杂不齐，使人莫衷一是。郑玄综合今古文经，为经学开辟了一条新的生路。所以，郑学一出，影响迅速扩大。后世研习经学，多从郑学，今文经由此似有逐渐被忘记的趋势，古文经的思想在郑学的旗号下倒被弘扬起来。皮锡瑞说，郑玄注经，意欲参合今古文，自成一家之言，“虽以古学为宗，亦兼采今学以附其义。……于是郑易注行而施、孟、梁丘、京之《易》不行矣；郑《书》注行而欧阳、大小夏侯之《书》不行矣；郑《诗》笺行而鲁、齐、韩之《诗》不行矣；郑《礼》注行而大小戴之礼不行矣；郑注《论语》注行而齐、鲁《论语》不行矣。”所谓郑玄的兼采今古文，是或从今文，或从古文，今古文经的分别界限在郑玄那里还是明晰的，并不是使今古经完全融汇为一。他的作用只是打破今文经学的家法颛门传统，不主一家。看来，郑玄注经已经有他自己的取舍标准。按今文经的风气，讲经者不问经文真不真，只看是不是师说，师说是讲经道的唯一准则。郑玄在诸经中尤其重《周礼》，他认为《周礼》是周公时真实的史实，所以注《春秋》《书》，就多用《周礼》做是非标准。这在学风上说，较今文经学的重法家应是一种进步。

（汤泽林）

21. 陆德明

陆德明（生卒年月不详），南北朝至唐初著名的经学家，本名元朗，字德明，苏州吴（今江苏省苏州市）人，以字名世。年轻时曾师从南朝经学家周弘正，并兼通玄学，以善言玄理饮誉江南。陈太建（569—582 年）中太于召集天下名儒讲经于承光殿。国子监祭酒徐克开讲，依仗其名望和地位，无人敢与之争辩。当时陆德明年方弱冠，也参与听讲，以初生牛犊不怕虎的气势，起而与之争论，引起满朝士人的赞叹和注意。陆德明在陈朝初为始兴王国左常侍，后为国子助教。陈亡潜归故里，闭门著述，其传世名著《经典释文》即成于此时。入隋后为秘书学士，国子助教。大业（605—626 年）中，隋炀帝广召集天下明经之士，陆德明与鲁达、孔褒共同在门下省辩论经义，学者无出其右。王世充之乱，曾遣其子到陆德明门下受教，德明自服巴豆散称病，拒不接收。唐平隋季之乱，太宗征德明为秦王馆学士，命中山王承乾从其受业。后补国子博士，封吴县男，贞观初年病逝。陆德明一生撰写了《经典释文》三十卷、《老子疏》十五卷、《易疏》二十卷，其中《经典释文》甚受唐太宗的嘉奖，成为后世经学名著。

《经典释文》包括《序录》一卷、《周易》一卷、《古文尚书》二卷、《毛诗》三卷、《周礼》二卷、《仪礼》一卷、《礼记》四卷、《春秋左氏》六卷、《公羊》一卷、《谷梁》一卷、《孝经》一卷、《论语》一卷、《老子》一卷、《庄子》三卷、《尔雅》一卷。在唐初，《孟子》尚不为经，而受魏晋玄学遗风的影响，将老、庄收入经典，这也反映了当时社会的一种倾向。同时，陆德明本人在学风上也受南学熏染，有谈玄之习，所以视道家为经典亦在情理之中。所谓“释文”，包括释义和注音，十四部经书分别注解，都叫做“音义”，如《周易音义》《礼记音义》等。诸经皆摘字为音，唯《孝经》《老子》各摘全句。注音时采用汉魏六朝音切，凡二百三十多家。又兼载诸家的训诂，考证各本异同。他在《自序》中说：“癸卯之岁，承上之庠，因撰集《五典》《孝经》《论语》及《老》《庄》《尔雅》等音，古今并录，经注毕详，训义兼辨，示一家之学。”这段话基本阐明了他著书的态度和方法，即不分学派和门户，古文、今文并录，南学、北学兼容，向经学的统一迈进了一大步。如清代经学家皮锡瑞所指出：“前乎唐人义疏（指孔颖达《五经正义》），经学家所实贵者，有陆德明《经典释文》。”陆德明此书在注释儒家经典方面，有较高的价值，为后代所重，宋人将其散于诸经

之注中，称为“德明音义”。同时由于该书保留了魏晋南北朝时期较多的古音，是研究汉语语音变化的重要著作。

（张　践）

22. 孔颖达

孔颖达，唐代经学家，生活于隋唐之际（574—648 年），冀州衡水（今河北省冀县）人。他出生在一个官宦世家，八岁入学，日诵千余言。及其年长，通晓经学，尤其擅长《左传》《尚书》《易》《毛诗》《礼记》，兼通历算、天文、历史。因其在经学方面卓有见识，受到了同郡大儒，经学大师刘焯的赏识。隋大业（605—618 年）初，举明经第，受河内博士，补太学助教。入唐后得到秦王李世民的重视，引为秦府文学馆学士。武德九年（626 年）授国子学博士，贞观初年封曲阜县男，转给事中，累除国子司业，迁太于右庶子。贞观七年（633 年），与宰相魏徵撰写成《隋史》。又受诏与颜师古共同撰成《五经正义》，成为国家开科取士的统一教材。贞观十七年（643 年）告老致仕，次年图形于凌云阁，二十二年病故，陪葬昭陵。

经学在发展过程中，两汉之际曾产生过今文与古文的斗争，魏晋时期又有郑（玄）学与王（肃）学的纠纷，南北朝时则明确分成了南学和北学，门户各立，诸家异说，诸家杂陈。唐代实现了政治的统一之后，也需要在思想上实现统一。当时儒学处于官学的至高无上地位，要统一儒学，首先必须整顿经学。于是太宗在贞观元年（627 年）下诏，命颜师古考定《五经》文字，孔颖达核定义疏文字，以便作为官方钦定的标准教材。他们历时三十年，共得一百八十卷，其中《周易正义》十四卷、《尚书正义》二十卷、《毛诗正义》四十卷、《礼记正义》七十卷、《春秋正义》三十六卷。由于孔颖达在经学界名高位尊，所以《五经正义》署名时只留他一人。唐太宗称赞其书说：“博综古今，义理该洽，考前儒之异说，符圣人之幽旨，实为不朽。”（《旧唐书·孔颖达传》）

清代经学家皮锡瑞在总结孔颖达注经的特点时说：“案著书之例，注不驳经，疏不驳注；不取异义，专宗一家。”各经所采正注，《易经》用魏晋王弼注，《尚书》用孔安国传，《诗经》用毛亨传，郑玄笺，《礼记》用郑玄注，《左传》用晋杜预注。从其取材来看，打破门户，不存歧见，兼容并蓄，为隋唐经学的统一奠定了基础。但是每经“专宗一家”的做法，又难免迁就一家之说，存矛盾之处。皮锡瑞指出：“议孔疏之失者，曰彼此互异，曰曲徇注文，曰杂引谶纬。”其书一出，便有太学博士马嘉运撰文：“驳正其失，至相讥诋。”（《旧唐书·孔颖达传》）皇帝下令进行修改，文稿未成，孔颖达病故，永徽二年（551 年）诏令门下与国子三馆博士进一步修订，最终于永徽四年（553 年）向全国颁行，在唐代一直是儒生学习经典的范本。孔颖达考定《五经正义》，统一了儒学歧见，在儒学发展史上是一件有重要意义的大事。

（张　践）

23. 顾炎武

顾炎武（1613—1682 年），江苏昆山人，原名绛，明朝灭亡后改名炎武，字宁人，学者尊称亭林先生。顾炎武十四岁为诸生，十六岁到二十七岁，屡次在科场角逐，累试不第，后来决心弃绝科举应试，退而读书，开始撰写《天下郡国利病书》《肇域志》。1644 年明亡后曾参加抗清武装，1657 年离家北上，在河北、河南、山东、山西、陕西各地奔波历二十多年，至死不入清廷为官。

顾炎武一生著述颇丰，计有《日知录》三十二卷、《音学五书》三十八卷、《天下郡国利病书》一百二十卷、《左传杜解补正》三卷、《九经误字》一卷、《石经考》一卷、《历代帝王京宅记》二卷、《营平二州地名记》一卷、《昌平山水记》二卷、《山东考古象》一卷、《东考古录》一卷、《金石文字记》六卷、《谲觚十事》一卷、《求古录》一卷、《菰中随笔》三卷、《韵洲正》一卷、《亭林文集》六卷、《亭林诗集》五卷、《亭林余集》一卷、《亭林佚诗》一卷、《亭林佚文辑补》一卷、《蒋山佣残稿》三卷、《明季实录》等。

顾炎武是清代“汉学”的开拓者。汉学是清代的古文经学，主张儒学应该回归到汉代经学的传统上去。这是针对宋明理学而发的。宋明理学，特别是其中的王阳明心学的末流，将全部工夫用至个人的心性修养上，全然不讲儒者经世济民的历史大任，以至“今之讲学者，恁地天崩地陷，他也下管，只管讲学耳”。世间人士，“在缙绅只明哲保身一句，在布衣只传食诸侯一句。”（黄宗羲《明儒学案》卷六十《东林学案三》）顾炎武等汉学家们视此为明亡的基本原因，因而决心消除宋明理学的流弊。顾炎武认为宋明理学华而不实，空言心性，背离了孔孟学说的本义，学者应摒弃理学，直接从先圣那里汲取营养。顾炎武视东汉经学阐说先圣思想最为纯正，西汉时“师儒虽盛而大义未明，故新莽居摄，颂德献符者遍于天下。兴武有鉴于此，故尊崇节义，敦励名实，所举用者莫非经明行修之人，而风俗为之一变。”（顾炎武《日知录》卷十三《西汉风俗》）东汉末以后，经学本义就慢慢被歪曲了。

顾炎武主张，要把握儒学的精髓，必须认真读经书，不能像近世学者那样，抓住经书上的只言片语，就主观臆断地推衍所谓义理。他认为经学就是让这种风气给搞坏了，所以，他提出“博学于文”的口号。他说：“古之所谓理学，经学也，非数十年不能通也。故曰：‘君子之于春秋，没身而已矣。’”（《亭林文集》卷三《与施愚山书》）为直接回到古代淳朴的经学去，就要知古音，识古字，所以他作《音学五书》。

顾炎武治经学有强烈的政治责任感，反对为学术而学术。在他看来，学经就是为了治世，为了拯救汉民族。必须致毕生精力研读经书，但读经若不能济世，则毫无益处。“人苟遍读五经，略通史鉴，天下之事，自可洞然，患在为声利所迷而不悟耳”。（《亭林文集》卷六《与杨雪臣》）所以，“博学于文”必须与“行已有耻”结合起来，所谓耻，不是耻于恶衣恶食，“而耻匹夫匹妇之不被其泽。”如能既怀有为国家民族的强烈责任感，又能好古多闻，就能成为一个有用之才。反之，若不先言耻，又善谈空虚之学，则与圣人之道越来越远。

顾炎武虽然一再强调读经一定要重实用，但经学又非数十年不能通，就为后来考据学的脱离现实政治生活开了一个口子。不过他在中国经学史上的地位终是不能抹杀的。

（汤泽林）

24. 戴震

戴震（1724—1777 年），字慎修，又字东原，安徽休宁人，是乾嘉考据学中皖学派的代表，也有说他是考据学派的集大成者。戴震博学多思，对天文、算学、历史、地理等都有研究。尤其精通语言文字学，在古字古音研究上有很深造诣。戴震自少年时代起就好深思勤问。十岁时，他读朱熹《四书章句集注》中的《大学章句》，其中“古一经”后有朱熹注：“盖孔子之言，而曾子述之。其传十章，则曾子之意而门人记之也。”戴震就问他的塾师：“此何以知为孔子之言而曾子述之？又何以知曾子之言而门人记之？”塾师答：“此先儒朱子所注云尔。”又问：“朱子何时人？”答：“南宋。”再问：“周去宋几何时？”答：“几两千年。”再问：“然则朱子何以知其然？”塾师竟无以答对。

戴震一生著述颇丰，计有《原善》《原象》《声韵考》《声类考》《方言疏正》《孟子字义疏正》等，其中，他自己最看重的是《孟子字义疏正》。戴东原治学不像顾炎武那样有浓厚的政治色彩。在他看来，学问就是学问，为学问而做学问。他的全部学术活动的针芒直指宋明理学，是反理学的擎旗者。戴震认为宋明理学的最大弊端是“空疏义理”，舍弃经典原文，任凭自己主观臆测。要克服这一恶劣风气，必须回到古经上去，直接研读经典原文，才能把握圣贤作经的本义。戴震指出，理学末流的凿空之弊有二：“其一，缘词生训也；其二，守伪传谬也。缘词生训者，所释之义，非本义也；守伪传谬者，所据之经，并非本经。”（《东原集》卷十《古经解钩沉序》）所以，他提倡实事求是之学，士人读书，不应只读理学，应先读儒家古圣贤的经典，而研究经典，又应避开宋明理学的迷惑，先读汉儒注疏。为此，就要先从训诂开始，而要明训诂，又应自声韵文字始。戴震在《古字音辨正》上下了极大工夫，原因也就在这里。他也强调，他治文字声韵本身不是目的，而在于读懂古圣贤经典的义理。

难能可贵的是，戴震虽然也主张研读汉儒经注，但又不迷信汉代经学，在这一点上，他同考据学中的吴学派也有区别。吴学派的惠栋崇尚汉儒，以汉儒经注为是非标准，对于经学本义的正误取舍，不问真不真，只问汉不汉，合于汉儒议

论的就对，否则就是错误。而戴震治学追求一个真字，凡议论，必要弄清真不真。为此，他总结了一套求真的方法。梁启超将戴震的治学特色归纳为十点：一、凡定一义，必凭证据，无证据而以臆度者，在所必摈；二、选择证据，必以古为尚，以经证经；三、孤证不为定说，无反证者存疑，得续证则渐信，遇有力反证则弃之；四、隐匿证据或曲解证据都是不道德的；五、重视比较研究，从同类事项中抽象一般；六、采用旧说，必明引之，剿说被认为是大不德；七、所见不合，应相辩诘，虽弟子驳难本师，也不应看做是忤逆；八、辩诘只以本问题为范围，态度要平和，不枉己，又要尊重别人；九、治学要专一业，务求深透；十、文体朴实简洁，反对华而不实。戴震在思想内容上的贡献也不容忽视，他对理学的学说体系给予了较为系统的批判。

戴震发挥气一元论思想，批判以理为基础的客观唯心主义。他认为，气是宇宙万物的本体，“万物皆气化之自然”气是实体之名。理是气及具体万物的运行规则，理和气是不能分割的。戴震依据这种观点观察人性问题，反对割裂所谓天理和人欲。他认为，也是气的表现形态，气血心知就是人的本性，如同五行是道的实体一样。人的本性表现为知、情、欲、声、色、嗅、味是欲的对象，喜、怒、哀、乐是情的表现，知是判断是非善恶的能力，三者都是人的本性的自然表现，缺一不可。由此，他认为理学的“存天理，灭人欲”的主张是没有根据的。他还对这个口号从道德上进行了激烈的抨击：“理欲之分，人人能言之。故今之治人者，视古贤圣体民之情，遂民之欲，多出于鄙细隐曲，不指诸意，不足为怪；而及其责以理也，不难举旷世之高节，著于义而罪之。尊者以理责卑，长者以理责幼，贵者以理责贱，虽失，谓之顺；卑者、幼者、贱者以理争之，虽得，谓之逆。于是，下之人不能以天下之同情，天下所同欲达之于上，上以理责下，而在下之罪，人人不胜指数。人死于法，犹有怜之者；死于理，其谁怜之？”（《孟子字义疏正》）戴震对理学的这一道义的谴责，对后世有深刻影响。

（汤泽林）

25. 阮元

阮元（1764—1849年），字伯元，号芸台，江苏仪征人，乾隆进士，曾官至湖广、两广、云贵总督，体仁阁大学士，又在杭州创立过诂经精舍，在广州创立过学海堂。

阮元在经学典籍的整理、训诂、刊定等方面有重大贡献。他受命重刻宋本《十三经注疏》，并作《十三经注疏校刊记》。此外，他还主编《经籍籑诂》一百六十卷，将唐代以前经籍正文及注解中的训诂收集在一起，为读解古经做了工具性的工作。又汇刻《皇清经解》，将明末清初学者关于经学的著作整理汇集。撰《畴人传》《积古斋钟鼎彝器款识》《山左金石志》《两浙金石志》等天文历算及古文字学方面的著作。

在学术思想上，阮元是乾嘉考据学扬州学派的主要人物。扬州学派本源于吴、皖学派，尤重皖学派，对戴震很是推崇。阮元的学术方向与戴震也多有相似之处。

阮元也痛切感到宋明理学对中国学术的侵害，决心摒弃空疏义理的学风。他说，理学家们是“自遁于虚而争是非于不可究诘之境。”阮元称自己立说，只是“推明古训，实事求是而已，非敢自立异”。所谓“推明古训”就是要直接研读古圣贤之书。阮元说：“士人读书，当从经学开始，经学当从注疏开始”，但不能像空疏之士那样“徒读注疏不终卷而思卧者，……一不知有圣贤诸儒经传之学”。所谓“实事求是”就是不要迷信。“儒者之于经，但求其是而已矣。是之所在，从注可，非之所在，违注亦可”，不必定非汉儒注说是从。

要做到实事求是地研读圣贤经书，就必须能识古书字音字义，所以，考据训诂是必需的，而训诂又必须从声音文字入手。阮元说，圣贤之道存于经书之中，而经书又非训诂不明，“舍经而文，其文不质；舍诂求经，其经不实”。故此，阮元才在古文字学研究上倾注了极大精力。

阮元对宋明理学的思想内容也做了深刻批判。他曾撰《太极乾坤说》，反对“太极即理”的观点，将太极归结为经验可感觉到的实体——北极星，认为北辰即天地所共之极，舍此再别无所谓的太极。关于道器，他说，夏商周三代之道存于

今者，就是《九经》。所谓器，就是铜器钟鼎之类。关于理欲，阮元说，欲生于情，在性之内，不能说性内无欲。所谓性，就是人的气血心知，这是人天生就有的。人不能无气血心知，则不能无性，则不能无欲。人有恶行，但恶不是源于欲，善恶不取决于欲。人生而有欲，但欲又不纵，要以礼节制，这礼就是理。理必依附于礼，舍礼谈理，必使理说成为荒诞之论。阮元反对理学主张的禅学式的主观修养论。他说，孟子讲良知即心端，良能即实事，舍弃实事而专言心，并非孟子本意。像王阳明讲的那样，不资于外求，只反观内省，实是佛家主张，并非儒家圣贤之道，圣贤之道，无非就是实践。这样，阮元就从哲学上划清了与宋明理学的界限。

（汤泽林）

26. 刘逢禄

刘逢禄（1776—1829 年），江苏武进（今常州市）人，祖父刘纶仕至文渊阁大学士、军机大臣、太子少傅。母亲庄氏是庄存与的女儿。庄存与是清代今文经学派的开拓者，对刘逢禄很赏识，见到十一岁的刘逢禄就说，这个外孙定能传其学。刘逢禄十三岁得董仲舒《春秋繁露》，发愤研读，并及《春秋公羊传》、何休的《公羊解话》，不数月竟能通其条例。刘逢禄后来从他的舅舅庄述祖问学，庄述祖夸他将来能为人师。三十岁时，刘逢禄中进士，后授礼部主事，补仪制司主事，因之也有称他为刘礼部。

刘逢禄是清代今文经学的主要代表人物，遵从庄存与、庄述祖的家学。清今文经学是继乾嘉考据学之后另一有重大影响的经学派别。当年顾炎武开汉学之先，本是主张博学于文与经世济用相结合的。乾嘉时期，文字狱酷烈，人口被钳制，知识分子多埋头学问，经学史上也确有诸多学术问题有待整理总结。再加上这一时期社会相对稳定，社会矛盾平缓，学者埋头书房也有一定的社会条件。乾嘉之后，社会矛盾有激化趋势，大清朝康乾盛势已成过去，诸多时弊不断突出，儒家知识分子历来的治世责任感再也不能使他们静坐书房。并且，经学本身政治色彩很浓，可说是一种政治思想，即使潜心于学问，做来做去也必然要走向社会，涉足政治。再者，考据学大师的努力之后，拿不出什么新的研究课题和成果，作为学术，其生命力也就削弱了，此时，积极干预社会政治生活的今文经学的影响力必然上升。刘逢禄的学术活动主要是弘扬汉代今文经学，他的著述多与此有关。关于《易经》，他有《易虞氏变动表》《六爻发挥旁通表》《卦象阴阳大义》《虞氏易言补》，并补充张惠言撰《易言》。汉虞翻治《易主象数派》，刘逢禄对此很赞赏，认为学《易》就应从象数入手，反对义理派的解《易》方法。治《书经》，刘逢禄作《书序述闻》《尚书今古文集解》。他给自己规定的治《书经》原则是：正文字，征古义，祛门户，崇正义。述师说，是针对考据学派的。他认为考据学派于《书经》是“支离博杂”，未能阐发先圣的精深本义。关于《诗经》，刘逢禄开始研究《毛诗》，后推崇齐、鲁、韩三家《诗》，认为这才是诗经的本义。关于《礼》，他说《周礼》乃后出，应以《公羊传》为基础阐发《礼》，才是正路。

五经中，刘逢禄尤其重视《春秋》，认为《春秋》是为世立教的，是礼义之大宗，能禁暴除乱，救万世之乱，因而可垂法万世。《春秋》三传，刘逢禄只看重《公羊传》，认为圣人之道，具在五经之中，而《春秋公羊传》又是把握五经要义的钥匙，所以，他作《公羊春秋何氏释例》并《答难》二卷。刘逢禄作《左氏春秋考证》，他认为《春秋左氏制》是经刘歆等伪饰的。但他并不全盘否定《左传》，承认《左传》在史学上的价值。他认为，《左传》是史，不是《春秋经》，强《左传》以为经，侵害了经，也贬损了《左传》良史的形象。应该辨真伪，使《左传》《春秋》经各复其位。他认为真正发明《春秋》经真义的只是《公羊传》。所以，刘逢禄这一清代今文经学派又常被称为“公羊学派”，又因为他们都是常州人，也称“常州学派”。

刘逢禄等之所以极力推崇《春秋公羊传》，因为《公羊传》的“通三统”“张三世”“大一统”说适合了当时朝廷政治上的需要。清今文经学与政治有密切联系。在刘逢禄，还有一些学术色彩，到后来龚自珍，魏源，特别是康有为，则主要是借今文经学从事政治活动了。

（汤泽林）

第二编

史部——史学与史学家

1. 何谓“史”，何谓史书，何谓史学

“史”字最早已见于商代甲骨文，为会意字，其字形上半为放置简册的容器，下面是一只手，合起来表示掌管文书记录的意思，本义即为商王的近侍官员，担任祭祀、星历、卜筮记事等职，史官在商代已经产生了。

甲骨文中有大史、小史、西史、东史等几种称谓，均为王室重要官员，其职责大约有两种，一种是为王作册，即奉行王命撰写和记录朝野重要事件，到西周时具体称为“作册内史”或简称“史”；另一种职责还有充任王室直接派往各地巡查和代行王权的使命，后世称之为“使节”。此外，史官还常主持重大庆典、祭祀活动及其他礼仪，参与卜筮活动。

史官在西周时期随着政治制度的进一步完善和经济、文化的发展，已经形成了官僚体系中一支重要组成部分，并构成西周政权机构的重要支柱。周初的召公奭主持建立起“太史寮”，其下有在朝廷中议事居左的高级官员“三左”，即太史、太祝、太卜，商代的“史”从此分化得更具体了。太史为史官之长，其地位和职责十分重要，主要掌管宫廷文书的起草、国王对诸侯和卿大夫的任命册封、编撰史册、管理天文历法、宗教祭祀、图书典藏事业等。太史的下属有史、内史尹、内史、作册内史、右史、衛史、中史、省史、书史、作册尹、作册等各级官吏，分别职掌完成太史多项职责的事务。太祝为祝官之长，太卜为卜筮官之长，分别配合太史的工作。祝、卜类官员的地位在西周时期已显然比商代低落，这是社会思想发展的一种反映。太史寮与掌握司土、司马、司工“三右”的卿事寮共同构成了西周奴隶官僚机构的主体，并形成了中国古代社会官僚机构的基本框架。

从夏、商、西周三代的“史”官逐渐发展演变下来，“史”的意义越来越大众化了。经过春秋战国的社会大变革，秦汉以后称“史”，则泛指由史官和历史研究者对迄今以往社会发展朝代更迭的记述。史分解成史书和史学，史书为历代书籍文献，史学为学者们对历史的研究和考证，现代史学则把由金石学发展而来的考古学融汇其中了。清朝瓦解之后，国家官制中便没有专司“史”职的政府官员了。

史书最初为史官所撰述的记载史事的典册，可以称之为史书者，溯源至商代的甲骨文和先秦、汉代竹简，其后有记录远古及三代、春秋战国的《尚书》、《春秋》三传、《战国策》等。正式的史书，则首推汉代史学家司马迁的名著《史记》。史书主要分为通史和断代史两种，各代所修通史除《史记》外，还有梁武帝命群臣所编的《通史》、宋司马光的《资治通鉴》、郑樵的《通志》、袁枢的《通鉴纪事本末》等，都是通史性质的史书；断代史则有历代学者编撰的《汉书》《三国志》《晋书》等，传世的二十四史大多是断代史。从体例上说，史书以编年体和纪传体两大类为主，《史记》为中国第一部纪传体通史，东汉班固所撰《汉书》为最早的纪传体断代史，规模最大的编年体通史则是北宋司马光的《资治通鉴》。

当代所传“二十四史”，是人们熟知的史书，包括《史记》《汉书》《后汉书》《三国志》《晋书》《宋书》《南齐书》《梁书》《陈书》《魏书》《北齐书》《周书》《隋书》《南史》《北史》《旧唐书》《新唐书》《旧五代史》《新五代史》《宋史》《辽史》《金史》《元史》《明史》二十四部史书。上述史书流行的有清代官刻的武英殿本和后来商务印书馆刊行的百衲本。1929 年，北洋军阀政府又命增《新元史》为正史，后人亦合称“二十五史”，不过学术界还是习称过去的二十四史。

史书还有“正史”和“野史”之说。正史之名始见于梁阮孝绪的《正史削繁》，因为纪传体史书以历代君主的传记为纲领，故《隋书·经籍志》以《史记》《汉书》等纪传体史书为正史。至《明史·艺文志》又以纪传、编年二体并称正史。清代乾嘉年间编辑《四库全书》，确定以纪传体史书为正史，并规定凡不经皇帝“宸断”的不得列入，因此诏定二十四史为正史。野史则泛指中国古代私家编撰的史书，如《唐书·艺文志》所载的《大和野史》十卷，即以野史为名，以示与官修史书有别。后世作野史者极多，以宋、明两代为著。

除了官修正史、私修野史之外，近代以前的历史学家还著作了许多其他类别的史书，其中有对经典史籍进行考据研究的《二十二史札记》等；有历史评论专著如《史通》等；有史籍目录类图书如《通志》《史籍考》等；有史料汇编性图书如《战国策》《太平御览》《册府元龟》等；有制度史著作《通典》等。

史学，指对历史的研究及其成果。史学研究是逐步发展的，从古代的官修正史、私撰野史到当代的科学研究理论与方法，从帝王的起居注到人民群众的活动，数千年社会发展的进程就是无可改变的历史，而一切对历史的总结、分析、考证和论辩，都可称之为史学研究。近代以来，史学研究更拓展到对世界其他地区和民族的历史各方面研究，统称为世界史。考古学则是从物质文化的遗存角度研究历史，也属史学领域。史学研究的方法除了著书立说外，还有各种形式的文章、会议、报道及评述，主要内容则离不开对历史人物、历史事件的研究。

（马洪路）

2. 中国史学思想发展的基本脉络是什么

中国史学思想的发展，经历了不同历史时期、不同社会背景的演变过程。从商周时期的朦胧史学意识到战国秦汉的自觉史学意识，再到魏晋南北朝时期史学批评理论的产生和唐代史学思想的系统理论形成，是由浅入深、逐渐丰富、不断完善的过程。两宋至明清之际，史学理论达到了空前的繁荣，并开始出现向新史学的嬗变，一些史学大师的经世致用思想及文献学理论、考据辨析学风把中国古代史学思想推上了时代的高峰，也为新史学的产生奠定了坚实的基础。

夏代尚无确凿的信史可考。商周时期，史官吏书只是局限在忠实地记录统治者的生活起居和宫廷中的重要事件，也有天文、历法、祭祀、卜筮、自然灾变、农牧业收成、物资交换等各方面的活动记录。史学尚处于萌芽状态，史学思想也是朦胧的。其中宗教思想和皇权思想左右着史学思想的萌发。当时的史籍资料主要以甲骨文、铜器铭文的形式记录下来，也有少量的竹简、帛书发现。

春秋战国时期，中国社会经历着一场剧烈地动荡。周室衰微，诸侯并起，争权夺利的战争连年不断。随着新兴的手工业者、商人和上人阶层的出现，昔日统治社会的奴隶主专制思想面临着瓦解和消亡。新兴力量的代言人不断涌现，史学也呈现出迅速发展的局面，出现了如孔子、左丘明等一批以思想家面貌为主的史学家，同时也产生了《尚书》《逸周书》《春秋》《左传》《国语》《战国策》《竹书纪年》《世本》等一批史书或包含重要史料的典籍。从《春秋》《左传》中，我们可以感觉到先哲们的史学意识和刚刚出现的史学理论思想。从孔子称赞董狐为“右之良史”到孟子说“孔子成《春秋》而乱臣贼子惧”（《孟子·滕文公下》），看出了中国早期史家已认识到撰史的原则、目的和社会作用。

秦汉时期，史学家们继承了三代的传统，也继承了春秋战国百家争鸣的活跃思想，自觉的历史意识进一步增强了。杰出的史学家司马迁所著《史记》和班固所著《汉书》，成为中国古代史学的辉煌成就。史家不仅把著书立说看成个人的职责，而且当做承先启后的神圣事业。司马迁在《史记·太史公自序》中说，先人有言：“自周公卒五百岁而有孔子。孔子卒后至于今五百岁，有能绍明世，正《易》传，继《春秋》，本《诗》《书》《礼》《乐》之际?”意在斯乎！意在斯乎！小子何敢让焉。

在司马迁看来，把“绍明世”“继《春秋》”的事业承担起来，是十分神圣的，其史学意识相当鲜明而强烈。为了“述往事，思来者”，他除了苦心钻研史官的记录和其他宫廷秘籍外，还孜孜不倦地“网罗天下放失旧闻，略考其行事，综其终始，稽其成败兴坏之纪”，终于写出流传千古有口皆碑的《史记》。班固则进一步发展了司马迁的史学思想，在《汉书》中创立了《古今人表》《百官公卿表》和刑法、五行、地理、艺文诸志，扩大了史学研究领域。

魏晋南北朝时期，社会的动乱使经济凋敝，各民族百姓在痛苦中颠沛流离。在这种政治局面下，史家只能在极其困难的处境中收集资料、记录史事，史学思想没有多大发展，也少有杰出的史家和卓著的建树。陈寿的《三国志》和著名学者刘勰的《文心雕龙·史传》，是这一时期较有影响的作品。

唐代是中国古代社会自秦汉以来经济、政治和文化发展的鼎盛时期。尤其是唐代前期，政通人和，农业和手工业高度发展、国内外贸易蓬勃兴起，商品经济

蒸蒸日上，国家统一、安定，文化领域风流人物辈出，史家在其中也独领风骚，取得了巨大成就。唐初政治家重视史学，唐高祖、太宗、高宗及魏徵、令狐德棻、朱敬则等对史学都发表过丰富而有价值的言论。唐高祖以宏大的气魄下诏修撰梁、陈、魏、齐、周、隋六代史，为唐代史学的发展确立了明确的目标和格局。贞观三年（636 年）唐太宗设史馆于禁中，召集了魏徵、李百药、颜师古、孔颖达、姚思廉、令狐德棻、崔仁师、岑文本等一大批史家撰写了《梁书》《陈书》《北齐书》《周书》《隋书》，后又命褚遂良监修《五代史志》，以房玄龄、褚遂良监修《晋书》，李延寿撰《南史》《北史》。唐初所修八史，显示了唐代统治者考论得失、究尽变通、惩恶劝善、贻监将来的远见卓识、雄才大略。在这一时期，产生了我国古代史学中第一部以史学作为研究对象的系统的理论著作，即刘知几的《史通》。在这部著作中，刘知几总结了前人的得失，提出了撰史原则、史书内容与范围、史书体裁与体例、文字表达艺术、史家作史的态度及史学的功用诸方面问题，提出了史才、史学、史识的“史家之长”理论，把中国古代史学思想推到了空前的高度，在世界史学史上也是无与伦比的。

经过五代的战乱，宋辽金元时期中国古代史学思想有了更大的发展。通史、断代史、当代史、民族史、历史文献学、史学批评等方面都取得了许多新成果。北宋官书《册府元龟》国史部对唐代以前的史学理论进行了总结；史学家吴缜对《新唐书》和《五代史》等做了纠谬；曾巩在刘知几“史家之才”的基础上更加提高了对史家的要求，强调史学“周万事之理”如“适天下之用”的标准；郑樵的《通志》提出了重古今之相因、极古今之变化的“会通”之说，有很高的理论水平。此外，如朱熹、洪迈、叶适直至元初的马端临等，在史学批评方面都做出了很多贡献。

从两宋开始倡导的“适天下之用”史学思想，到了明清之际成为许多史学大师经世致用理论的研究方向。明后期至清前期涌现的一批思想家、史学家，对中国古代史学思想做出了终结式的评论，从而对晚清新史学思想的出现创造了条件。明代嘉靖年间的文坛巨匠王世贞著《史乘考误》一百卷，对历代国史、野史、家史做出了总体性评论，具有许多独到见解。李贽、王圻对传统史学思想和价值观念也提出了批判继承的理论，并强调了经世致用观念。明清之际的史学大师顾炎武、黄宗羲、王夫之等，则把经世致用的史学思想发展到新阶段。清代前期的几位史家王鸣盛、赵翼、钱大昕、崔述、阮元等，则致力于考证、校勘历史文献，追求历史的实与信，对古代史学思想进行了全面总结。著名史家章学诚集各家之大成，著《文史通义》和《校雠通义》，在继承和发展前人认识的基础上提出“六经皆史”的思想，并强调史学思想即“史意”的探讨。他阐述的“撰述”“史德”“心术”“文理”等观点，代表了中国古代传统史学思想的精华，同时预示着以梁启超、章太炎为代表的新史学的兴起。

（马洪路）

3. 经学与史学有何关系

在中国古代传统文化中，经学与史学都占有极其重要的地位，两者之间的关系也是相当密切的，有着千丝万缕的联系。魏晋以前，经学与史学没有明确的界限可分，一些典籍既是经文，亦是史书。随着文化的发展和研究的深入，隋唐以后经学与史学的分野渐明，史学遂从经学的母体中分离出来，成为国学中重要的独立系统。

古代儒家推崇的经典著作，称之为“经”，解释经典的书则为“传”，合称为“经传”，研究经传的学说即为经学。世人所说的经传，主要是十三经，包括《周易》《尚书》《诗经》《周礼》《仪礼》《礼记》《左传》《公羊传》《谷梁传》《论语》《孝经》《尔雅》《孟子》，其中有的是经，有的是传。《庄子·天运》中最早运用“六经”一词，即指《诗》《书》《礼》《乐》《易》《春秋》六部经典。《隋书·经籍志》把经文分为《易》《书》《诗》《礼》《乐》《春秋》《孝经》《论语》《五经总义》《经纬》《小学》十一类，从此经、史分家。十三经这批古代文献总字数仅有六十五万字，但历代释经著述则不下万种，形成经学，并产生了不同的学术流派。经学的发展变化在中国古代不断影响着传统文化各方面的发展。实际上，经学著作包括了古代哲学、历史、政治、经济、文学、法律等

各学科的内容，是文化领域的综合文献。

《隋书·经籍志》确立史学从经学中分离出来的经、史分途格局时，把史书分为正史、古史、杂史、霸史、起居注、旧事、职官、仪注、刑法、杂传、地理、谱系、簿录十三类。唐宋以后，史学迅速发展，史学理论日益丰富完善，史学思想也渐趋成熟，至明清时期已经涌现出大批史学大师如王世贞、王圻、李贽、顾炎武、黄宗羲、王夫之、王鸣盛、赵翼、钱大昕、章学诚等。章学诚在深入研究经学和史学的基础上，提出“六经皆史”的论点，用史学的角度和方法阐述对经学的新知识，一方面扩大和丰富了史学的内涵；另一方面探讨了经学的发展脉络及其与史学的转化交融。

经学与史学的关系十分密切，主要通过以下几个方面表现出来：

首先，先秦时期是经史不分的，不仅《尚书》《左传》等既为经文，也是史书，十三经中每一部经典，都包含着“史”的内容。孔子修《春秋》之“属辞比事”，大体遵循着“以事系日，以日系月，以月系时，以时系年”的编年史方法，以记鲁史为主，包括了周王朝及列国在242年间的史事，为其做传的《公羊传》《谷梁传》之“史”的性质自然很突出了。孟子这样说过：“王者之迹熄而《诗》亡，《诗》亡然后《春秋》作。晋之《乘》，楚之《梼杌》，鲁之《春秋》，一也；然事则齐桓、晋文，其文则史。”可见经与史是融合在一起的。

其次，先秦时期的诸子百家，既习经，亦研史，经学与史学在许多思想家和大儒是集于一身的。《周易》是中国文化之源，“六经之首”，易道之广大深奥无所不包，旁及天文、地理、乐律、兵法、韵学、算术、医药等，但它绝非周文王一个人的思维模式，而是经历了从氏族社会晚期到夏、商两代漫长的衍化过程，是历史经验的总结，也是后代史家从事史学研究的指导思想出发点。《周易》中当然包括了夏、商史官的记录和思想。孔子是伟大的思想家、教育家，也是伟大的史学家，孔子的史学意识和“良史”观点，对后世有重大影响。孟子为经学大儒，对史学理论也颇多研究。左丘明在习经基础上撰写的《左传》则更偏重于史，此外如管仲、孙武、庄周、公孙龙、荀况、韩非等，莫不集经、史于一身。有些思想家对儒家经典意见不完全一致，但对史事的认识是一致的。

经学与史学的关系随着时代的推移而从学科的发展上拉开了距离，这是对经学的研究不断深入和史学不断丰富成熟的必然结果。自汉代司马迁《史记》的诞生标志着史学的确立，经三国、魏晋、南北朝各阶段史学的发展，终于导致《隋书》将经学与史学一分为二，从此史学成为独立的国学系统，成为史家励志耕耘的园地。但是尽管如此，历史总离不开三代的源头，史家必须熟悉三代的经典，史家亦多为儒家名士，对于“六经”尤其是《周易》的学习探索，是有成就的史家必备的学识。《诗经》三百及《周礼》《左传》《论语》等著作中的史事与先哲警世之言，经常被史家在撰述史书中所引用，经学与史学，永远是密不可分的。

（马洪路）

4. 历代先哲如何看待历史进程

自远古至夏、商、西周三代，人们在宗教神权和宗法王权双重意识的支配下，还没有意识到社会发展变化的动因，不能了解历史进程的规律和特点。西周末年至春秋战国时期，随着周王室的衰落和各诸侯国经济、政治势力的发展，人们的神权和王权意识都在削弱，诸子百家争鸣所产生的民主思想萌芽开始动摇了冥冥之中“天”的主宰地位。从周公提出的“以德配天”和“德主刑辅”观念到孟子的“民为贵，社稷次之，君为轻”思想，表现出古代先哲已开始觉悟到历史进程“得乎众民”的重要。秦汉以后，学者们不断总结殷亡而周兴、秦并六国而得天下、秦亡而汉兴等世事巨变，因此“究天人之际，通古今之变”成为历代先哲孜孜以求的目标，经过两千年的思考，对历史进程大体上形成了以下几点共识。

一曰“治乱观”，即历史的进程中充满着“治”与“乱”的起伏与交替，治与乱都不会永久存在，也不会一成不变，应天顺人则治，伤天害理则乱。孔子历来主张“为政在人”，人存则政举，人失则政息（《礼记·中庸》）；孟子进一步指出“行仁政而王，莫之能御也”（《孟子·公孙丑上》）；墨子的基本主张是“天下兼相爱则治，交相恶则乱”（《墨子·兼爱》）；荀子认为“天行有常，不为

尧存，不为桀亡。应之以治则吉，应之以乱则凶。”（《荀子·天论》）。治与乱是起伏交替的，齐国因为公孙无知杀死襄公而乱；桓公执政因势利导而治；晋国因骊姬搬弄是非而乱，文公复国而治；秦末天下大乱，汉高祖以仁政得天下而治；吕后鸩赵王，在惠帝死后又临朝，政局混乱，之后便出现“文景之治”；隋末大乱，继之而出现唐代的“贞观之治”，如此等等，不一而足。故在唐太宗即位时，与群臣语及治胤教化之事，魏徵极言“经乱之民易化，……汤、武皆承大乱之后，身致太平。”由此历代先哲进而强调要居安思危、防患于未然的道理，治与乱相依伏，“天下之患，最不可为者，名为治平无事，而其实有下测之忧。”（苏轼《晁错论》）这种“治乱观”，历代先哲是未有异议的。

二曰“兴衰观”，即在一个朝代或一段时间内，事物的发展和历史的进程总是由兴而衰，新陈代谢的。因此，无论是帝王将相还是庶民百姓，都应力求其兴而避其衰，但因兴衰之变是历史进程的必然，所以兴亦不能久，衰亦不可免。战国时，触詟说赵太后的爱子长安君为齐国人质，虑其“位尊而无功，奉厚而无劳，而挟重器多也”。燕将乐毅告诫燕王：“善作者不必善成，善始者不必善终”，魏徵在《谏太宗十思疏》中进而阐明“凡昔元首，承天景命。善始者实繁，克终者盖寡”，所以圣主明君必须“简能而任之，择善而从之。则智者尽其谋，勇者竭其力，仁者播其惠，信者效其忠。文武并用，垂拱而治。”（《古文观止》）司马迁曾提出“物盛则衰，时极而转”的历史观。明代刘基对历代兴衰更做出了形象的描述：“碎瓦颓垣，昔日之歌楼舞馆也。荒榛断梗，昔日之琼蕤玉树也。露蚕风蝉，昔日之凤笙龙笛也。鬼磷萤火，昔日之金缸华烛也。……是故一昼一夜，华开者谢；一春一秋，物故者新。”（刘基《司马季主论卜》）历代先哲的“兴衰观”，自《周易》言阴阳消长、刚柔相推、兴衰辗转、革故鼎新以来，不断探讨研究，已形成促进社会发展和安邦治国的宝贵经验。

三曰“天道观”，亦可称为“天命论”。先秦时期，“天”即上帝，与氏族祖先之“神”相配，控制和指导着一切国家大事，这就是影响中国数千年的宗教哲学。在这种观念下，国家的治乱兴衰都是由于祖先受命于“天”的，因为“天命不易”，所以必须“敬事上帝”（《周书》）。汉代以后，“天道观”更强调

“天人合一”，即人治的力量，但历代先哲基本上没有冲出“天道观”的樊篱，司马迁说：“天道恢恢，岂不大哉！谈言微中，亦可以解纷。”（《史记·滑稽列传》）董仲舒将“天命”更饰以“天人感应”的理论，使帝王受命于天，历史进程由天支配的思想更具有神秘的色彩，唐宋以前的史书和文学作品中，随处可见帝王降生时的天降异象，即“龙飞九五，配天光宅，有受命之符，天人之应。”（《宋书·符瑞志》）“帝王之兴也，必有积德累功博利，道协幽显，方契神祇之心。”（《魏书·序纪》后论）所以，在“天人感应”学说影响下，世道的治乱兴衰，人间的吉凶祸福，战争的胜负，事情的成败，皆有日月星辰或草木物候的“异象”为先兆，历史的进程也是由“天意”安排的。尽管随着时代的发展，一代又一代先哲在努力探究“天人之际”的疑问，但始终没有从神秘的“天命”羁绊中挣脱出来。

四曰“圣贤观”，即强调帝王将相个人在历史进程中起决定性的作用。既然帝王是“替天行道”的，那么作为“天子”的帝王一方面要应“天命”而行“人事”；另一方面则必须善于“审时度势”“以德配天”才能治理天下，达到国富民强，这才是圣主和明君，否则，天下就要大乱，国家就要衰亡。夏因禹而兴，因桀而亡；商因汤而兴，因纣而亡；西周文武之治和厉王之乱、秦代周兴、汉代秦兴乃至唐宋元明清王朝更替，无不是昏君“逆天”行事而残暴、淫乱、忠奸不分、是非不辨以及圣主的仁德、勇武、举贤任能、体察民情所至。因为帝王有至高无上的权力，所以历代先哲一致认为市王的“明”与“昏”在历史进程中起着决定性的作用。人们常说的商纣王宠妲己而失其政，卫懿止好鹤而亡其国等都是这个道理。

以上四种对历史进程的认识，历代先哲的看法是基本一致、一脉相承的。此外，也有少数贤达之士对历史进程提出了发展经济的重要作用（杜佑《通典》），“以人道率天道”的历史进化思想（王夫之《船山遗书》）等，都是对历史进程阐述的精辟见解。

（马洪路）

5. 历代先哲如何分析中国社会的治乱兴衰

中国社会的朝代更替、治乱兴衰，是数千年里历代先哲们关注的焦点和议论的中心话题，几乎每一位哲人都对此发表过看法，其真知灼见成为统治者尊奉的准则，也成为大众评古论今的指导思想。

在中国古代社会里，“天命观”是长期占据统治地位的思想，所以历代先哲尽管所处的时代背景不同、地位和处境有别，但对“天命”的信念是基本一致的。一些思想家对“天命”的质疑发难，也都仅仅停留在“疑”与“问”上，而不敢公然反其道而行之。在这种思想束缚下，各代的治乱兴衰便完全笼罩在“天命”“天道”和“天人合一”理论框架中了。

在“天命观”和“天人合一”理论的大前提下，历代先哲对千百年中国社会的治乱兴衰的认识与评价逐渐发展，提出了一系列看法，其发展趋势是从“天命靡常”“天道无亲”到“天命有德”“敬天保民”，最终形成统治者“替天行道”“唯德是依”的思想，并由此产生和形成了一整套法典、礼制、刑律、道德、规章乃至言行服饰等的评价标准，成为历代先哲分析治乱兴衰的认识基础。

先哲对治乱兴衰的分析大体经历了以下几个阶段：

先秦时期，“天命”与“天道”是人们历史观念的一个基本范畴，凡王朝兴亡、世间治乱乃至每一个人的祸福寿夭，都是由“天命”决定的。“君权神授”的思想在商代达到顶峰，凡国之大事、民众的活动都要向上帝问卜吉凶，大量甲骨卜辞对此有详尽的记载。西周灭商而立，“君权神授”的思想在新形势下赋予了新内容，杰出的政治家周公旦总结了夏、商两代的兴亡教训，认为他们的兴起是由于先王受天命而敬德，其最终灭亡则在于“唯不敬天德，乃早坠厥命”（《尚书》）。周人之所以兴起，除了文王“受天有大命”之外，还能“笃仁、敬老、慈少、礼下贤者”，所以才能取代设商而代表上帝来主宰人们的吉凶祸福，“皇矣上帝，临下有赫，监视四方，求民之莫”（《诗经》）。这种“用康保民，弘于天，若德裕乃身，不废在王命”（《尚书》）的“敬天保民”思想，是历代帝王都严守的“王道”，与整个封建社会相始终。不过，春秋战国时期的百家争鸣思想使“天”的权威有所下降，“民”的地位有所上升，各诸侯王国争相以“保民”“惠民”为手段来扩大和巩固自己的统治。秦汉以后，废黜百家，独尊儒术，“天命”和神权思想重新确立，从此成为维持封建专制统治的精神支柱。

在从奴隶制向封建制转化的过程中，以孔子为代表的儒学起了至关重要的作用。孔子及其传人的政治思想，成为分析治乱兴衰的权威理论。孔子大力提倡周公的“明德慎罚”思想，主张为政“宽猛以济”国家才能大治。当他听说郑国将盘踞在萑苻之泽的盗贼杀尽的消息之后，十分感叹地说：“善哉！政宽则民慢，慢则纠之以猛。猛则民残，残则施之以宽。宽以济猛，猛以济宽，政是以和。”（《左传·昭公二十年》）在这个基础上，他主张“为国以礼”（《论语》），治国安邦必须“道（导）之（民）以德，齐之以礼”（《论语》），又讲究仁义、孝悌，而提倡这一切都是为了防止犯上作乱，同时抨击“苛政猛于虎”（《礼记》）。孔子学说的这种多面性，反映了先秦诸多思想的融汇，从而演绎出后来各种应时的儒家学说和治世之道。比如孟子的著名思想“民为贵，社稷次之，君为轻”（《孟子·尽心下》），就是“敬天保民”思想的升华。

秦汉以后，先哲对社会之治乱兴衰有了进一步认识。司马迁著《史记》提出了“究天人之际，通古今之变，成一家之言”的目标，其中关于“人”在治乱兴衰中所起的作用，更加受到越来越普遍的重视。针对项羽兵败垓下、乌江自刎前所叹“此天之亡我，非战之罪也”的话，司马迁指出这种悲叹是荒谬的，应从他自身的所作所为去寻找原因。在《史记》中，司马迁明确指出历史变化的动因在于“物盛则衰，时极而转”，“事势之流，相激使然”，即强调物极必反，矛盾冲突和事物的运动发展是社会变革的重要因素。这种“究天人之际”而得出的理论认识，对后世有强烈的影响。

魏晋以后，中国古代的文化更趋繁荣，哲学思想也有了比较迅猛的发展。自唐宋乃至清末，历代先哲对治乱兴衰的分析更多地集中在人意、时势和事理诸方面，不断地从“天命”的束缚中挣脱出来，逐渐走向真理之路。

关于人意和人治，春秋战国时期的许多哲人在群雄争霸的时代已提出过许多议论。公元前336年，孟子就劝导梁惠王施仁政于民，要求他“省刑罚，薄税

敛，深耕易耨；壮者以暇日修其孝悌忠信，入以事其父兄，出以事其长上，可使制梃以挞秦楚之坚甲利兵矣。”（《孟子·梁惠王上》）秦始皇的暴政，使威服六国的大一统王朝二世而亡，从而引起历代先哲们的千年聚讼。司马迁责秦始皇刑法残酷、极情纵欲而终失天下；魏人曹冏、西晋人陆机等则把分封制看成治理天下的明智之举，秦的崩溃乃“独治之下能久也”“独守之不能固也”。唐代魏徵、李百药、杜佑、柳宗元等不同意曹冏、陆机等人的看法，指出治乱兴衰、得失成败“各有由焉”，秦之亡“失在于政，不在于制”，历史进程的变化“非圣人意也，势也”。（柳宗元《封建论》）。柳宗元用“势”来说明历史变化的动因，对后人产生很大的启示。宋人曾巩、范祖禹、苏轼及明清之际的王夫之等先哲对此都有所阐述。苏轼认为：“圣人不能为时，亦不失时。时非圣人所能为也，能不失时而已。”（《东坡志林》卷五）王夫之则进一步指出“理”是事物变化的内在法则与规律，“在势之必然处见理”（《读四书大全》）。这些治世道理日趋发展，从而把“人道”“人谋”摆在首要地位。自春秋时郑子产提出的“天道远，人道迩”，到唐代魏徵总结的“君，舟也。民，水也。水所以载舟，亦所以履舟”，治乱兴衰以民为本的思想逐渐成为先哲的共识。

基于上述认识，历代先哲对治乱兴衰的总体分析是比较一致的，即主张王者之师吊民伐罪，反对叛臣贼子犯上作乱；主张轻徭薄赋与民休息，反对横征暴敛苛捐杂税；主张刚柔并用、宽猛相济，反对纲纪松弛刑法残酷；主张君令于上，臣行于下，臣谋于前，君纳于后，反对藩镇割据、宦官专权，外戚干政，结党营私；主张为官清廉、吏治整肃，反对贪污腐败，鱼肉百姓；主张广开言路，兼听则明，反对闭目塞听，怨声载道；主张居安思危，励精图治，反对沉湎声色、极情纵欲；主张礼贤下士，赏罚有度，反对虚妄骄横、善恶不分；主张强本节用、恤孤养疾，反对逐本求末、凌辱贫弱，等等。总之，历代先哲对中国社会的治乱兴衰所提出的看法宏大而深邃，是我们中华民族安邦治国的极其宝贵的精神财富。

（马洪路）

6. 史学在中国传统文化中具有怎样的功能

中国的传统文化与西方文化有着显著的区别，其绵延数千年的连续性和内在的凝聚力使世界各地的炎黄子孙引以为荣，也使中外学者展开了一个世纪的争论研讨而至今不息。

什么是中国的传统文化？中国传统文化的特点及与西方文化的根本区别是怎样产生与发展的？要全面回答这些问题远非易事，因此，对史学在中国传统文化中具有怎样的功能这个问题，也只能作一些概略的阐述。

就“传统文化”而言，这“文化”本身就包含着人类在社会历史实践过程中所创造的物质财富和精神财富的总和。每一个民族的文化，都是这个民族在各个历史发展阶段上物质生产如精神生活方面的反映；而说到“传统”，就是“历史”的具体表现，或“历史传统”的简称。由此可见，史学在传统文化中所具有的功能是多么重要了。尽管关于中国传统文化众说纷纭，但总的看来人们比较一致地认为它有以下三个特点：其一是中国大陆的自然地理环境和民族交融演进所形成的封闭性、内向性、凝聚性的特点；其二是自给自足的小农经济几千年形成的农业经济基础和相适应的农业社会特点；其三是以儒学为代表的历史文化所积淀的思想基础和伦理道德观念特点。简言之可以概括为大陆文化、农业文化和儒家文化三方面。史学，是织成这五彩斑斓长卷的经线。

中国古代史学主要是通过儒家文化来体现的，其功能主要是为统治集团提供一面镜子以“鉴”戒资治，使当权者了解历代圣贤的治国安邦之道。同时，宣传儒家的“天道”与“人道”以教化万民，按照前人的“忠孝仁义”伦理来为人处世，避免“犯上作乱”“作奸犯科”而身败名裂。此外，史学的“经世致用”思想在传统文化中也占有重要地位，随着历史的推进而显得越来越有意义。

史学在传统文化中的功能是不断发展的。

商周时期，是史学产生的初级阶段，文字不够发达，典籍很少。卜辞和金文是中国历史上目前所知最早的官方文书，记载了当时的农事、戎事、祭祀和王室

庆赏、贵族纠纷、财产分配等各方面的情况。在许多青铜器铭文的末尾，都有“子子孙孙永宝用”的话，反映出一种传之后世的自觉的历史记载意识，这是史学在传统文化中的表现之一。左史记言，右史记事。大事书之于策，小事记之于简牍。史学从一开始出现就把中华民族的文化意识世代传袭和发展下来。《尚书》和部分《诗经》中的作品，即是文学经典，也是史学文献，是传统文化之源的闪光浪花。

春秋战国时期，各诸侯国都有了更具史书性质的史册，均属国史，统称为“春秋”。这批“书之竹帛”的文献，具备了时间、地点、人物、事件的连续性记载，成为真正的“史”。这些史册既消失了《诗经》那样的文字修饰和夸张，也不像卜辞、金文和《尚书》那样突出占卜和册祝，而是突出了德、刑、礼、义这些世俗化、社会化的内容。孔子的《春秋》已具有编年史的特点，其核心则是尊“王道”和重“人事”。历代先哲都推崇《春秋》在史学和传统文化中的重要影响，强调“孔子成《春秋》而乱臣贼子惧”（《孟子·滕文公下》），由此可见孔子撰史的社会目的、社会意义。与此同时，《左传》《战国策》《竹书纪年》《世本》等史书的出现，奠定了史学在传统文化中的重要地位和治国安邦的作用。

史学全面发挥鉴戒作用和教化作用的时代是从秦汉之后儒学占统治地位开始的。刘邦作为楚汉战争的胜利者，在建立西汉王朝之后，起初并未意识到总结历史经验的重要性。不过，这位以知人善用闻名的帝王高明之处，是他及时地接受了陆贾的“马上得之，宁可以马上治之乎”的启发，命陆贾“粗述存亡之征，凡著十二篇，每奏一篇，高帝未尝不称善”（《史记·郦生陆贾列传》）。陆贾所述之书《新语》，成为汉初统治者总结历史经验的第一部史论和政论相结合的文化典籍。在陆贾之后的贾谊和晁错，都是善于总结历史经验的政治家、思想家，他们的建议常被皇帝所采纳，正因为有了这种文化背景，才产生了汉武帝时期杰出的史学家司马迁和彪炳千秋的《史记》。

司马迁总结先秦史学成果，继承汉初的历史思想倾向，秉承先人的遗志，在史学上首倡“究天人之际，通古今之变，成一家之言”的宏图大略，使史学在传统文化中进一步发挥了重要功能。由于它是反映中国社会从三皇五帝到汉初的经济、政治、军事、民族、思想、文化、社会风貌及各阶层人物群像的百科全书，所以不仅在史学领域树起了一块丰碑，而且成为中国古代传统文化的硕大基石。在《史记》之后，中国出现了撰写皇朝史的高潮，从班固的《汉书》、荀悦的《汉纪》到三国两晋南北朝的《后汉书》《三国志》《宋书》《齐书》《魏书》等，反映了史学的兴旺发展和统治者对史学安邦治国作用的重视。

史学在传统文化中的功能除了给统治者提供鉴戒之外，还有对百姓实施教化的作用，这种作用在历史发展进程中越来越明显。从孔子著《春秋》而“乱臣贼子惧”到两汉魏晋佛教的传入，儒学吸收了外来宗教思想而变成了更具教化作用的“儒教”，同时改造了佛教，使其具有了中国传统文化的仁、义、礼、信的色彩。唐高祖在《修六代史诏》中说：“司典序言，史官纪事，考论得失，究尽变通，所以裁成义类，惩恶劝善，多识前古，贻鉴将来。”魏徵则为国家的长治久安反复强调君为舟，民为水，“水所以载舟，亦所以履舟”的古训。两宋时期，史家更自觉地担当起安邦治国的责任，司马光在进奉《资治通鉴》时明确指出是为了“鉴前世之兴衰，考当今之得失”（《进书表》)。朱熹在论读书、读史时提出一个鲜明的见解：“读史当观大伦理、大机会、大治乱得失”（《朱子语类》卷十一)。可见历代大儒都十分重视史学对政治统治和百姓教化的作用。“读史当观大伦理”，历代史家在著作中无不贯穿这种道德观念，几乎一切史书都把明君、忠臣、孝子、贞妇作为褒扬的典范，同时把不忠不孝、不仁、不义之徒列为贬斥的对象。史学在维护统治者的伦理纲常、对民众实行教化方面起着独特的作用。

由于中国传统文化中还有大陆文化和农业文化的特点，所以史学领域在新史学产生之前还竭力宣传中国的“中心”说，使统治集团长期形成唯我为大、唯我独尊的思想方法；同时史书中大都贯彻“重农抑商”“农为本、工商为末”的思想，使积极的“经世致用”观念不能顺利地发展。不过，对传统文化中的“大陆文化”和“农业文化”的影响作用，从史学本身来说，其意义不如对治国安邦、教化生民那样重要，那样明显。此外，史学在传统文化中的功能尚有民族

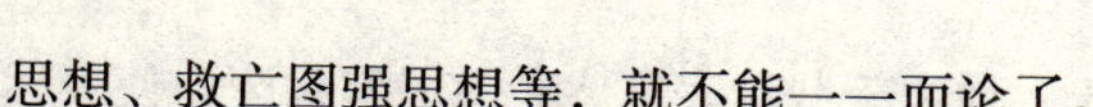

思想、救亡图强思想等，就不能一一而论了。

（马洪路）

7. 历代先哲如何论述史家的修养

中国古代的史学产生于先秦时期，在秦汉以后迅速发展起来。随着史学逐渐由宫廷走向民间，史家的修养也越来越受到历代先哲的重视，认为良史的修养可以直接影响到帝王以史为鉴，史家对事件的秉笔直书、人物的善恶曲直真实表述不仅是史家的基本品德，也是对后人的警示。

历代先哲对史家修养的认识，是不断加强和不断深化的。

最早论及史学意识和史家修养的是孔子。他在《礼记·经解》中："属辞比事，《春秋》教也。"主张史家"属辞比事而不乱"。属辞，是指在记述史事时讲究遣词造句，即注重文辞的锤炼；比事，是按照年、时、月、日的时间顺序排比史事，即编年纪事的概括性说法。春秋时期，诸侯并立，史事纷繁，孔子修《春秋》记述了242年史事，逐年编次，处理周到，又很注意言辞和文采，对编年体史书的著述做出了开创性的贡献。

在提倡"属辞比事"的同时，孔子还特别强调"书法不隐"，即良史之"直书"。《左传》宣公二年（公元前607年），赵穿杀晋灵公于桃园；《左传》襄公二十五年（公元前548年）齐国崔杼派人杀死国君庄公，太史董狐、南史氏等几位史家都能直书不隐，孔子称赞他们是"古之良史"，这种精神始终为后世史家所遵循崇尚。

经过战国时代百家争鸣和秦王朝的兴衰，司马迁在史学发展的基础上进一步对史家的修养提出了更高的要求，这就是"究天人之际，通古今之变，成一家之言"。战国诸子百家而无史家，司马迁提出史学要"成一家之言"，要求史家去探讨历史发展的内在规律，形成自己的见解，而不仅仅是记述史实。

魏晋南北朝时期，先哲对史家的修养要求更加具体。南朝梁人刘勰在《文心雕龙·史传》中说，史书具有使人们"居今识古""彰善瘅恶，树之风声"的作用，因此史家的著作应该“贯乎百氏，被之千载；表征盛衰，殷鉴兴废；使一代之制，共日月而长存；王霸之迹，并天地而久大。”可见史家的责任何等重大。不过，这一时期史家虽多，有突出成就者却寥寥无几，仅范晔《后汉书》、陈寿《三国志》和沈约《宋书》尚有一定价值，其余大都湮没无闻。一些史家常有曲笔，为后世所讥。

隋唐时期，史学继续发展，史学理论更加丰富了。唐高祖李渊《修六代史诏》说：“司典序言，史官纪事，考论得失，究尽变通，所以裁成义类，惩恶劝善，多识前古，贻鉴将来。”唐太宗要求史家“彰善瘅恶，激一代之清劳；褒吉惩凶，备百王之令典”（《唐大诏令集》）。唐高宗下诏选择史官时，对史家的德行、学识等要求是“操履贞白、业量该通，谠正有闻，方堪此任”。在此基础上，刘知几在《史通》中对史家的修养提出了著名的史才、史学、史识“三长”之说，成为史家安身立命的准则。与刘知几同时代的著名学者徐坚曾说：“居史职者，宜置此书于座右。”（《旧唐书·刘子玄传》）直至末辽金元各代，先哲们对史家修养的要求与评论无出其右。

明清时期，中国古代史已经历数千年积淀，史著浩繁，良莠不齐，除正史外，野史、地方史志和论史之作层出不穷，章学诚著《文史通义·史德》篇提出了“史德”这个史家修养的最高要求，也是中国史学理论发展的新进展。他在刘知几的史才、史学、史识“三长”的基础上进一步强调史家要讲“史德”，有“心术”，才能真正成为“良史”。所谓“心术”，是指《管子·七法》称“实也，诚也，厚也，施也，度也，恕也，谓之心术。”章学诚认为：能具史识者，必知史德；德者何？谓著书者之心术也。夫秽史者所以自秽，谤书者所以自谤，素行为人所羞，文辞何足取重！……而文史之儒，竞言才、学、识而不知辨心术，以议史德，乌乎可哉！（《文史通义·史德》）

在这里，章学诚强调的史德是在才、学、识之上的最重要的史家修养。他进而指出良史虽然“莫不工文”，也掌握“得失是非”“盛衰消息”，但却往往不能正确处理客观史事与主观认识之间的关系与调适，所以为良史者必须“气平”“情正”才能达到“文立”，只有“慎辨于天人之际”才能克服“气胜”“情偏”

的弊病，而做到这一切，即“心术”端正，则“贵平日有所养也”。章学诚所强调的平日所“养”，一方面是内省的工夫，另一方面更重要的是“必通六义比兴之旨”，也就是深得《诗经》风、赋、比、兴、雅、颂六义的精髓。有了这种功夫，才能具备真正的“史德”。

中国史学历来推重信史，所以历代先哲往往从史家或史书对历史文献的处理当否、对历史事件和人物的认识来考察史家的修养。孔子赞董狐、《南史》氏“书法不隐”，班彪论司马迁“文质相称”（《后汉书·班彪传》），唐代思想家、政治家李翱、李德裕等强调史料的公开性和可考查性以避免史家的偏听偏信（《唐会要》卷六十四）。裴松之、钱大昕、赵翼、王鸣盛等大批史家投身于史学批评事业，补阙辨失，祛疑指瑕，为恢复历史的本来面貌做出了巨大贡献，这种求实的精神，也是史家的根本修养。

综上所述，可知历代先哲对史家的修养有很高的要求和多方面的分析，概括起来就是史家必须有史德、史才、史学、史识，敢于对史事如人物秉笔直书。

（马洪路）

8. 什么是纪传体，二十六史的特点有哪些

纪传体，是史书的一种主要体裁，以写人物传记为中心内容，亦简称为史传。纪传体的史书所记述的历史人物，必须以翔实的史事为主，文字大多朴实而生动，连贯而畅达，富有文学色彩，使人物跃然纸上，各有特色。在人物的纪传中，作者的褒贬极少且慎重，寓于人物的言行之中。纪传体史书创始于司马迁所著的《史记》，并为后世史官或文人承袭仿效。

纪传体之“纪”，即本纪，专记帝王的历史事迹及一代大事概要，如《史记·高祖本纪》《后汉书·光武帝纪》《旧唐书·玄宗本纪》等；“传”则主要指各个领域历史人物的生平事迹记录，既包括公侯将相、文人学士，也有宦者、游侠、烈女和奸佞之徒等。

在《史记》之前，中国古史的记录形式主要是编年体，即以史官记录帝王

起居注为主的宫廷史，此外也有一些同一时代的国别史，少量个人和群体活动事迹的传记史，也出现过各种形式组合而成的史书雏形，即《世本》。司马迁综合了以往历史编纂学的成就，将以上各类史学形式有机地组合，开创了纪传体这种新形式。纪传体的《史记》由五类著作组成，其中“本纪”采用编年史的形式，记载汉代以前王权更迭的系统大事，又分别撰述一姓诸王的王朝史实，单独记录在位君主的帝王纪；“表”，是以简明的表格概括排列历代重要的人物和事件，分别反映统治集团重要人物的生平和所涉及的重要军事、政治活动；“书”则专门记叙制度史，分述礼仪、音乐、兵制、历法、天文、宗教、水利、货币等领域的发展演变；“世家”原是古籍《世本》所立周代封国诸侯宗谱的名称，司马迁用来对先秦各独立诸侯国的宗族史进行铺叙，同时也把先秦和汉初作为国君辅弼的大贵族以人名篇作了介绍；“列传”则依次叙述历史人物的事迹。以上《史记》的重要特色，以写人物传记为纪传体史书的主要内容。

自司马迁的《史记》至清代所修《明史》，历代官修史书，世称二十四史。北洋军阀时期曾将《新元史》纳入，合称“二十五史”，后来又将《清史稿》收进，称“二十六史”，从而形成从远古社会到封建社会末期的中国全史。这一系列纪传体的“正史”，与编年体、纪事本末体史书等构成中国古代史学的主体。

《史记》是第一部纪传体的通史，《汉书》则是第一部纪传体的断代史。《汉书》的特点在二十六史中十分突出，它取法司马迁的《史记》，又比《史记》有了进步。首先，《汉书》改“书”为“志”，改“世家”为“列传”，整齐了纪传体的体裁，从此奠定了断代史纪传体史书的基本特征；其次，《汉书》的“十志”内容十分丰富，以沟洫志系统叙述秦汉的水利建设，以艺文志精心概括刘向、刘歆的七略成果，食货志、地理志也各具特色，成为后人纂写书志体的基础；再次，对少数民族和邻国历史的记载方面，《汉书》也比《史记》有所发展，为后人研究古代民族和中亚、西南亚古代民族史提供了可贵资料；最后，《汉书》的文学性也很突出，所写人物事件，皆栩栩如生，不少人物传记都是史传文学的佳作。

陈寿所撰《三国志》，记述了220—280年魏、蜀、吴三国鼎立时期的历史。

作者以个人的力量撰写这一段错综复杂的历史，花费了大量心血，由于在战乱中史料收集极难，蜀国没立史官而无现成的史书，所以《三国志》的重要史料价值更为珍贵。南朝宋文帝命裴松之为《三国志》补写了“志”，也是功不可没的。总的看来，陈寿写史的态度有时不够严肃和正直，尤其对魏、晋统治者隐恶溢美是比较明显的，对一些历史人物的好恶褒贬不时流露有失史家的风范。

在二十六史中，有十部史书是记述南北朝史事的，其中《宋书》《南齐书》《梁书》《陈书》和《南史》五书记南朝历史；《魏书》《北齐书》《周书》《隋书》和《北史》五书记述北朝兴亡。以上“八书二史”，修成于南北朝和唐初，都是纪传体史书，经过当时皇帝的批准而为正史，是研究南北朝时期历史的主要文献资料。

南北朝时期的“八书二史”，其中南朝四书的断限依次衔接，清晰可见；北朝四书的断限稍为复杂，由于《魏书》以东魏为正统，西魏史事便多阙如，《周书》撰著者弥补了这个不足，所以要了解西魏史事，主要应阅读《周书》。南朝四书与北朝四书所记的史事存在着纵横交叉的联系，《北史》《南史》多取材于“八书”，但在著述思想、材料取舍和文字繁简等方面又不完全同于“八书”，而是长短互见，相辅相成，形成了一个系列。它们共同的特点是反映了南北朝时期推重门阀、崇尚佛教的社会风貌。在“八书”中，《魏书》《宋书》《南齐书》《隋书》均各有志，从中可以了解这一时期的主要典章制度及其对隋唐典章制度的影响。

《旧唐书》《新唐书》《旧五代史》《新五代史》几部史书，都是史官奉敕修撰的正史。然而《旧唐书》和《旧五代史》的编撰都比较粗疏，存在着不少错讹和遗漏。鉴于此，后代学者又分别编撰了《新唐书》和《新五代史》，使旧史得到了补正。不过，旧史的原始资料比较丰富，仍有重要价值，所以旧史与新史并存，同样为史学家所推重。

《宋史》全书共四百九十六卷，在前二十四史中是最庞大的一部官修史书。元顺帝至正三年（1343 年）三月，下令修辽、金、宋三史，《宋史》仅用两年半即修成，在现存的宋代重要史料中，唯有《宋史》贯通北宋与南宋，保存了三百二十年间的大量历史记录，虽未免芜杂，然其叙述之详则为诸史所少见。在列传中单列道学传，反映了宋代历史的一些特点。

与《宋史》相比，同时修撰的《金史》质量更高，而《辽史》却错误百出。近代以来，根据文献和考古发现对《辽史》补正的研究成果很多。《明史》是清代康乾时期积六十年之功而修成的，体例严谨，叙事清晰，编排得当，文字简明，但碍于当时文网密布，所记常有语焉不详和失实之处。《清史稿》为民国时修撰，其中《交通志》《邦交志》为前史所无；而《畴人》《藩部》《属国》三传为新创。编纂者多为清朝遗老，对清朝统治者大加褒扬，而对反清人物及史事则一概贬乏，编纂者无力直接利用清宫中的大量档案，致使该书价值有所降低，参与撰写者前后百余人，未经复核审定便仓促成书，错漏亦较多。因此，当时官方未承认此书为正史。

（马洪路）

9. 什么是编年体，何谓九通

编年体是史书的一种类别。这种史书按照年、时、月、日的顺序记载史事，即以时间为中心，叙述有关史实的发生和发展过程，可以追述往事，也可以附叙来事。文中有人物的言行和事件的始末，但因按时间来叙述，所以比较分散。其中也包含著者的分析和评论。编年体亦非完全流水账那样机械地排年纪事，比较注意对人物和事件相对集中的描述。这种体裁源出于中国传世最早的一部按年、月、日顺序记录的编年体史书《春秋》，它原是鲁国的国史，全书一万八千余字，出自鲁国史官之手，经过孔子的整理而成书。此后，相继出现了一些叙述春秋战国时期史事的典籍，体裁不同，各有特色，其中《左传》《公羊传》《谷梁传》略具编年体特色，而尤以《左传》叙事详备，文笔生动，是中国最早的一部史学名著，也是先秦史学中编年体史书的最高成就。

西汉以后，由于司马迁创作了《史记》，使纪传体成为古代史书的主要体裁，编年体落到无足轻重的地位。自宋代司马光主编成大型编年体史书《资治通

鉴》之后，这种体裁才重新被史家所重视，随之产生了不少编年体著作。为了弥补编年体记人记事相对分散的不足之处，由此发展出来纲目体和纪事本末体，并导致了其他几种新的史书体裁的产生，在史书编纂学上有重大意义。

史家所谓“九通”，乃指自唐代杜佑著作典制通史《通典》之后的九部通史性质的史书。杜佑的《通典》、宋人郑樵的《通志》和宋末元初马端临撰写的《文献通考》，是史学界经常提及的“三通”，都是有关典章制度的史学专著；后来又有清代乾隆年间陆续撰成的《续文献通考》《续通典》《续通志》，称为“续三通”；同时又有《清文献通考》（又称《皇朝文献通考》）、《清通典》（又称《皇朝通典》）和《清通志》（又称《皇朝通志》）为“清三通”。以上即史家所说的“九通”。后来又加上清人刘锦藻的《清朝续文献通考》，合称“十通”。明代史家王圻撰《续文献通考》，继马端临之后补续了辽金典制，也是一部典制体史书的巨制名作，但未列入“十通”之内。

杜佑著《通典》，旨在“征诸大事，将施有政”，强调人事应当适应时势，“随时立制，遇弊则变”。全书二百卷，分为《食货》《选举》《职官》《礼》《乐》《兵》《刑》《州郡》《边防》八门，自上古叙述到唐代中叶，是中国第一部典制通史。

郑樵所撰《通志》二百卷，是一部纪传体通史。其中二十略占全书四分之一，是全书的精华。郑樵主张“会通”之说，即“融汇”和集纳各种学术文化，“通”古今之变。他提倡“实学”，强调对史事的“核实”，反对任情褒贬，指斥五行相应说。

马端临所撰的《文献通考》，是继《通典》之后又一部典制通史，全书三百四十八卷，分为二十四考，自上古叙至宋朝嘉定之末，分类详细，内容丰富。但马端临主张通古今的典制而不涉时政，对传统的成说采取了慎重的态度，使《文献通考》更突出了史料价值。因此书以汇集考核典制为特点，故以后凡与此同类之书均称为通考。

“续三通”是乾隆年间的官修史书，由许多学者共同编撰而成。其中乾嘉学派的著名史家钱大昕在《续文献通考》中分工修订的《田赋》《户口》《五礼》

诸考颇为突出。

“清三通”是记述清朝典章制度的史籍。《清文献通考》三百卷，除仍《通考》二十四门分类外，又加群庙，群祀两考共二十六门，子目中则删去《均输》《和买》《和籴》《童子科》《车战》等，另增《八旗四制》《银色》《银直》及《回部普儿》《外藩》《八旗官学》《安奉圣容》《蒙古王公》等；而《清通典》一百卷原分九门仍旧，删去通史中所有的榷酤、算缉、封禅等目；清《通志》一百二十六卷，删去本纪、列传、年谱，除《氏族》《六书》《七音》《校雠》《图谱》《金石》《昆虫》《草木》诸略外，大致与《清通典》相同。“清三通”在乾隆五十一年至五十二年（1786—1787年）间定稿，叙事断限大致以乾隆五十年为止。这几部史书虽然体例、详略不等，但因取材相同，不少篇目又相近似，所以雷同或互相抵牾之处在所难免。尽管如此，“清三通”仍各有其独自的参考价值。

（马洪路）

10. 什么是纪事本末，纪事本末的史书有哪些

纪事本末，是历史著作的一种体例，为纪传体、编年体两种主要体例的补充、说明和创新形式。这种体例肇始于南宋袁枢，嗣后沿袭者颇多，成为史书的一种重要体例。

纪传体因人立传而成史，突出历史人物在各朝代中的重要活动，即以人物的活动表现历史的面貌和历史事件产生与发展变化，表现当时的政治风云、经济形态、军事冲突以及各阶级、各阶层人们的社会生活；编年体以历史发展的时间顺序为线索，体例严谨，顺理成章，历史人物的活动和历史事件的演变在时序上脉络清晰，使读者对历史的时空一览无余；纪事本末体则兼有纪传、编年之长，既按时间顺序铺叙历史，又有主要人物和重要事件为主干和纲目。同时，纪事本末在记史的过程中对许多人物、事件、时间和地点都做了必要的考证和注释，便于读者对历史的了解。

与纪传体、编年体二者相比较，纪事本末体具有显著的特点。就整体结构而言，它以事件为中心，将在历史上有重大影响和重要意义的事件更集中、更突出地编纂起来，保存了历史的主干，既能清楚地反映历史的概貌，又比纪传、编年体简明扼要；以局部层面而言，纪事本末体以事名篇，在每一篇章中综合了与这件事有关的全部史料，对这个历史事件按时序排比，首尾完备，结构严谨，使读者对每一事件的来龙去脉整体把握，纵览无余，既避免了纪传体一事在数篇重见之烦，又避免了编年体一事隔越数卷之弊。从史学发展来看，这种体例的出现确是一大进步。纪事本末对重大历史事件的所有考证，都引经据典，有案可查，得失劝惩蕴含其中，亦为史书之特色。章学诚曾称赞这种体裁“文省于纪传，事豁于编年，决断去取，体园用神”；梁启超也说“纪事本末体于吾侪之理想的新史最为相近，抑亦旧史界进化之极规也。”

南宋袁枢所撰《通鉴纪事本末》，是我国第一本纪事本末体史书，全书四十二卷，成于宋孝宗赵昚淳熙元年（1174 年）。史学家袁枢对司马光的《资治通鉴》有精深的研究，考虑到该书广博宏大，难以寻查一些历史事件的起讫，于是自创新意，将《资治通鉴》中提炼出二百三十九件史事，另有附录六十六件史事，计三百零五件，从公元前 403 年韩、赵、魏三家分晋起，至 959 年五代十国周世宗征淮南止，每件事依照发生的年代顺序整理抄录成篇，使读者一目了然。此后，模仿者越来越多，形成了史书著作中一种很有影响的流派。

纪事本末体与现代史书的体裁已很接近，继《通鉴纪事本末》之后，较为著名的有：

南宋杨仲良编纂的《皇宋通鉴长编纪事本末》；明代陈邦瞻的《宋史纪事本末》《元史纪事本末》；清代有高士奇的《左传纪事本末》，马骕的《左传事纬》，李有棠的《辽史纪事本末》《金史纪事本末》，张监的《西夏纪事本末》，谷应泰的《明史纪事本末》，杨陆荣的《三藩纪事本末》；还有近人黄鸿寿编撰的《清史纪事本末》等。这样，纪事本末体便贯穿古今，自成系统，构成了一个从远古至清末的新的史学体系。

纪事本末体自袁枢首创之后，不断有所发展。《通鉴纪事本末》仅仅抄自

《资治通鉴》一书，史料价值不高，局限明显，剪裁安排也不尽妥善，文化方面则无记述。此后继起的诸书，摆脱了光抄一部书的局限，广泛地采编其他正史、野史、传记、文集等史料，有的还增加了考辨史实、按语等形式，使史学研究达到新的水平。如高士奇的《左传纪事本末》就有“补逸”“考异”“辨误”“考证”“发明”等栏目，穿插于各个专题之中；张鉴的《西夏纪事本末》还间有按语；谷应泰《明史纪事本末》更综合多种明代史料编纂而成，其成书甚至比官修《明史》要早八十多年，这就极大地增强了它的学术作用。

在史学的发展过程中，纪事本末体起到了十分重要的作用。各种史学体裁总是互相渗透、互相补充，在发展中不断完善和提高的。纪事本末体吸收了编年体、纪传体的长处而自成体系，反过来又推动了编年和纪传体等史书编撰形式的变化与发展。此后，编年体史书更加注意了对历史事件的集中叙述，纪传体也注意了对重大事件的前因后果的交代。近现代的史书，大多采用章节体，兼取了古代上述三种主要体裁之长，其主干则以纪事本末体为纲，可见纪事本末体对后世史学的深远影响。

（马洪路）

11. 什么是政书，政书的史书主要有哪些

政书是中国古代史书的门类之一，专门记述一代或几代典章制度的沿革、变化，是由纪传体正史中的“志”发展而成的。《史记》中的“书”和其后正史中的“志”，都具有政书的性质。因其材料分散，有些内容亦不够详备，唐代开始由一些史家广采博收历代书志而独立撰成政书。

政书作为一种史书，大体可分为通史性的和断代史性的两类，其编写体例一般是分门别类，同时又按时间顺序排列铺叙而成，很便于查阅，是研究一代或历代典章制度的重要参考书籍，也是读史的重要工具书。

中国最早的政书，是唐代官修的《唐六典》。开元十年（722 年）唐玄宗李隆基召起居舍人陆坚修《六典》，并亲自制定理、教、礼、政、刑、事六条为编

写纲目，由丽正书院（后更名为集贤院）总其事。在中书令张说、萧嵩、张九龄等人的先后主持下，由徐坚、韦述、刘郑兰、卢善经等十余人参与修撰。开元二十六年（738 年）撰成并注释后，于次年由宰相李林甫奏呈皇帝，因此书题为唐玄宗御撰、李林甫奉敕注。《唐六典》始撰时，原拟仿照周礼六官安排体例，但后来实际上是以唐代诸司及各级官佐为纲目。首卷为三师、三公、尚书都省；以下依次分卷叙述吏、户、礼、兵、刑、工六部；然后再叙门下、中书、秘书、殿中、内侍等五省，以及御史台、九寺、五监、十二卫和东宫官属；末卷为地方职官，分叙三府，都督、都护、州县等行政机构组织。全书共三十卷，近三十万字。由于正文记叙唐朝中央、地方各级官府的组织规模、官员编制及职权范围多直接取自当时颁行的令、式，均属第一手资料；注文所叙职官的沿革亦多取自先代典籍，这些资料和典籍至今多有亡佚，所以《唐六典》具有很高的文献价值。后来《通典》《旧唐书》和《新唐书》的作者都采用《唐六典》的材料而撰成传世之作。

与《唐六典》同时，开元末年刘秩仿周礼六官所职，根据经史百家文献资料，撰写了中国最早的政书之一《政典》，该书三十五卷，自黄帝迄唐代天宝末，以典志体记叙历代典章制度的沿革，议论得失，惜早已亡佚，仅从杜佑的《通典》中略知此书的一些情况。

继《唐六典》《政典》之后，历代的政书主要有唐代的《隋官序录》《隋朝仪礼》《大唐仪礼》《开元礼》《太宗政要》《通典》《唐会要》《唐大诏令集》《五代会要》；宋代的《宋大诏令集》《宋会要辑稿》《文献通考》《通志》；元代的《经世大典》《通制条格》《元典章》；明代的《大明会典》《皇明制书》；清代的《三国会要》《明会典》和《明会要》等。此外，还有南宋徐天麟撰写的《西汉会要》和《东汉会要》，清代康熙、乾隆、嘉庆和光绪四朝不断重修的《清会典》，以及《皇朝文献通考》和清末民初刘锦藻撰的《皇朝续文献通考》，还有清代雍正、乾隆年间集多种政书而成的资料汇编《八旗通志》等。

在上述历代政书中，以《通典》《文献通考》《通志》《经世大典》《大明会典》《清会典》几种更为著名。

唐代杜佑撰写的《通典》三百卷，于唐德宗贞元十七年（801 年）问世，内容自上古乃至唐玄宗天宝年间，议论亦及天宝之后。全书分为《食货》《选举》《职官》《礼》《乐》《兵刑》《州郡》《边防》八门，几乎包括了经济、政治、军事等所有的典章制度。由于杜佑学识渊博，并历任青苗使、江淮水陆转运使和德宗、顺宗、宪宗三朝的宰相，所以《通典》能广采历代经史，精选先哲时论，内容十分丰富翔实，保存了不少今已亡佚的书籍片段和文章、表奏、诏敕等。

宋郑樵著述的《通志》虽然是一部以人物为中心的纪传体通史，但其中的精华“二十略”则属颇有水平的政书。其中《氏族略》《都邑略》《昆虫草木略》是对唐代刘知几增加三志主张的发展；《六书略》《七音略》是他的创造；《艺文略》《校雠略》《图谱略》《金石略》均对正史《艺文志》有所创新；除《礼》《器服》《选举》《刑》等略外，其余各略也有不少新意。郑樵弥补了杜佑《通典》的某些不足之处，如《兵门》不记兵制沿革及不设《经籍门》等。特别在《校雠略》中注意到了碑文铭刻这类实物史料对研究历史的作用，都是对史学研究的重要贡献。

《文献通考》是中国古代十分重要的一部政书，宋元之际马端临撰写，全书三百四十八卷，历时二十余年写成，在元大德十一年（1307 年）问世。该书以杜佑《通典》为蓝本，在此基础上加以考订和补充，门类比《通典》分得更为详细，计有《田赋》《钱币》《户口》《职役》《征榷》《市籴》《土贡》《国用》《选举》《学校》《职官》《郊社》《宗庙》《王礼》《乐》《兵》《刑》《经籍》《帝系》《封建》《象纬》《物异》《舆地》《四裔》二十四门，其中《经籍》《帝系》《封建》《象纬》《物异》几门为马端临所新创。《文献通考》的资料比《通典》更为丰富，于宋代典章尤其详备，是了解宋代以前典章制度沿革的重要工具书。

元代官修政书《经世大典》，又名《皇朝经世大典》，于元文宗至顺二年（1331 年）修成。该书体例参考了唐、宋会要而有所创新，全书分为君事的《帝号》《帝训》《帝制》《帝系》四篇如臣事的《治典》《赋典》《礼典》《政典》《宪典》《工典》六篇。其中仅工典便分为二十二目，多为唐、宋会要所无。该

书在明初修《元史》时多有引用。

《大明会典》又名《明会典》，是明代官修的政书，始撰于弘治十年（1497年），经正德、嘉靖、万历各朝增补、修订，成书二百二十八卷。该书辑录明代的法令和章程，对研究明代中央和地方政府的机构与执掌、官吏的任免、文书制度、民族地区管理、行政管理与监督、农业、商业和土地制度、赋税、户役、财政等经济政策，以及天文、历法、习俗、文教等都提供了比较集中的材料，是研究明代典章制度的重要文献。

记述清朝典章制度的官修政书《大清会典》，通称《清会典》，于康熙年间修成，后经雍正、乾隆、嘉庆和光绪朝四次重修，形式上仿照明代的《大明会典》，但具体类目多有增损。光绪二十五年（1899年）以前的清朝典章制度在《大清会典》中刊载极为详尽，全书除汉文本外，还有满文本，总计一千五百九十卷，凡光绪二十二年以前的典礼一律纂入，蔚为大观。

上述政书，是中国史书中非常重要的一类，文献价值超过一般的纪传体、编年体史书，是史学研究的必需工具书。

（马洪路）

12. 左丘明

左丘明（约公元前五世纪），春秋时期鲁国人，生卒年不详。据近代学者考证，其生活的时代在春秋末年至战国早期阶段，即周敬王至考王时期（公元前519—公元前426年）。他是先秦时期著名的史学家，曾为孔子所删定的经典著作《春秋》作传，称《左氏春秋》，后世称《左氏传》或《春秋左氏传》，简称《左传》。

关于左丘明作《左传》，历史上尚存争议。认为《左传》的作者是左丘明的，最早当推司马迁。《史记·十二诸侯年表序》说：

孔子……西观周室，论史记旧闻，兴于鲁而次《春秋》，上记隐，下至哀之获麟；约其辞文，去其烦重，以制义法，王道备，人事浃，七十子之徒，口授其

传指，为有所刺讥褒讳挹损之文辞，不可以书见也。鲁君子左丘明惧弟子人人异端，各安其意，失其真，故因孔子史记，具论其语，成左氏《春秋》。

这就明确记述了是孔子同时代的鲁国人左丘明著作了《左氏春秋》。随之《汉书》中的《艺文志》和《刘歆传》都进一步指明《左传》为曾经亲自拜见过孔子的左丘明所写。这种意见至西汉末年曾有人提出疑义，但仅限于《左传》“不祖于孔子”，尚未否认其为左丘明所作；至唐、宋两代，则出现了几个学者考辨认为《左传》非鲁君子左丘明，此后则众说纷纭。清代乾隆年间，纪昀等修《四库全书总目提要》仍定《左传》为左丘明作以祛众惑，目前学术界一般取此说。

《左传》是我国古代最早的编年体史书之一，材料十分丰富，其所记载的时代，从鲁隐公元年（公元前722年）至哀公二十七年（公元前468年），末又附鲁悼公四年（公元前463年）韩魏灭智伯一事，前后二百四十年间的诸侯征战、列国争雄的历史。据统计，这期间各诸侯国之间的军事行动四百八十三次，朝聘盟会四百五十次。这上千次的战争与盟会，无不与政权得失、财物聚敛有关。春秋中晚期到战国时代，中国社会不断发生巨大的动荡和变革。奴隶制的经济结构、政治体制和意识形态都出现了除旧布新的局面。经济上变革的实质是宗法领主制向封建地主制的转换，使社会的经济结构逐渐由宗族单位演变为家族单位，并产生了越来越多的家庭独立、自给自足的经济实体，公田制变为税亩制，土地自由买卖和兼并现象日益严重，新的地主阶级在这一阶段产生，逐渐崛起的手工业者和商人形成了社会上不可忽视的力量，要求参与政治。政治结构则由奴隶王专制变为地主阶级专政的封建君主制。在意识形态领域，逐渐从西周时的“礼制”发展到战国时期的“法制”。许多思想家在这种社会变革中应运而生，到了战国中期，百家争鸣的学术气氛空前活跃了。

作为古代伟大的史学作品和文学作品，左丘明的《左传》为后人留下了极为可贵的历史遗产。在当时的条件下，左丘明尽最大努力掌握了相当丰富的史料，以此叙述了周王室及鲁、晋、齐、宋、楚、郑诸国的大量史实，也记录了其他许多诸侯王朝的治乱兴衰。其中关于战争、历史事件和许多历史人物的描述，

表现出作者广博的学识和非凡的文学才能。

《左传》的创作水平为历代学者所称道，其中清代刘熙载的《艺概》论《左传》诸条，概括得很完备，作者指出："左氏叙事纷者整之，孤者辅之，板者活之，直者婉之，俗者雅之，枯者腴之。裁剪运化之方斯为大备。"可见《左传》深受历代学者们的重视。

《左传》中体现了作者在社会变革时期中的进步的民本思想和爱国主义思想。但由于时代的限制，书中也反映出作者相信超自然的神力，相信占卜和预言，以及提倡愚忠的思想。作为一部杰出的编年体史书，《左传》为后世史家提供了学习的榜样。

（马洪路）

13. 司马迁

司马迁（约公元前 145 年—?），字子长，大约在汉景帝中元五年（公元前 145 年）生于左冯翊夏阳县（陕西韩城县）的一个村庄。他的高祖司马昌在秦始皇时曾做过主铁官；曾祖父司马无译汉初在长安管理过市肆；祖父司马喜一生无仕，但有世袭的第九等爵位，身为"五大夫"；父亲司马炎是一个有广泛修养的读书人，汉武帝建元年间（公元前 140—公元前 135 年）官拜太史令，通称为太史公，主管天时星历、祭祀礼仪、收编典藏文献等。司马炎的职务和思想，对司马迁有重大的影响。

大约在十岁的时候，司马迁随父亲到了长安，有了更多的学习机会，经常诵读各种古代文献。到元光、元朔年间，司马迁十七八岁时得以系统地学习董仲舒的《春秋繁露》和孔安国的古文《尚书》，他们的讲授使司马迁进一步受到儒家思想的熏陶。父亲的道家思想和大儒的理论在他的头脑中交织融汇，成为他后来撰写《史记》的指导思想。

汉武帝元朔三年（公元前 126 年），司马迁奉父命出门远游，遍访名山大川，实地考察古代和近代的历史，熟悉各地的风土人情，这次远游成为他后来创作的重要动力。他从京师长安出发，出武关（今陕西商县东），经南阳（今河南南阳市），至南郡（今湖北江陵县）而渡过长江。他“浮于沅湘”，在长沙国的罗县汨罗江畔吊访了屈原自沉的地方，考察了古史传说中帝舜南巡死葬的九嶷山（湖南宁远县境内），他“南登庐山”，考察大禹治水的遗迹，然后顺江而下，在会稽山上探查“禹穴”；又到江苏吴县，参观楚国贵族春申君黄歇的故城及宏大的宫室；此后北上遍游齐鲁大地，拜访孔子故里和齐、鲁都城，游览了秦始皇东巡驻驿的峄山，学习了古代饮酒、射箭的礼仪，并顺便访问了一些名人故里；到达江苏沛县一带，他广泛地调查汉初开国功臣的业绩，然后返回长安。这一次长途漫游，是他向社会学习的极好实践，饱览了祖国的锦绣山河，接触了社会各界群众，开阔了胸襟和眼界，对《史记》的著述无疑有极大的帮助。

司马迁在二十五岁至三十岁之间开始登上仕途，成为宫廷内部庞大郎官系统中的一个“郎中”，即皇帝的侍从。从此他多次随武帝出巡各郡县，先后周游于河洛之间、狩猎于新秦中（今内蒙古鄂尔多斯一带），并两次登临崆峒山。元鼎六年（公元前111年），司马迁奉命出使巴蜀以南，代表汉王朝去视察和安抚西南少数民族地区，对边疆各族的民情风俗、自然物产有了直接的认识，对创作《货殖列传》等篇章很有帮助。

元封元年（公元前110年）春正月，当汉武帝东行齐鲁准备封禅的时候，司马迁匆匆从西南返回洛阳见到了病危的父亲，在病榻前接受了父亲让他继承太史令、撰写史书的遗言。父亲病故后，他简单地料理了一下丧事，即赶往山东随侍武帝。这次东巡，他经历了碣石山（河北昌黎县境内）、辽西郡（河北卢龙县东）、九原郡（内蒙古五原县）而于五月回到甘泉。对长城内外的参观游历，进一步充实了他对祖国北方的了解。第二年，武帝再次东巡祭祀泰山，而后亲临濮阳指挥瓠子河口的水利工程，司马迁在工程中曾亲自负薪劳动，体会到劳动人民生活的艰辛。

元封三年（公元前108年），司马迁做了太史令，有机会读到更多的皇家藏书秘籍，开始了著作《史记》的基本工作。在刚刚上任的三四年里，他除了几次随武帝出巡外，很重要的一件事就是以太史令的身份倡议并主持了改革历法的

工作。西汉初期，历法仍沿袭秦代的《颛项历》，常与天象不符，许多人早已提出改正朔的要求。司马迁于元封七年和太中大夫公孙卿、壶遂等上疏请求改革历法，被汉武帝批准，命司马迁与唐都、落下闳等一些官员及历法家二十余人共同努力研究，精密推算，终于确定了以正月为岁首的《太初历》，这是对古代历法的一项重大改革。汉武帝遂诏令改元封七年为太初元年，并下令制定了相应的一系列改革措施。

由于掌握了丰富的文献资料，又亲身经历了广泛的社会调查实践，司马迁的著史工作进行得很顺利，一直工作了六年。在第七年里，一件意外的事情几乎中断了他的创作乃至生命，这就是汉将李陵兵败投降匈奴的事，司马迁表示了同情，因此触怒了武帝而被关进了监狱。这是一种“诬上”的死罪，只有两个条件可以免死，一是用重金来赎，一是受宫刑。司马迁无钱赎罪，为了平生的理想，他又不甘就死。在狱中他反复考虑了历史上一系列人物遭苦难而成大业的经历，决定忍受耻辱而受刑，于天汉三年（公元前98年）接受了宫刑。太始元年（公元前96年）夏六月，汉武帝大赦天下，司马迁出狱，此后成了宦官身份的中书令。他隐忍苟活，发愤写作，终于在太始四年（公元前93年）完成了五十二万多字的《太史公书》，即伟大的历史著作《史记》。这时，司马迁已经五十三岁，此后他的事迹便无可详考了。据研究，他大约卒于武帝末年（公元前87年）左右，一生与功名显赫的汉武帝相始终。

《史记》以“究天人之际，通古今之变，成一家之言”为目的，以本纪、表、书、世家、列传五种体例为形式，严密组织、精心设计地叙述了公元前一世纪以前中华民族从古史传说中的黄帝到汉武帝太初年间的历史，是三千年各族人民政治、经济、文化开拓发展的宏伟记录，为我们留下了一份极其宝贵的文化遗产。全书的中心是“十二本纪”“三十世家”和“七十列传”，以“不虚美”和“不隐恶”的实录精神阐述了历代帝王的政绩与兴衰，记录了秦代以前各地诸侯和割据势力的历史演变，描绘出从帝王后妃到政治家、军事家、思想家、文学家、科学家、策士、隐士、说客、刺客、游侠、土豪、医生、卜者、商贾、俳优、幸臣等不同阶层、不同类型人物的形象，文史并茂，语言鲜明生动，是中国和世界史传文学的典范，不仅有重要的史料价值，而且具有极高的文学价值、美学价值，对后世的历史学、文学创作均有极大影响。

除了《史记》外，司马迁还写下了《报任安（少卿）书》《感（悲）士不遇赋》等散文，是研究他生平的重要资料。

（马洪路）

14. 班固

班固（32—92 年），字孟坚，扶风安陵（今陕西咸阳）人，生于东汉光武帝建武八年（32 年），卒于和帝永元四年（92 年），是汉代著名的历史学家和文学家。

班固出身于仕宦之家，曾祖父班况，西汉成帝时为越骑校尉；祖父班稚于哀帝时任西河属国都尉，后迁广平相；父班彪及堂伯父班嗣都是西汉末年的著名学者。公元 25 年，汉更始帝被杀，长安大乱，班彪携家避难河西，投靠河西大将军窦融，为其出谋划策，窦融所上之奏章大多出于班彪之手，因此被汉光武帝召见并任命为望都长。班彪十分推崇当时流传的司马迁所著《史记》，续作《后传》数十篇，对班固的思想及其《汉书》的写作产生重大的影响。

班固是班彪的长子，自幼聪明好学，九岁时即能诵读《诗经》，挥笔作赋；十六岁时入洛阳大学，博览群书，先秦及汉初百家之书皆潜心研读，“所学无常师，不为章句，举大义而已。性宽和容众，不以才能高人”，因此深为当时儒家学者所称赞。二十三岁时，父班彪卒于官，班固还归乡里，感其父平生所愿，其著述的若干《后传》尚未完备，乃“潜精研思，欲就其业”。汉明帝永平元年（58 年），班固入东平王刘苍的幕府，开始在《后传》的基础上撰写《汉书》，历时四载，初具规模，不料有人竟上疏皇帝，控告班固私自改作国史，使他被捕而关进京兆狱中。他的弟弟班超这时正在军中，怕他被系狱中无法自鸣其冤，乃亲自赶到长安向明帝陈述了班固的著述意图。同时，郡守也把班固尚未写完的书稿献上。明帝阅后很赞赏班固的才能，遂召至校书部任为兰台令史，又转迁为

郎，典校秘书。从此班固奉明帝的旨意继续完成《汉书》的写作，至章帝建初七年（82 年）基本完成，前后共经历二十余年。有些尚未完成的表、志，则是在班固死后汉和帝诏由其妹班昭和同郡人马续分别续成。

班固自为郎后，得以有更多机会接近皇帝，以才干而越来越受到器重。当时京城正在大兴土木修造宫室城隍，经过战乱后的关中父老希望仍把都城建于长安。班固则主张以洛邑为重，于是写出了脍炙人口的散文《两都赋》，盛赞洛邑制度之美，对东汉定都洛阳起了重要作用。至章帝时，班固愈得信任，皇帝每行巡狩，则献上赋颂。朝廷有重要事情需讨论，在众臣的廷辩中皇帝经常采纳班固的意见，赏赐十分丰厚。建初三年（78 年）升为玄武司马。第二年，章帝亲自在白虎观主持讨论五经异同的会议，许多著名学者参加了论辩。班固以史官的身份参与其事并兼作记录之职，据此撰写成《白虎通德论》，把西汉末年兴起的纬书、谶记之学抬高到与传统经学同等的地位，从而使董仲舒以来的今文经学唯心主义和神秘主义哲学思想成为正统儒家思想，亦使儒家经典进一步宗教神学化，成为加强封建专制统治的有力工具。

章帝末年，班固之母病逝，他因之去官。和帝永元元年（89 年），大将军窦宪出征匈奴，班固以中护军的职务随军前往。汉军大破匈奴，登燕然山刻石勒功，由班固作《封燕然山铭》镌于石上以记其事。

永元四年（92 年），居功自傲、总揽朝政的窦宪因阴谋弑逆被汉和帝迫令自杀，株连了大批官员，班固也因而免官，后被仇家洛阳令锺竞逮捕入狱，死于狱中，终年六十一岁。

班固的《汉书》是继司马迁《史记》之后的又一部伟大著作。班固有意识地采取了《史记》记述汉初的一部分史实，再补叙昭、宣至哀帝时代的历史事实，写成了一部完备的断代史，是对我国史学的重大贡献。《汉书》记事始于汉高祖元年（公元前 206 年），终于王莽地皇四年（23 年），共记录了二百二十九年间的历史进程。全书包括本纪十二篇、表八篇、志十篇、列传七十篇，共一百篇，由后人划分为一百卷。《汉书》在《史记》的基础上进一步扩大了史料来源，一些篇章比《史记》显得更完整、更丰富。

在《汉书》的写作中，班固重视客观的历史事实，一方面比较全面地反映了西汉的历史，另一方面也在许多人物传记中暴露了统治集团的黑暗和封建宫廷的腐朽丑恶，揭示出一些官僚权贵的专横暴虐；与此同时，书中也描述了一系列爱国爱民、坚持民族气节、刚正廉明的人物。这种严肃的治学治史态度为后世学者所充分肯定。但是，由于班固生活在儒家伦理观念上升和完全定型的东汉时期，历史观受到儒家忠君思想的严重束缚，对国体和皇权也难免缺乏批判性，这方面的成就比起《史记》来则黯然逊色。对此，更有人批评《汉书》粉饰君主的缺点而贬抑忠臣，对一些历史事件和人物的记叙尚存“略事实”和“贵取容”的毛病，并非良史（唐、马总意林卷五）。

班固是著名的文学家，在《汉书》中他运用了汉赋的风格，追求语言的富丽典雅，所以在文学性方面《汉书》不像《史记》那样更接近口语而生动活泼，但行文比《史记》更简练严密，这种风格很为后世文人所喜爱；由于他多用古字，讲究骈化，所以比较难读，东汉末年至唐代多有学者为之注疏。

除了《汉书》和前面提到的作品外，他还写下了许多流传千古的散文，其中以抒发自己“专笃志于儒学，以著述为业”志趣的《答宾戏》和模仿屈原《楚辞》的《幽通赋》最著名。据《后汉书》本传所说，他的诗文有四十一篇。《隋书·经籍志》曾载《班固集》十七卷，现已亡佚。现存世有明代所辑的《班兰公集》。

（马洪路）

15. 范晔

范晔（398—445 年），南朝宋代史学家、散文家，字蔚宗，顺阳山阴（今河南淅川）人。曾祖范旺，晋安北将军、徐、兖二州刺史；祖父范宁，晋豫章太守；父范泰，为宋车骑将军。范晔生于晋安帝隆安二年（398 年），为范泰的庶子，出继给堂伯范弘之。他少年时即十分好学，博涉经史，善为文章，又能隶书，通晓音律。十七岁时袭封武兴县侯进入仕途，后任彭城王刘义康府中参军，

补尚书外兵郎，出为荆州别驾从事史，又召为秘书丞。在父亲病逝服终之后为征南大将军檀道济的司马，领新蔡太守。随檀道济北征，军还为司徒从事中郎。不久任尚书吏部郎，又因得罪刘义康而贬为宣城太守，在太守任上写下了著名的《后汉书》。

宋文帝元嘉年间（424—452 年），社会生产有所恢复和发展，国势比较强盛。宋文帝很欣赏范晔的才干，几次升迁他为左卫将军、太子詹事，掌管禁旅，参与国家机要。史载范晔“身长不满七尺，肥黑，秃眉须，善弹琵琶，能为新声”。他平时喜欢聚饮和携妓游娱，因此朝野颇有微词。元嘉二十二年（445 年），因参与谋立彭城王刘义康为帝，事泄被诛，其子范蔼同时被杀。

在范晔以前，已经有不少人用纪传体编撰后汉一朝的历史。除属于官吏性质的《东观汉记》外，私人编撰而著录于《隋书·经籍志》的，有三国吴谢承的《后汉书》、晋代薛莹的《后汉记》、晋代司马彪的《续汉书》、晋代华峤的《后汉书》、晋代谢沈的《后汉书》、晋代张莹的《后汉南记》、晋代袁山松的《后汉书》等。范晔以《东观汉记》为基础，参考各家的著作，广集学徒，自定体例，订伪考异，删繁补略，修成我国史学名著《后汉书》。由于他能够撷取众家之长，所以其他关于后汉的史书便逐渐被淘汰，终于使他的《后汉书》作为“正史”，与《史记》《汉书》《三国志》合称当时的“四史”。范晔平生恃史才自负，曾谓“详观古今著述及评论，殆少可意者。”又称自己的《后汉书》：“吾文之杰思，殆无一字空设，奇变不穷，自古体大而思精，未有此也。”当时学者，的确对此书颇多好评。唐代的刘知几亦称赞它“简而且周，疏而不漏”。（刘知几《史通·补注篇》）

范晔的原书只完成纪传九十篇，即遭变故而死去，没有完成计划。梁代刘昭在注《后汉书》时，将司马彪著述的《续汉书》八十三卷中留传下来的八志三十卷补入其中，成为今本《后汉书》。这部史学名著以文辞精美为世人称道，论赞部分尤为突出。其中《班超传》《张衡传》等篇笔势纵放，形象生动，不失为六朝散文杰作。

《后汉书》记事上起东汉开国的建武元年（25 年），下迄东汉建安二十五年

(220年)曹丕称帝，是研究东汉历史的最重要资料。纪传中兼收政论、辞赋，故又具有一代重要文章总集的性质。范晔叙事喜以事类相从，不十分讲究年代先后，新创立了党锢、文苑、独行、方术、逸民、列女等传，开创了纪传体史书为妇女立传的先例，为以后纪传体史书所沿袭。此书在元嘉初年动笔，元嘉十六年(439年)时已完成，大概用了近十年的工夫。

范晔的《后汉书》历代通行注释本，纪传部分有唐代章怀太子李贤注，各志有梁代刘昭注。宋朝人刘攽著有《东汉书刊误》四卷，对范晔的《后汉书》多所刊正。清代惠栋撰《后汉书补注》，又由王先谦加以增补为后《汉书》集解，所搜资料较完备。现存最早版本为百衲本所用的宋代绍兴本。中华书局出版的标点后《汉书》，采用有李贤、刘昭注的本子。

除《后汉书》之外，范晔还有文集十五卷，今存文仅五篇，诗二首。其中《狱中与诸甥侄书》有一定文学见地，主张文“当以意为王”，反对“事尽于形，情急于藻”的形式主义。

(马洪路)

16. 陈寿

陈寿(232—300年)，西晋史学家、散文家，字承祚，巴西安汉(今四川南充)人。年少好学，受业于蜀中名士谯周，研究《尚书》《春秋三传》《史记》《汉书》等颇有所得。在蜀汉时曾任观阁令史、敌骑黄门侍郎等职，因不附宦官黄皓，屡遭贬黜。三国归晋后，中书监荀勖、司空张华等爱其才干出众，举为孝廉，除佐著作郎，并出补阳平县令，编撰了《蜀相诸葛亮集》，因此被正式任命为著作郎。

西晋太康年间(280—289年)，陈寿汇集三国时的官私著作，撰成《三国志》六十五篇，这部史书脉络分明，文笔精练，当时广为传阅，人们“称其善叙事，有良史之才”。相传夏侯湛著有《魏书》，见到《三国志》后，自感逊色，愧而自焚其书稿。

不久，由镇南将军杜预举荐，晋武帝诏命陈寿为侍御史。在此任上，他写出了《官司论》七篇，依据前人典故，历数各代因革，为时人所称道。又向皇帝进献了《释讳》《广国论》等，朝野多为传扬。中书令张华为此召其兼中书郎。由于《三国志》中的《魏志》不大合于中书监荀勖的想法，荀勖产生不满，打算把陈寿逐出京城，于是表奏他为长广（今山东莱阳即墨一带）太守。数年后，在张华的力争下陈寿除太子中庶子、太子傅从，接着又兼散骑常侍。执政不久的晋惠帝对司空张华说：陈寿的才能够格，应该正式任命散骑常侍，不要再兼职了。张华因而具表请求此事，不料统治集团发生内乱，赵王司马伦于永康元年（300 年）发动政变谋篡帝位，张华为司马伦所杀。第二年司马伦又废晋惠帝而自立，天下大乱。陈寿不久亦病逝于洛下（今山西闻喜县）。许多人闻讯皆为其未能受到重用而深感惋惜。

陈寿所著《三国志》，是我国著名的纪传体史书之一，包括《魏志》三十卷、《蜀志》十五卷和《吴志》二十卷。各志分别记叙了三国历史属纪传体分国史，在断代史中别创一格。其中只有纪传而无表志，以魏为正统，魏志前四卷称纪，蜀、吴两志有传无纪。对魏君称帝，叙入纪中，吴、蜀则称王不称帝，叙入传中。但在蜀、吴二书中，对国君的记载仍用本纪的方法，全书善于记事，文笔简洁，剪裁得当，记事亦较真实。在二十四史中，《三国志》的成就略逊于《史记》《汉书》和《后汉书》。

在西晋的短暂统治中（265—316 年），执掌政权的高级士族集团以司马氏为代表，无力扭转因八王战乱而造成的百业荒废、民不聊生的社会衰败局面。门阀制度和宦官外戚干涉朝政成为社会冲突的根源，北方各族的不断征伐也使初步统一的国家始终不能得到稳定发展。因此政局动荡、官僚离乱使得史料难于收集齐全，《三国志》的记载便显得过于简略了，对一些重要史事和人物的事迹，往往语而不详，甚至多有遗漏。作者死后百余年，三国时期的史料大量出现，南朝宋人裴松之看到《三国志》虽然为“近世之嘉史，然失在于略，时有所脱漏”，乃为《三国志》作注。他采取不同于过去作注重在训释文字的做法，以补阙、备异、惩妄和论辩为宗旨，“上搜旧闻，傍摭遗逸”，从史实方面对《三国志》加以增补和考订，引书二百多种，写成字数三倍于原书的《三国志注》，丰富了三国历史的记载，开辟了作注的新路。另外，近人卢弼亦著有《三国志集解》，可供研究《三国志》之参考。

史载陈寿的心胸比较褊狭，在官僚集团的尔虞我诈中多存私念，因此在著作中不免常有个人恩怨夹杂，这是他写史的很大缺点。魏国著名的人物丁仪、丁廙本应在《三国志》中入传，陈寿故意对丁氏子弟说："你们给我送来一千斛米，我便给尊公作成佳传。"丁家子弟不甘于此，未送米给他，陈寿竟然没有为丁仪和丁廙立传。陈寿的父亲为蜀将马谡的参军，马谡因失守街亭而被诸葛亮所诛，陈寿的父亲亦因而被罚为奴，另外诸葛瞻也很蔑视陈寿的人品，于是在写诸葛亮传时陈寿说："亮将略非长，无应敌之才"，"瞻唯工书，名过其实"，这种不顾史实的曲笔，被人们所耻笑。陈寿在朝中恃才傲物，得罪了不少人，其中包括曾举荐过他的中书监荀勖，由此可知陈寿最终未得重用，除了政局大势外，他的个人因素也是不容忽视的。

除了《三国志》和前述一些著述，陈寿还著有《古国志》《益都耆旧传》等。

（马洪路）

17. 刘知几

刘知几（661—721 年），字子玄，彭城（今江苏省徐州市）人，生于唐高宗龙朔元年。他的父亲刘藏器在唐高宗时任侍御史，为人耿直而不徇私，敢于直谏。刘知几自幼受到熏陶，养成了刚直不屈、疾恶如仇的性格。刘藏器还善于学习，文史造诣很深，少年时代的刘知几在父亲的影响下熟读《左传》《史记》《汉书》《三国志》等史学名著，喜好采究古今沿革和社会发展趋势，并随手写成大量札记，为日后著作《史通》打下了良好的基础。

唐高宗永隆元年（680 年），刘知几二十岁时一举考中进士，随即被任命为获嘉县（今河南获嘉）主簿，协助县令处理文书典籍，参与政事机要，增长了

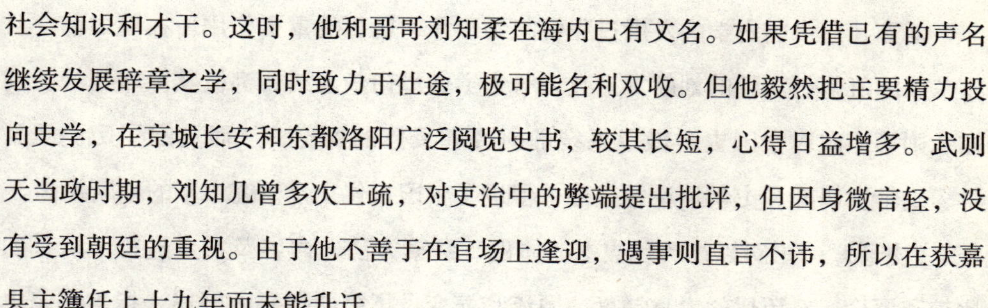

社会知识和才干。这时，他和哥哥刘知柔在海内已有文名。如果凭借已有的声名继续发展辞章之学，同时致力于仕途，极可能名利双收。但他毅然把主要精力投向史学，在京城长安和东都洛阳广泛阅览史书，较其长短，心得日益增多。武则天当政时期，刘知几曾多次上疏，对吏治中的弊端提出批评，但因身微言轻，没有受到朝廷的重视。由于他不善于在官场上逢迎，遇事则直言不讳，所以在获嘉县主簿任上十九年而未能升迁。

武则天圣历二年（699 年），刘知几终被调任定王府仓曹，负责后勤供应诸事。朝廷命张昌宗、李峤、徐彦伯等二十余人编修大型类书《三教珠英》，在唐初高七廉等编著的《文思博要》一千二百卷类目之外新增加佛教、道教、亲属、姓名、方域等部。参加编写的人多数是天下有文名的学者，刘知几被挑选参与了这项工作。在修书过程中，他与众多学者共同商讨许多重大问题，开阔了眼界，同时也使学者们对他的学识有了更多的了解。在《三教珠英》修成之后，刘知几于长安二年（702 年）被任命为著作佐郎，兼修国史，不久又正式擢升为左史，撰写起居注，成为一名宫廷史官，这时他已四十二岁。从此，他才有了真正施展史学抱负的机会。

刘知几在史馆参加了本朝史书《唐书》的编修工作，和李峤、朱敬则、徐彦伯、吴兢等合编了《唐书》八十卷，还有《高宗实录》二十卷、《中宗实录》二十卷、《则天皇后实录》三十卷。“实录”是记录皇帝政治生活实际内容的一种史书体裁，一种定例，在南北朝时期首创，到唐代贞观年间成为定例的，唐代每个皇帝都有《实录》，主要根据起居注和参考政府档案文件所载事件写成，也是编写国史的基础。官修史书，史官要受到皇帝和监修大臣的严格监督。武则天时，史馆监修是不学无术、刚愎自用的权臣武三思，所以刘知几在史学方面的独创性见解不能正常阐述，无法充分发挥自己的才能，于是萌发了自己著作史书的想法，他几易寒暑下笔不休，终于写成了为后人称道的重要史学名著《史通》。

唐玄宗开元九年（721 年），刘知几的大儿子刘贶因罪流放，刘知几感到不平，上疏辩解，唐玄宗怒贬刘知几为安州（今湖北安陆县）都督府别驾。时年六十一岁的刘知几禁不住长途跋涉，又心情悲愤，不久便病逝了。

刘知几在中国史学的发展过程中起到了承上启下的重要作用。在他之前，只有东汉的班彪、南朝的刘勰等少数人对史学做过初步总结，都极其简略笼统。刘知几则第一次对中国史学做了系统的研究和具体的评论，从而奠定了历史编纂学、史学史研究和史学评论的基础，促进了中国古代史学研究水平的不断提高。

《史通》一书对以往历代史书的体例、编纂方法、内容及特点进行了认真的比较和评论；对历代的史官制度、源流和演变做了简明扼要的阐述，指出官修史书的“五弊”，即人多观望、资料不足、权贵干涉、监修牵制、职责不清五个方面的不足；《史通》中还大胆地评论了一些古代“圣贤”和“经典”的传统说法，使人们受到启迪和鼓舞；刘知几还在书中评论了史家应具备的标准，在《史通》中强调史学人才应有“三长”，即史才、史学、史识，对此他在许多篇章里反复论述。首先是史识，即正确的观点、独到的见解和秉笔直书的无畏精神，这是最可宝贵的；其次是史才，也就是编纂史书、叙述历史事件和历史人物的文字表达能力；最后是史学，即掌握丰富的史料，学问渊博。这“三长”是史学家标准的形象概括，得到后世史家的公认。

《史通》的问世，表明了中国古代史学家在史学研究领域里有了新的开拓。刘知几的一些合理见解，如在纪传体史书中可以增加方志的叙述，对都邑、氏族和方物有所记载等，即为宋代史学家郑樵所采纳。在郑樵所著《通志》的二十略中，就有《氏族略》《都邑略》和《草木昆虫略》等。《史通》由于是根据许多札记所编成，统稿不十分细致，书中尚有一些前后说法不一的失误。同时，刘知几对前代史家的评论常常用词欠妥，或轻易贬斥，亦成为这部著作的难掩之瑕。总的看来，刘知几不愧为中国封建社会鼎盛时期的杰出历史学家，他的《史通》是中国第一部系统的史学评论著作，为后世的史学研究提供了楷模。

（马洪路）

18. 杜佑

杜佑（735—812 年），字尹卿，唐代京兆府万年县杜曲镇（今陕西西安长安

县杜曲镇）人。出生于仕宦人家，曾祖杜行敏，任荆、益二州都督府长史、南阳郡公；祖父杜悫，右司员外郎、详正学士；父亲杜希望，玄宗朝历任安陵令、鄯州都督、鸿胪卿、恒州刺史、西河太守等职，赠右仆射。杜佑以父功，十八岁时荫补济南郡参军、剡县丞，后入润州刺史韦元甫幕府为司法参军。他很快以办事干练而升为工部郎中、充江淮青苗史，转抚州刺史，改御史中丞、容管经略史、金部郎中、水陆转运使、度支郎中兼和跃使等。

卢杞当国时，与杜佑有隙，出杜佑为苏州刺史，改饶州刺史，不久又迁岭南节度使。因开发岭南有功，于德宗贞元三年（787 年）召拜尚书右丞，又出为淮南节度使。贞元十六年（800 年），徐州节度使辖军发生内乱，命杜佑为检校尚书左仆射、同中书门下平章事，节度徐泗，发兵征讨徐州兵变，不胜而还。史称杜佑"于出师应变非所长"，亦反映出朝政的混乱与腐败。不过杜佑在山东地区大兴水利，开垦海滨荒地为良田，积米渐丰，兵马整饬较好，为世人所称道。

贞元十九年（803 年），杜佑入朝拜检校司空、同中书门下平章事，充太清宫使，全面参与朝政。不久，德宗驾崩，杜佑主持丧礼，又进为检校司徒，兼度支盐铁使，并加弘文馆大学士。他一生所任职多与国家和地方的财赋收支有关，深知各项制度的利弊得失。他善于经营理财、精简机构，使各行各业尽守其职，取得了较大成绩。唐宪宗元和元年（806 年）拜司徒，封为岐国公。

唐宪宗是个励精图治、英明干练的政治家，执政期间竭力挽回每况愈下的颓败局势，曾使唐代晚期出现短暂的"中兴"。这时杜佑已年过七旬，多次请求致仕，未被获准。宪宗特许他三五日一入中书，商讨国家大事。杜佑每次觐见，宪宗都对他很尊重。又过了几年，杜佑年老体衰，坚决请求退职还家，宪宗不得已而应之，仍拜光禄大夫、守太保致仕。元和十七年（813 年）病逝，终年七十八岁，册赠太傅，谥曰安简。

杜佑一生参与政事，虽然官至宰相，位极人臣，但仍酷爱读书，常至深夜不眠。他看到开元末刘佚编撰的《政典》有许多缺失，于是大量参阅新礼，扩《政典》二十五篇为二百篇，自名之为《通典》。贞元十七年，书成奏上，深为皇帝赞赏，儒者皆服其博大精深、详略得当。他为人平易近人，和蔼谦顺，人们都很尊敬他。

杜佑所处的时代，正是唐帝国由盛而衰的历史阶段。安史之乱后，君主专制的中央集权被越来越严重的藩镇割据局面所代替，朝廷内部派系斗争激烈，宦官专权跋扈，甚至与藩镇互相勾结以威胁君王，完全打乱了统治集团内部的秩序，政局十分不稳。在这种动荡的形势下，经济基础也受到了一定程度的破坏，均田制崩溃，大地主庄园遍布全国，土地兼并十分严重，农民大量背井离乡，过去曾行之有效的租庸调制也很难执行了，赋税制度呈现空前混乱的局面。在这种状况下，杜佑协助宰相杨炎推行了新的赋税制度“两税法”，使经济生产有所恢复，由此得到朝廷的重视。由于他一生从政，有丰富的阅历和勤于学习思索，研究古今社会问题，为《通典》的编撰提供了条件。《通典》使杜佑以史学家而著名。

在《通典》的自序中，杜佑说：“夫理道之先，在乎行教化；教化之本，在乎足衣食。”本着这个原则，他的《通典》以食货为之首，然后是选举、职官、礼、乐、刑和州郡、边防各卷。内容上起远古、下迄唐玄宗天宝年间，议论亦及天宝之后。

《通典》区别于《史记》以来各种史书的最大特色，是其强调经济基础、经济生产与发展的重要性。杜佑一反历代史书的惯例，以食货列为全书之首篇，并将田制放在食货门之先极其明确地指出了土地、农民和赋税三者之间的密切联系以及经济与政治的利害关系。这样写，一方面是因为杜佑一生从事经济方面的管理工作，深知经济对政治的影响巨大；另一方面是因为他比较清醒地看到了土地兼并及农民赋税问题已成为唐代中期以后最突出的社会问题，是中央政权与各地藩镇势力互相争夺牵制的焦点。正是在《通典》中，杜佑详细记载了开元十五年（737 年）颁布的均田令，使我们对封建社会这项重要的土地制度和经济政策有了全面的了解，从而对唐代社会的发展演变有了更深刻的认识。

杜佑在《通典》的选举典中，用大量篇幅记载各种议论，直言不讳地批评选举制度中的弊病，旨在希望唐王朝引以为鉴，认真选贤任能；礼典长达百卷，几占全书之半，目的在于端正风俗、确立秩序重振纪纲，可谓用心良苦，但卷帙浩繁，显得烦冗；在兵典中，叙兵制少而说兵术多，对《孙子兵法》进行全面

阐述，显得与全书格调不一，表现出杜佑不是从单纯的叙史目的出发，而是从现实的角度看问题的，意在“披卷足见成败”。这种写法虽遭史家批评，但亦见杜佑写史不拘形式，自成一格。

《通典》的州郡门十四卷，以《禹贡》的九州为纲，叙各州郡地理沿革、山河形胜、风俗人情，略似正史之地理志。但其每叙一州，必在卷末单设一“风俗”子目，并明确指出其军事地位及该地官吏应注意的事项，显然是直接为统治者出谋划策的，有重要现实意义。在边防中，杜佑认为唐王朝与周边民族在经济、政治、文化等方面的差异仅仅是发展水平的不同和发展先后的区别。同时不仅记载了周边各族，还记载了许多东南亚和中亚一些民族和国家的情况，反映了唐帝国的外交情况，是《通典》的一大长处。

杜佑自司马迁的纪传体通史和班固等断代史之后，首创系统性的制度通史，丰富了我国的历史学著述。《通典》是我国史籍宝库中的优秀代表作品之一。书中所反映的杜佑一系列进步思想和独到见解，都体现出他是一位有远见卓识的历史学家。

（马洪路）

19. 郑樵

郑樵（1103—1162 年），南宋史学家，字渔仲，福建路兴化军兴化县（今建省莆田市）人。平生喜欢著书立说，不应科举考试，亦不轻易写具体的文章。郑樵为人很自负，认为自己的才干不下于西汉学者刘向、扬雄。他长时间隐居在夹际山中，不愿与时人交往。后来，他出山远游，遍历名山大川，搜奇访古，最喜读各类杂书。每遇藏书丰厚的人家，就借居留读，读尽乃去，因此逐渐结识了一些名士，有不少士大夫十分器重他。

郑樵天性聪明，学识广博。初学经旨，继而礼乐、文字、天文、地理、虫鱼、草木乃至方术之学，都能发表一些高明独到的见解。绍兴十九年（249 年），他的文集被呈上朝廷，有诏藏于秘府。后在家乡设馆教书，从其学者有二十多人。

不久，由侍讲王纶、贺允中推荐，郑樵被高宗召见。他向皇帝慷慨陈词，历数自东汉班固以来历代为史之非，深受高宗嘉许，授为右迪功郎、礼兵部架阁之职。后因御史之谏而改授为监潭州南岳庙，责成他全力抄写已草成的史学著作《通志》。绍兴三十一年（1281年），《通志》书成，郑樵奉命进京，官拜枢密院编修官，不久又兼摄检详诸房文字之职。

高宗到建康之后，命以《通志》进献，不料郑樵刚刚病故，终年五十九岁。由于他曾长期隐居夹际山中，学者大都称他为夹际先生。

郑樵一生好为考据之学，虽然当世著书较多，但因内容驳杂，有成就的著作极少，只有《通志》是其传世成名之作。他在平时仍习惯于离群索居的隐逸生活，不善交际，但乐于施惠于人。进入仕途后，一反常态，很计较功名进取，人们对此颇有非议。

郑樵编撰的《通志》，共二百卷，是一部大型的综合历代史料而写成的中国通史，分为本纪、年谱、略、世家、列传等部分。纪传自三皇至隋代，依各时期的史书删录；年谱仿照《史记》诸表之作。其中最重要的精华是二十略，起自上古，迄至宋代，计有《氏族》《六书》《七音》《天文》《地理》《都邑》《礼》《谥》《器服》《乐》《职官》《选举》《刑法》《食货》《艺文》《校雠》《图谱》《金石》《灾祥》《昆虫草木》等类，为郑樵呕心沥血之力作，亦是《通志》中最为出色的部分。《通志》一书多袭用唐《通典》旧文，唯《氏族》《六书》《七音》《都邑》《昆虫草木》五略为旧史所无，表现出郑樵的独创精神和对地方乡土文化的高度重视。在《通志》的略中，郑樵提出了不少精辟的见解，不但具有一定学术价值，而且扩大了史学研究的范围。在二十略中，著名的《校雠略》是《艺文略》《图谱略》《金石略》等篇的说明。《校雠略》集中地反映了郑樵所开创的比较系统的目录学思想，体现了实事求是、融会贯通的科学研究精神。郑樵在校雠略中首创了图书分类法，如所编《艺文略》八卷，通录古今，兼记历代缺佚，突破了《隋志》分类的传统，将艺文分为十二大类，其下再分为一百五十五小类，各小类之下又分成二百八十四个子目，使图书分类和归属都

更加细致合理，便于学术研究和参考引用。

郑樵认为，通录古今，兼记有无，完备翔实，分类明确的书目，直接关系到学术研究的发展和大量珍贵书籍的存佚，从而在《通志》中综合古人的意见归纳并创造了图书资料收集的各种途径，这些经验至今仍有重要的参考价值。《校雠略》是中国目录学史上的第一部理论著作，为目录学的发展建设做出了极大的贡献，也为《通志》增添了光彩。

在《通志》中，郑樵继承了刘知几的史学观点，对宣扬灾异的迷信思想加以批判，对一些人随意褒贬《春秋》进行了驳论。郑樵的史学思想还体现出一种将历史作为一个整体来考虑的社会发展演进的思想，这种先进思想对后代史学的著作与研究起了一定的积极作用。不过，他的《通志》并没有完全突破纪传体正史的格式，在考订史料上也有一些主观片面的缺点，同时他对断代史没有给予应有的重视。其后的史学家马端临对郑樵《通志》的缺点，进行了直截了当的批评，指出在《礼》《职官》《选举》《刑罚》《食货》五志上，“天宝以前，则尽写《通典》全文，略无增损；天宝以后，则竟不复陆续”（《文献通考·经籍考二十八》）。认为郑樵的《通志》既有当续未续，更有当增损而未及增损的。不过，郑樵在《通志》中所阐述的“会通”的思想，即强调历史记载的连续性和“书以类事”的编纂方法，则对马端临及后世学者影响很大。郑樵不愧是我国封建社会不可多得的历史学家。

（马洪路）

20. 司马光

司马光（1019—1086 年），字君实，陕州夏县（今山西夏县）人。父司马池任天章阁待制，司马光是一个自幼便闻名乡里的聪慧儿童，七岁时喜欢读《左氏春秋》，知其大略而常诵于家人。每学辄手不释卷“至不知饥渴寒暑”。最有影响的一件事是当他与一群儿童在园中玩耍时，一个小孩子登上水缸的口沿，不小心滑入缸中，在水里哭叫，群儿都不知如何是好，大惊而跑散。独司马光急中生智，勇敢地举起一块大石头击破水缸，水流泄而落，儿童得救。这件事很快传开，在开封、洛阳等地并被画成图像宣扬，人们纷纷称赞他的机智果敢。

宋仁宗宝元初年，司马光考中进士甲科，当时还是一个不谙世事的少年，不喜欢讲阔气抖威风。听说要参加宫廷庆贺的喜宴，不肯佩戴红花。同试的学子告诉他："这是皇帝赏赐的，不可违背圣意"，他才勉强戴上。后来，他被任命为奉礼郎，请求到苏州任判官，以便经常照看居住在杭州的父亲。父丧后，他被改任为武成军判官，又改为大理评事，补国子直讲，不久由当朝枢密副使庞籍举荐为馆阁校勘，同知礼院，因为能秉礼直言，加任集贤校理。

庞籍出京到并州任职，司马光随行为并州通判。当地驻军中有一名将官因恃勇无谋，在一场战斗中指挥失误，被西夏军队消灭，庞籍也因此受牵连而获罪，被削职流放。在这种情况下，司马光拜庞籍的夫人为义母，悉心照料庞籍留下的家小，时人皆称其贤。后来，司马光改直秘阁、开封府推官。此间他曾修起居注，判礼郎，同知谏院，保护了敢于直言的年轻学子苏辙，并由他联合一些官员，册立钜鹿郡公赵曙为皇嗣，即后来的英宗。

由于司马光敢于多次面谏仁宗，得到信任，升迁他为知制诰，又改天章阁待制兼侍讲，知谏院。英宗即位之初，朝政一度混乱，西北地区的党项族和东北的契丹族经常侵扰边郡。司马光经常向英宗提出选贤任能、改革吏治的方案，并对边防战略出谋划策，颇有先见之明。数年后，神宗赵顼即位，司马光由到任不久的龙图阁直学士擢升为翰林学士。

在龙图阁任职时，司马光深患历代典籍浩繁，史料冗杂，皇帝无法遍览，于是主编了简明的《通志》八卷以献英宗，英宗十分欣赏。命他继续组织人员续编，神宗时此书编成，名之曰《资治通鉴》，由神宗自序，每日阅览。

宋神宗时期（1068—1085 年），政局多变。主张变法的王安石、韩绛、吕惠卿等人与司马光政见不合。司马光以三朝元老的地位反对王安石变法，认为"祖宗之法不可变"，被神宗疏远，先由枢密副使卸任，以端明殿学士知永兴军，后徙知许州。他自己又执意请判西京御史台而居于洛阳，从此"绝口不论事"。在洛阳居住的十五年间，司马光潜心著述《资治通鉴》，终于完成了这部光辉的史

册。书成后，神宗加其为资政殿学士，天下父老妇孺皆称其为司马相公，所过之处，百姓常遮道聚观，乃至有时马不得行。

神宗去世后，哲宗赵煦年幼，由太皇太后高氏临政。高氏遣使到洛阳问询司马光，何谓当务之急，司马光说第一件事是“开言路”，于是朝廷乃诏榜于朝堂之上，百官公卿上言者数以千计。司马光被召进京，拜门下侍郎，主持国政，即着手重新推行旧法制，罢保甲团教，废市易法，并多次欲除青苗法、免役法、将官法，为恢复旧措施而处心积虑，不舍昼夜，终于成疾，在相位仅八个月，于元祐元年（1086 年）九月病逝于府第，终年六十八岁。死后被赠为太师、温国公，谥文正。

司马光一生中最大的成就，是他主撰了流传千古的中国最大的编年体通史《资治通鉴》，助撰的有刘攽妆、刘恕和范祖禹等。这部历史长卷共二百九十四卷，另有考异、目录各三十卷，计三百余万字。从宋英宗治平三年（1066 年）开始编撰，历时十九年，是宋代史学的重大成果。这部书上起周威烈王二十三年（公元前 403 年），下至后周显德六年（959 年）。全书以年为经，以事为纬，记录了 1362 年间中国历史的进程。取材除了历代十七史之外，还有大量野史、文集、谱录、民间传说等二百多种。史料极其丰富，内容十分充实，取材严谨，考证翔实，夹叙夹议，文字朴实生动而又流畅，全书结构相当完整，布局颇具匠心，是继《史记》之后最优秀的历史学巨著。司马光在《资治通鉴》中以史为鉴，提出了许多值得肯定的思想和主张，如选贤任能、信赏必罚、反对阴阳术数及鬼神迷信等。不少篇章的描写很精彩，富有文学价值。

历代为《资治通鉴》注释的有宋末元初的胡之省《资治通鉴音注》、清初严衍的《资治通鉴补正》等。对这本书的研究，近现代已成为一项专门学问，称为“通鉴学”。20 世纪中叶中华书局出版的标点本《资治通鉴》，是目前最佳版本。清代乾隆年间毕沅主编的《续资治通鉴》与司马光的《资治通鉴》相衔接，将这部通史延续至元顺帝至正三十年（1370 年），补记了宋太祖建国后 410 年史事，成为与《资治通鉴》互相映照的鸿篇巨制。

除了《资治通鉴》外，司马光还著有《切韵指掌图》《稽古录》《涑水纪闻》及诗文集《司马文正公集》等。

（马洪路）

21. 赵翼

赵翼（1727—1814 年），清代学者，字云松（亦称云嵩），又字耘松，号瓯北。江苏阳湖（今常州市）人，乾隆二十七年（1762 年）时中进士，年已三十五岁，从此步入仕途，官至贵西道。但他一生爱好文史，四十六岁便辞官还乡，专事著述，文学方面留下的著述有《瓯北诗钞》（又名《瓯北诗话》），史学方面的有《二十二史札记》《陔余丛考》《皇朝武功纪盛》等，代表作品则是著名的《二十二史札记》。

赵翼生活在乾隆、嘉庆年间，当时封建社会末期的衰败景象已触目皆是，但作为建立刚刚百年的清帝国则正处于盛世。康熙、乾隆的文治武功威震海内外，十分显赫。乾隆皇帝（清高宗弘历）非常重视文化事业，一方面笼络知识分子，鼓励著书立说，于乾隆三十八年（1773 年）开馆编纂《四库全书》，大量保存了古代典籍；另一方面又因满族入主中原，对前代古籍忌讳甚多，对许多不利其统治的记载多所禁毁，造成文化上的重大损失。为此，乾隆、嘉庆时期迭兴文字狱，刑戮甚残，使人们的思想受到钳制；同时考据之风大盛，对学术研究也有一定促进。就是在这种复杂的文化背景下，赵翼撰写了《二十二史札记》。

当时的学者争考证古史，崇尚辨误，赵翼治史则考与论并重。《二十二史札记》虽然也有一些考证，但其主要内容却是论史。考证并不精到，论述却颇有见地，故而在史学领域产生了一定影响。

《二十二史札记》所涉名为“二十二史”，实际上《唐书》与《五代史》都包括新旧二史，所以乃是“二十四史”的札记。他治史的态度是严谨的，能在考证校核的基础上发现问题，提出自己的看法，也善于对史事进行完全分析，发表史论。他比较注重正史而轻视其他史籍，但亦不全信正史，书中所引用的杂史、碑文与私家笔记达四十余种。全书有对正史“审订曲直”的札记一百六十

多条，考论史事的札记四百余条。其考史之作注意到在古代史之取材、体例、文笔、史家品德等方面加以评论；论史之作涉及的范围很广，包括历代的政治、经济、文化、风俗等，重点则在评论历代政治方面。

赵翼考史首先注意史之取材，他强调精审而反对博采异闻，更反对“以奇动人”，主张“取之博而择之精”才能称得上“良史”。其次在史之体例方面，他主张规整而又灵活的方法，对诸史的体例异同，纪、表、志、传的有无多寡，表与志的增删详略乃至列传的分合、类别等都作了比较，并认真评论其得失。对于史书的文笔，赵翼强调简洁，赞扬《金史》“行文雅洁，叙事简括”，认为《明史》编撰最为得法和完善。对于史家修史的态度和品德方面，他主要是考辨直书与曲笔、实录与讳饰的问题，有不少条札记列举了《三国志》的弊病以及《齐书》《陈书》作者的不实之处。赵翼因此还就正史的失实，推究到一些史传、家传、碑铭的曲笔，表达了对回护、讳饰的厌恶。

赵翼的文史知识相当渊博，他竭力搜寻自汉初至明末一千八百年间各代政治制度的特点与得失资料，综合分析，纵横捭阖，对于汉代的外戚干政、宦官专权、党禁之祸与经学之争都作了评论；对魏晋南北朝时期的禅代、世族、选举之制和清谈之风也作了评说；对唐代之“女祸”以及宦官乱政、藩镇割据、杂税害民进行了考论；还对五代之武人、滥刑，宋代之弊政，辽金元之制度风习，明代之刑狱、朋党、吏治与“流贼”等都有所论述。其中有许多看法不蹈袭前人，不拘泥史书，有独自的见解。

在文网密布，文字狱凶残的时代，赵翼在书中明确写出了《秦桧文字之祸》和《明初文字之祸》等条札记，可谓用心良苦。谈历史上的文字狱，实际上揭示了文化专制主义的暴虐，但他不敢鲜明地借古而刺今，相反却常唱颂今的高调，这种矛盾的思想，正是特定历史条件下知识分子的观念局限性的反映。

赵翼对历代外戚、宦官、藩镇、权臣的祸害与奸佞深恶痛绝，对苛捐杂税、滥刑酷法也作了许多抨击。《二十二史札记》对各王朝的兴亡成败评论较多，重点在政策与吏治方面进行了分析。他指出宋代恩赏官吏太滥，冗官多而冗费大，对百姓“竭泽而渔”终于亡国。他还将政治的成败与民心的向背联系起来考察，但其评论仍表现出胆识与思想并未触及本质。

赵翼作为乾嘉时期的学者，不以考核见长，而以史论著名，他的治史方法至今仍是值得借鉴的。他的文史著述后来合编成《瓯北全集》（亦称《瓯北集》）传于世，成为文史学者珍视的宝贵资料。

（马洪路）

22. 章学诚

章学诚（1738—1801 年），字实斋，号少岩，浙江会稽（今绍兴市）人。清乾隆三年（1738 年）生于中小地主家庭。祖父章如璋是候选经历；父亲章镳为乾隆年间进士，先以教书为业，后任湖北应城知县。由于为人正直，为官清廉，上任五年便遭免官，穷困而未归故里，在天门、应城等书院授课，病逝于应城。章学诚少年时体弱多病，不喜经书，十五六岁时始爱史学，二十岁以后开始纵览群书，夙夜攻读，此后两次到北京应试，均没考中乡试，在国子监读书数载。乾隆二十八年（1763 年）夏天，他去湖北省亲，其父正主天门县讲习，天门知县议修县志，章学诚为其作《修志十议》，首次对方志的编纂提出系统的看法，此前还曾写《答甄秀才论修志》，这些文章实际上为后来的修志理论奠定了基础。《天门县志》经由其父修成，年仅二十七岁的章学诚为该志撰写了序文。

乾隆三十年（1765 年），章学诚再应顺天乡试未录取，同考官沈既堂惋惜之余请他到家中教育自己的子弟，由此认识了著名学者、翰林院编修朱筠，于是向朱筠学习古文，深得其赏识。乾隆三十三年，章学诚在乡试中得副榜，是年其父卒于应城，他竟因贫困而未能奔丧。乾隆三十六年（1771 年），朱筠奉命提督安徽学政，章学诚与好友邵晋涵随行离京。第二年，经朱筠介绍，章学诚应和州知州刘长城之聘为其编修《和州志》，生平第一次实践了自己的方志理论，书中《纪》《表》《图》《书》《传》一应俱全。不料书稿刚成，朱筠失官别任，修志一事受到影响，他只好将志稿删存为二十篇，取名《志隅》，这部书体现了章学诚的方志理论和史学思想。

乾隆四十二年（1777 年）春，章学诚于定州武定书院主讲，不久又主修《永清县志》。这年秋天再入京应试，次年方成进士，此时他已经是四十一岁的中年人了。由于深感于时好不合，无意仕途，仍返永清续修县志，乾隆四十四年书成，凡六体计二十五篇，另有《文征》五卷。同时，他还完成了著名的《校雠通义》四卷，书中许多见解由当年草拟的《文史通义》阐发而成。令人扼腕而叹的是两年后他去河南时途中遇盗，四十四岁以前的著作文章全部遭劫，使其在精神上遭到巨大打击。此后五年中，他极力收集在友人中传抄的前三卷，亲自重新抄存更正，形成了现在通行的《校雠通义》三卷本。此间他先后在清漳、敬胜、莲池等书院主讲，过着动荡不安和清贫的生活。

乾隆五十二年（1787 年），章学诚的座师梁国治去世，他不得不辞去莲池书院的讲席。在走投无路的情况下，闻听戊戌进士开选，只好往北京吏部投牒谋职，但未获机遇，于是在一位朋友的介绍下前往河南见著名学者毕沅，希望得到资助编纂《史籍考》，在毕沅的同意下，第二年遂于开封主持其事，不料编纂未及半年，秋天荆州大水、毕沅调任湖广总督，《史籍考》的撰写工作遂告中断。冬末，章学诚移家亳州，依知州裴振，为其修成《亳州志》，可惜由于裴振去任，此书未及刊版，竟至散失。在毕沅的支持下，乾隆五十五年（1790 年）他在武昌开馆继续编写《史籍考》。在此期间，他还替毕沅主修《湖北通志》，并参与了毕沅主编的重要史书《续资治通鉴》。在武昌的几年中，生活较为安定，他还应朋友之邀修撰了湖北的几种府县志，如《常德府志》《荆州府志》等。但是，由于精力分散，《史籍考》一书仅完成十之八九。不久毕沅去世，章学诚转而向其他官僚求援，“沿途托钵，往来青徐梁宋之间，惘惘待倘来之馆谷，可谓惫矣”（章学诚《上朱中堂世叙书》）终于得不到支持。这位杰出的史学理论家和方志学家，晚年贫病交加，乃至双目失明，致使其代表作《文史通义》直到逝世也未写完，许多计划中的文章未能写成，就连一些写成的书稿也散佚而不可复得。嘉庆六年（1801 年），章学诚病逝。

章学诚生前穷困坎坷，一生中绝大多数的笔墨文章都是为人作嫁，在十分艰苦的境遇中仍始终坚持文史校雠之业，为后人留下了《文史通义》和《校雠通义》两部重要学术著作，以及若干地方史志、理论和书信。他生前对自己的全部著作未能编定，临终前数月，将所著文稿委托好友王宗炎代为校定。现今流传的刘氏嘉业堂刻《章氏遗书》就是刘承千根据王宗炎所编的目录加以补订刊行的。章学诚次子华绂于道光十二年（1832年）在开封另行编印了八卷本《文史通义》和《校雠通义》三卷。他的史学理论，主要在《文史通义》中进行了全面反映。

《文史通义》是一部纵论文史、品评古今学术的重要著作，章学诚积三十年之功尚未全部完成。在这部著作中，章氏主张史学要经世致用，反对空谈义理或专务烦琐考据，在乾嘉时期的学术领域堪称独树一帜。他认为史学是一门记人、记事、记社会发展的学问，不能离开社会实际；他还十分重视史学的教育作用，要求史学为巩固政权服务。章学诚提出“六经皆史”的看法，主张“道器合一”，即理论和史料相结合。他将史籍区分为“撰述”和“记注”两种形式，“记注”是掌握和编撰史料，“撰述”则是表明作者意向的“一家之言”。他在刘知几“史才、史学、史识”的基础上又进而提出“史德”的要求。章学诚较全面地阐明了方志的性质、内容和体例，提高了方志在史学中的地位。他的一些史学理论和研究方法，在我国史学发展方面占有重要的地位。

（马洪路）

第三编

子部——诸子学与思想家

1. 子学的基本含义有哪些

按照传统国学的分类体系，诸子百家之学，皆可称为子学。“子”本来是古代社会对男人的通称，后来则被引申为对人的尊称，如对道德高尚的人称为“君子”，对士大夫称为“士子”，弟子对老师称为“夫子”，等等。先秦时期，诸子百家的著作，多是由弟子记述、编纂而成，后人相沿尊师之习，仍以某子命名其书，故而有了子书。据清代《四库全书》总纂官纪昀说：“自六经以外立说者，皆子书也。”（《四库全书·子部总叙》）“六经”指《易》《礼》《诗》《书》《春秋》《孝经》儒家经典，大多传说为尧、舜、禹、汤、文、武等圣贤所作。春秋末年，孔子删削繁复，将其整理成书。后来由于儒学地位上升，孔子、孟子的著作也成为经典。经的特点是以记述古代圣王的史实为主，后代传经者，也多遵循孔子“述而不作”的遗训，以注疏为主，形成了经学体系。而诸子之书则多以发挥议论为主，所以有一贯系统，而可以成一家之说的，则称为“子学”。

“诸子”之名，始见于《庄子·天下》和《荀子·非十二子》。司马迁的《史记·太史公自序》记其父司马炎的《论六家要旨》，将诸子分为阴阳、儒、墨、名、法、道德“六家”。两汉之际，刘向、刘歆父子，受命整理诸子之书。书成，刘歆作《七略》，将天下图书分为六艺、诸子、诗赋、兵书、术数、方技六类。此书后世失传，但班固作《汉书·艺文志》，继承了《七略》的分类方法。“艺”即“经”，属于经学系统。诸子包括：儒、道、阴阳、法、名、墨、纵横、杂、农、小说“十家”。《隋书·经籍志》，开创了经、史、子、集的分类系统，将《七略》中兵书、术数、方技以及后来形成的佛、道二教，统统归入子学体系。其后，中国图书分类系统大致定型，清代修订《四库全书》，将这个分类系统发挥到了最完善的水平。其中，子学共分儒、兵、法、农、医、天文算法、术数、艺术、杂家、谱录、类书、小说、佛、道“十四家”，基本囊括了子学的内容。

在国学体系中，子学占有很重要的地位。“儒家……助人君顺阴阳明教化者也。游文于六经之中，留意于仁义之际，祖述尧舜，宪章文武，宗师仲尼，以重其言，于道最为高。”（《汉书·艺文志》）在春秋战国时期，孔子开创的儒家只是诸子中之一家，战国下分为八派，孟子、荀子都是其中大家。汉武帝采纳了董仲舒的建议，“罢黜百家，独尊儒术”，儒家上升为唯一的官学，从此成为中国文化的主流。“儒”也成为知识分子的统称，凡研究道德教化、国家兴衰学问的思想家，都可归入此列。“道”包括春秋战国时期老庄创立的道家和两汉以后形成的道教。道家主张：“清虚以自守，卑弱以自持，此君人南面之术也。”（同上书）道家提倡无为主义，以柔克刚，与儒家提倡的积极进取，刚强有为恰成互补之势，相得益彰。“儒道互补”构成中国政治及中国人精神生活的主要模式。道教创立后，钻研“长生久视”之术，有各种养生延命的仙方，也为子学中的一家。法家产生在战国时期，李悝、商鞅、慎到、申不害、韩非是其代表人物。主张通过积极的变法富国强兵。他们强调以法治国就必须“信赏必罚”，要做到“法不阿贵，赏不遗贱”，反对儒家提倡的礼仪教化，认为对人民就是应“以法为教，以吏为师”，通过严刑峻法使其下敢反抗君主专制统治。法家学说在秦始皇统一六国的过程中发挥了很大作用，但其刻薄寡恩的暴政也激起了人民的强烈反抗。汉代知识分子对法家学说进行了批判地继承，取其“以刑辅礼”，弃其蔑视教化。此后独立的法家不再存在，可法家思想却为历代统治者所重视。认为它“然其正君臣上下之分，不可改也。”（司马炎《论六家要旨》）墨家是出现在战国初期一个反映下层劳动者利益的学术团体，创始人为墨翟，主张“兼爱”“节用”“尚贤”“非攻”。墨家对中国古代的自然科学和逻辑学都有重要的发展。后期墨家组成了严密的宗派，从事游侠活动，秦汉时期遭到统治者严厉的禁绝而中断。不过墨家思想“然其强本而节用，不可废也。”（同上书）名家是战国时期出现的一个以研究“名实”关系为己任的学术派别，主要代表人物有惠施和公孙龙，其“离坚白”“合同异”“白马非马”诸论，极大地深化了中国古代人的理论思维，对逻辑学的发展做出了重要贡献。所以司马炎说：“然其正名实，不可不察也。”（同上书）不过很可惜，像名家这种以研究纯逻辑观念的学术派别，

在中国古代极端强调政治实用的文化环境中，被视为“不法先王，不是礼义，而好治怪说，玩奇词，甚察而下惠，辨而无用”（《荀子·非十二子》），秦汉以后便失传了。阴阳家是战国时期邹衍开创的一个学术派别，以阴阳、五行学说为依据，提出了“五德终始”说。他们以此解释历代王朝的兴衰得失，预言未来社会的变化，很受争霸天下的列国诸侯的重视。不过阴阳家“则牵于禁忌，泥于小数，舍人事而任鬼神”（《汉书·艺文志》），成为社会上谶纬迷信的理论基础。兵家形成于春秋战国，孙武、吴起、孙膑等人，是一批职业的军事家和军事理论家。他们研究战争的战略战术问题，是政治家克敌制胜之道，历来为统治者所重视。纵横家是职业外交家，苏秦、张仪是其中的佼佼者。他们以三寸不烂之舌游说于列国诸侯之间，试图完成合纵、连横、称霸天下的历史使命。杂家“兼儒、墨，合名、法，知国体之有此，见王治之无下贯”（同上书），试图从诸家的理论体系中综合出一套治国之方术。秦朝宰相吕不韦编写的《吕氏春秋》，汉代淮南王刘安编写的《淮南子》是杂家的代表作。农家“播百谷，劝农桑，以足衣足食”（同上书），本为农业技术专家。后世将农学专门著作收集在农家之下。战国时有农家代表人物许行，提出了“君臣并耕”，人人自食其力，否定君主专制制度的主张，遭到了孟子的激烈批判。小说家代表人物不详，据说是一些专门收集“街谈巷议，道听途说”（同上书）的人，后世将《山海经》《穆天子传》等一些传奇故事放到小说家名下。天文算法家专门观测天象，编制历法。“方技者，皆生生之具”（同上书），是古代的工艺技术专家。汉代时医学包括在方术之中，后世将医学独立立为一个门类。术数则是龟卜、占蓍之类的巫术。古代科学技术落后，人在自然界面前能力低下，因而迷信各种神灵、灾异实所难免。唐代以后，将佛教的一些著作也收入了子学范畴。由于佛教本身有卷帙浩繁的经典，所以子学所集主要是有关佛教史、僧传、论文一类。

以上，大致罗列了子学的主要内容，班固认为：“《易》曰：天下同归而殊途，一致而百虑。”“今异家者各推所长，穷知究虑，以明其指，虽有蔽短，合其要归，亦六经之支与流裔。”（同上书）“子学”记述了诸子百家对社会人生问题的不同探讨，各有短长，可以起到补充经学的作用。今人研究国学，则摆脱了以儒家经典为正统的陈旧见解，将“子学”视为中国传统文化中必下可少的组成部分，包含着古代文明的精华。

（张　践）

2. 诸子的流派和发展脉络如何

儒家由孔子在春秋末年开创，到战国时已成显学之一。韩非作《显学》一文说：“世之显学，儒、墨也。儒之所圣，孔丘也……自孔子之死也，有子张之儒，有子思之儒，有颜氏之儒，有孟氏之儒，有漆雕氏之儒，有仲良氏之儒，有孙氏之儒，有乐正氏之儒。”这就是所谓孔子身后，儒分为八之说。其中所列人物，或为孔门弟子，或在孔学发展史上作出重要贡献的思想家，但真正留下著作，在中国思想史上产生重大影响的，是“孟氏之儒”孟轲和“孙氏之儒”荀况（在汉代为避汉宣帝刘询之讳，曾将荀子改称孙卿）。儒家学说在春秋战国并未见重于诸侯，被视为“迂远而阔于事情”，但封建社会巩固以后，其有利于维持宗法等级社会的特点才被统治者认识。汉代“罢黜百家，独尊儒术”后，国家只立儒学博士，只以儒家经典作为开科取士的标准，所以儒者实际成为知识分子的统称。不过由于社会形势的变化，儒家的发展大致可分几个阶段。秦始皇结束了战国时代的分裂，统一六国。为了确保君主专制统治，他采纳了李斯的意见，“焚书坑儒”。两汉时期为了恢复受到严重摧残的文化事业，首先必须收集、整理文化典籍。故两汉之儒以收集、整理经典为主，经学活跃是其特点。魏晋之际，社会再度陷入混乱，门阀氏族把持了国家政治、经济大权，儒家“学而优则仕”“经世致用”的社会理想无法实现，迫使许多儒者转向老庄，寻求精神的解脱，因而社会上流行“以道注儒”的玄学。玄学的兴盛表面上看是儒家统治地位受到了挑战，但实质却是儒家与道家的一次深层结合。隋唐时期，中国政治再度走向统一，相应的隋唐儒学也将精力放到了经学的统一上，陆德明《经典释文》和孔颖达《五经通义》的编写，是其代表。鉴于当时佛教、道教的蓬勃发展，儒学大师韩愈提出了“道统”说，与佛教的“法统”相抗衡，并呼吁恢复

中国传统文化在思想领域内的主导地位。宋明理学家完成了融汇佛老，三教合一的任务，周（敦颐）、程（程颢、程颐）、张（载）、朱（熹）诸子，各有贡献，使中国的传统哲学发展到了一个空前的高度。又有陆（九渊）、王（守仁）侧重发挥儒家的“心性之学”，构成了宋明理学的支流。明清之际，儒学再发展出“实学”体系。先是王夫之、顾炎武、黄宗羲等大儒，反思明亡清兴的教训，反对宋明理学家的空谈性理，主张学问应“经世致用”。继而，由于清廷的“文字狱”，致使许多学者不敢研究时政，他们便在“实学”的旗号下埋头考据古代传统文献，取得了超过汉代经学的成就。同时，清儒重视“实用”的态度，也为中国知识分子接受西方新文化奠定了基础。

道家的创始人是老子，他通过对自然界万物生长及人类历史变迁的观察，提出了“清虚以自守，无为以自持”（《汉书·艺文志》）的无为之道。老子看到，事物发展都有一个由弱而强，由强变老，最终灭亡的过程，因此为了保持生命的长久，主张不要向强者的一面转化。在老子的思想中，“守柔弱”并不是无所作为，而是以柔克刚，以弱胜强的一种策略。老子身后，道家在战国中期到西汉初期，产生了许多流派，主要可分为老庄之学和黄老之学。老庄之学的主要代表是庄周和杨朱、列御寇等隐士类人物。他们的共同特点是继承并发挥了老子关于道和变的思想，在人生理论方面有所建树。庄子以道为万物之本源，认为人生与道相比是短暂而又虚幻的，并不能达到对道的体认。故他主张“齐万物”，“齐物我”，“心斋”“坐忘”，超越生死，在精神上实现绝对的自由。杨朱其人著名，但著作亡佚，仅留下“拔一毛而利天下，下为也”（《孟子·尽心上》），“不以天下大利易其一胫毛”（《韩非子·显学》）等篇的论述，成为“贵生主义”的代表。黄老之学产生于齐国稷下学宫的文化环境中，宋钘、尹文、田骈、慎到、接子、环渊等人是其代表。这些人的著作早已亡佚，仅在先秦其他诸子著作中有一些零星的记载。另外，《管子》一书中《心术》《白心》《内业》《枢言》四篇，集中反映了黄老道家的观点。由于他们和社会政治的关系较为紧密，所以他们更多地发挥了老子“无为而治”的政治思想。到了西汉初年，黄老之学受到统治者的重视，一度成为统治思想。《文子》《黄老帛书》《淮南子》等书，系统总结

了黄老道家的观点。西汉中期以后，道家逐渐演化为道教，道士们重在运用老庄的思想研究、探讨修命养生之道。

墨家的创始人为战国初年的墨翟，他站在下层劳动者的立场上，呼吁“兼相爱，交相利”，因而得到了出身于社会下层人士的欢迎，也成为“显学”之一，孟子曾有“天下之言不归杨，则归墨”（《孟子·滕文公上》）之说。“自墨子之死也，有相里氏之墨，有相夫氏之墨，有邓陵氏之墨。”（《韩非子·显学》）墨家弟子组成了庞大的社会团体，号称“墨者”。他们有严格的纪律，绝对服从首领“巨子”指挥，类似于以后的宗教教团。“墨子服役者百八十人，皆可使赴汤蹈火，死不还踵”（《淮南子·泰族训》）。墨门后学的思想，保存在《墨子》一书的《经》（上下）、《经说》（上下）、《大取》、《小取》六篇中，对古代逻辑思想，科技思想有较大贡献。汉代以后，墨学失传。

法家是春秋战国时期出现的一批政治思想家，以齐国宰相管仲为其思想先驱，中经子产、商鞅、申不害、慎到、吴起等人的发展，到战国末年由韩非集其大成。法家主张“以法治国”（《韩非子·有度》），反对儒家的伦理教化。他们针对当时由于社会转型而出现的混乱，主张坚决进行变法，通过“开阡陌封疆”，废除“世卿倾禄”制度，“奖励耕战”而达到富国强兵。秦始皇将法家思想用于治国，扫灭群雄，完成了中国的统一。不过，法家否定礼仪教化的作用，对民众及群臣一味实行“严刑峻法”，只能加剧矛盾，导致王朝的崩溃。汉代以后，法家不再作为一个独立的学派传播，但法家思想“信赏必罚，以辅礼制”（《汉书·艺文志》），被认为是不可缺少的。

阴阳家实际由战国末年齐国人邹衍所创，他以阴阳五行之理，推论历代王朝的兴衰之由，有“五德终始”说。按照此说，每一朝代主一种德行，崇尚一种颜色，实行一种历法。阴阳家的学说为王朝统治披上了一层神秘色彩，所以历代统治者都很相信邹衍的说教，齐王封他为大夫。战国以后，不知阴阳家的确切传人，不过帝王每逢改朝换代，都忙于请士人推算本朝应何运，易服色，改正朔，所修德行往往倒是被忽略了。

名家的代表人物是惠施和公孙龙。战国时期，由于社会的急剧变化，传统的

礼仪规范和人们的实际行为发生了很大的差距，所谓“名，实相怨久矣。”（《管子·宙合》）为了正名，诸子中许多人都对名实关系发表了自己的见解，其中一些思想家专门研究名实关系，形成了名家。惠施是宋国人，做过魏国的宰相，知识渊博。他名辨思想的核心是讲“合同异”。其著作不存，仅在他人书中保留了十个命题，如：“天与地卑，山与泽平”，“日方中方睨，物方生方死”等，通过抹杀事物的差异来强调矛盾事物的同一性。公孙龙思想的核心是“离坚白”，有《公孙龙子》一书传世。其典型命题是“白马非马”，通过论证白马概念不同于马的概念，强调一个判断双方概念必须相等。名家的论题反映了中国思想家思维水平的深化，对逻辑学的发展做出了贡献。但其中也有混淆辩证矛盾和逻辑矛盾，陷入诡辩论之中，受到了诸子中其他学派的攻击，秦汉之后失传。

纵横家以苏秦、张仪为代表。苏秦是战国时洛阳人，师从鬼谷子，习游说诸侯之术。学成后先去说服秦惠王而不见用，转而动员秦国的敌国燕、赵、韩、魏、齐、楚，形成反秦统一战线。秦国当时在中国西部，六国联合，恰成一纵线。苏秦由于完成了这一大业而挂六国相印。张仪是战国时魏人，与苏秦同师从鬼谷子。说服秦惠王成功，为秦国宰相。为破苏秦的合纵之术，他游说列国诸侯，鼓吹联合抗击南蛮楚国。楚在中国南方，六国形成一条横线。纵横家没有固定的思想，一切以现实政治利益为重。

杂家以“兼儒、墨，合名、法”为宗旨，代表人物是战国末期秦国宰相吕不韦和西汉初年淮南王刘安。吕不韦掌握秦国大权的时代，秦国力强盛，兼并六国之势已经显示出来。吕不韦组织人编写《吕氏春秋》一书，就是为了融合诸子百家的思想，为统一天下进行舆论方面的准备。不过由于吕氏本人没有足够的理论修养，所以该书只是将诸家思想搜罗在一起，并没有超越诸家，形成自己的理论。淮南王刘安的情况大体类似。

农家作为一个思想流派，仅知一位代表人物——许行。许行大体与孟子同时，号称“自为神农之言者”，主张通过取消分工，“贤者与民并耕而食，饔飧而治”（《孟子·滕文公上》），最终达到消灭剥削和压迫。这显然是反映了广大被压迫劳动人民利益的呼声，但在当时并不具有现实性，只是一种空想。

兵家是军事理论家，春秋战国战争频繁，军事家人才辈出。《汉书·艺文志》收集兵书五十三家，790篇，数目相当可观。但后世所传，仅《孙子兵法》《孙膑兵法》《尉缭子》《司马法》等数本，其中《孙子兵法》被尊为中国的兵家圣经。此书为春秋末年吴国大将孙武所作，共十三篇。孙武精辟分析了战争与政治的关系，战争中的战略、战术问题，充满了军事辩证法思想。

小说、方技、术数等几家，或资料失传不得详考，或与思想文化史关系不大，介绍从略。

（张　践）

3. 何为儒家，由何人所创

儒家是由春秋末期孔子所创的一个学派。这个学派皆崇奉孔子学说，以孔子为圣人，经弟子后学的发展，至战国时已成为最主要的学术派别之一。韩非曾说："世之显学，儒墨也。"（《韩非子·显学》）西汉司马炎《论六家要旨》最早将儒家与其他学派区别开来，列儒为先秦阴阳、儒、墨、名、法、道德"六家"之一。东汉班固在《汉书·艺文志》中将儒与道、阴阳、法、名、墨、纵横、杂、农、小说并称为"十家"。

"儒家"之名得于后世。"儒"本为古代巫、史、祝、卜一类专为贵族从事典礼服务的人。这种人在古时曾有专门的官职，有一定的社会地位。春秋时期，儒赖以生存的社会秩序遭到破坏，社会地位大大下降。由于儒无其他实际技能，便多利用自己熟悉贵族典章礼仪的优势，以"相礼"谋生。这使得他们有接触、学习和传播贵族文化的机会。因儒家的创始人孔子早年曾以"儒"为业，儒家便由此得名。

儒家为孔子所创。孔子，名丘，字仲尼，生活于春秋末期。先世为宋国贵族，为避宋国内乱而移居鲁国，家道中落。鲁国为周公之子伯禽的封地，因而在别国已遭到破坏的周朝礼乐传统，在这里仍保存完好。这对孔子一生及其思想的形成影响极大。鲁襄公二十二年（公元前551年），孔子生于鲁国陬邑（今山东

曲阜），三岁丧父，十七岁丧母，生活颇为困窘，早年曾以“儒”为业。但与当时一般儒者不同的是，孔子除通晓养生送死的常用礼仪外，还具有相当丰富的文化知识，精通礼、乐、射、御、书、数“六艺”，胸怀恢复周礼的远大抱负。三十四岁时鲁大夫孟僖子之嗣孟懿子及南宫敬叔向他学礼，孔子由此开创私人讲学的传统。此后学生逐年增多，竟以千计。《史记·孔子世家》记载：“孔子以诗书礼乐教，弟子盖三千焉，身通六艺者七十有二人。”由此形成了一个以孔子为核心的学派，后世称“儒家”。鲁哀公十六年（公元前479年），孔子病逝，享年七十三岁。

孔子虽大半生都在从事教育事业，但“述而不作”。他的弟子及再传弟子将他的言行辑录为《论语》。内容为孔子谈话、答弟子问及弟子间的谈话，涉及广泛，多为如何立身处世之类。《论语》成书于战国时期，东汉列为“七经”之一，南宋朱熹将其与《大学》《中庸》《孟子》合为《四书》，至“五四运动”之前，一直为中国学者必读之书，对中国传统文化的形成影响极大，为儒家主要经典之一。

孔子在世时并不甚得志。战国时，儒家无论人数、影响，都已为先秦诸子百家中之大者。秦“焚书坑儒”，推行法治，儒家一度消沉。汉初崇尚黄老之学，但一些儒生也在为儒家的地位而奔走呼号。西汉武帝采纳董仲舒“罢黜百家，独尊儒术”之策，儒家始为正统。此后，直至20世纪初“五四运动”之前两千年间，儒家思想的正统地位一直相当稳固，成为中国传统文化中的主流，其影响之大，延续之久，在诸子百家中都是绝无仅有的。

汉以后，随时代变化，儒家思想渐与道、法、阴阳等家融合，对孔子思想多有演绎。儒术遂成为以孔、孟思想为主体，融汇百家的学术。儒也演变为一般知识分子的统称，与先秦之儒多有不同。但作为一个学派，历代诸儒之间又有共同特征。司马炎论先秦之儒时说：“夫儒者以六艺为法。六艺经传以千万数，累世不能通其学，当年不能究其礼”；“若夫列君臣父子之礼，序夫妇长幼之别，虽百家不能易也”（《论六家要旨》）。班固说先秦儒者“游文于六经之中，留意于仁义之际，祖述尧舜，宪章文武，宗师仲尼，以重其言”（《汉书·艺文志》）。上述两说可以概括为，儒家一般都宗师孔子，以古之尧舜圣贤时代为理想社会，效法周文王、武王之道；以《诗》《书》《礼》《乐》《易》《春秋》等古籍为经典；倡仁义，重礼治，强调道德教化，维护君臣、父子、夫妇、兄弟等伦常关系。此外，儒家还提倡“忠恕”“中庸”“德治”“仁政”等。

（王国元）

4. 先秦儒家的分化与主脉如何

儒家为春秋末期时孔子所创的一个学派，其在先秦诸子百家中规模和影响都是比较大的，其在中国传统文化形成与发展中的地位更是其他学派所不能望其项背的。

孔子死后至秦之前的战国时期数百年间，孔门弟子分化为八个派别，或曰“八儒”。据《韩非子·显学》记载，八儒“有子张之儒，有子思之儒，有颜氏之儒，有孟氏之儒，有漆雕氏之儒，有仲良氏之儒，有孙氏之儒，有乐正氏之儒”。八儒皆本孔子学说，但各执一端，相互攻击，其激烈程度并不亚于儒家与其他学派之间的斗争。若考其主脉，则非孟轲（有谓孟氏之儒）、荀况（有谓孙氏之儒）莫属。

孟轲是战国中期人，生于孔子死后百年左右，受业于孔子之孙子思（孔伋）的学生，颇得孔学嫡传，被后世尊为地位仅次于“至圣”孔子的“亚圣”。孟轲极为推崇孔子，说孔子“之谓集大成者，自有生民以来未有孔子也”，是“圣之时者也”（《孟子·万章下》，下引此书仅注篇名）。他不仅立志学孔，说：“乃所愿，则学孔子也”（《公孙丑上》），而且效法孔子率弟子周游列国，游说诸侯。因主张不见用，晚年退而与弟子万章等著书立说，有《孟子》七篇传世。

孟轲以孔子思想的继承者自任，但并不囿于孔子，而是适应时代的变化对孔子思想有所发展。在社会政治观点上，孟轲将孔子的“仁”与“德政”结合起来，提出了“仁政”的主张。在孔子看来，“仁”是规范人际关系的道德范畴，“德政”则来自古时“敬德保民”的政治理想。但在诸侯争霸的情况下，孔子要求统治者克己以复礼，通过复古达到社会秩序的稳定是不现实的。孟轲将仁推广

到政治上，作为政治的原则和依据。他解释说：“亲亲，仁也；敬长，义也”（《尽心上》），“人人亲其亲，长其长，而天下平”（《离娄上》）。如此，将仁作为平天下的一种手段和途径，使道德教化与诸侯的政治愿望结合起来，自然比空洞的说教要更有说服力。孟轲的仁政是包括政治、经济、道德教化、统一方略等在内的一整套理论，而“民为贵，社稷次之，君为轻”的民本思想则是一以贯之的基本线索。在伦理思想上，孟轲提出了仁、义、礼、智四项道德规范。他认为，这四项道德规范发端于恻隐之心、羞恶之心、辞让之心、是非之心等人人皆生而有之的善心，因此“仁、义、礼、智，非由外铄我也，我固有之也”（《告子上》）。孟轲因将这些道德规范归结为人的善良本性，称其为“不虑而知”“不学而能”的“良知”“良能”，遂成为中国思想史中第一个系统提出性善论的思想家。孟轲进一步将这些道德规范扩而充之到社会政治生活中就成为仁政，因而仁政也是上天的意志。不过这里的天已不是孔子人格化的天命，而是道德化的精神实体了。这也是后来儒家“天人合一”思想的由来。这一过程孟轲谓之“尽心”“知性”“知天”。“尽心”是尽其善心，“知性”是保持善性。善心、善性是天赋的良知、良能，因此尽心、知性也就是“知天”。孟轲将孔子规范个人、家庭伦理关系的仁，扩充为国家天下治理原则的思想，后来被儒家发展为一套“正心、诚意、修身、齐家、治国、平天下”的人生理论。孟轲坚持孔子重义轻利的思想，主张大丈夫要养成“浩然之气”（《公孙丑上》），做到“富贵不能淫，贫贱不能移，威武不能屈”（《滕文公下》），关键时刻要“舍生而取义”（《告子上》），这些后来都成了中国传统文化中备受推崇的美德。

荀况，字卿，又称孙卿，战国末期思想家，教育家。在学术上，荀况以仲尼、子弓的继承者自任，是先秦儒家最后一位大师。他以儒为本，广采名、墨、法、道诸家之长，遂为先秦诸子百家之集大成者。春秋末期，天下大乱，孔子主张克己复礼，用复古的办法恢复社会秩序。战国中期，诸侯争霸，追求统一已成大势，孟子顺应潮流，主张以德统一天下的王道，反对以力统一天下的霸道，但他法先王的观点仍有复古倾向。战国末期，统一已成定局，荀况也主张统一，但他不满于孟子法先王的复古主义和单纯依靠道德力量的迂腐，公开主张法后王和王道、霸道相结合。周以神化的天为万物的主宰。春秋末孔子讲“天命”，不过比较强调“天”的自然和义理属性，而墨子讲“天志”，已有了将天人格化的倾向。战国中期孟子的“天”则进一步成为与人的“心”“性”相同一的道德化的精神实体。荀况也承认天的存在，但他发挥了孔子自然之天的思想，认为天就是“列星随旋，日月递炤，四时代御，阴阳大化，风雨博施”（《荀子·天论》，下引此书仅注篇名）的自然界。自然界的运行是有自身规律的，不以人事为转移，所谓“天行有常，不为尧存，不为桀亡”（《天论》）。针对儒家传统的“畏天命”的思想，荀况明确提出了“大天而思之，孰与物畜而制之！从天而颂之，孰与制天命而用之”（《天论》）等积极进取的观点。在认识论上，荀况继承并完善了孔子重视学习的观点，反对孟子只重内省的片面性，认为“天官”（即感觉器官）的作用在于“当薄其类”（《正名》），即与不同事物及其不同方面接触，以形成不同感觉，从而形成人的认识。在人性问题上，他反对孟子的性善说，提出了“人之陆恶”（《性恶》）的观点。他认为，物质欲望是人的本性，放任本性会导致社会混乱，故而性恶。因此必须重视环境和教育，“注错习俗”（《荣辱》），“化性起伪”（《性恶》），使人性得以改善。改善的具体方法是儒家的礼义与法家的法治相结合，“明礼义以化之，起法正以治之”（《性恶》）。只要改善得法，“涂之人皆可以为禹”（《性恶》）。这之中我们可以明显地看到法家的影响。荀况学识深厚，精通儒家“六艺”，又毕生从事教育活动，对汉初儒学的发展起了重要作用。

战国时，孟、荀虽有相当影响，但也不过各为儒家中的一个派别。秦“焚书坑儒”，儒家几乎灭顶。汉初，两人地位大体相当，至三国时还有人并称孟、荀为“亚圣”。但大一统的封建社会秩序确立后，孟轲伦理与政治高度统一的思想则更适合长治久安的需要，孟轲的地位也就越来越高。唐以后，《孟子》被奉为经典，孟轲成为儒家正统的继承者，儒家思想也被称为“孔孟之道”。

孔子死后儒家的分化大致有孔子本人和社会环境两方面的原因。就孔子本人而言，一是他的学说本身非常丰富，二是他有时根据不同情况对同一问题有不同解释，这就造成了其学说的多面性，使其弟子后学有可能从不同角度阐发其观

点。就社会环境而言，一是战国时期社会发展迅速，儒学也要顺应时代潮流才能生存；二是百家争鸣中各家观点间既有斗争，也有融合，从而导致了儒家学说传承中的演变与分化。

（王国元）

5.《荀子》一书有何价值

《荀子》书是中国战国末期思想家、教育家荀况的著作。荀况，字卿，汉人避宣帝刘询之讳，又称孙卿。约于公元前325年至公元前238年在世，但具体生卒已不可详考。

荀况生于赵国，长期在齐国、楚国从事学术与政治活动，其间还到过赵、秦等国。他学识渊博，除精于儒家六艺外，又广于游历，且多年活动于齐国学术中心稷下学宫，因而有机会广泛接触名、墨、法、道及儒家各派的学术，比较诸子百家之短长。更由于他感于时事，有总结百家争鸣经验教训，自成一家的抱负，遂使他成为先秦诸子百家学术的集大成者。《史记·孟轲荀卿列传》说："荀卿嫉浊世之政，亡国乱君相属，不遂大道，而营于巫祝，信机祥，鄙儒小拘如庄周等，又滑稽乱俗，于是推儒墨道德之行事兴坏，序列数万言而卒。"可见这部著作是荀况晚年针砭时弊流俗，总结百家争鸣和自己学术思想的成熟之作。

《荀子》成书后广为传抄，虽经秦之焚书而不绝，曾以《孙卿书》之名藏于汉秘府。西汉刘向校雠时，该书共有三百余篇，但多有重复，当为不同渠道收集而来的同一篇章的不同抄本。刘向《叙录》说："所校雠中《孙卿书》凡三百二十二篇，以相校，除复重二百九十篇，定著三十二篇。"经刘向校定的《孙卿书》易名为《孙卿新书》，使《荀子》书规模初定。汉以后，荀况的著作一直不被重视。至唐时，这部书已"编简烂脱，传写谬误"，由杨倞订正作注，分三十二篇为二十卷，复易名为《荀卿子》，简称《荀子》，是为《荀子》书的第一个注本，亦即今本《荀子》。迟至清代，荀况思想开始受到重视，《荀子》书也陆续有了一些注释本。

《荀子》一书依《论语》体例，始于《劝学》，终于《尧问》，凡三十二篇，涉猎广泛，说理透辟，结构严谨，有较强的思想性和系统性。《非十二子》对先秦墨、名、道、法诸家及儒家思孟学派进行了批判与总结。《解蔽》针对“诸侯异政”“百家异说”造成的“心术之公患”进行剖析，通过解百家之“蔽”，全面总结了先秦百家争鸣中包括认识论在内的一些重要哲学问题。《天论》中总结百家争鸣中的天人关系问题，否定孟子“天命”、墨家“天志”等人格化的天及道家“无为”的消极态度，倡导“制天命而用之”的积极进取精神。《正名》《解蔽》《非相》归纳出宋钘、惠施诸家“以名乱名”“以实乱名”“以名乱实”等“三惑”，提出“正名”中要“制名以指实”等逻辑思想。《性恶》反对孟子的性善论，提出“人之性恶”，主张礼、法结合，“化性起伪”，改造人性，谓“涂之人皆可以为禹”。《富国》不假天命神权，而以“明分使群”解释国家起源。《非相》《儒效》反对“法先王”，主张“法后王”。《王制》《王霸》《议兵》提出实现国家统一要王、霸结合，“以不敌之威，辅服人之道”。《成相》《赋篇》以民歌、散文等艺术形式宣传其为君治国之道。其中《赋篇》首创赋之名之体，对汉赋的产生、发展有重要影响。班固在《汉书·艺文志》中将荀况与屈原并为汉赋之祖，可证其在文学史上是占有一定地位的。

与先秦诸子鲜有本人亲作，多由弟子后学辑录转述，因而良莠难辨，鱼龙混杂的情况不同，《荀子》书大部分为荀况自著，是先秦古籍中争议较少的一部。《大略》《宥坐》《子道》《法行》《哀公》《尧问》六篇内容、口吻与其他诸篇不同，疑为弟子记述及杂录传记，皆附于书后，颇为明了。其余《儒效》《议兵》《强国》等篇皆称“孙卿子”，或为弟子记述。《仲尼》言为臣“持宠”“擅宠”之术，与《臣道》强调“谏争辅拂”的原则及荀况生平为人等多有不合，应非本人所作。

《荀子》一书就时代而言，成于百家争鸣即将结束的战国末期，就个人而言，成于荀况晚年学术成熟之际，因而能够比较全面地总结中国学术发展史上第一个大繁荣时期——百家争鸣的优秀成果。道、法、名、墨、阴阳及儒家各派等诸子百家的学术观点，礼法之争、天人之辩、名实之辩、古今之争，人性善恶之

争及义利之辨等百家争鸣的主要问题，都在《荀子》书中得到了集中的反映和超越前人的回答。因此，《荀子》书实际上是一座包容先秦诸子百家学术精华的宝库。这正是《荀子》一书价值之所在。

（王国元）

6. 孟子与荀子在人性论上有何异同

中国古代在战国中期以后出现了几种彼此不同的人性论，由此人性论成为中国古代学术中的一项重要内容。在这些人性论最有代表性的，对后世影响最大的是孟子的“性善论”和荀子的“性恶论”。二者针锋相对，但又有相通之处。二者之异主要表现在：

第一，什么是人性？人本性是善还是恶？

孟子认为，并非所有人与生俱来的东西都是人性。比如说食、色这种东西就不是人性。如果将这些动物也有的东西说成是人性，那不就等于说“犬之性犹牛之性，牛之性犹人之性”（《孟子·告子上》）了吗？人性只能是使“人之所以异于禽兽”（《孟子·离娄》）的善良的道德观念，而最基本的道德观念就是仁、义、礼、智“四德”。所以人性是善的。

荀子则说：“性者，本始材朴也；伪者，文理隆盛也。无性则伪之无所加；无伪则性不能自美”（《荀子·礼论》。注：伪即人为，不作虚伪解）。在这里，荀子对过去笼统地称为人性的东西以“天人之分”的观点进行了“性伪之分”（《荀子·性恶》）。“性”指人天然生成的素质，“伪”指后天的礼义道德。由于尊君、孝亲、守法、循礼之类善的品质是伪不是性，性就是“目好色，耳好声，口好味，心好利，骨体肤理好愉佚”（《荀子·性恶》），就是“饥而欲食，寒而欲暖，劳而欲息，好利而恶害”（《荀子·荣辱》），而这些与封建礼义是违背的，因而人性是恶的。

第二，人性从何而来？人之善性从何而来？

孟子认为，善良的人性，即仁、义、礼、智是人先天就有的，所谓：“仁、

义、礼、智，非由外铄我也，我固有之也。”（《孟子·告子上》）例如，人看到小孩爬到井边有掉下去的危险，立刻会产生一种惊恐、同情的心理，这就是“恻隐之心”。类似地还有“羞恶之心”“辞让之心”“是非之心”等，它们都是人自然而然的本性，可见“仁义礼智根于心”（《孟子·尽心上》）。

荀子则认为与生俱来的只能是恶，善的品质只能靠后天的教化，所谓“人之性恶，其善者伪也”（《荀子·性恶》）。他举例说：“枸木必将待檃栝矫然后直，钝金必将待砻厉然后利。今人之性恶，必将待师法然后正，得礼义然后治。”（《荀子·性恶》）

第三，人性的理想境界如何形成？修养与教化是什么关系？

孟子将人生而有之的“恻隐之心”“羞恶之心”“辞让之心”“是非之心”称为“善端”，即善的开端、萌芽，所谓“恻隐之心，仁之端也；羞恶之心，义之端也；辞让之心，礼之端也；是非之心，智之端也”（《孟子·告子上》）。因此，只要不断地将它们“扩而充之”（《孟子·公孙丑上》），人就一定能够成长为具有完善美德的君子，所谓“人皆可以为尧舜”（《孟子·告子下》）。从这个意义上说，孟子更重视个人的道德修养。

荀子认为，由于人既有恶的本性，又可以接受善的教化，所以既要注意背弃本性，又要重视教化改造，即所谓“化性起伪”（《荀子·性恶》）。因此只要“化性”与“起伪”都尽力去做，人就一定能改造为具有完善美德的君子，所谓“涂之人可以为禹”（《荀子·性恶》）。从这个意义上，荀子更重视环境对人的道德教化。

二者的相同之处主要是：他们都将儒家的道德观念作为区分人性善恶的标准，都认为人性中有与生俱来的内容，都相信环境与道德教育对人性向善的重要作用，都认为人人皆可成为道德完善的君子。

（王国元）

7. 什么是道家

道家是中国古代主要学术派别之一。因其以“道”为宇宙万物之本原，故

称为道家。道家之名始见于汉。西汉司马炎《论六家要旨》并称先秦诸子百家中阴阳、儒、墨、名、法、道德为“六家”。东汉班固在《汉书·艺文志》中并称儒、道、阴阳、法、名、墨、纵横、杂、农、小说为“十家”。道家创始于春秋末期的老子，其后关尹、庄周、彭蒙、田骈等都对道家思想有所发展。成书于战国时期的《老子》《庄子》是道家主要经典。此外，《管子》中的《心术》上下、《白心》《内业》诸篇，汉初的《淮南子》，晋人的《列子》及1972年长沙马王堆汉墓出土的《经法》《道原》《称》《十六经》等也反映了道家思想。

道家学术在老子主要是两个方面，一是以道为本，二是贵柔无为。

以道为本是道家思想的理论基础。道家认为，道是宇宙万事万物的本原，万事万物都是从道化生而来，又复归于道的。所谓道为“万物之宗”（《老子》四章，下引此书仅注篇名），“道生一，一生二，二生三，三生万物”，万物“复归于无物”（四十二章）。万事万物都是变动不居的，都会向自己的反面转化，而道虽然不停运行却是永恒存在的。所谓“反者道之动”（四十章），“独立而不改，周行而不殆”（二十五章），“天地尚不能久”（二十三章），“道乃久”（十六章）。

贵柔无为是道家思想的实际应用。一方面，道本身虽是无，但却可以化生万物，为天下母；另一方面，道所化生的万物，无不向自己的反面转化。因此，有、刚强等不是根本，不是道的本性，意味着走向失败、死亡，而无、柔弱等才是道的本性，反而会胜过有和刚强。从这点出发，道家主张贵柔不争，清静无为，以柔弱胜刚强，并以此作为普遍原则，广泛运用于个人的处世方法、认识方法及国家的军事、政治等社会生活的各个方面。所谓“夫唯不争，故天下莫能与之争”（六十六章），所谓“无为故无败，无执故无失”（六十四章）等讲的都是这个道理。

从战国中期开始，由于对道及贵柔无为思想的不同理解和侧重，道家内部开始分化，逐步形成了老庄之学与黄老之学两个派别。《老子》《庄子》《列子》等为老庄一派的代表作。《管子》中的《心术》上下、《白心》《内业》诸篇，《淮南子》，以及《经法》《道原》《称》《十六经》等是黄老一派的代表作。

老庄之学即老子、庄子之学。庄周是老庄之学的主要代表人物。他主要继承了老子关于道和变的学说，并将其推向极端，如他进一步强调道不可以感觉经验的虚无性质，认为老子所说可以相互转化的长短、大小、美丑、成毁、是非等之间根本没有一定界限，是所谓“万物皆一”（《庄子·异物论》）。庄周思想中最具特色的就是他“安时而处顺”（《庄子·逍遥游》）的人生哲学。他认为，既然大道本质就是一种虚无，那么人生在世就应该不为世俗所累，去追求那些看起来好的、美的、善的、有用的东西，而应该游心于物外，达到逍遥人生。人生的最高境界是所谓“坐忘”，即不仅不去追求那些身外之物，就连自已的肉体、精神等也都要忘掉，所谓“堕肢体，黜聪明，离形去知，同于大通”（《庄子·大宗师》）。

黄老之学中的黄指黄帝，老指老子。这一得名与战国时百家托古之习有关。齐国稷下先生中的田骈、接子、慎到、环渊等人是黄老之学的主要代表人物。这派学者除继承道的学说，并进一步将其解释为“精气”（如《管子·内业》）、“阴阳二气”（如《淮南子·原道训》）等更为具体的本原外，主要继承和发展了老子关于贵柔无为的思想，并将其与儒家的礼义仁爱、名家的形名、法家的法治等学说融合在一起，推崇无为而治。这种无为而治与老子纯然消极的无为而治已有很大不同，不是无所作为，而是去掉机诈巧伪，因循自然，薄税轻赋，与民生息等。司马炎在《论六家要旨》中论黄老道学之要时说其“因阴阳之大顺，采儒墨之善，撮名法之要”。尽管司马炎本人即推崇黄老之术，其说有溢美之嫌，但确在一定程度上概括了黄老之学的特点。

老庄、黄老之名始于汉。如司马迁《史记》中有《老庄申韩列传》，并屡以黄老并称。但考其实，则始于战国中期的齐宣王（公元前320—公元前302年在位）前后。道家老庄一派在庄周在世时影响并不很大。魏晋时期，玄学兴起，玄学家把庄周说成玄学祖师，庄周地位开始上升。隋唐时期，儒、释、道三教并立，庄周与老子并称道教祖师，《庄子》书被奉为《南华真经》。更因老于李耳与李唐同姓，道家与道教的地位达到鼎盛时期。宋明理学兴起后，老庄被作为异端受到攻击。黄老之学初创之时，受齐国学术自由之惠，境遇比老庄要好得多，

但也不过为诸家之一，影响有限。经秦之暴政及楚汉连年战争，人民渴望休养生息，黄老无为而治的学说受到汉初统治者的重视，被西汉文、景等帝奉为治国之道，是为黄老之学最鼎盛时期。东汉时，本为经世之学的黄老之学蜕变为“自然长生之道”。一些术士将其与神仙长生、鬼神、谶纬、符箓等方术杂糅在一起，奉黄帝、老子为神仙，形成了原始道教。

道家始于先秦，盛于隋唐，但由于自身理论的不断丰富和发展，由于其与儒学、佛学之间的相互渗透，由于其作为道教的理论基础，由于历代帝王的好恶，对整个中国古代学术思想的发展，都产生过极为重要的影响。

（王国元）

8.《老子》一书的主旨何在

《老子》，又名《道德经》《老子五千文》，向为道家主要经典，共八十一章，五千余言，分上下篇，上篇言道，下篇言德，传为老子所作。但有学者考证，《老子》当成书于孔、墨之后的战国中前期。究竟《老子》书是否为老子所作，或是后人根据老子思想编定，已很难详考。一般认为，《老子》书基本上保留了老子本人的主要思想，是研究老子思想的基本依据。

关于《老子》一书，历代学者研讨与考释数以千百计。《老子》书本已玄妙费解，诸家又多以自己观点释说，因而关于《老子》书的主旨，可谓人言人殊。这里试以司马炎在《论六家要旨》中对道家学说的概括，“其术以虚无为本，以因循为用”，说明这一问题。

所谓“以虚无为本”是说《老子》以虚无缥缈的道作为立论的根本。“道”在《老子》中是一种恍恍惚惚、无形无状、迷离不定的“无”，如“道之为物，唯恍唯惚”（《老子》二十一章，下引此书仅注篇名），又如“无状之状，无象之象，是谓惚恍”（十四章），再如“天下万物生于有，有生于无”（四十章）等。这一思想后在《庄子》中得到进一步发挥。《老子》书中以道为宇宙万物的根本和归宿，认为一切皆由道化生而来又复归于道。所谓“道生一，一生二，二生三，三生万物”，万物“复归于无物”（四十二章），所谓道为“万物之宗”（四章），“为天下母”（二十五章）等讲的都是这个道理。

在《老子》书中，道不仅是永恒的、绝对的、独立自在的万物本源，而且其本性是运动不息的，所谓“独立而不改，周行而下殆”（二十五章），因而道所化生的万物也是变动不居的，“天地尚不能久而况于人乎”（二十三章）。并且由于世界上的万事万物无不存在着相反相成的情况，如“有无相生，难易相成，长短相形，高下相倾，声音相和，前后相随”（二章）等，万物的变化也就往往是走向自己的反面，如“祸兮福之所倚，福兮祸之所伏”（五十八章）等。这也就是所谓“反者道之动”（四十章）。进而，由于万物的这种运动是效法、遵从道的结果，道也就是运动的原因和法则，所谓“人法地，地法天，天法道，道法自然”（二十五章）。

所谓“以因循为用”是说《老子》书以因循自然、清静无为为基本主张。《老子》认为既然道决定了事物总是向自己的反面转化，“物壮则老”（三十章），“兵强则灭，木强则折”（七十六章），“强梁者不得其死”（三十章），那么为人处世就不应该刻意追求那些现在看起来雄强、完美的东西，而应该顺应自然，贵柔不争，知足无为，这样反而会“曲则全，枉则直，注则盈，敝则新，少则得”（二十二章）。例如“天下莫柔于水，而攻坚强者莫之能胜”（七十八章）。由于“水善利万物而不争”（八章），“夫唯不争，故天下莫能与之争”（六十六章），所以“上善若水”（八章）。从上述认识出发，《老子》主张无为而治，所谓“道常无为而不为”（三十七章），“为无为，则无不治”（三章）。这种无为而治体现在生活中就是委曲求全，知足常乐，所谓“知其雄，守其雌”，“知其荣，守其辱”，“知其白，守其黑”（二十八章），因为“祸莫大于不知足”，“知足之足，常足矣”（四十六章）；体现在认识中就是他反对经验，提倡直觉，所谓“不出户，知天下，下窥牖，见天道”，“是以圣人不行而知，不见而名，不为而成”，因为“其出弥远，其知弥少”（四十七章），“为学日益，为道日损”（四十八章）；体现在国家关系中就是反对以战争解决争端，扩大疆域，听谓“兵者不祥之器”（三十一章），因为“兵强则灭”（七十六章），“强梁者不得其死”（三十

章）；体现在统治术上就是实行愚民政策，所谓“绝圣弃智”“绝学无忧”（十九章），因为“民之难治，以其智多”（六十五章）；体现在社会政治中，就是清静无为，回到所谓“小国寡民”（八十章）的上古时代，因为“无为故无败，无执故无失”（六十四章）。

“道”本指具体的道路，坦途，如《易经》中的“履道坦坦”，“反复其道，七日来复”等，以后逐渐抽象化，衍生出道理、秩序、规则、规律等含义。《尚书·洪范》中的“无偏无党，王道荡荡；无党无偏，王道平平”，已指坦荡正直的政令、法度。《左传》中的“所谓道，忠于民而信于神也”和“王禄尽矣，盈而荡，天之道也”，更有了哲学规律上的意味。而《老子》书则第一次将道上升、抽象为宇宙本原和运行秩序。在《老子》以前，中国人对万物生成的本原只上溯到天。无论个人的命运，自然的变化，还是国家的兴衰，均以天为根本。只是到《老子》，人们才开始思考决定世界兴替演化的根本究竟是什么。因而《老子》关于“道”的学说不仅标志了道家学说的产生，也标志了人类认识水平和认识能力的一个重要发展阶段。道论由此成为中国传统思想中的一个不可或缺的领域。其对后世的影响是极为深远的，并不限于道家一派。

（王国元）

9.《庄子》一书有何特色

《庄子》一书为战国时期著名思想家、文学家庄周及其后学所作。《汉书·艺文志》著录五十二篇。晋时曾有司马彪、向秀、郭象等数种注本，多佚，今仅存西晋郭象注本。其中内篇七，外篇十五，杂篇十一，计三十三篇。关于内、外、杂篇的异同、真伪、年代及郭象注的真实作者，自宋苏轼以后学界争议颇多。一般多认为，内篇为庄周所著，是研究庄周思想的主要依据，外、杂诸篇文采稍逊，笔意肤浅，有些语言和史实当晚至战国末期甚至汉初，思想内容也与内篇不尽吻合，或为庄周门人后学及道家其他派别的作品，但其中某些篇章也反映了庄周的思想，对了解庄周思想亦具一定价值。

先秦诸子书中，《庄子》一书风格独具，特色鲜明，在中国古代思想史、文学史上占有非常突出的位置。

在思想内容上，《庄子》一书的特色在于集中反映了道家老庄一派对社会、人生的观点。它宗于老子关于道为万物之本的思想，主张“道者，万物之所由也，庶物失之者死，得之者生，为事逆之则败，顺之则成”（《庄子·渔父》，以下凡引此书仅注篇名），但又在以道为本的基础上，比老子更多地将目光投向了社会与人生，通过极端的相对主义和安时处顺的人生哲学，表达出一种愤世嫉俗又只能消极避世的人生态度。《庄子》一书认为，道作为万物的根本，是充塞天地而又瞬息万变的，万物是道的表现形式，也是易变的，因此“以道观物”，则宇宙间的长短、大小、美丑、成毁、是非等这些看起来完全相反的事物、性质其实并无根本区别。“自其异者视之，肝胆楚越也；自其同者视之，万物皆一也”（《德充符》）。从这种相对主义立场出发，庄周对世间一切关于真知、永恒、圣贤、礼教、功名利禄等的追求都表现出极度轻蔑和怀疑，认为那些都是不存在的，没有价值、没有意义的。《庄子》一书认为，一切自然的都是好的，一切人为的都是对自然、对道的违背，都是不好的。人应该通过“坐忘”，即忘掉自身的肉体、精神、智慧、是非、荣辱、毁誉、利害等，学会“安时而处顺”（《养生主》），达到一种“天地与我并生，万物与我为一”（《齐物论》）的境界。那才是一种不受任何条件限制的绝对自由的境界，是“至人”“圣人”“神人”的境界。

司马迁说庄子“著书十万余言，大抵率寓言也”（《史记·老子韩非列传》），非常准确地道出了《庄子》一书在文体上的特色。表达玄奥的思想，阐述深刻的哲理，是先秦诸子书的共同特点，而大量地、纯熟地运用寓言，以众多生动的事、有趣的物和个性鲜明的人为载体或论据，令思想玄奥而不费解，哲理深刻却不乏味，则是《庄子》一书独具的特色。《庄子》书中的事、物、人大多假托或杜撰，虽于史料上不可信，科学上不可考，却是文学艺术上的瑰宝奇葩。《庄子》书多用寓言一是由于作者认为寓言比引经据典更能让人接受深刻的思想，所谓“寓言十九，重言十七”（《寓言》），二是因为作者认为“天下为沉浊，不可

与庄语”（《天下》）。换言之，寓言既是作者认为最合适的一种文体、一种表达方式，又是作者对社会、人生的认识和态度。从后一种意义上说，寓言本身就是《庄子》思想的一个直接的、内在的、有机的组成部分。

立意高厚深远，每出愈奇；行文跌宕起伏，变幻莫测；譬喻浪漫多彩，生动形象；想象瑰丽奇特，恣意汪洋；遣词造句挥洒不羁，妙趣横生，嬉笑怒骂皆成华章是《庄子》一书在文学上的特色。唐陆德明概括《庄子》的特色时说它“多诡诞，或似《山海经》，或类占梦书”（《经典释文·序录》）。近人鲁迅对《庄子》评价甚高，认为它“汪洋辟阖，仪态万方，晚周诸子之作，莫能先之”（《汉文学史纲要》）。

《庄子》一书的影响是多方面、多层次的。它是道家思想和道教的主要典籍，它对社会和人生的看法影响了中国一代又一代的知识分子，它是中国文学史上散文与寓言等文学形式的典范，它的成语和寓言故事两千年来一直活跃于中国人民的语言之中。这种影响我们可以言其深远，却很难用“积极”或“消极”来概括，这或许是《庄子》书的又一个特色。

（王国元）

10. 墨家的基本特征有哪些

墨家是中国战国时期的一个重要学派，因创始人墨翟而得名。一般将墨家分为前后两期。墨翟在世时称前期墨家。墨翟死后，弟子分为三派，“有相里氏之墨，有相夫氏之墨，有邓陵氏之墨”（《韩非子·显学》），并称后期墨家。

墨家思想除散见于某些古代文献中外，主要保存于《墨子》书中。《墨子》书不是墨翟个人的作品，而是由墨翟的弟子及后学在不同时期根据墨翟言行及对墨翟思想的发挥，记述、编纂而成的，是一部反映整个墨家学派思想的著作集成。据《汉书·艺文志》记载，《墨子》原有七十一篇，已佚十八篇，今仅存五十三篇。从体裁和内容上看，这五十三篇大体可分为四个部分、两个时期。《耕柱》《贵义》等五篇是记载墨翟本人活动的。《备城门》《杂守》等十一篇是记载墨家研究的防御工具及战术的。《天志》《明鬼》等三十一篇是墨翟弟子对墨翟思想观点的记录。以上三部分计四十七篇，特别是第三部分的三十一篇，主要反映了前期墨家的思想，是今人研究墨翟思想最重要的资料。《经》（上下）、《经说》（上下）、《大取》、《小取》六篇主要是关于逻辑学、认识论和自然科学的知识，习称《墨辩》或《墨经》，通常被认为是后期墨家的作品。

与先秦其他学派相比，墨家的一个显著特征是形成了一个组织严密的团体。墨家学派的成员称"墨者"，首领称"钜子"。除墨翟自任第一代钜子外，以后皆由上一代钜子指定，代代相传。钜子在团体内有极高的权威，徒众皆以钜子为圣人，愿意为其献身，希望成为钜子的传人。钜子可以派门徒到各国做官。做了官的门徒除必须将所得俸禄的一部分捐献给团体外，还必须推行团体的政治主张。如果不能推行团体的政治主张，就必须辞职。如果不肯辞职，则团体会采取种种措施使其被斥退。学派纪律非常严格。钜子腹䵍的独子杀了人，虽然已经得到秦惠王的赦免，但腹䵍仍然坚持对他行"杀人者死"的"墨者之法"。学派提倡苦行。参加这个团体的人要穿粗衣草鞋，日夜劳作不休，不能吃得太饱，还要自觉地与下层社会的"贱者"为伍。学派的徒众多有舍命行道、以死尽忠的献身精神。所谓"墨门多勇士"（《新语·思务》）。据说为墨子服役者有一百八十人，个个都可以"赴火蹈刃，死不还踵"（《淮南子·泰族训》）。钜子孟胜为楚国阳城君守城战死时，弟子至死相从者竟达一百八十三人（《吕氏春秋·上德》）。这些事实说明墨家学派既是一个弘扬墨翟观点的学术团体，又是一个实践墨翟主张的政治团体。有些学者说墨者有宗教狂热，钜子类似宗教的教主，是有一定道理的。

墨家的另一个显著特征是其功利主义。在先秦诸子百家中，儒家将"义"与"利"对立起来，并坚决反对言利。孔子明确讲过"君子喻于义，小人喻于利"（《论语·里仁》）。而墨家不仅认为"义"与"利"是统一的，所谓"义，利也"（《墨子·经上》），而且公开主张追求能使上层贵族"富且贵"，下层劳动者"暖衣饱食"的物质实利。但墨家追求的利不是为儒者所否定的一己私利，而是"上利天，中利鬼，下利人"的"天下之利"（《墨子·天志下》）。墨家不

仅以利作为“尚贤”“尚同”“节用”“节葬”“非乐”“非命”“天志”“明鬼”“非攻”“兼爱”十项基本政治主张的理论根据，而且从利的角度对儒家的仁、义、忠、孝作了重新解释，将这些道德范畴统统归结为追求利的具体方式或以利为最终目的的手段。可以说，利是墨翟考虑一切问题的出发点和归宿。

注重逻辑是墨家的又一个基本特征。墨翟是中国古代逻辑思想的主要开拓者之一。他在中国逻辑思想史上最早提出名实必须相符的观点，最早使用了辩、类、故等逻辑概念，最早要求将“辩”作为一种专门知识来学习，概括并熟练地运用“三表”等推理和论证方法。由于墨翟的启蒙、示范和倡导，墨家学派形成了重逻辑的传统。后期墨家不仅继承和发展了墨翟以来的这一传统，而且吸收了名、儒等家的逻辑思想，在《墨辩》中系统阐述了墨辩逻辑，从而使中国古代逻辑无论在理论上，还是在体系上都达到了较为完整的程度。《墨辩》是中国古代为数不多的逻辑专著中的杰作。

注重实际知识也是墨家的基本特征之一。《墨子》书中有不少关于自然科学、守城防御工具与技术等方面的内容，这在先秦诸子中是不多见的。这与墨翟及其弟子们从事实际劳动的经历、与墨家注重物质实利、反对战争等政治主张有着直接关系。

墨家在先秦百家争鸣中独树一帜，影响很大，曾与儒家并称“世之显学”(《韩非子·显学》)。但秦汉以后很快走向衰落。汉武帝“罢黜百家，独尊儒术”，其学遂绝。

（王国元）

11. 法家的主要代表人物和主要观点有哪些

法家是中国春秋战国时期的主要学派之一，因强调法治而得名。西汉司马炎《论六家要旨》列法家为先秦阴阳、儒、墨、名、法、道“六家”之一。《汉书·艺文志》中将法家与儒、道、阴阳、名、墨、纵横、杂、农、小说并称为“十家”。

法家的基本主张是“以法治国”(《韩非子·有度》)。他们强调“各当时而立法，因事而制礼；礼法以时而定，制令各顺其宜”（《商君书·更法》）；要求巩固封建土地私有制，建立统一的君主国家，提出重农抑工商的观点，提倡耕战政策，以农致富，以战求强；厉行严刑峻法，监察官吏职守，建立官僚制度。以上述主张界定法家，则法家思想的起源可上溯至春秋时期。春秋时齐国的管仲“严刑罚”“信庆赏”，郑国的子产作刑书，晋国的范宣子铸刑鼎，均可称为法家思想的先驱。战国初魏国的李悝（约公元前445—公元前395年）著《法经》；战国中期商鞅（约公元前390—公元前338年）在秦国变法；赵国慎到（约公元前395—公元前315年）由道入法；郑国申不害（约公元前385—公元前337年）主张君主独断专行等，在理论与实践上都使法家有了很大发展，他们是法家的实际创始人。战国末期的韩非综合各家观点，并吸收道家思想，著书立说，建立了完整的法治理论体系，是法家思想的集大成者。法家的理论与政治实践在春秋战国之际的封建化改革以及秦统一六国，建立中央集权的封建国家的过程中起了重大作用，成为秦王朝的统治思想。随着秦因暴政而亡，西汉以后，独立的法家学派不复存在，但法家的一些重要思想被补充和吸收到了儒学正统思想中。在漫长的中国封建社会中，统治者往往德、刑并用，法、礼并重，因而法家思想并没有完全退出中国的社会生活。商鞅的《商君书》、韩非的《韩非子》等法家著作还对后来法学思想的发展产生了很大影响。

“法”“术”“势”是法家思想的三个基本内容。“法”指公开颁布的政策、成文法令及实施法治的刑罚制度。“术”指任免、考核、赏罚各级官吏的方法，手段及驾驭臣民的政治权术。“势”指君主君临一切的地位和权势。在法家的主要代表人物中，商鞅重“法”，申不害重“术”，慎到重“势”，韩非则将法、术、势加以综合，主张抱法处势用术。韩非认为“法治”就是要规定明确的法律，并公布于众；法律要统一、稳定，并随社会情况的变化加以修订；奖励耕战，严格执行赏罚制度，“赏厚而信，刑重而必”（《韩非子·定法》，下引此书仅注篇名）；废除世袭贵族分封制、世袭制，实行“宰相必起于州部，猛将必发于卒伍”（《显学》）的官吏选拔制度；并要求用法律统一人们的思想，主张“以法为教”，“以吏为师”，使“境内之民，其言谈者必轨于法”（《五蠹》）。韩非

认为，“术治”是保证法实施必不可少的条件。他认为春秋以来许多诸侯亡国教训就在于君主“无术”，大臣权势太重，以致弑君弑父的事层出不穷。所以“术治”的中心是“因任而授官，循名而责实，操杀生之柄，课群臣之能”（《定法》）。他认为法是公开的，术是藏于君主心中、暗自运用的。君主掌握这种统治术就可使“群臣守职，百官有常”，巩固统治阶级内部的秩序。在《内储》篇中，韩非还总结了历史上很多诸如“诈问”“诡使”之类的阴谋手段，供统治者采用。韩非认为，“势治”即君主要依靠至高无上的权势实行其统治，否则就不能保证法治实施。他认为“势者，胜众之资也”（《八经》），“万乘之主、千乘之君所以制天下而征诸侯，以其威势也”（《人主》），“夫有材而无势，虽贤不能制不肖”（《功名》）。他举例说，尧舜虽然是贤能的君主，但如果没有统治者的权势，他连三个人也治理不了；反之，如果能“抱法处势”，统治者不是贤者也可以治理好国家。

春秋战国时期，特别是战国末期的法家学说与儒家学说是尖锐对立的。他们激烈抨击儒家的仁义之道是只讲私利而不顾国家，甚至将儒与破坏法律的侠客、害怕打仗的胆小鬼等并列危害国家的“五蠹”。法家中的不少人虽受到道家思想的一定影响，但对道家清静无为的思想也持反对态度，称其为“天下之惑术”“乱世绝嗣之道”。

历史上法家多为一些富于改革精神的政治家。他们明确反对法先王一类观点，提出“治世不一道，便国不必法古”（《商君书·更法》），其中一些人因此而付出了沉重的代价。如商鞅在逃亡中被捉回，并被处以车裂之刑，韩非遭陷害入狱，最后被迫服毒自杀。法家的政治理论与实践一方面因锐意进取、富国强兵，成就了春秋时齐、晋的霸业，保证了战国时秦统一六国的成功，导致了中国历史上第一个统一的封建国家——秦的建立；另一方面也因法治的暴虐无道，术治的诡诈倾轧，势治的独裁专断使秦二世而亡。因此历史上对法家的政治家、政治理论和政治实践一向多有争议。

（王国元）

12.《韩非子》一书提出了哪些重要的观点

《韩非子》一书是中国战国末期著名法家思想家韩非的著作集，在先秦诸子的著作中占有非常重要的地位。

《韩非子》一书是汉武帝时刘向首先结集成书的。《汉书·艺文志》著录《韩非子》五十五篇，与今本篇数相同，但从具体内容看，有些篇章未必是韩非本人之作。如《初见秦》篇中直言灭韩，与韩非劝秦王存韩的政见及韩非作为韩国使臣的身份不合。又如《存韩》篇实际上是在韩非的《上秦王书》后面混入了李斯的文章。但总的来说，在先秦古籍中，《韩非子》还是窜乱得比较少的，以《五蠢》《六反》《显学》《扬权》《孤愤》《说难》《饰邪》《亡征》《南面》《喻老》《解老》等篇为代表的大部分篇章为韩非所著是可信的。

法、术、势相结合是《韩非子》一书中所提出的最重要的观点之一。法、术、势是法家社会政治理论中的基本概念。法，即国家法令及其制定、公布和执行。韩非认为，“法者，宪令著于官府，刑罚必于民心，赏存乎慎法，而罚加乎奸令者也，此臣之所师也”（《韩非子·定法》，以下凡引此书仅注篇名）。对于法，韩非特别强调不分亲疏贵贱，赏罚严明。术，即统治者驾驭群臣的权术。韩非认为，“术者，因任而授官；循名而责实，操生杀之柄，课群臣之能者也，此人主之所执也”（《定法》）。对于术，韩非除将其解释为君主对群臣的控制、考核、防范，总结了“疑诏诡使”“挟知而问”“倒言反事”（《内储说上》）等一系列阴谋手段外，还特别强调法是公开的，可以“编著之图籍，设立于官府，而布之于百姓”，而术只能“藏之于胸中，以偶众端而潜御群臣”（《难三》）。势，即统治者君临天下的权势和地位。韩非认为，“势者，胜众之资也”（《八经》），“主之所以尊者，权也”（《心度》）。韩非认为，在早期法家那里，商鞅重法，申不害重术，慎到重势，他们都不懂得将三个方面结合起来，因此商鞅在秦国、申不害在韩国执政多年都不能取得更大的成就。在此基础上，韩非兼采三家，融会贯通，自成一说，即所谓“抱法处势用术”，从而成为先秦法家的集大成者。韩非的法、术、势理论，是为绝对的君主独裁服务的，所谓“事在中央，要在四

方，圣人执要，四方来效”（《扬权》）。

《韩非子》一书的另一个重要观点是将传说中的古代历史分为“上古之世”“中古之世”“近古之世”三个发展阶段，并将社会历史解释为从低级到高级的进化过程。这种进化论的历史观是为其“世异则事异，事异则备变”（《五蠹》）的社会政治观点服务的。韩非认为，不同的历史发展阶段有不同的具体问题，“上古竞于道德，中世逐于智谋，当今争于气力”（《五蠹》）。所谓圣人就是能够顺应历史发展，为人民解决当时最为迫切问题的人，同时，他们也因此而取悦于民，得以称王于天下。他认为既然事过境迁，每个时代有每个时代的具体情况，那么盲目颂扬和效法过去时代的圣人及其做法，即所谓“法先王”，就是愚蠢的，无异于“守株待兔”“郑人买履”，必然受到“后王”，即当代新圣的耻笑，“是以圣人不期修古，不法常可”（《五蠹》）。这与商鞅“治世不一道，便国不必法古”（《商君书·更法》）的观点可说如出一辙。

《韩非子》一书中还提出了推行学术统一的观点。“夫冰炭不同器而久，寒暑不兼时而至，杂反之学不两立而治。今兼听杂学缪行同异之辞，安得无乱乎”（《显学》）。在《显学》篇中，他集中抨击儒墨显学，认为儒墨学说是“愚诬之学”，必须严禁。在《五蠹》篇中，他将儒（学者）、纵横家（言谈者）、侠（带剑者）与逃避兵役者（患御者）、工商业者（商工之民）并称国之“五蠹”，认为他们都是“乱法”“犯禁”之徒，是“世之所以乱”的根由，必须“离法者罪”，“犯禁者诛”。“明主之国，无书简之文，以法为教；无先王之语，以史为师”（《五蠹》）。本来，随着国家统一和中央集权封建专制制度的确立，结束百家争鸣，统一学术，以强化思想控制也是历史的必然。秦“焚书坑儒”，汉“罢黜百家，独尊儒术”即是明证。韩非在这一时期将到未到之时就已看到这种必然，应该说是一种先见之明。但他主张用处罪、诛杀、毁灭文化、否定教育等方式来统一学术，不能不说是野蛮的、落后的，是为后来秦始皇大规模摧残文化的政治实践作了理论先驱。

（王国元）

13.《管子》一书是否为管仲所作

管仲的思想言行除散见于《国语·齐语》及《左传》《公羊传》《谷梁传》等书外，主要保存于《管子》书中。今本《管子》为西汉刘向编定，原为八十六篇，今实存《经言》九篇、《外言》八篇、《内言》七篇、《短语》十七篇、《区言》五篇、《杂篇》十篇、《管子解》四篇、《管子》轻重十六篇，共计七十六篇，其余十篇仅存目录。关于《管子》一书，学术界一向争议颇多。主要有《管子》究竟是否为管仲所作？如果不是，那么其中哪些篇章能够反映管仲本人的思想，以作为我们研究管仲的依据等。

第一个问题比较简单，学术界观点也较为一致。尽管这部书名为“管子”，一些篇章也以管仲与齐桓公对话的形式写成，但其内容及思想倾向均颇为驳杂，有些显然涉及了管仲以后的时代，有些则反映了阴阳家、道家、法家、儒家的思想。因此，《管子》当非管仲一人一时的作品，而是经过后人汇集编纂的一本著述集成。

第二个问题则比较复杂。既然刘向只是编定《管子》，相信他应当有一个进行编辑的底本。也就是说，可能有两本《管子》，一为古本《管子》，但今已无传，一为今本《管子》，是为刘向编定。这并不是臆测。韩非、贾谊、司马迁等都在刘向之前，而他们都记述过《管子》之书。如韩非说：“今境内之民皆言治，藏商、管之法者家有之”（《韩非子·五蠹》）。这就是说，至晚在韩非之前，《管子》已广为流传了。贾谊援引过《管子·牧民》中的“礼义廉耻，是谓四维，四维不张，国乃灭亡”等观点。司马迁不仅引过《管子·牧民》中的“仓廪实而知礼节，衣食足而知荣辱，上服度则六亲固。四维不张，国乃灭亡。下令如流水之源，令顺民心”等原话，甚至还列举了《管子》书中若干有代表性的篇目。“吾读管氏《牧民》《山高》《乘马》《轻重》《九府》及《晏子春秋》，详哉其言之也。既见其著书，欲观其行事，故次其传。至其书，世多有之。”（《史记·管晏列传》）韩非、贾谊、司马迁等人不仅记述自己看到过《管子》，而且他们所引《管子》篇章及对管仲思想的概括也颇为一致，特别是他们都没

有提到过今天我们认为是反映阴阳家、道家、法家、儒家思想的那些篇章，也没有对《管子》中诸家杂陈的现象提出过质疑。而以他们的学识和治学态度，如果他们看到的《管子》确有这种诸家杂陈的现象，是不可能不有所表示的。这意味着他们看到的《管子》可能根本就不是今天我们所看到的诸家杂陈的《管子》。诸家杂陈是刘向编定今本《管子》时掺杂进去了一些他认为与管仲有关，但实际上是其他学派的东西所造成的。

如果上述推论成立，那么我们就可以将刘向所编《管子》一书至今仍存的七十六篇大体分为三类。第一类是《牧民》《山高》《乘马》《轻重》等篇。这些篇章思想观点基本一致，内容、篇名也可以从刘向以前的典籍中得到印证，当为管仲遗说，是我们研究管仲思想最可靠的资料。但当时尚无学者本人独立完成著作之例，如一向不受怀疑的《论语》也是弟子及后学辑录而成，因此我们无法断定《管子》是否为管仲本人所作。其成书或与管仲同时，为管仲本人，或弟子听作，或略晚于管仲，为管仲弟子及后学所作。第二类是《立政》《幼宫》《枢言》《大匡》《中匡》《小匡》《水地》等篇。这些篇章基本上是对管仲言行的记述，其思想观点与第一类基本一致，也是我们研究管仲思想比较可靠的资料。其成书当晚于管仲，当为管仲弟子及后学所作。第三类是《心术》上下、《白心》《内业》等篇。这几篇另成体系，成书晚于管仲，思想观点与管仲有一定出入。它们究竟是管仲学派、齐法家对管仲思想的发挥和发展，或为稷下先生宋钘、尹文遗著，学术界尚有不同看法。所谓今本《管子》书中诸家杂陈主要指的就是这几篇，应为刘向编定《管子》时所补入。

至于刘向为什么会将一些本非管仲本人或管仲学派的东西编入《管子》书，当与齐国稷下学宫有关。稷下学宫是战国时齐国的学术中心，因设在齐都临淄（今山东淄博）稷门附近，故名稷下。稷下的学术活动始于齐桓公在位之时，经齐威王，至齐宣王时最盛，常有数千学者聚集在那里自由讲学、辩论、著书、授徒。这些学者被称为“稷下先生”。驺衍、淳于髡、田骈、接子、慎到、环渊、荀况等都曾为稷下先生。由于稷下的学术自由，稷下先生中道、儒、法、名、阴阳等都有，形成了一种百家争鸣的局面。他们的著作或保留于齐国官方文献中，或流散于齐国民间，为刘向编定《管子》书时所用，于是形成了今本《管子》诸家杂陈的复杂情况。当然，这只是我们的推论，是否如此还有待详考。

综上所述，我们可以大致地说，《管子》一书不是管仲一人一时的作品。它原为管仲及管仲学派的著述集成，约成书于战国时期。今本《管子》是经西汉刘向编定的，其中混入了一些战国时齐国其他思想家的作品，但全书主要反映的仍是管仲及管仲学派的思想，其大部分篇章仍可作为我们研究管仲思想的基本依据。

（王国元）

14. 什么是名家

名家是战国时期形成的一个专门研究名实关系以及名词、概念、命题等逻辑关系的学术流派。战国时期是中国从宗法分封制向君主专制制度的过渡时期，社会的急剧转型，使传统的礼仪规范（名）与人们的实际行为（行）发生了严重背离。一方面，反映旧制度的“名”阻碍新制度之“实”的发展；另一方面，代表新制度的“名”又遇到了旧事物之“实”的激烈反抗，出现了“名实相怨久矣”（《管子·宙合》）的情况。于是，代表各个社会利益集团的“士”，纷纷出来“正名”，要求社会的现实符合自己阶级的“名”，形成了一股所谓的“名辨思潮”，出现了大批“辨者”。在“名辨思潮”中，儒、墨、道、法诸家多是从政治角度谈名实关系，但有一批人则把谈论的侧重点放到了名词、概念本身的推敲上，试图通过改善人们的主观认识能力，使名词更加严谨，判断更加准确，推理更加合理，并最终达到解决社会上存在的“名实”之争。后人称这批思想家为“名家”。

名家以邓析为始祖，《汉书·艺文志》首先录“《邓析》二篇”。不过邓析的著作早已失传，仅知他是郑国人，与子产同时，《吕氏春秋·离谓》载：“子产治郑，邓析务难之。与民有狱者约，大狱一衣，小狱襦裤。民之献衣襦裤而学讼者，不可胜数。”可见邓析大约是当时的讼师，助民从事法律诉讼活动，利用推

敲法律条文名词、概念的方法获得法庭上的胜利。结果搞得执政的子产十分为难，终于杀了邓析。不过邓析“以非为是，以是为非”的思辨本领，受到了后世辨者的崇拜。

名家真正留下了观点或著作的人物是惠施和公孙龙。前者主张“合同异”，后者主张“离坚白”。

惠施（约公元前370—公元前318年），宋国人，曾在魏国执政十五年。《汉书·艺文志》录“《惠子》一篇”，但已亡佚，仅在《庄子·天下篇》保存了他的十个观点。其中，“至大无外，谓之大一；至小无内，谓之小一”，是讲宇宙从宏观上看是无限大的，从微观上看是无限可分的，这是惠子的宇宙观。“大同而于小同异，此之谓小同异；万物毕同毕异，此之谓大同异”，集中阐述了惠施相对主义的思想方法。在他看来，具体事物的同或异不过是“小同异”，而从天地万物的角度看，这些差异又算不了什么，这才是“大同异”，也就是他所主张的“合同异”。“无厚不可积也，其大千里”，“天与地卑，山与泽平”，“南方无穷而有穷”，“我知天下之中央，燕之北，越之南是也”等数条，是从空间上说明“万物毕同毕异”。从纯粹几何学的角度讲，面积就没有厚度，但可以其大千里。一般讲天和山高，地和泽低，但在特殊的地区和特殊的观察视角下，两者又可以是同高的。例如，高原上的湖泊就可能高出平原上的山峰，遥望远方的地平线，天地相合而同高。从理论上讲南方是无穷的，但具体到中国，南方是大海，国土又是有限的。从中国范围看，天地的中心在燕之南，越之北，但如果超出中国的范围，天地之中央就可能在燕之北、越之南，一切都是相对的。“日方中方睨，物方死方生”，“今日适越而昔来”两条，是从时间角度说明万物差异的相对性。太阳在天空不停地运动，刚到正中就又开始偏西了。一切生物也是在生命运动中就包含着死亡，生死变化无常。今日到达越国的一刹那，立即变成了过去，所以也可以说是“昔来”。因而时间的差异也都是相对的。从“合同异”的哲学立场出发，惠施得出了他的政治结论：“泛爱万物，天地一体”，主张各诸侯国“去尊”“偃兵”，和平相处。由于惠施只留下了这十个命题，并没有论证及推演，所以很难窥其理论全貌。但如果把这些命题普遍化，完全否认事物间存在的差异，也难免成为诡辩。

公孙龙（约公元前320—公元前250年），赵国人，曾为平原君的门客，游说于赵王。他曾经利用辩论术取得了一场外交斗争的胜利。秦国与赵国曾有条约："秦之所欲为，赵助之；赵之所欲为，秦助之。"（《吕氏春秋·淫辞》）后来秦国发动了侵魏战争，赵国发兵救之。秦国派使臣来责问赵国为何违约，赵王让平原君出面回答，平原君求教于公孙龙，他便利用合约的条文指出："赵欲救之，今秦独不助赵，此非约也"，驳倒秦使。公孙龙名辩思想的核心观念是"离坚白"，即强调名词、概念的差异性。他认为一块石头的坚固和白色两种属性可以分离，因为"视不得其所坚而得其所白者，无坚也；拊下得其所白而得其所坚者，无白也。"（《公孙龙子·坚白论》）从感觉的专一性上讲，各类感官各有专能，不相替代。看一块石头只能发现其白，抚摸它则知其坚固。但看时不知其坚，抚时不知其白，所以他认为石头的"坚"性和"白"性是独立存在的，坚、白可离。从事物与概念差异的角度，他提出了著名的论题"白马非马"。"马者，所以命形也；白者，所以命色也。命色者非命形也，故曰白马非马。"（《公孙龙子·白马论》）马是说明某种动物形状的，而白马的概念则加进了颜色的规定。此处，他从马和白马概念的内涵上证明，白马不等于马。"求马，黄、黑马皆可致；求白马，黄、黑马不可致。"（同上书）又从概念的外延上说明，马的概念大于白马的概念，还包括了黄马和黑马，两者不相等。"白马非马"的论题，从判断的主词和宾词的关系出发，揭示了判断系词两边的关系必须相等。同时指出属概念和种概念存在着差异，使中国人的逻辑思维有所深化。不过，他的这个命题也有夸大属概念和种概念的差异，否定其一致性的倾向，进而否定了一般包含个别的思维辩证发展过程，最终导致诡辩。按照他的逻辑，也可以说：公孙龙非人。

黑格尔在评价古希腊诡辩论流派时指出：他们的共同特征"是尽力量以任何一种方式使感觉到的东西和思维到的东西对立起来"（《哲学史讲演录》第三卷第22页），是人类思维深化的一种标志。司马炎也说："名家使俭而善失真；然其正名实，不可不察也"（《论六家要旨》见《史记·太史公自序》），充分说明

了名家的思想价值。

（张　践）

15. 什么是阴阳家

阴阳家是战国末期齐国人邹衍创建的一个学术流派，他们运用阴阳五行之理，推演社会历史发展的规律，颇具神秘色彩，为秦汉的天人感应学说提供了理论依据。《史记》记载邹衍曾作《主运》《终始》《大圣》等篇十余万言。《汉书·艺文志》著录《邹子》四十九篇，皆已亡佚。阴阳家其他人物的著作今已不存，仅可于其他人的著作中见到一些有关邹衍活动的史料，转述一些他的观点。

邹衍的生卒年月不详，《史记·孟轲荀卿列传》记载了一些有关他的材料。他曾活动于齐、赵、魏、燕诸国，颇受当权者的礼遇。据说他具有丰富的天文、地理、历史方面的知识，时人称之为“谈天衍”。他提出了“大九州”“中九州”和“小九州”说。他说大禹所划中国的九州，只是小九州。中国本身又称“赤县神州”，只是中九州之一，外有裨海围之。“有大瀛海环之，天地之际”，还有大九州，包含九个中九州。所以中国仅是天下八十一分之一。邹衍的思想有助于开阔人们的思想，鼓励开疆拓土。他提出大、中、小九州之说，有赖于当时人们的航海活动，更得力于他“其语闳大不经，必先验于小物，推而远之，至于无限”（《史记·孟轲荀卿列传》）的思想方法。司马迁又说：“邹衍睹有国者益淫侈，不能尚德，……乃探阴阳之消息而作怪迂之变，……然其要归，必止乎仁义节俭，君臣上下六亲之施。”（同上书）他把以小推大的方法运用于社会领域，从阴阳五行学说建立了“五德终始”说。

古代经典《周易》提出阴阳相对，相感相生的思想。《尚书·洪范》则提出：“五行，一曰水，二曰火，三曰木，四曰金，五曰土。水曰润下，火曰炎上，木曰曲直，金曰从革，土爰稼穑。润下作咸，炎上作苦，曲直作酸，从革作辛，稼穑作甘。”中国古典哲学的五行说，不是侧重于对五种基本元素的结构探讨，而是注重对其的功能研究。后人进一步从五行推出“五色”“五季”“五方”。他们认为：“木”代表植物，逢春发生，具有东方和青的颜色，具备生长的性能；“火”代表着南方和红的颜色，具有热的性能，象征夏天；“金”可以制造兵器，具有砍伐的作用，如同秋天大风西来，使大地金黄，万物肃杀；“水”具有寒冷的性能，就形成了冬天、北方和黑色；“土”具有生养万物的德性，在五行中居于主导地位，象征着中央、季夏和黄的颜色。（参见《史记·天官书》）邹衍继承了前人的研究成果，又提出了“五德”说。他把“五行”“五色”“五德”和历代王朝的兴衰结合起来：“凡帝王之将兴也，天必先降祥于下民。”（《吕氏春秋·应同》）英明的君主应根据上天的启示，决定本朝的服色及所主德行。如黄帝时天现大螾大蝼，黄帝说：现在土气盛，所以朝廷尚黄色，行土德；到大禹时，秋冬之时草木不枯，大禹说：现在木气盛，故夏朝尚青色，主木德；商汤之时，见金生于水，汤说：现在金气盛，故商朝尚白色，主金德；至周文王，见火赤鸟衔丹书集于周朝的社稷坛上，文王说：现在火气盛，故周朝尚红色，主火德。按照五行相生相克的原理，将来代替周朝者，必将主水德，尚黑色。在人类的社会历史发展过程中，每逢发生王朝的更替兴衰，政治策略总会发生重大变更，似是在相克，这就是邹衍提出“五德循环”的依据。不过水德在政治上有何表现，火德在政治上有何表现，邹衍没有说，也根本没法说。因为社会运行有和自然界不同的规律，用“五行”套“五德”，只能是牵强附会，制造神秘主义。秦始皇得天下后，按照邹衍之说，尚黑色，人们都戴着黑色的帽子，故称百姓为“黔首”。

汉代以后，阴阳家不再以独立学派的形式继续传播，但其思想为儒生们所继承，将其融合在自己的思想体系之中。不过思想家中也有人不信这一套，如司马炎指出：“大祥而众忌讳，使人拘而多所畏。”（《论六家要旨》）班固则说：“及拘者为之，则牵于禁忌，泥于小数，舍人事而任鬼神。”（《汉书·艺文志》）历史上一些腐朽的统治者则对邹衍这套神秘主义的东西最感兴趣，他们得天下、保天下不求修德，而是专在推时运，易服色，造祥瑞上下功夫。每逢开国，都要找儒生为其推算当主何德，尚何色。历代皇帝所发诏书，开头都写着“奉天承运皇

帝诏曰”，其中的承运，也就是五德终始之运。在这里，我们仍可以看到阴阳家思想的影响。

（张　践）

16. 纵横家和杂家有何作为

纵横家是战国时期出现的一个专以游说诸侯为己任的政治家派别。《汉书·艺文志》称：“纵横家者流，盖出于行人之官。”大约从他们的活动方式，把他们看成是一批职业的外交家。纵横家前有苏秦、张仪，后有苏代、苏厉、蒯通、邹阳，尤以苏秦、张仪闻名于后世。《艺文志》著录了他们著作的篇名，但今已失传，仅《史记》的《苏秦列传》《张仪列传》记载了他们的事迹。

苏秦是战国时洛阳人，生卒年月不详，青年时代曾师从鬼谷子，习纵横之术。学成后游说数载，一无所成，归家后为兄弟嫂妹妻妾所耻笑。苏秦不为所动，闭于密室，潜心钻研《阴符经》，头悬梁，锥刺骨，揣摩其术，认为：“此可以说当世之君矣！”（《史记·苏秦列传》）先游说于秦惠王，不为所用，转而游说燕、赵、韩、魏、齐、楚六国，结成反秦联盟。苏秦反复向六国诸侯宣传：“安民之本，在于择交。择交而得则民安，择交而不得民移身不安”（同上书），强调了外交活动的重要性。苏秦以其能言善辩打动了六国之主，得以佩六国相印，统一协调六国的行动，使“秦兵不敢窥函谷关十五年。”（同上书）由于山东六国联合对付西方的秦国，在地图上看形成了一条纵线，所以苏秦是纵横家中的“合纵”派。苏秦晚年长期住在燕国，与燕易王母私通，为王所妒，只得出走齐国。齐宣王时，重用苏秦为相。宣王卒，湣王继位，苏秦劝说厚葬久丧，并大兴土木以为宫殿，以便削弱齐国国力而有利于燕。苏秦的反间计被齐人识破后，被刺身亡。

张仪是战国时魏国人，与苏秦同师从鬼谷子先生，苏秦自愧学术不及张仪。张仪年轻时曾去游说楚王，遭楚人痛殴。被送回家后，他让其妻先看看舌头还在不在。“其妻笑曰：‘舌在也。’仪曰：‘足矣。’”（《史记·张仪列传》）其后张仪继续以游说诸侯为己任。当时苏秦已佩六国相印，名显于世，可就担心秦国有能人出面破坏六国联盟。苏秦先智激张仪出山，到秦国谋职，又暗中派人资助张仪，同张仪达成默契，苏秦在任时不破坏合纵之术。后张仪游说诸国，拆散六国联盟。他先离间六国中力量最强的齐、楚两国，以许地六百里的利益，诱使楚怀王与齐断交。但齐、楚断交后，他又推说仅以自己的封地六里相许，使楚怀王怒而兴兵伐秦，大败而回。以后，他又分别游说齐、燕、韩、赵、魏等国，结成了反楚联合战线。从地图上看，这是一条自西向东的横线，所以他被认为是纵横家中的“连横”派。秦惠王卒，武王继位，张仪不见悦于武王，只得出走魏国为相，六国又回复了合纵联盟。到魏国一年后，张仪去世。

纵横家在先秦诸子中，以没有固定的政治见解，不受传统道德束缚而著名。司马迁详细记述了苏秦、张仪游说列国的言辞，但除了陈说利害关系，我们看不到什么明显、一贯的政治主张，这和儒、墨诸家的游说是明显不同的。同时他们也不受当时社会上流行的忠、孝、信、义等道德信条的约束，没有爱国、卖国之类的国家观念，哪里的君主重用他，他就为谁卖力气。“人有毁苏秦者曰：‘左右卖国反复之臣也，将作乱。’”（《史记·苏秦列传》）苏秦却直言不讳地向燕王解释说：当今孝如曾参，廉如伯夷，信如尾生，被人们视为楷模。但如果臣子都如曾参之孝，谁舍家为君主奔波于千里之外？人人如伯夷之廉，谁为王千里之外进取于齐？如果像尾生一样迂腐而死守信用，又怎么能上阵作战，却齐之强兵呢？这倒是坦率地说出了政治家们“言不必信，行不必果”的处世哲学。由于纵横家有上述两个特点，所以受到后世儒生的耻笑。司马迁对此颇为不平，指出：“夫苏秦者起闾阎，连六国纵亲，此其智有过人者。吾故列其行事，次其时序，毋令独蒙恶声焉。”（同上书）

杂家以秦国宰相吕不韦的《吕氏春秋》和西汉初年淮南王刘安的《淮南子》为代表。《汉书·艺文志》指出他们的特点是：“兼儒、墨，合名、法，知国体之有此，见王治之无不贯。”杂家产生在战国末期至西汉初期，当时中国经历了数百年的战乱，正在通过兼并战争走向政治统一。相应地，思想文化也在百家争鸣中加强了彼此间的渗透融合。这种文化的融合既是政治统一的产物，又为秦汉

中央集权大帝国的建立创造了思想条件。文化的统一是通过两种方式实现的：一是以一家学说为主，兼容吸纳其他诸家，如荀子作《非十二子》、庄子作《天下篇》；另一种则是跳出学派的圈子，对各家学说进行综合的概括、整理，杂家走的就是后一条路。概括诸子百家，需要有一种合适的文化环境，即各派学者云集，实行兼容并收的政策。吕不韦是秦国的宰相，秦始皇称其为“仲父”，执政十几年，权倾朝野，门下食客三千人，形成了当时一个学术中心。淮南王刘安广揽天下人才，招致宾客方术之士数千人，在江淮间形成了一个很大的学术中心。因此，他们有能力编写出鸿篇巨制《吕氏春秋》和《淮南子》。

据《史记》说，在写《吕氏春秋》时，“吕不韦乃使其客人著所闻，集论以为八览、六论、十二纪，二十余万言”。当时他门下所养之士，属于诸子中哪一家的都有，所以最后所成之书，就是一部杂家著作。不过，吕不韦并不仅仅是个挂名主编，他为此书设计了一个完整的系统。全书分成纪、览、论三个大的部分，在每一部分中又各统子目，形式上整齐划一。如纪中包括春、夏、秋、冬四季，每一季又分成孟、仲、季三纪，以象天时十二个月。每一季中包含五篇文章，分别讲述与季节天象有关的内容。春季生育万物，故讲养生；夏季万物繁荣，长养壮大，联系到树人，故探讨教育、教化、音乐；秋季万物肃杀，所属文章多谈对外用兵，对内用刑；冬季草木枯槁，人息粮藏，因而联想到死亡、丧葬、忠臣、节士。在这里，明显地可以看到阴阳家的影响。不过就指导思想来说，《吕氏春秋》则是采用了道家的“清静无为之道”，把“道”看成是宇宙的本源和万物运动的普遍规律。同时，《吕氏春秋》的《不二》篇又指出：“老聃贵柔、孔子贵仁，墨翟贵廉，关尹贵清，子列子贵虚，陈骈贵齐，阳生贵己，孙膑贵势，王廖贵先，儿良贵后。此十人者，皆天下之豪士也。”努力做到兼取百家之所长，内容涉及政治、经济、思想、军事、法律、教育、养生、音乐等方面，是古代一部难得的百科全书。

《史记》的《淮南衡山列传》说：“淮南王刘安为人好读书鼓琴，不喜弋猎狗马驰骋，亦欲行阴德以拊循百姓，流誉天下。”所以他在自己的封地内“招致宾客方术之士数千人”（《汉书·淮南衡山济北王传》），讲论诸子百家之学，在江淮间形成了一个大的学术中心，“天下方术之士，多往归焉。”（高诱：《淮南子·叙目》）刘安作此书的个人目的是在“八王之乱”后的中央、地方紧张局势中避祸求福，养生保真，得到一个安身立命的精神支柱。如他所说：“欲一言而寤，则尊天而保真；欲再言而通，则贱物而贵生；欲参言而究，则外物而反情”（《淮南子·要略》），从中可以看到道家对他的重要影响。但是中国的士人总是难忘忧国忧民之情，作者“纪纲道德，经纬人事，上考之天，下揆之地，中通诸理”（同上书），都是为帝王探索治国治民之道。《淮南子》全书包括正文二十篇，由不同学派的学者分头撰写，最后有人加以贯通，并归纳出《要略》一篇。二十一篇文章各有主题，分别讲述作为宇宙本源之道如何演化运动；天文、地理、四时运行的规则；生命与养生之学问；为人处世的道德；为君治国的方略；历史兴衰的教训；人性修养的箴言……总之，《淮南子》是《吕氏春秋》之后又一部试图概括、总结先秦诸子的百科全书式的著作。建元二年（公元前140年），刘安将此书献给了汉武帝，希望能为最高统治者采纳。但是汉武帝在元光元年（前224年）却采纳了董仲舒“罢黜百家，独尊儒术”的建议，将此书束之高阁。以后，刘安因莫须有的谋反罪名被迫自杀。

《吕氏春秋》和《淮南子》虽然是经过了系统的加工，建立了自身的体系，但毕竟出自多家学者，多人之手，内容难免有重复、繁杂，自相矛盾之处。其弊端正如《汉书·艺文志》所说：“则漫羡而无所归心”，主导思想不够突出。因此中国文化从春秋战国的百家争鸣走向大一统，不是杂家的“百家殊方”，而“殊途同归”于儒。

（张　践）

17. 农家和兵家的文化贡献有哪些

子学中的农家和兵家，是诸子中的农业专家和军事家，他们留下了大批农学和兵学著作，对中国的古代科技和军事理论的发展做出了重要贡献。除此之外，他们对社会生活的其他方面也曾发表过自己的见解，对中国文化思想史有所贡献。

《汉书·艺文志》收集农家著作，有《神农》二十篇。其注曰：“六国时，诸子疾时，于农业，道耕农事，托之神农。”战国时的农家，都以神农氏为其始祖。可惜，班固所辑录的农家著作多仅剩篇名，后世子学中收集的农家著作又多是农业技术著作，与文化思想史有关者，仅孟子书中提到的许行。《孟子·滕文公上》载：“有为神农之言者许行”，他主张君臣“并耕而食，饔飧而治”，反对统治阶级利用国家机器对广大农民实行剥削和压迫。为了避免商人的中间盘剥，许行主张物价应当整齐划一，“布帛长短同，则贾相若；麻缕丝絮轻重同，则贾相若。”他认为这样“则市贾不二，国中无伪，虽使五尺之童适市，莫之或欺。”许行的思想，反映了当时农民反对剥削和压迫的合理要求，对社会改良有所助益。不过，许行所设想的绝对平均主义的大同空想，消灭分工和交换的改良方案，又反映了农民的狭隘性和落后性。孟子对此有所批评，他利用许行种田但不能同时织布、冶铁的事实，说明社会管理与生产的分工也不能取消。“百工之事，固不可耕且为也”，“然则治天下独可耕且为与?”《汉书·艺文志》则说：“欲使君臣并耕，悖上下之序。”

春秋战国是一个战争频繁的年代，涌现了大量的杰出军事统帅和军事理论家，兵学空前发达。《汉书·艺文志》收集先秦、两汉军事著作“凡兵书五十三家，七百九十篇，图四十三卷”，分为“兵劝谋”“权谋”“兵形势”“阴阳”“兵技巧”五大类。除了谈论军事的战略、战术问题，还广泛涉及社会政治、文化和哲学等方面，成为中国文化思想史的重要组成部分。

首先，中国的军事理论家都不是简单地就战争说战争，而是将战争放到具体的政治、经济环境中。《孙子兵法》开篇就讲：“兵者，国之大事，死生之地，存亡之道，不可不察也。”（《计篇》）所以他主张“安国全军”的慎战观，反对轻易发动战争，“主不可以怒而兴师，将不可以愠而致战”（《火攻篇》）。战国时的军事家尉缭将战争区分为“挟义而战”与“争私结怨”两种，支持“诛暴乱，禁不义”的正义战争，反对“杀人之父兄，利人之财货，臣妾人之子女”的非正义战争（参见《尉缭子·攻权》）。因此中国著名的军事家无不反对穷兵黩武，提倡“不战而屈人之兵，善之善者也。”（《孙子兵法·谋攻》）

其次，提倡实事求是，反对鬼神迷信。孙武讲：“先知者，不可取于鬼神，不可象于事，不可验于度，必取于人，知敌之情者也。”（《用间篇》）尉缭则反对“考孤虚，占咸池，合龟兆，视凶吉，观星辰风云之变”（《武议》）。在当时宗教迷信十分流行的时代，能提出这样深刻的见解，对于政治家解放思想，哲学家探讨天地之奥秘，都是有所启示的。血火无情的战场要求军事家们，非常客观地研究敌我双方的情况，不能有半点虚假和主观。孙武说：“知彼知己者，百战不殆；不知彼而知己，一胜一负；不知彼下知己，每战必殆。”（《谋攻》）这话中所包含的哲理，已经成为普遍的人生格言。

最后，兵家思想中蕴含着丰富的军事辩证法思想，是中国传统哲学中的重要组成部分。孙武、吴起、孙膑等军事家，在烽火连天的战场上，看到了普遍存在的矛盾，如胜负、强弱、安危、治乱、勇怯、正奇……他们认为这些矛盾都是会相互转化的。孙武说：“乱生于治，怯生于勇，弱生于强。”（《势篇》）“投之死地然后存，陷之死地然后生。”（《九地篇》）他认为善战的将帅应当灵活地把握战场上的形势，创造条件，使矛盾向有利于己的方向转化。“凡战者，以正合，以奇胜。故善出奇者，无穷如天地，不竭如江河。”（《势篇》）兵家的军事辩证法思想，其意义已经超出了中国以及军事指挥的范围，可以应用到政治、经济、文化等其他领域，当今日本企业家将《孙子兵法》用于商战，就是最典型的例证。

（张　践）

18. 汉初黄老之学的基本内容是什么

黄老之学是西汉初期的官方社会政治哲学。其中黄指黄帝，老指老子。老子，春秋时实有其人，并有《老子》书传世，但黄帝只是传说中的华夏始祖，不可能留下什么学说或典籍。取名黄老完全是出于战国时百家托古之习。

黄老之学从学术渊源上可上溯春秋时的老子，但作为一个学派或一种学术思潮则发端于战国中期，兴盛于西汉初年。汉武帝“罢黜百家，独尊儒术”，经学社会地位上升，黄老之学开始走下坡路。东汉时，本为经世之学的黄老之学蜕变

为“自然长生之道”，与神仙长生、鬼神、谶纬、符箓等方术杂糅在一起，奉黄帝、老子为神仙，形成了原始道教，逐步失去其积极的社会意义。

黄老之学在汉初的兴起有着特定的背景。秦之暴政及秦汉之际的连年战争导致社会经济的大破坏，人口锐减，民生凋敝，人民渴望休养生息；皇室和主要政治家的大力提倡，身体力行；思想领域的相对宽松和诸子学术的复苏等都为黄老之学的兴起提供了社会条件。

汉初黄老之学最基本的内容就是“无为而治”，所谓“载其清静，民以宁一”（《史记·曹相国世家》）。这种“无为”是对秦代法家以严刑峻法、繁役重赋、仗威用力等为特征的“有为”政治的否定。秦以战国七雄中一个贫弱边远的落后国家竟能灭掉六国，成就一统天下的千秋大业，力不可谓不强，却又二世而亡。这不能不令刚刚坐定江山的汉初统治者和政治家们认真总结经验教训。汉初著名政治家、思想家陆贾认为，“秦始皇帝设为车裂之诛，以敛奸邪；筑长城于戎境，以备胡越。征大吞小，威震天下，将帅横行，以服外国。蒙恬讨乱于外，李斯法治于内”，不能不说是大大的为了。然而“事逾烦天下逾乱，法逾滋而奸逾炽，兵马益设而敌人逾多”。这是为什么呢？结论是，“秦非不欲为治，然失之者，乃举措暴众而用刑太极故也”。因此，必须否定“有为”而行“无为”。“夫道莫大于无为，行莫大于谨敬”。“寂若无治国之意，漠若无忧民之心，然天下治”（以上均见《新语·无为》）。陆贾不是汉初“无为而治”的最早的策划者和最大的实践者，但他的这些话确实道出了汉初实行“无为而治”的初衷和黄老之学盛行的历史必然性。

仅就崇尚无为、反对恃力等观点来看，汉初黄老之学确实与老子“无为而无不为，取天下常以无事，及其有事，不足以取天下”（《老子》四十八章）的观点相似，与老子“我无为而民自化，我好静而民自正，我无事而自富，我无欲而民自朴”（《老子》五十七章）的愿望相似。秦的灭亡似乎验证了老子“为者败之，执者失之”（《老子》二十九章）的预言。汉初无为对秦“有为”的否定也似乎体现了老子“反者道之动”（《老子》第四十章）的思想。从这个意义上，黄老之学确实渊源于老子，黄老之学的倡导者们也乐得通过托古以提高身价和说服力。但毕竟汉与春秋时代不同了，作为天下一统的大汉统治者和位高权重的政治家与作为学者的老子看问题的角度和方式也不会完全一样，至少老子“绝圣弃智”的办法在当代行不通，“小国寡民”的政治理想大汉皇帝更无法接受。为此，黄老之学采取了兼容百家的办法，在继承和发展老子贵柔无为思想的基础上，将道家的无为与儒家的德政、法家的法治以及阴阳家的阴阳学说、名家的形名学说等融合在一起，推行于社会生活之中。司马炎在《论六家要旨》中说黄老之学“因阴阳之大顺，采儒墨之善，撮名法之要”。尽管司马炎本人即推崇黄老，其说有溢美之嫌，但确在一定程度上概括了黄老之学的特点。

汉初黄老之学本质上是一种经世之学，而不是一种纯粹的学术。因此黄老之学对老子道学的改造完全是以为现实服务为目的和标准的。经过这种改造，黄老之学无为而治与老子纯然消极的无为而治已有很大不同，“非谓其凝滞而不动也”（《淮南子·主术训》），而是“因其自然而推之”（《淮南子·原道训》）。老子无为反对法治，刘邦则立足未稳就“约法三章”，以后又让萧何定律令，韩信定军法，张苍定历法及度量衡程式，叔孙通定礼仪。老子无为反对礼义教化，开启民智，陆贾则将“兴辟雍庠序而教诲之”，“在朝者忠于君，在家者孝于亲”（《新语·至德》）也列入“无为”。老子无为绝圣弃智，绝仁弃义，《淮南子》则说：“何谓无为？智者，不以位为事；仁者，不以位为惠；勇者，不以位为暴，可谓无为矣。”（《淮南子·诠言训》）最根本的是，无为而治在老子看来是一种政治理想，在汉初统治者和政治家们则是一种巩固政权的手段。了解了这一点，我们也容易理解为什么黄老之学在汉初有那么多的皇室贵族、名相重臣、大政治家、大思想家倡扬，又取得了“文景之治”那么好的成效，却只时兴了六七十年就被经学取而代之了。

汉初的文帝、窦太后、景帝及名相重臣盖公、曹参、陈平，学者司马炎等都是黄老之学中的重要人物。陆贾是汉初黄老之学最重要的理论家。陆贾的《新语》、淮南王刘安组织编撰的《淮南子》等则是汉初黄老之学的主要著作。

（王国元）

19.《淮南子》是怎样一本书

《淮南子》又名《淮南鸿烈》，由西汉淮南王刘安组织门客集体编写，是一本集先秦诸子百家之大成的杂家著作。刘安（公元前179—公元前122年）为汉高祖刘邦的孙子，袭承父职而为淮南王。刘安是一位好学博洽的封建贵族，颇有文采，《汉书》本传称他“好书、鼓琴，不喜弋猎狗马驰骋”，以“辩博善为文辞”著称。刘安曾招致方术之士数千人，在江淮间形成了一个大的学术中心。正是在这个基础上，他们共同完成了《淮南子》这部二十余万《内篇》，“新出，上爱秘之。”这说明在刘安献书之时，汉武帝还是尊重他的。不过书藏之于秘府，并没有流行。武帝元狩元年（公元前122年），伍被告发刘安欲谋反，刘安被迫自杀，《淮南子》一书也被打入了冷宫。由于刘安的特殊经历，所以后人对此书的写作目的也作了不同的推断。有人认为这是一本与汉武帝“独尊儒术”唱对台戏，为封建割据制造舆论的书。也有人认为书成之时汉武帝刚刚执政，尚未提出“独尊儒术”的问题，没有唱对台戏的可能。而且刘安谋反本身就是一个冤狱。因时代久远，材料不充分，故一时难以定论。

刘安组织人写《淮南子》，总的原则是：“纪纲道德，经纬人事，上考之天，下揆之地，中通诸人。”“故著书二十篇，则天地之理究矣，人间之事接矣，帝王之道备矣。”（《淮南子·要略》，以下引本书仅注篇名）也就是说，本书是为了究天人之理，通古今之事，为汉室帝王献上的治国之道。

从书的内容看，《淮南子》包容了先秦儒、墨、道、法、阴阳诸家的思想，但在各家之间，又有所侧重。就指导思想而言，应当说该书是以道家为主的。汉人高诱注《淮南子》时便指出：“其旨近老子，淡泊无为，蹈虚守静，出入经道。”此论应该说是基本准确的。在汉初以黄老之学为治国指导思想的大形式下，刘安等人的思想向道家有所倾斜是完全合理的。全书采撷老子思想最多，不过又有所发挥。《淮南子》说：“夫太上之道，生万物而不有，成化象而弗宰。”（《原道训》）道是宇宙万物的派生者，所以它又无所不在。“道者一立而万物生矣，是故一之理，施四海；之解，际天地。”（同上书）宇宙间万物都按照道的原则运行，人也应该师法自然，依道而行。《淮南子》一书的内容涉及政治、经济、伦理、教育等诸多方面，但其中贯穿的基本精神，就是依道而行。“夫道有经纪条贯，得一之道，连千枝万叶。”（《仿真训》）

《淮南子》又大量吸取了儒家思想，多篇称颂三皇五帝等古圣王之德，以尧、舜、禹、汤、文、武为圣贤，赞美孔子的人格和事业。针对秦始皇的“以吏为师，义法为教”，轻视道德教育的偏失，《淮南子》指出：“民不知礼义，法弗能正也”，“法能杀不孝者，而不能使人为孔曾之行。”（《泰族训》）故他们重视儒家教化对人心灵的熏陶，《泰族训》甚至开出教育所需的书目：“温惠柔良者，《诗》之风也；淳庞敦厚者，《书》之教也；清明条达者，《易》之义也；恭俭尊让者，《礼》之为也；宽裕简易者，《乐》之化也；刺几辨义者，《春秋》之靡也。”这和当时儒者的学习范围已经大同小异了。不过《淮南子》又讲：“仁义之不能大于道德也，仁义在道德之包。”（《说山训》）仍是以道家为本，儒家为末。

因秦始皇的暴政，法家在汉初虽受到一定程度的批评，但在政治思想领域中仍然有重要的影响。《淮南子》在谈到君道如何循名责实，因材授官，群臣守职，百官有常时，仍大谈以法治国。“太上神化，其次使不得为非，其次赏贤而罚暴。”（《主术训》）“治国太上养化，其次正法。”（《泰族训》）受道家影响，《淮南子》将远古的混沌未开之世视为无上美好的道德之世，但他们也敢于面对现实，承认在现实道德丧失的情况下，治国不可离开明法。他们还强调：“法籍于时变，礼义与俗易”（《泛论训》），不可拘泥于古礼古法，从中可以看到商鞅、韩非的影子。鉴于秦朝的教训，《淮南子》讲法治时特别注意强调法不避贵，不以君意行赏罚，不以私意人公道。如他们讲：“法籍礼义者，所以禁君使无擅断也”（《主术训》），提到了法对君主的限制，反对个人专断独裁，这是对先秦法家思想的发挥。

《淮南子》书中多处提倡节俭和薄葬，显然与墨子的思想有关。《主术训》中瞽师有以言白黑，无以知白黑之取，其文字无疑出自《墨子·贵义》。《说山训》关于利之中取其大，害之中取其小的观念，则采自《墨经》。

阴阳家的思想，在《淮南子》一书中也有反映。《时则训》将《吕氏春秋》以阴阳五行为骨架搭起的世界图式，作了更进一步的发展。《本经训》讲阴阳气化，天人感应。《泰族训》则将阴阳五行的思想与儒家的三纲五常结合了起来，处处体现了杂家融合诸家的特色。

《淮南子》在汉初，可以说是一部内容极其丰富的百科全书式著作。其长在于兼容百家，博采众长；但其短也在于杂驳重复，有体系的内在矛盾，故后世学者多有批评。

（张　践）

20. 董仲舒的《春秋繁露》如何论述天人感应学说

《春秋繁露》是中国汉代著名思想家、政治家、经学大师董仲舒（公元前179—公元前104年）的主要学术著作。汉景帝时，董仲舒任博士，专门讲授《公羊春秋》，曾作《玉杯》《举要》《蕃露》等数十篇以说春秋。蕃、繁通，《蕃露》篇即今《春秋繁露》一书。“蕃露”本为古时冠冕的饰物，缀玉而下垂。唐贾公彦说：“前汉董仲舒作《春秋紧露》。繁：多；露：润。为《春秋》作义，润益处多”（《十三经注疏·周礼义疏》），认为《春秋繁露》是对《春秋》大义的引申和发挥。这个观点是比较符合实际的，今本《春秋繁露》共十七卷，八十二篇，但篇名与《汉书·艺文志》所记不尽相同，或疑曾经后人附议修改。

天人感应学说是《春秋繁露》一书的主要内容之一。所谓“天人感应”是中国古代学术思想中一种认为天人之间可以交相感应，互为因果的神秘主义的学说。天人感应的思想在先秦时已露端倪，《尚书·洪范》中就谈到过君主的施政态度可以影响天气的变化，春秋时的占星术则是这种思想的实际运用，战国时阴阳家邹衍的“五德终始”说使这种思想开始成为系统化的学说。董仲舒的《春秋繁露》以论证“春秋大一统”为根本宗旨，以融合了“阴阳”“五行”学说的“天人感应”学说为论证工具与理论核心，提出了包括“性三品”的人性论、“三纲”“五常”的伦理学说、“三统”循环的社会政治历史观等在内的一整套有利于中央集权封建政治统治的理论。这不仅使天人感应学说具有了空前成熟、完备的形式，而且使其为汉代统治者接纳为官方思想，汉代也因而成为天人感应学说的主要流行时期。

在《春秋繁露》的天人感应学说中，董仲舒直接继承了周以来以天为本的传统观念，认为："天者，万物之祖，万物非天不生。"（《春秋繁露·顺命》，以下凡引此书仅注篇名）他还进一步将天奉为至高无上的神。所谓"天者，百神之君也，王者之所最尊也"（《郊义》）。"天者，百神之大君也，事天不备，虽百神犹无益也"（《郊祭》）。与传统的、较为简陋的天的观念不同的是，董仲舒借助阴阳家关于"阴阳""五行"的学说创造了一个天生万物的完整模式，即所谓"天地之气，合而为一，判为四时，列为五行"（《五行相生》）。在这里，由天而阴阳而五行而四时万物，阴、五行相生是天在表现自己的刑罚，阳、五行相生，是天在表现自己的恩德，春夏秋冬四时更替是天在表现自己的喜（春育）怒（秋杀）哀（冬藏）乐（夏养）。可见，世上万物的生长变化无不是天的意志。

董仲舒认为不仅四时万物是天创造的，人类也是天创造的，所谓"为人者天也。人之人，本于天，天亦人之曾祖父也"（《为人者天》）。既然人是天创造的，所以天与人本是相通的。例如"天以终岁之数，成人之身，故小节三百六十六，副日数也；大节十二分，副月数也；内有五脏，副五行数也；外有四肢，副四时数也；乍视乍瞑，副昼夜也；乍刚乍柔，副冬夏也；乍哀乍乐，副阴阳也"（《人副天数》）。又如"人之形体，化天数而成；人之血气，化天志而仁；人之德行，化天理而义；人之好恶，化天之暖清；人之喜怒，化天之寒暑；人之受命，化天之四时。人生有喜怒哀乐之答，春夏秋冬之类也"（《为人者天》）。可见，人无论是身体血气，还是道德性情，都是来自天的，这就是所谓"人副天数"。"人副天数"说明"天人同类"。既然天人同类，那么天人之间就会像动物中"马鸣则马应之，牛鸣则牛应之"，医学上"天将阴雨，人之病故为之先动"，"病者至夜而疾益甚"等那样，存在着所谓"同类相动"的关系（《同类相动》）。因此，统治者如果按照天意行事，所谓"圣人法天而立道"（《天人三策》），天就会降下祥瑞。反之，统治者如果逆天行事，天为了爱护他就会降下

灾害怪异，以谴告之，警惧之。统治者见到灾异须自省改过，以免招致更严重的后果。这就是所谓“天人感应”。

天人感应学说在董仲舒有两方面的意义：一是为统治者进行论证。天人感应学说是一种典型的君权神授论。既然君主的统治及以三纲五常为代表的封建秩序皆出自天意，而天意是任何人都不能违背的，所以天下人应该像对待自己的父母一样归顺封建君主的统治。二是对统治者进行约束与警告。一国之君当然在万人之上，但国君之上还有天。国君如果不能按天意行事，同样会自取大祸的。

天人感应学说开两汉谶纬迷信之先河，为君权神授论提供了系统的理论依据，使儒学神学化、宗教化等是其消极的一面。但在当时的社会历史条件下，它又是一种虽然曲折，却较为现实的谏诤方式，对君主有一定的约束劝诫作用，因而也有一定的积极意义。

（王国元）

21.《盐铁论》中讨论了什么问题

《盐铁论》一书由汉宣帝时汝南人桓宽，集汉昭帝时盐铁会议的论稿而成，全书共十卷，六十篇。

汉武帝时，为了反击匈奴的侵略，开拓边疆，连年与匈奴进行战争，财政、经济发生了很大困难。他采纳了桑弘羊等人的建议，实行盐铁官营、均输、平准、榷酤、统一铸币等一系列措施，打击了一部分工商业主和豪强势力，保证了反侵略战争的进行，是有历史功绩的。但事物的发展往往是物极必反，反侵略的胜利助长了地主阶级中的大汉族主义，穷兵黩武。盐铁官营也养肥了一群官商，他们“攘公法，申私利，跨山泽，擅官市”（《盐铁论·刺权》，以下引此书仅注篇名），操纵国计民生，牟取暴利。其最终结果，就是加重了人民的苦难，使农民的反抗斗争一波未平，一波又起，汉王朝面临着严重的危机。汉武帝晚年，已经开始认识到问题的严重性，停止了对匈奴的战争，但是整个统治阶级尚未从思想上解决如何继续延续统治的问题。汉昭帝始元六年（公元前81年），执政的大臣霍光召集并主持了盐铁会议，从讨论盐铁官营问题入手，全面反思了汉代统治思想中儒法两家的关系。当时与会的一方是以御史大夫桑弘羊为代表的大官僚，另一方则是以汝南朱生、茂陵唐生、鲁国万生、中山刘子推、九江祝生等人为代表的贤良、文学之士。《盐铁论》一书把他们简称为“大夫”“文学”，主要讨论了如下问题：

第一，义利之辩。这是儒法两家在治国思想上根本的对立之点。文学说：“古者贵德而贱利，重义而轻财”（错币），而桑弘羊“崇利而简义，高力而尚功”，是“开利孔为民罪悌也”（《毁学》），结果是人人求利，搞得国家不宁。桑弘羊则直言不讳地说：“商君相秦也，内立法度……外设百倍之利，收山泽之税，国富民强”（《非鞅》），法家的重利政策是富国之道。在辩论中，文学为了突出礼义的重要性，不惜将义、利对立起来，显得有些迂腐。但在汉中叶国家政权已经稳固后，要求国家及时将统治思想转向注重教化，也不失其合理性。

第二，本末之争。这是本次论战的直接主题。文学要求“罢盐铁，退权利，分土地，趣本业，养桑麻，尽地力也。”（《水旱》）强调“理民之道，在于节用尚本，分土井田而已。”（《力耕》）这是符合小农经济以农为本，以工商为末的传统观念的。而大夫则说：“富国何必本农？足民何必井田也？”（《力耕》）桑弘羊等实际执政的大夫，从切身经验感受到，从工商业国家可以找到更多的财政来源。不过，他们的意见并不代表工商业主的利益。他们所说的重工商，是垄断更多的国营工商业，其实对工商业的发展并不起促进作用。文学主张：国家放弃盐铁官营，让利于民，“下藏于民，远浮利，务民之义。”（《禁耕》）儒家这种藏富于民，先富民而后富国的主张，实际上更符合统治阶级的长远利益。

第三，刑德之选。针对当时社会矛盾不断激化的情况，大夫认为应当加强法治，“令者所以教民也，法者所以督奸也。令严而民慎，法设而奸禁。网疏则兽失，法疏则罪漏。”（《刑德》）因此他们坚持先秦法家的观点，主张实行严刑峻法。而文学则充分利用秦王朝亡国的历史教训，说这是由于采用了商鞅的峭法盛刑，使“秦人不聊生”。是“弃道而用权……以虐戾为俗”（《非鞅》）的亡国之道。因为“法能刑人而不能使人廉，能杀人而不能使人仁。”（《申韩》）最根本

的办法是“王者设庠序，明教化，以防道其民，及政教之治，性仁而喻善。”（《授时》）历朝历代的统治者，无不具备教育与刑罚两手，在一般情况下，应当是以教化为主。从春秋战国的几百年战乱，经汉初百余年的巩固，国家已经走上了正轨，统治之术应及时将以镇压为主的法家，换上以教化为主的儒家。文学的意见，就反映了这种历史的呼声。

以上，是《盐铁论》中所记载桑弘羊和贤良、文学之士争论的主要问题。在争论中，双方都有言过其词，思想偏激之处。不过总体而言，桑弘羊所代表的一方，反映了在汉武帝积极推进抗匈奴战争期间兴起的，依靠皇权的大官僚阶层的利益，而文学之士反映的则是普通地主阶级的利益。当国家的总政策发生根本转变后，统治思想也要发生相应的变化。文学之士的主张，正是变化的先声。盐铁会议争论的结果是，执政大臣霍光在相当程度上采纳了文学之士的建议，停止了对匈奴的战争，部分取消了盐铁官营，清除了官吏中“严刑峻法”的高压政策，对农民作了让步，“轻徭薄赋，与民休息”（《汉书·昭帝纪》），缓和了社会矛盾，稳固了统治。从思想上看，终止了汉初的儒、法合流，恢复了先秦的孔孟传统。

（张　践）

22. 王充的《论衡》如何以“疾虚妄”为宗旨

王充（27—约97年），东汉时期著名的思想家，他只有一本著作《论衡》，共八十五篇。《论衡》一书的根本宗旨是“疾虚妄”，所涉及的内容，都是围绕着这个主题展开。王充所说的“虚妄”，就是当时社会上广泛流行的谶纬神学。“谶”是“诡为隐语，预决吉凶”的宗教预言，它以神启的方式为某些社会集团制造舆论。如秦朝末年，社会上就曾流行“亡秦者胡也”的谶语。“纬”是用宗教迷信的观点对儒家经典的神秘解释，其中既包括一些社会生活常识和自然科学知识，但更多的则是神学家对时政的借题发挥。如《春秋纬·文耀钩》针对汉代后妃专权的情况，编造纬书说：“慧入斗，辰守房，天库虚，狼弧张，期八年，王伯起，帝产亡，后党嬉。”董仲舒的今文经学重《公羊》，明天人感应，更是为谶纬神学提供了理论依据，促其迅猛发展。到了两汉之际，儒生们编造的纬书已经铺天盖地，荒诞不经；图谶满天飞，搞得人心惶惶。东汉政权在建立的过程中，也广泛地利用谶语，如“刘秀发兵捕不道，四夷云集龙斗野，四七之际火为主”（《后汉书·光武帝纪》）等，东汉统治者对之仍然迷信甚深。汉章帝建初四年（79年），皇帝亲自主持了“白虎观会议”，重新编定五经，统一天下图谶。最后由班固整理为《白虎通》一书，使谶纬迷信获得了钦定法典的地位。在谶纬迷信的歪曲解释下，儒学已经严重偏离了孔子时代对“怪力乱神”存而下论的理性主义方向，越来越向神秘化的方向发展。王充对之疾恶如仇，故作《论衡》一书以纠其偏。《论衡》一书反“虚妄”，其思想方法是“证验以效实然”（《论衡·知实》以下引本书仅注篇名）的实在论。他说：“凡论事者，违实不引效验，则虽有甘义繁说，众不见信”（《知实》），只有能用客观事物证明的理论才是正确的。故他重视感觉器官直接感知，“如无闻见，则无所状”，“须任耳目以定情实”（《实知》）。但是他又反对单纯迷信感知，因为人的感觉中往往会包含某些错觉，“信闻见于外，不诠定于内，……独为失实。”（《薄葬》）所以他认为还需要“留精澄意”“以心原物”，开动理性思维，剔除虚假表象，把握事物的本质。

《论衡》反对在“天”的问题上神学家所散布的“虚妄”。董仲舒认为：“天者，百神之君也。”（《春秋繁露·郊义》）天有意志，有情感，有作为，是万物及人类的创造者和主宰者，可以与人世相感应。王充则把天还原为自然界，他指出：“天去人高远，其气茫仓无端末。”（《变动》）天地间万物的生长变化，不过是一种自然现象，并没有谁在背后支配。他说：“天地合气，万物生焉。犹夫妇合气，子自生矣。”（《自然》）这完全是气运动的结果，而不是神有意的安排。

灾异符瑞是神学家们制造谶纬的最好论据，王充重点加以批判。纬书上说：尧之母与赤龙交而生尧，刘邦之母梦与龙通而生刘邦。王充根据万物“因气而生，种类相产”的原理，说明人与龙是异类，不能相交而得子，驳斥了各种君权神授的神话。纬书上还说：圣君受天命时，必有祥瑞出现。如文王时有朱雀之瑞，武王时有白鱼之瑞。王充指出：“自然无为，天之道也。”“文王当兴，赤雀

适来，鱼跃鸟飞，武王偶见，非天使雀至白鱼来也。”（《初禀》）各种祥瑞，不过是些偶然的巧合而已。自然灾害是神学家最喜欢利用来证明天人感应的证据，说是天神对人君的“谴告”。王充指出：“末世衰微，上下相非，灾异时至，则造谴告之言矣。”（《自然》）在王充看来，自然界有其自身的运行规律，与人世无涉，谴告之言都是别有用心的人利用朝代末世编造出来的。

谶纬神学打着尊儒的幌子编造宗教预言，自然也要神化孔子本人。如纬书《春秋演孔图》说孔子：首类尼丘山，长十尺，大九围。《孝经·钩命诀》说：仲尼海口、牛唇、舌理七重、虎掌、龟背，俨然是一个半人半神的怪物，以此证明他有神性。他们说孔子生前就预言：秦始皇要登孔子之堂，上孔子之床，至沙丘而亡。又说孔子已经预见到“董仲舒，乱（整理之意）我书”。王充认为这也是“虚妄”，他说：“前知千岁，后知万岁，有独知之明，独听之聪，事来则名，不学自知，不问自晓，故称圣……此皆虚也。”（《实知》）因为“天地之间，含血之类，无生知者”（同上书）。任何人都必须经过学习才能获得知识，“所谓圣者，须学以圣”（同上书），他们不过比平常人善于思维，“温故而知新”，“能类推以见方来”而已。

东汉时期鬼神迷信非常流行，王充认为这也是一种“虚妄”。他认为：“然则人生于天地也，犹鱼之于渊，虮虱之于人也，因气而生，种类相产。”（《物势》）人也是自然中的一物，“物死不为鬼，人死何能独为鬼?”（《论死》）根据当时的医学知识，王充分析了死的生理现象，他说：“人之所以生者，精气也……能为精气者，血脉也。”（同上书）“人死血脉竭，竭而精气灭，灭而形体朽，朽而成灰土，何用为鬼?”（同上书）在现实生活中并不存在鬼，人们关于鬼的观念，是疾病、恐怖之时，精神错乱，头脑中出现的一些幻象。“凡人不病则不畏惧，故得病寝衽，畏惧鬼至。畏惧则存想，存想则目见虚。”（《订鬼》）在两千年前的汉代，中国哲人能对各种迷信观念作这样深刻的心理分析，实在是难能可贵。

王充的《论衡》激烈地抨击各种“虚妄”理论，对纠正谶纬的偏失，促使古文经学的兴起有直接的促进作用。同时，他坚定的无神论立场，对后世思想家反对宗教迷信，则产生了深远的历史影响。

（张　践）

23. 何晏与王弼代表的“玄论派”有何理论贡献

何晏（190—249年），字平叔，魏国南阳（今河南省南阳市）人。他是东汉末年灵帝时的国舅，大将军何进之孙，少年以才秀知名，在魏国尚曹魏公主，官至尚书，赐爵为列侯。何晏生活孟浪，动静粉白不离手，有“敷粉何郎”之名。曹魏政权末年，司马氏集团势力膨胀，何晏因与曹氏的姻亲关系，亦被杀害。王弼（226—249年），字辅嗣，魏国山阳（今河南修武县）人。《三国志》称他“幼而察慧，年十余好老氏，通辨能言”。他所作《老子注》一书，何晏看后大加赞赏，说：“仲尼称后生可畏，若斯人者，可以言天人之际乎?”以后何晏将王弼推荐给执政的大将军曹爽，官至尚书。在曹爽、何晏被杀的同一年，王弼受牵连入狱，出狱后不久就去世了。

何晏、王弼是魏晋玄学的首倡者，他们的学派以其内容被称为“玄论派”。玄学家多以注疏《周易》《老子》和《庄子》这三本精巧玄妙的哲学著作的形式阐发自己的观点，三书又称“三玄”，玄学由此而得名。表面看来，玄学家们谈论的问题虚玄古奥，与世无涉，但是实质上，玄学家们是在以源于生活、高于生活的方式参与现实的政治争论。三国时期迫切需要解决的问题是如何处理中央政权与门阀士族关系。孙权的“施德缓刑”具有黄老道家色彩，诸葛亮倾向于儒法合流，而曹操则以法家的刑名之学为主导。曹魏政权的方法虽然取得了很大成就，但也造成了上下离心，政局不稳的弊端。当时的有识之士都提出了自己的见解，有人主张刑德并用，儒法合流；有人主张纯用儒家，任德不任刑；有人主张清静无为，奉行黄老。何、王二人则要站得高一点，他们认为这种谈论不应是就事论事，仅仅局限于政策的方面，而应当上升到哲学的层面。王弼说：“夫以道治国，崇本以息末；以正（政）治国，立辟以攻末。”（《老子注》五十七章）那么，究竟什么是治国之本呢？限于当时的思想资料，何、王二人也只能是归本于

黄老。

何晏的著作有《道德二论》《无名论》和《论语集解》，但大多已经亡佚，仅可从其他人的著作中见到一些转引。如张湛《列子》注引何晏的话说："有之为有，恃无以生，事而为事，由无而成。夫道之而无语，名之而无名，视之而无形，听之而无声，则道之全焉。"可见何晏已经确立了"以无为本"的思想，所以他才会如此看重并提携对老子之学有深刻研究的年轻后生王弼。王弼的代表作是《老子注》《周易注》《周易指略》《论语释疑》等书，全面阐述了"以无为本"的玄学思想。他说："凡有皆始于无，故未形无名之时，则为万物之始。"（《老子注》一章）这里他所说的"无"也就是"道"，"道者，无之称也，无不通也，无不由也，况之曰道，寂然无体，不可为象。"（《论语释疑》）他的理由则在于，具体有形的事物只能生出另一个有形的事物，而只有无形之物，才能生出万物。王弼如果仅仅是到此为止，那他并没有比老子前进多少，他的重要贡献恰恰在于，他用"本末""体用""一多""动静"等一系列哲学范畴进一步说明了"以无为本"。他说："母本也，子末也。得本以知末，不舍本以逐末。"（《老子注》五十二章）道生万物就如同母生子，把握了道就可以把握具体事物的规律，不能舍本以逐末，光致力于政治的细枝末节。他又用"体用"范畴来说明有和无，"夫无不少以无明，必因于有"，"必有之用极而无之功显。"（《周易·系辞传》韩伯康注引王弼《大衍义》）作为本体的"无"，也不能离开具体事物的"有"而存在，无之体必在有之用中体现出来。王弼进一步用"一多"范畴对有无关系进行说明，他讲："万物万形，其归一也。何由致一？由无乃一，一可谓无。"（《老子注》四十二章）由于代表具体事物的"多"是由代表道的"一"生出来的，所以，"夫众不能治众，治众者至寡也。"（《周易略例·明象》）"以一治多"，"以寡治众"就是王弼所要说明的"治道"。最后，王弼还讲到了"动静"关系。《老子》中就有"归根曰静"的命题，因为万物是运动的，而道则是静止的。以一治多，以道御万物，就是以静治躁。他说："夫静为躁君，安为动主。故安者，止之所处也；静者，可久之道也。"（《周易注》恒卦）王弼的"贵无"论哲学，通过这套复杂的论证，为中国古代哲学引人了一系列新范畴，使之上升到了一个新的水平。

王弼“以无为本”的玄论，最终还是要回到现实中来。他先说：“老子之书，其几乎可一言以蔽之。噫！崇本息末而已矣。”（《老子指略》）“崇本息末”是要人们放弃对政治策略上的争执，回归政治的根本——道。但在把握了“以无统有”“以寡治众”“以静制动”之道后，还要“守母以存子，崇本以举末，则刑名俱有而邪不生”（《老子注》三十八章）。那么，如何崇本举末呢？王弼虽然重视老庄的“无为”之学，但是无为是为了“无不为”。玄论哲学是为了说明“名教出于自然”。他说：“始制，谓朴散始为官长之时也。始制官长，不可不立名分以定尊卑。”（《老子注》三十三章）“朴”即是老子所说万物的原始状态，脱离了本源“道”，还是得有儒家的名教作为治国的依据。不过在他看来，道家为本，儒家为末，道家哲学是儒家纲常的理论根据，这也就是玄学家“以道注儒”的特色。

（张　践）

24. 阮籍与嵇康代表的“旷达派”为何名垂千古

阮籍（210—263 年），字嗣宗，陈留尉氏（今河南尉县）人。阮籍生当魏晋兴代之际，曾官至散骑常侍，转步兵校尉。他是一位诗人，也是思想家，一生著作宏富。嵇康（223—262 年），字叔夜，谯国絰（今安徽宿县西南）人。他自幼博览群书，长好老庄，曾与曹魏通婚，官拜中散大夫。司马氏篡权后，因拒绝与之合作而被杀。他是一位文学家，音乐家，又是一位思想家。

阮籍和嵇康生当曹魏与西晋禅代之时，社会动乱不定。青年时代，他们都有济世报国之志，《晋书·阮籍传》载：“籍本有济世之志，属魏晋之际，天下多故，名士少有全者。籍由是不与世事，遂酣饮为常。”他们的早期作品与何晏、王弼等玄学主流派一样，也是在努力探索如何使名教与自然相结合，以期匡正曹魏政权之失。司马氏篡权以后，高扬起名教的旗号，实则罗织罪名、诛除异己，把名教变成了政治斗争的工具。残酷的现实粉碎了魏晋名士们的梦想，现实与理

想的巨大反差把许多人逼上了“越名教而任自然”（嵇康《释私论》）之路。阮籍、嵇康与山涛、向秀、王戎、刘伶、阮咸结成了所谓的“竹林七贤”，他们隐遁山林，抚琴赋诗，嗜酒长啸，不拘礼节，不事王侯，任性放达，形成了玄学中的“旷达派”。

阮籍、嵇康等人不是一般的闲人隐士，而是具有深刻头脑的思想家，他们不仅以自己的实际行动对社会的黑暗表示抗议，而且为自己的行为建立了一套理论。嵇康讲：“六经以抑引为主，人性以从欲为欢。抑引则违其愿，从欲则得自然。”（《难自然好学论》）他尖锐地指出，儒家的六经都是违反人的本性的，不过是统治者为了一己之私利压迫人民思想的工具。嵇康用极为刻薄的语言讽刺了统治者所提倡的尊儒诵经，他说：“以明堂为丙（病）舍，以讽诵为鬼语，以六经为芜秽，以仁义为腐臭，睹文籍则目瞧，修揖让则变伛，袭章服则转筋，谭礼典则齿龋。”（同上书）阮籍则讽刺迷信儒家礼教的人说：“且独不见夫虱之处于裤中乎？逃于深缝，匿乎坏絮，自以为吉宅也。行不敢离缝际，动不敢出裤裆，自以为得绳墨也……汝君子之处寰区之内，亦何异夫虱之处裤中乎？”（《达庄论》）嵇康甚至自称：“轻贱唐虞而笑禹”（《卜疑》），“非汤武而薄周孔”（《与山巨源绝交书》），实乃惊世骇俗。

在中国古代社会，名教并不是指儒家思想，也不是某一统治集团的治国方略，而是一种不以人的意志为转移的社会政治伦理实体。阮籍等人提出了超越名教的破坏性口号，但他们受当时历史条件的限制却找不到名教的替代物，唯有逃避现实，寻找个人精神上的“桃花源”。嵇康说：“心无所矜，而情无所系，体清而神正，而是非允当……寄胸怀于八荒，垂坦荡于永宙。斯非贤人君子高行之美异者乎？”（《释私论》）他又赋诗云：“采薇山阿，散发崖岫，永啸长吟，颐性养寿。”（《幽愤诗》）他们希望能够遨游于山林之间，放浪于形骸之外，做一个神仙般的隐士。然而现实生活的规律是残酷的，在司马氏政权的严密统治下，容不得有人逃遁于名教之外，“竹林七贤”小集团很快瓦解了。嵇康因与曹氏的姻亲关系，不到四十二岁便被司马昭杀害。阮籍为了避免司马氏的求婚，曾“醉六十日，不得言而止”，但最终仍不得不出山做个闲官。王戎、向秀，经不住利禄的引诱，自动做了晋朝的高官。阮咸、刘伶成了纵欲放荡，玩世不恭的颓废派。刘伶以好饮酒而著名，“常乘鹿车，携一壶酒，使人荷锄而随之，谓曰：‘死便埋我。’”（《晋书·刘伶传》）《世说新语·放诞篇》说他终日裸体喝酒，客人来了，也不隐避，还笑着说：我以天地为屋，以屋为衣，“诸君为何入我裈”，在后世竟成为笑柄。

玄学中的“旷达派”所以能名垂千古，一方面，是由于他们对封建礼教的尖锐批判。他们当时虽然还提不出可以取而代之的新型社会制度，但其犀利的笔锋，尖刻的言辞，对于后世批判现实的思想家有所启迪；另一方面，他们“寄胸怀于八荒，垂坦荡于永宙”的潇洒的情怀，恢宏的气度，符合中国士大夫阶层儒道互补的心理结构。在漫长的封建社会中，“不如意事常八九”，碰到了仕途的挫折，小人的谗言，读一读阮籍、嵇康的著作，可以起到开阔心胸、缓释心灵压力的作用。因此尽管他们书中多有非毁圣人的言语，但仍保存了下来。另外，阮籍有大量精美的诗词传世，嵇康的“声无哀乐论”在文学理论上有较大影响，二人在文学史上也具有很高地位。

（张　践）

25. 魏伯阳的《参同契》在道教史上有何重要影响

《参同契》是东汉末年魏伯阳的著作，因其书主要借助《周易》之理，演说道教炼丹秘法，所以也称为《周易参同契》。

魏伯阳其人于正史无考，在古籍中较早记载魏伯阳的是葛洪的《神仙传》。其书说：“魏伯阳，上虞人。贯通诗律，文辞赡博，修真养志。约《周易》作《参同契》。桓帝时，以授同郡淳于叔通。”以后诸家的说法，大致相差不多，可见葛洪之说大体是可信的。

关于《参同契》一书的得名，宋人朱熹作《周易参同契考异》指出：“参，杂也；同，通也；契，合也；谓与《周易》理通而义合也。”也就是说，该书是一部融会贯通之作，主要包括“大易”“黄老”“炉火”“三道由一，具出径路”

(《参同契》)。魏伯阳从《周易》中取阴阳和合之道，从黄老道家取顺应自然之法，合而讲解炉中炼丹之事，是道教史上第一部丹经。至于魏伯阳所说的丹是内丹还是外丹，道教门徒和史家一直存有争议，皆因《参同契》书中有矛盾之处。一方面，书中有大段讲解内丹气功的文字；另一方面，又有独赞外丹，贬斥其他修养之术的地方。对此，有些现代学者认为：《参同契》一书上、中、下三卷，内容有明显的差异，故造成了上述歧见。据此推论，此书原始作者未必是一人，最后由魏伯阳总纂其成。所以在后代，此书既是外丹派的丹经，也是内丹派的丹经。

关于外丹道，《参同契》系统论证了金丹使人长生的道理。“巨胜尚延年，还丹可入口。金性不败朽，故为万物宝。术士服食之，寿命得长久……金砂入五内，雾散若风雨。熏蒸达四肢，颜色悦泽好。发白更生黑，齿落出旧所。老翁返丁壮，耆妪成姹女。改形免世厄，号之曰真人。”道教的炼丹术，是从古代的炼金术发展而来，道士们惊异于黄金耐高温和耐腐蚀的化学稳定性，想像服中药一样，直接将黄金中的某种神性移入人身，从而达到长生不老的目的。但是黄金、丹砂都是有剧毒的物质，不能直接服用，所以道士们又设想运用阴阳五行相生相克之理，在炉鼎中锻炼，转化成无毒而有益的金丹。《参同契》还提到朱砂、铅汞、水银等药物，“金以砂为主，禀和于水银”，“白虎（铅）为熬枢，汞日为流珠，青龙（汞）与之共”。这些药物的配合要非常注意分量，同时还要严格遵守锻炼的火候，“二八应一斤，易道正不倾。铢有三百八十四，以应火候爻象之计”。只要遵阴阳相推之道，顺四时变化之节，合五行相关之序，应晦朔隐显之律，就可炼出使人服后成仙的金丹。

关于内丹道，《参同契》认为：人体与宇宙相一致，也是一个阴阳协调的整体。要想长生，必须努力维持体内的阴阳平衡。同时，万物的生化，皆是阴阳交媾，使精气得以发舒的结果。人如果根据阴阳变化的规律，掌握《周易》六十四卦的运行路线，便可依此修炼。《参同契》说：“二气玄且远，感化尚相通。何况近存身，切在于心胸。阴阳配日月，水火为效征。耳目口三宝，固塞勿发扬。真人潜深渊，浮游守规中……三者既关键，缓体处空房。委志归虚无，无念以为常。”这里讲的真人，是指人身中的真气，“守规中”，指意存丹田，再加之精神上意存虚无，即可在体内炼出金丹。如宋代朱熹所说：“以神运精气，结而成丹”（《周易参同契考异》）。不过有一点需要提醒读者，“内丹”这个词出现较晚，大约是隋唐年间。在此以前，道教的“服气”“导引”之术，称内炼而不称内丹。

朱熹在《周易参同契考异》一书中指出：此书文字古奥，多恍惚之辞，类比之喻，使人感到“无下手处，不敢轻议”。正因为如此，所以给了后代学者诠释发挥以很大的余地，推演出许多丹鼎学说。其中，既有外丹派，也有内丹派，两派皆将《参同契》视为丹经之王。如宋代著名道士张伯端所言：“叔通受学魏伯阳，留为万古丹经王。”（《悟真篇》）元代陈致虚作诗赞《参同契》说：“端是长生不死方，常人缘浅岂承当。铅银砂汞分斤两，德厚恩深魏伯阳。”不过从时间上看，从魏晋至隋唐，道士们多从外丹的角度研究、发挥《参同契》，而宋元之后，则多是从内丹的角度阐发《参同契》。显然，这是和道教自身发展的历史有关。早期道教之中既有“服食”之术，也有“导引”之术。秦汉至隋唐的帝王、贵族们急于成仙，不惜重金请道士炼制金丹。然而残酷的事实是，服金丹者不但没有长生成仙，反而中毒暴死，迫使道教从外向内转化，注重内功的修炼。但不管从哪个方向研究，《参同契》皆可以给人们以启示。

（张　践）

26. 葛洪的《抱朴子》提出了哪些重要观念

葛洪（283—363 年），字雅川，号抱朴子，丹阳句容（今江苏江宁）人，是晋朝著名的道教思想家。他出身于江南名门，祖、父两代在东吴历任要职。葛洪十三岁时家道衰落，他躬耕稼穑，刻苦自学，博览经史百家，后跟其从祖葛玄学道。葛洪还精通武略，晋惠帝太安三年（303 年），扬州发生了石冰起义，葛洪为将兵都尉，因破石冰有功，升伏波将军。但他无意于功名，弃甲归田，锐意修道学仙。遇“八王之乱”，避居广州，专心著述，《抱朴子》就是这个时期写成

的。东晋时，朝廷念其前功，赐爵关内侯。因听说交趾产丹砂，遂求为句漏（今广西北流县）令。路过广州时，为刺史所留，遂止于罗浮山修道，至八十一岁仙逝。

葛洪一生著作宏富，而《抱朴子》则是其代表作。《抱朴子》一书包括内篇二十卷，外篇五十卷。他自称："其内篇言神仙方药，鬼悖变化，养生延年，禳邪却祸之事，属道家；其外篇言人间得失，世间臧否，属儒家。"（《抱朴子·自序》）这本书包括了道教的宇宙观、人生哲学、政治思想、宗教理论、炼丹术和养生学，可以概括为如下几点：

第一，对道教"长生久视"理论的系统证明。首先，他用经验归纳的方法证明世界上确有神仙存在。有人用直接经验否认神仙的存在，而葛洪则指出：除直接经验以外，还有间接经验，"邃古之事，何可亲见？皆赖记籍，传闻于往耳。"神仙虽未必亲见，但典籍多载，必非虚言。其次，他论证了神仙可学而至。有人问：神仙是天生而成的，还是刻苦修炼而成？他回答："彼莫不负笈随师，积其功勤，蒙霜冒险，栉风沐雨……性笃行贞，心无怨式，乃得升堂入室。"此论等于为全体信仰者打开了长生不老，肉体成仙的大门。再次，葛洪认为人通过"行气导引"，变化气质，可至长生。因为"人在气中，气在人中，自天地以至万物，无下赖气以生"。气是生命的根源，所以"宝精行气"可以祛病延年。最后，他论证了金丹大药使人长生的原理。"夫金丹之为物，晓之愈久，变化愈妙。黄金入火，百炼不消；埋之，毕天不朽。服此二物，炼人身体，故能令人不死不老。"他设想借助黄金和丹砂耐高温、耐腐蚀的化学稳定性，使人经得起岁月的消磨。他得出一个结论："我命在我不在天，还丹成全亿万年。"

第二，葛洪系统研究了道教的长生修仙之术。一曰"积善立功"，修道者必须遵从封建礼教。"览诸道戒，无不云欲求长生者，必欲积善立功，慈心于物。"二曰"草木药饵"，先须除去身体疾病，方可为进一步修道打下基础。他说："古之初为道者，莫不兼修医术，以救近祸。"三曰"屈申导引"。这是修道所必需的身体锻炼，"朝夕导引，以宣动营卫，使无辍阂。"四曰"宝精行气"。他受古代房中术的影响，认为："欲成神仙，唯当得其至要，至要者在于宝精行气。"

宝精者，即清心寡欲，使人不为色欲所伤，行气者，即用呼吸吐纳之法，使入气多，出气少，最后达到胎息状态。五曰“金丹大药”。这是成仙的根本。“服神丹令人寿无穷，与天地相毕，乘云驾龙，上下太清。”从葛洪所列的修习次第看，他还是属于外丹派，把锻炼金丹视为根本。在《抱朴子》中，他对炼丹所用药物、丹炉的尺寸、炼丹时的火候、各种药物的变化都进行了详细的观察与记录，成为世界史上最早的化学家。

第三，“玄道合一”的宗教哲学。成仙不仅追求肉体的长生不朽，而且必须在精神上与天地合一。他借助老庄及玄学的范畴，论证“玄”“道”为宇宙的本体。“玄者，自然之始祖，而万物之大宗也。”“道者涵乾括坤，其本无名。论其无，则影响尤为有焉；论其有，则万物尚为无焉。”“玄道”是天地万物的派生者，所以是永恒的存在。修道者所追求的终极目标，就是与道同一，“其为玄道，可与为永”，“玄之所在，其乐无穷；玄之所去，器弊神逝。”修道者通过“守一存真”，心通玄道，这样就能突破有限个体的束缚，在精神上实现永恒。

第四，葛洪创立了为封建统治者所认可的道教政治哲学。道教初创时，是以“太平道”“五斗米教”等民间宗教、农民起义的形式出现的，所以在汉魏之际受到朝廷的严厉罢禁。葛洪的《抱朴子》外篇，将道教与儒学相汇通。他认为：“道者，儒之本也；儒者，道之末也”，儒道两家是本末关系。但是，两者却同等重要，“若儒道果有先后，则仲尼未可专信，而老氏未可孤用”，儒道互补，才是良好的政治，完善的人生。他抨击了张角等早期道教中的农民起义军领袖，反对鲍敬言的“无君论”，大力弘扬儒家的“三纲五常”，主张“刑德并举”，举贤任能，恢复封建社会的法治。

总之，由于葛洪的概括提炼，道教理论趋于完善，促进了道教的普及发展。《抱朴子》一书，在道教史上具有奠基意义。

（张　践）

27. 什么是“格义”之学

“格义”是佛教初传中国之时，中国僧俗信众用来解释佛教观念的一种方

法。据南北朝高僧慧叡所撰《喻疑论》讲："汉末魏初……寻味之贤始有讲次，而恢之以格义，迂之以配说。"（《出三藏记集》卷五）也就是说，"格义"之法始于汉代末年。当时佛教作为一种全新的观念传入中国，有自己的一套独特的概念范畴体系，与中国原有的诸子百家之学很不相同。可是来华弘教的僧人以及最早信教的人们又希望周围的民众能够接受佛教，于是便用中国传统的观念和语汇来解释佛教范畴的内涵，这就是"格义"之学。如用秦汉时期社会上流行的神仙方术来说明佛之万能："天竺有得道者，号曰佛，轻举能飞，殆将其神也。"（《四十二章经序》）"阿罗汉者，能飞行变化，旷劫寿命，住动天地。"（《四十二章经》）西域高僧安世高等人，用道家的最高范畴"无"，对译佛教的最高范畴"空"，把"真如"译成"本无"，把"涅槃"译成"无为"，把"五戒"称为"五常"等。康僧会把"安般守意"四字，解释成"安为清，般为净，守为无，意为名，是清净无为也"（《大安般守意经注》）。

东晋时，和道安同为佛图澄弟子的竺法雅，正式使用"格义"的概念。"竺法雅……少善外学，长通佛义。衣冠士子，或附谘禀。时依雅门徒，并世典有功，未善佛理。雅乃与康法朗等，以经中事数，拟配外书，为生解之例，谓之'格义'"（《高僧传·竺法雅传》）。据《高僧传》载：竺法雅是河间（今河北献县东南）人，幼年时擅长儒家等世俗学问，出家后精通佛教义理，当时许多士人向他求学。针对那些人熟悉儒家、道家经典的情况，竺法雅与康法朗商议，用中土人习用的名词、概念和义理，去比附佛经中的概念。另据《高僧传·慧远传》记载："远年二十四，便就讲说。尝有客听讲，难实相义，往复多时，弥增疑昧。远乃引《庄子》为连类，于是惑者晓然。"应当承认，在两种文化交流之初，这种简单的、外在的相互比附，尽管有可能导致对外来文化的误解，但又是一个必不可少的过程。

随着佛教传播的普及和中国僧人对佛经理解的深入，渐有一些高僧对"格义"方法提出了诘难。《高僧传·僧光传》引道安的话说："先旧格义，于理多违。"因为佛教与儒家、道教毕竟是两个东西，无论在价值取向还是修养方法上，都存在着本质差异。魏晋南北朝时期佛教内部出现的"六家七宗"之争，从根本上讲就是由于以道家之“无”解佛教之“空”引起的。“本无宗”“本无异宗”“心无宗”等，都是把“空”理解成了一无所有，陷入了另一种“执”，而未体会到“空”“非有非无”的本质。不过道安虽对“格义”学有所批评，但他本人解经时也未能完全避免“格义”的方法。例如上引慧远之事，他就非常赞赏，“是后安公特听慧远不废俗书”（《高僧传·慧远传》）。

真正使“格义”方法被淘汰的是西域高僧鸠摩罗什。罗什是龟兹人，自幼出家，不仅精通大小乘佛学，而且熟悉梵文和西域诸国文字。前秦苻坚曾派大将吕光率兵到西域迎请罗什，但吕光在得到罗什后，却在凉州自立为王，罗什因此也在凉州滞留了十七年。在这十七年中，他刻苦学习中国文化，精通汉文典籍。所以当他在后秦弘始三年（401 年）到达长安后，可以建立庞大译场，高质量地译出多部佛经。罗什译经时，佛教已经传播了相当长的时间，中国人对其已有较多的理解，因此他不再简单地用儒、道两家的现成概念去与佛经比附，而是用中国人可以明了的词语直接说明佛理本身。实在无法意译的概念，则坚持用音译，如“般若”“涅槃”等，使中国人能更接近佛经的原意。罗什的弟子慧叡叫做《喻疑论》，将“格义”之学斥之为“迂而乖本”，此后佛学界无人再用。“格义”法被淘汰，说明中国僧人对佛经的理解又上了一个新的水平。

（张　践）

28. 三论宗以何为本

三论宗是中国佛教的一个宗派，因其以宣扬大乘空宗的《中论》《百论》和《十二门论》为主旨，故此得名。三论宗的统绪为：龙树、提婆、罗睺罗、青目、须利耶苏摩、鸠摩罗什、僧肇、僧朗、僧诠、法朗、吉藏。龙树等印度高僧是三论宗的思想先驱，龙树著《中论》和《十二门论》，发挥大乘佛教缘起性空的学说，是空宗的缔造者。龙树传法给提婆，提婆著《百论》等书，将空宗的学说发扬光大。经罗睺罗、青目等人，将其学说传至西域诸国。鸠摩罗什（344—413 年），龟兹人，早年出家学习小乘佛法，后在须利耶苏摩门下学习般

若性空之教，转入大乘。罗什于后秦弘始三年（401 年）来到长安，被姚兴封为国师，组织了庞大的译经场，翻译了七十余部，三百余卷佛教经典，也是中国佛教史上四大译师之一。他在译经的同时，特别注意弘传大乘空宗之学。僧肇（384—414 年）是罗什门下“四哲”之一，先协助罗什译经，后独立著书阐发大乘空宗般若性空之理，被罗什誉为“秦人解空第一”。他的著作《肇论》也成为三论宗的传世之作。罗什和僧肇死后，长安发生了战乱，译场散伙，三论之学由僧朗传入南方。僧朗长期在摄山栖霞寺传法，被尊为“摄山大师”。当时江南盛行成实之学，三论玄纲几乎断绝。僧朗破斥《成实》，使三论学风重盛，深得梁武帝的赏识。僧朗的弟子僧诠，终生只在摄山止观寺传法，有“山中师”“止观诠”的雅号。他一生只讲三论和《摩诃般若》，门徒数百，三论已成为一个学派。僧诠门下法朗（507—581 年），在陈武帝永定二年（558 年）奉旨进京，二十年间，讲《法华》《华严》及三论二十余遍，对大乘空宗的教义理解精辟透彻，影响遍及全国。法朗弟子达千人，其中佼佼者“二十五哲”，吉藏便是其中之一。吉藏（549—632 年），生于金陵，随父结识真谛法师，真谛为其取此名。他师从法朗，对三论之学有独到的见解。陈隋之际，江南寺院荒芜，他曾在各寺中收集文疏，浏览涉猎，见解大进。隋平定百越后住浙江会稽嘉祥寺传法，听者千余，被世人呼为“嘉祥大师”。唐初被请入长安弘法。高祖设“十大德”管理佛教事务，他也是其中之一。吉藏平生讲三论百余遍，著有《大乘玄论》《二谛义》《三论玄义》《中观论疏》《十二门论疏》《百论疏》等二十六部书籍，完成了三论宗的创立大业。此后三论宗成为一个宗派，吉藏是其真正的创始人。

三论宗以大乘空宗的诸法性空实相论为核心理论，认为世间万法皆是由众多因缘和合而成，缘起即有，缘散即无，离开了因缘、条件就没有事物独立不变的实体。因此他们说万物无自性，故“性空”。为了说明空宗这个理论，吉藏立破邪显正、真俗二谛、八不中道三种法义。

一为破邪显正。即破有所得，显无所得。吉藏主张破而不立，除去一切离情别见，便显现了言诠不及，意路不到的无名之道，即是对中道的体悟。三论宗要破除的邪见有四：①外道人不明人法两空，执著诸法为实有，故起种种邪念。

②小乘《毗昙》虽已达人空，而执著法有。③《成实》虽已达人法两空，但还没有除去偏空的情见。④堕于有所见的大乘，虽除偏空，但仍执著涅槃有得。可以说，三论宗将大乘空宗的“毕竟空”思想发挥到了极致。

二为真俗二谛。为立“毕竟空”的思想，就需要用真、俗二谛的言教来诠释它。佛说“二谛”均为引导众生的言教，为执着空者依“俗谛”明有，为执着有者依“真谛”明无，令其体会超越有、无，妄言绝虑的诸法实相。二谛皆是说教上的方便，不是实际存在的两种境界。

三为八不中道。三论宗依《中论》所列不生、不灭、不一、不异、不常、不断、不来、不去的“八不法门”说明二谛义。生、灭、断、常是人们在时间上的计执，一、异、来、去是人们在空间上的计执。三论宗都冠以不的否定词，使众生体会缘起性空、不生不灭、不常不断、不一不异、不来不去的中道实相，不要在任何方向上有所偏执。

三论宗认为众生皆有佛果觉体，因被客尘所蔽，所以生死流转，不得解脱。只要依法修习，拂去客尘，湛然寂静的佛果本体莞尔显现，即可成佛。吉藏以后，三论宗虽有一些弟子传人，但势力很快衰弱下去。这主要是由于大乘有宗的传播所致。有宗对空宗一味偏空的倾向进行了批评，认为属于“执著虚妄法”，使人们对三论宗兴趣大减。不过吉藏门下有高丽僧慧灌，传三论宗于日本，使三论宗在日本奈良时代相当流行。

（张　践）

29. 天台宗在理论上有何特色

天台宗是隋朝初年创立的一个中国佛教宗派，因其祖庭在浙江天台山而得名。其教义特重《妙法莲华经》，故也称“法华宗”。

天台宗以印度大乘空宗的龙树为其始祖，说明其思想受空宗影响较大，但并无史实根据。二祖慧文和三祖慧思是天台宗的思想先驱，而真正的创始人则是陈隋之际的高僧智顗。北齐慧文最初主修禅观，后读龙树的《大智度论》，始悟

“一心三观”之要。《大智度论》中讲到：人有“道种智”“一切智”和“一切种智”这三种超乎寻常的神秘智慧，慧文悟解到三智“一心中得”的道理。慧思（515—577 年），俗姓李，十五岁出家，云游四方，后依止于北齐慧文，受“一心三观”之要。学成后进光州（今河南光山县）大苏山传法。他不仅重视宗教理论，而且也重视宗教实践，“昼谈义理，夜便思择”，“定慧双开”，启天台宗“止观并重”的学风。智顗（536—597 年），俗姓陈，出身在南朝一个大官僚家庭中，父母死于侯景之乱，十八岁出家，到大苏山慧思门下求法，体悟法华三昧，这便是所谓的“大苏开悟”。陈光大元年（567 年），智顗到金陵开讲《法华经》，博得僧俗信众的尊敬。陈太建七年（575 年），智顗率徒众到天台山修头陀行，天台宗由此创立。陈宣帝敕割始丰县（今浙江天台）之“调”供给寺用，尊智顗为天台大师，天台宗的影响迅速扩大。隋开皇十一年（591 年），智顗为晋王杨广主持受“菩萨戒”仪式，杨广尊其为“智者大师”。智顗一生著作宏富，其中《法华玄义》《法华文句》《摩诃止观》各二十卷，被后人尊为“天台三大部”，奠定了天台宗的理论基础。

天台宗理论的最大特色，在于宣扬“止观并重”，调和南北宗风。从汉代佛法初传之时，南北方佛教流派便形成了不同的风格。北方重禅定，南方重义理，南北朝的政治分裂更加重了这种学风的对立。隋朝的统一为佛教南北风格的会同，形成全国性宗派创造了条件。智顗正是适应了这个形势，系统论证了止观不可偏废的原则。他指出：“泥洹（涅槃之旧译）之法，入乃多途，论其要不过止观二法。所以然者，止乃伏结之初门，观是断惑之正要；止是爱养心识之善源，观是测发神解之妙术；止是禅定之胜因，观是智慧之由借。”（《修习止观坐禅之法要》）他比喻说，止观二法如车之两轮，鸟之双翼，“若偏修习，即堕邪倒”。所以天台宗把“止观并重”看成宗教修行的最重要原则。

在世界观上，天台宗宣扬“一念三千”说，即“世界无别法，唯是一心作”（《法华玄义》卷二十）。万法起于一心，“夫一心具十法界，一法界又具十法界，百法界。一法界具三十种世间，百法界即具三千种世间。此三千在一念心，若无心而已，介而有心，即具三千”（《摩诃止观》卷五上）。十法界指地狱、饿鬼、畜生、阿修罗、人间、天上、声闻、缘觉、菩萨、佛。十法界一一互具，即成百法界，每一法界又具有五阴、众生、国王三种世间。十法界就具有三十种世间，百法界便具有三千世间。三千世间包括了佛教时空观上的一切存在，天台宗将其统统归结为心中的幻相。智顗将“一念三千”说与慧文的“一心三观”说相结合，又提出了“三谛圆融”说。大乘空宗认为万法皆由因缘而起，故无自性，本质是空。但空并不等于无，而是一种虚假不实的存在，亦名假。如果认识了万法的虚假不实，非有非无，即为中道。智顗发展了空宗的中观思想，认为了知一切诸法皆由心生，空、假、中道互影不离，即达到了“三谛圆融”的境界。他把这称为“一念三千空假中”，见空为道种智，见假为一切智，见中为一切种智，所以“三谛圆融”也称“三智圆融”。通过圆融三谛，达到圆证三智，断灭三惑，即可获得涅槃的觉悟。

智顗以后，天台宗的弟子灌顶得其真传，在天台山建国清寺，并发挥师说，著《涅槃玄义》《涅槃经疏》《天台八教大意》《官心论疏》等书。其四传弟子湛然称为天台宗的“中兴大师”，著有《法华玄义释签》《法华文句记》和《止观辅行传弘诀》等书，对智顗的“天台三大部”进行了权威性解释，统一歧见。同时，他提出了“无情有性”说，将佛性论推及于草木砖瓦等非生命物质，极力扩大佛教的影响范围。湛然的弟子为道邃、行满，日本“传教大师”最橙向道邃学习，将天台宗远播东瀛。唐武宗“会昌灭佛”，对天台宗的影响很大，几成绝学。五代时羲寂，通过信奉佛教的吴越王钱俶，派人到高丽、日本寻回大批天台经典，史称“去珠复还”，使天台宗于北宋一度中兴。羲寂的再传弟子知礼，著有《金光明经文句记》《金光明经文义拾遗记》等书。特别是他与同门的悟恩因对智顗的《金光明经玄义》的理解不同，发生了“山家”与“山外”之争，社会影响广泛。此后天台宗影响减弱，虽代有传人，但法系衰微。

30. 何为法相宗

法相宗又称唯识宗，是中国佛教的一个宗派，以传播印度佛教大乘有宗的法相唯识说而得名。其实际创始人是唐代高僧玄奘，玄奘西行取经回国后，唐太宗

令其在长安慈恩寺译经、传法，所以该宗亦称慈恩宗。

玄奘（600—664 年），俗姓陈，幼年出家，投身佛门义海。他曾经游学于洛阳、四川等地，向许多高僧问难，但感到经典中仍有很多疑难未能解决，所以决心赴印度求法。他于贞观二年（628 年）离开长安，途经新疆及中亚诸国，历尽艰辛，终于到达了中印度摩揭陀国的王舍城，在那烂陀寺向大乘有宗的传人戒贤学习瑜伽行一系的学说，同时也研习佛教其他各部以及俗典（如吠陀、因明、声明等）。玄奘在印度时，也因博学多识，擅长辩论而“声震五竺”，被尊为“三藏法师”。贞观十九年（645 年），玄奘携带六百五十七部梵本佛经回到长安，受到朝廷极高的礼遇。在此后的十九年中，他与弟子们高质量地翻译了七十五部，一千三百三十五卷佛教经论，成为我国最伟大的佛教翻译家。在译经的同时，玄奘不断向弟子们介绍大乘有宗的思想，开创了法相宗。窥基（632—682 年），俗姓尉迟，是玄奘的上座弟子，也是法相宗所创始人之一。他十七岁投入玄奘门下，二十八岁在译《成唯识论》时担任笔受，并写有《述记》《枢要》，发挥精义。另外，他还著有《瑜伽论略纂》《百法论疏》《因明大疏》《弥勒上经疏》《法华玄赞》等著作，有“百部论主”的美誉。玄奘一生忙于译经，著述较少，法相宗的思想主要通过窥基的著作得以阐发。

法相宗思想的核心是万法唯识说，窥基说：“唯谓简别，遮无外境；识谓能了，诠有内心……识性识相，皆不离心。心所心王，以识为主。归心泯相，总言唯识。”（《成唯识论述记》卷一）客观世界的一些存在，都是心识的变现。为了说明这个命题，法相宗对人的认识进行了复杂的分析。他们把人的主观意识分成“八识”，前六识为眼、耳、鼻、舌、身、意，分别对外境起“了别”作用。第七识称为“末那识”，是联结前六识与根本识的桥梁，亦称“转识”。第八识称“阿黎耶识”，是一切诸识活动的根源。进一步，法相宗把人的认识活动分成了“见分”和“相分”两类，认识主体是“见分”，客体是“相分”。他们认为人所以能获得对外部世界的感觉，就是因为“见分”对“相分”有所观照。但不论“见分”还是“相分”，都不能离开心而存在，所以说：“三界唯心之言，即显三界唯识。”（同上书）

在阿黎耶识之中，还有一种永恒的实体，即“阿黎耶识种子”。其实质有“净”“染”之分，又称“有漏种子”和“无漏种子”。前者是世间诸法之因，后者是无世间诸法之因。人要想摆脱现世的苦海，就必须经过累世善行的熏习，使有漏种子逐渐转化为无漏种子，证得佛果。法相宗严守从印度取回的“真经”，不承认人人皆可成佛。他们持“五种姓说”，认为“声闻乘种姓”属于小乘，只可修成阿罗汉；“独觉乘种姓”也属小乘，只可修成“辟支佛”；“菩萨乘种姓”可以修得佛果；“不定乘种姓”可上可下；“无种姓”即一阐提人，心中没有佛性，无论如何修行也不能成佛。

法相宗还向中国介绍了印度的古逻辑学“因明”。古印度因明学者，用宗、因、喻“三支”构成一个逻辑三段论，宗是论题，因是论据，喻是例论。印度学者还研究了逻辑推理的规则以及可能出现的错误，因而用因明的方法讨论哲学、宗教问题可以更加清晰、准确。玄奘翻译了《因明入正理论》《因明正理门论》等著作，对中国逻辑学的发展起了促进作用。

隋唐时期，门阀士族制度衰落，法相宗仍坚持在印度种姓制度上产生的佛教学说，与中国国情不合。而且“八识”学说也过于烦琐，不合中国人的思维习惯，所以法相宗数传之后便衰落了。不过唯识宗创立的佛教学说，在中国佛教史上一直有人传习。另外窥基传慧周，慧周传智绍，在智绍门下有新罗僧人智凤、智鸾、智雄，日本僧人玄昉，他们将法相宗传到日本，使之成为日本奈良六宗之一。在朝鲜，也有法相宗流传。

（张　践）

31. 华严宗有哪些重要理论

华严宗是中国的一个佛教宗派，因其以《大方广佛华严经》为宗经而得名。它的实际创始人法藏被唐朝女皇武则天赐名“贤首”，故也称贤首宗。另外，该宗以发挥“法界缘起论”为旨趣，所以也叫“法界宗”。

《华严经》是印度大乘佛教的一部经典，东汉时就有译本，东晋时由佛陀跋

陀罗再译出六十卷本，影响渐大。华严宗以南北朝时高僧杜顺（557—640 年）为始祖。杜顺原名法顺，十八岁出家，隐居终南山，宣讲《华严经》，著有《华严法界观门》《华严五教止观》等书，开华严宗的思想先河。二祖智俨（602—668 年），甘肃天水人，十二岁出家，从杜顺处受具戒，学习《华严经》，很有心得。著有《华严经搜玄记》《华严宗一乘十玄门》《华严五十问答》等书，华严宗理论至此初具雏形。三祖法藏是华严宗的实际组织者，其祖先是康居国人，十七岁入太白山求法，听智俨讲《华严经》，二十八岁时武后请他到长安太原寺讲《华严经》，后获悉地婆诃罗从中印度带来了《华严经·入法界品》，法藏又参加了八十卷本的翻译工作，书成，武后亲自为之作序。法藏经常入宫为武后讲经，他曾指宫门金狮子作喻，其讲义就是有名的《华严金狮子章》。他的著作还有《华严经探玄记》《华严教义分齐章》《华严经旨归》等，使华严宗的理论基本完成。中唐时期由于武后的推崇，华严宗盛极一时。法藏传慧苑、慧苑传法铣、法铣传澄观（736—839 年）。此时华严宗虽然发达，但也生出许多歧义，澄观著《华严经疏》《三圣圆融观》《法界玄镜》等书，纠正歧义，社会影响很大，被誉为“清凉国师”。澄观传宗密（780—841 年），宗密以诵经、修禅为业，提倡华严宗与禅宗的融合，所以他也被称为“圭峰禅师”。宗密死后四年，发生了唐武宗灭佛事件，华严宗从此一蹶不振。五代及末明虽代有传人，但社会影响不大。

华严宗的基本理论是“法界缘起论”。他们认为世间一切存在，都可囊括在“一真法界”之中，而法界又是“唯心缘起”。“尘是心缘，心是尘因，因缘合和，幻相方生”（《华严义海百门》）。宇宙万法皆是心中幻相，故无自性。为了说明这个命题，华严宗又提出了“六相圆融”的相对主义命题。“六相”是总相、别相、同相、异相、成相、坏相。以总别为例，总相是全体，别相是部分，华严宗用房屋和建材的关系说明之。“何者是总相？答：‘舍是。’‘此但椽等诸缘，何者是舍耶？’‘椽即是舍。’‘何以故？’‘为椽全自独能作舍故，若离于椽，舍即不成，若得椽时，即得舍矣。’”（《华严一乘教义分齐章》卷四）也就是说，房屋由椽、瓦等诸种建材共同构成，建材不全，也就没有房屋，有了建材，也就有了房屋，所以他们认为建材即等于房屋，局部等于全体，总相等于别相。华严宗“六相圆融”的观法，就是要人们看淡社会上的矛盾和差异，“是故大小随心回转，即入无碍”（《华严义海百门》），看破红尘即可获得解脱。

华严宗又用“十玄门”来描述这种没有矛盾、圆满无缺、诸方协调的境界：①同时俱足相应门，②一多相容不同门，③诸法相即自在门，④因陀罗网镜门，⑤微细相容安立门，⑥秘密隐显俱成门，⑦诸藏纯杂俱德门，⑧十界隔法异成门，⑨唯心回转变成门，⑩托事显法生解门。“十玄门”是华严宗追求的最高境界。

否定现实世界的存在和意义，把人们的精神引向彼岸天国，这是佛教诸宗派的共同点。但是华严宗与唯识宗又有不同，唯识宗把彼岸设置在现实世界之外，必须经过对阿黎耶识种子的累世熏习方可达到，使人感到遥不可及。华严宗则通过“四法界”理论，将天国就安置在现实世界之中，大大增加了对信徒的吸引力。“四法界”是：①事法界，“界是分义，一一差别，有分齐故”（《法界观门注》）。这是现实的世界，存在着无尽的矛盾和烦恼。②理法界，“界是性义，无尽事法，同一性故”（同上书）。在真如佛性之中，一切事物皆圆融无碍，同一相即。③理事无碍法界，“具性、分义，性分无碍故”（同上书）。理在事中，事界的矛盾无碍理界的同一，互不干扰，平安相得。④事事无碍法界，“一切分齐事法，一一如性通融，重重无尽故”（同上书）。在获得了佛性圆融无碍的真理以后，再反观现实的事法界，诸种矛盾也就圆融无碍，不再干扰我们的生活了。由于理在事中，所以成佛不在于离境它求，只要通过诵经、坐禅，转换思想方法，即可舍迷入真，流入菩提若海，获得涅槃。显然，华严宗较多地吸收了中国文化的因素，将佛教的宗教义理和中国式的天人合一，体用无间的思维模式相结合，成为一种中国化的佛教流派。同时，他们提出的“理在事中”的思想，也对宋明理学产生了很大的影响。

（张　践）

32. 为什么禅宗称为“教外别传”

禅宗是一个彻底中国化的佛教宗派，因其创始人主张修习禅定而得名。同时，由于该宗在参究方法上以“直指人心”，“彻悟心源”为宗旨，所以又称佛心宗。

按照禅宗自己的说法，它与佛教其他宗派不同，属于佛祖“教外别传”。据说一日灵山法会上，佛祖拈一枝金婆罗花示众，门徒皆不得要领，默然不语。独大迦叶尊者破颜微笑，世尊曰：“吾有正法眼藏，涅槃妙心，实相无相，微妙法门，不立文字，教外别传，咐嘱摩诃迦叶。”（契嵩《传法正宗记》）这就是“释迦拈花，迦叶微笑”的著名公案，在拈花微笑之间形成了禅宗特殊的宗风。禅宗自称在西土共有二十八位祖师，于史无考，不过是为了强调自己区别于其他宗派的特性。

西土第二十八祖，也是东土初祖的菩提达摩，却是实在的历史人物。他于梁武帝普通年间（520—526 年）到达中国，先在洛阳弘传佛法，但并未得到僧众的认可，于是入嵩山少林寺，面壁七年，创造出了以“二入四行”为主要内容的新禅法，流行于世。慧可和尚投入达摩门下，达摩授以《楞伽经》四卷，是为禅宗二祖。慧可隐居于舒州皖公山，传法于僧璨，是为三祖。僧璨得法后隐居于舒州司空山，密不传法，唯道信追随九年，得其衣钵，是为四祖。由于禅宗当时都以《楞伽经》传心，所以在社会上也被称为楞伽师。道信得法后到湖北黄梅的双峰山传法三十余年，弘忍得其衣钵，是为五祖。弘忍得法后到黄梅山东山寺传法，门徒日众，形成了所谓的“东山法门”。弘忍常劝弟子修持《金刚经》，于传统稍有变化。弘忍晚年欲传法时，命门下弟子各作一偈以明心意。上座弟子神秀曰：“身是菩提树，心如明镜台，时时勤拂拭，莫使惹尘埃”（《坛经·行由品》），表达了他重视宗教修习的渐悟倾向。当时仅为伙头僧的惠能并不识字，请人带写一偈曰：“菩提本非树，明镜亦无台，本来无一物，何处染尘埃?”（同上书）弘忍觉得惠能的见识更高，便将衣钵传给了惠能。但惠能因惧怕上座神秀势力巨大，加以迫害，便连夜逃回广东家乡隐藏山中。从此禅宗分化成南、北两支。

北宗神秀（606—706年），俗姓李，少年出家，投于弘忍门下，为七百众之首。武后闻其高名，请到长安传法，在内道场供养。中宗对其更为敬重，时人称其为“两京法主”“三帝国师”。但是由于北宗在思想理论、修习方法等方面都缺少发展，故数传而亡。倒是不识字的惠能，将禅宗发扬光大。惠能（638—713年），俗姓卢，广东新会人，出身贫苦，靠打柴养母度日。一日听人念诵《金刚经》，似有所悟，出家投入弘忍门下。得衣钵后在深山隐居十五年，创造了一套“直证本心”，“顿悟成佛”的思想体系。长期在社会下层的生活经历，使他十分不满佛教诸派日益脱离广大平民的贵族化倾向。他出山后相继在广东韶关大梵寺、曹溪宝林寺传法，宣扬“见性成佛”的简单法门。

禅宗的禅字是由梵文Dhyāna音译而来，意译则为“思维修”“弃恶”“静虑”，是佛教的“六度”之一。印度和中国的佛教徒都很重视，借助禅定的修养方法，思虑自身的佛性，尽扫尘迷，与真如合一。惠能继承前代禅师注重参禅的倾向，但又抛弃了他们所设定的诸种烦琐仪规，提倡不拘形式，单刀直入、直示心中佛性。他说：“本性是佛，离性无别佛。”（《坛经·般若品》）“汝今当信，佛知见者，只汝自心，更无别佛。”（《坛经·机缘品》）既然真如就在心中，成佛就是一件极简单的事。“万法尽在自心，何不从心中顿见真如？”（同上书）惠能反对大量读经念佛，“菩提只向心觅，何劳向外求玄，所说依此修行，西方就在眼前。”（《坛经·疑问品》）他更反对出家苦行，西行求法，“东方人造罪，念佛求生西方，西方人造罪，念佛求生何国？凡愚不了自性，不识身中净土，愿东愿西。悟人在处一般，所以佛言随住处恒安乐。”（同上书）甚至名为禅宗，他连坐禅也反对，“生来坐不卧，死去卧不坐，一付臭骨头，何为立功课？”（《坛经·顿渐品》）觉悟只在反身内照的一瞬间，“前念迷，即凡夫，后念悟即佛。前念着境即烦恼，后念离境即菩提。”（《坛经·疑问品》）这些发聋振聩般的语言，一扫千百年来佛教徒大量译经、读经，大搞宗教仪式，长时间坐禅修炼的方法，在僧俗中间产生了极大的震动，实为一次猛烈的宗教改革。惠能的宗教改革，才是中国禅宗的真正创源。

惠能门下，分出南岳怀让、青原行思和菏泽神会三大支系。菏泽神会（？—760年）在惠能门下学成后，到北方去传法，在河南滑台大云寺无遮大会上宣扬南宗宗旨，著有《南宗定是非论》，论证了惠能在禅宗中的正统地位。唐德宗时被定为禅宗七祖，但其法系不长。南岳怀让（677—744年）在惠能门下修习十五年，问答契机。得法后在南岳般若寺观音台传法三十余年，弟子中以马祖道一（709—788年）最为著名。道一门下，有百丈怀海、西掌智藏、南泉普愿等高僧一百二十九人，到全国各地建立丛林，禅宗从此大盛。从怀海门下，又分出了沩仰宗和临济宗。青原行思（？—740年）出家受戒后投于惠能门下，为上座弟子。得法后回到家乡青原山静居寺弘法，从他的门下，分出了曹洞宗、云门宗和法眼宗。

唐末武宗会昌灭佛，佛教受到了很大的打击，其他依靠大量读经、拜佛、举行法事为生的宗派从此一蹶不振，只有禅宗提倡“不立文字”“不读经”“不拜佛”“运水搬柴，即是般若”的世俗化佛教才能迅速恢复起来。入宋之后，禅宗弟子遍天下，禅与佛几乎成了同义语。禅宗的临济门下，又分出了杨岐和黄龙两个小的支系，与原来的五家，有“五家七宗”之称。禅门五宗虽然宗派不同，但“直证人心”的宗旨却是一致的，只是接引学人的方法略有差异。如“机锋”“棒喝”“四宾主”“四照用”“五位君臣”等。这些独特的教学方法，皆是印度佛教中所未见到过的，“教外别传”之说，也就在此时出现。

北宋初年，由于有的僧人过分强调“师心自用”，戒律废弛，所以法眼宗的延寿集佛经及历代祖师语录，编成《宗镜录》一百卷，提倡“禅、教合一”，即禅宗与其他佛教流派相调和。云门高僧契嵩，著《辅教编》，倡导“儒佛合流”，使佛教理论与占支配地位的儒学更加协调。杨岐宗人佛果克勤，编写《碧石集》《击节录》，使禅宗从传统的“内证禅”向“文字禅”方向发展。克勤的弟子宗杲反对其师“文字禅”的倾向，焚其书，而倡导“看话头”。宋中叶以后，禅宗唯临济宗和曹洞宗得以传播，临济势力尤其壮大，有“临天下，曹一角”之说。元代临济有海云印简、云峰妙高等。曹洞宗则出了高僧万松行秀，元朝开国重臣耶律楚材曾向他求法。明朝临济宗名僧有楚石梵琦、笑岩德宝、密云圆悟、汉月法藏等。曹洞宗有无明慧经、博山元来、鼓山元贤等。到了清初，由于帝王的推崇，禅宗一度又相当兴盛，临济宗的木陈道忞、玉林通琇出入宫廷，声名显赫。同时在江南形成了金山、高旻、天童、天宁“四大名刹”。不过由于雍正皇帝著《拣魔辨异录》干预僧争，强行取缔在江南最有势力分法藏一系，使禅宗受到很大打击。清后期由于社会动乱，禅宗逐步衰落。

禅宗八世纪传入朝鲜，十二世纪传入日本，在那些东亚国家都有很大发展。

（张　践）

33. 律宗在佛教发展中的地位如何

律宗是中国佛教史上以研习和传持戒律为主的宗派，故因此而得名。又因中国律宗以《四分律》为主要依据，所以又称“四分律宗”。

律是佛教徒的行为规范，有了统一的规范，教团组织才能团结有力，教徒行为才能整齐划一，在群众中产生较大影响，故佛教一向重视戒律的作用。从典籍上说，律是经、律、论三藏之一；从教义上讲，律是戒、定、慧三学之首。律宗特别强调：“金科玉律，唯佛能制”，戒律出自佛祖之手，神圣不可违背。但是实际上，释迦牟尼在世的原始佛教时期，只有“五戒”“十戒”等一些简单的禁条。后世汗牛充栋的“律藏”，大多出于印度的部派佛教时期。曹魏正元二年(255 年)，印度僧人昙柯迦罗来到我国，他见中国僧人只是剃发，但并未真正受戒。便译出《僧祇只戒心》，并正式剃度中国僧人，此乃中国传戒之首，所以中国律宗尊他为始祖。此后一段时间，又陆续译出昙无德部的《四分律》，萨婆多（一切有）部的《十诵律》，弥沙塞部的《五分律》，上座、大众部的《摩诃僧祇律》。

在一段时间内，中国僧人遵照各部律典行事，规范并不统一。但其中以宣扬《四分律》的四分律师最为有名。法聪、道覆、慧光、道云、道洪、道首等人师徒传承，作了许多注疏《四分律》的工作。到唐代，道首的弟子道宣（579—

667 年），潜心研究《四分律》，著《四的律含注戒本疏》《四分律删补随机羯摩疏》《四分律拾毗尼义钞》，被后世学者称为律学三大部，对四分律进行了定于一尊的解释，律宗从此创立。由于他长期在终南山隐居传道，故其宗派也被称为南山律宗。与道宣同时并弘《四分律》的还有相州日光寺的法励（569—635 年），开创了相部宗。法励的弟子怀素（625—698 年），在西太原寺东塔开创了东塔宗。唐代律宗三宗并立，互有争论，繁盛一时。但不久相部、东塔后继乏人，唯南山一系独承法系，绵延不绝。

律宗将佛教的全部戒律归纳为“止持”和“作持”两类。比丘、比丘尼二众制止身、口、意作恶的“别解脱戒”为“止持戒”，《四分律》的前半部分是讲“止持戒”的。僧人安居、说戒、悔过及衣食坐卧等生活规范，称为“作持戒”，是《四分律》后半部的内容。律宗又将教理分成了戒法、戒体、戒行、戒相“四科”。戒法是佛祖制度的各种戒律；戒体是弟子受戒时领受在心的法体，即在心理上形成的制止作恶的能力；戒行是受戒后随顺戒体，防止三业罪恶的诸种如法行为；戒相是由于戒行坚固而表现于外，可作轨范的相状。四者之中，戒体是问题的核心，唐代律宗三派对此存在着争议，主要讨论戒体属于精神性的“心法”，还是物质性的“色法”。东塔怀素从《俱舍论》，倡“色法戒体论”。相部宗的法励从《成实论》，倡“非色非心戒体论”。南山道宣曾参加过玄奘的译场，受唯识宗影响，以阿赖耶识种子为戒体，倡“心法戒体论”。这一争论的实质是道德源泉来自外界还是来自内心，最后道宣一系取得了胜利。

道宣以后，律宗内部未再产生出派别，发生激烈的争论，但由于传戒行律的需要，律宗始终也未断流。道宣下传周秀、道恒、省躬、慧正。唐代律宗门人鉴真，东渡日本传法，为日本律宗之祖，受到了天皇的欢迎。他还把中国建筑、医药等方面的著作带来日本，成为中日两国人民友好交往的使者。宋代律宗有允堪、元照，写过许多律学著作，使律宗受到社会的重视。律宗僧人赞宁，撰写《宋高僧传》，名扬朝野。明代有律宗传人如馨在南京古林寺建立了著名的道场。清初，寂光从古林寺分出，在宝华山弘扬律学，其门人读体、戒润最为有名。读体的弟子甚多，以德基、书玉贡献最大。书玉的四传弟子福聚，奉雍正皇帝之诏入京，主持法源寺，并著《南山宗统》十卷，详细记载了律宗发展的历史。

（张　践）

34. 为什么说净土宗是佛教中的“方便法门”

净土宗是中国佛教中专修往生阿弥陀佛西方净土的法门。净土信仰在中国流行很早，东晋慧远就曾和弟子123人结百莲社，在庐山精舍阿弥陀佛像前宣誓，共期往生西方净土，所以净土宗也称为“莲宗”。净土宗后世将慧远尊为始祖，以后代有传习者。东魏昙鸾（476—542年），早年向道士陶弘景学过长生术，后得菩提流支所译《观无量寿经》，改信净土，著有《安乐净土义》《赞阿弥陀佛偈》。其后，灵佑、智顗、吉藏等人也提倡净土信仰，但净土宗的真正创始人还是隋唐之际的道绰和善道。

道绰（562—645年），原是涅槃学者，后见到昙鸾的碑文而改信净土。他专念阿弥陀佛名号，日限七万遍。唐贞观年间，讲《观无量寿经》二百遍，著有《安乐集》。他广劝念佛，教人以小豆记念佛次数，当时积豆竟达“数百万斛”。又教人以念珠计数，“人各掐珠，口同佛号，每时散席，响弥山林”（《续高僧传·道绰传》）。善道（617—681年），初学《法华》《维摩》，后在山西玄中寺听道绰宣讲净土宗旨，改持净土信仰。他一生抄《阿弥陀经》几十万卷，画净土变相图三百幅，著有《观无量寿经疏》《转经行愿往生净土法事赞》《观念阿弥陀佛相海三昧功德法门》《往生礼赞偈》等书籍。至此，净土宗的理论和行仪趋于完备，正式成为一个流派，一直传至现代。

净土宗属于重信仰，轻理论的佛教流派，他们以“三经一论”为典籍。三经是《无量寿经》，叙说阿弥陀佛因位的愿行和果上的功德；《观无量寿经》，说往生西方净土的行业；《阿弥陀经》，说净土的庄严和执念名号诚证护念的利益。一论是世亲所作《往生论》，总摄三经往生净土的宗旨。《无量寿经》向人们描述了西方净土世界的极乐图景：“其佛国土，自然七宝——金、银、琉璃、珊瑚、琥珀、砗磲、玛瑙合为地，光赫焜耀，微妙奇丽。”“七宝诸树，周遍世界……

行行相植，茎茎相望。”“讲堂、精舍、楼观皆七宝庄严，自然化成。”“若食时，七应器，自然现前……百味饮食，自然盈满……事已，化去；时至，复现。”如此美好的彼岸世界，在现实苦难中煎熬的芸芸众生孰不向往之？而且，到达西方净土世界的方法又极其简单，传说阿弥陀佛是主持西方世界之佛，在他成佛之前，曾发有弘愿大誓，只要世人称念他的名号，他便会来接引。净土宗主张以念经行业为内因，以弥陀愿力为外缘，内外相应，往生西方极乐净土。在道绰和善道以前，净土宗修习方法稍繁，念佛还有称名念佛、观想念佛、实相念佛之分，他们将其统统简化，只存称名念佛这一种简单法门，所以得到广大没有文化的贫苦农民的欢迎。

宋明以后，净土宗成为天下共宗，各宗僧人都有修习净土信仰者。而且，净土信仰还因其简便易行，得到了封建士大夫的欢迎，居士中结社念佛的风气也很盛。在净土宗传人中有“七祖”“九祖”“十二祖”之说，但皆非确切的传承谱系，而只是净土宗在各个朝代的著名人物。因为净土宗从来也没有形成过严密的组织。在唐代，善道以后有承远、怀感、法照、少康等人继续弘扬净土信仰。至宋代，天台宗、禅宗中皆有倡导净土信仰的著名僧人。天台宗的四明知礼，禅宗的永明延寿，皆因虔诚信仰净土而闻名。专修净土的则有省常和宗赜。元代有普度、明本、怀则等人。明末“佛教四大家”中，袾宏、德清、智旭都是弘扬净土的大家。清代，则有实贤、际醒等人弘传。近代则有印光继承前辈事业。而且越是后期，净土宗越是与其他宗派，甚至一些民间信仰相混合，成为高度世俗化的宗教。

（张　践）

35. 密宗有哪些主张

密宗是在中国弘传印度瑜伽密教的佛教宗派。密教是印度佛教发展后期出现的一个教派，既保留了大乘佛教的基本信仰，又从传统的印度教中吸收了祭祀、供奉、拜火等仪式而形成。密宗认为佛教的最高真理称为“真言”“秘密号”，不可见诸文字，只能对受过灌顶礼的弟子秘密传教，以此与其他“显宗”教派相区别。密宗也称“密教”“瑜伽密教”“真言宗”。

密教经典早在三国时期就开始在我国流传，但唐以前都属于“杂密”。系统性的“纯密”则由“开元三大士”——善无畏、金刚智、不空传入中国。善无畏（637—735年）出身于南印度贵族家庭，出家后在那烂陀寺学习密教。开元四年（716年）到达长安，受到唐玄宗的礼遇，被尊为国师，设内道场，为皇族授灌顶礼。他在长安传播“胎藏界”密法，译出《大日经》（全称《大毗卢遮那成佛变加持经》）。金刚智（669—741年），南印度人，出家后先习律藏，后攻密教，开元八年（720年）从海上来到中国，到长安后亦被尊为国师，主传“金刚界”密法，译出《金刚顶瑜伽中略出念诵法》等轨仪四部，七卷。不空（707—774年），师子国（今斯里兰卡）人，自幼出家，十五岁时投入金刚智门下，到长安协助译经。天宝元年（742年）秉承其师遗命，到印度和师子国寻求密教经典。天宝五年（746年），不空携带1200卷密教经籍回到长安。据《开元释教录》载，不空共译出密教经典111部，143卷，也是我国佛教四大翻译家之一。他又在皇宫中设内道场，为玄宗、肃宗、代宗三帝授灌顶礼，成为“三代国师”。他所译《金刚顶经》（全称《金刚顶一切如来真实摄大乘现证大教王经》），是密教“金刚界”的主要经典。

在中国密宗僧人中，以一行、惠果两人最为著名。一行（637—727年），他学识渊博，初学禅、律、天台，后投入善无畏门下，协助译经，并作《大日经疏》二十卷，对密宗的发展起了推动作用。另外，他也是当时著名的天文学家。惠果（？—805年），先从善无畏学胎藏界密法，后从金刚智学金刚界密法，成为密宗的主要传人。曾为代宗、德宗、顺宗授灌顶礼，也是“三代国师”。门下弟子众多，日本僧人空海曾向他求法，回国后创立日本的密宗教派，称为“东密”。

密宗认为，其秘密法由法身佛大日如来所传，大日如来初传金刚萨埵，次传龙树，再传龙智，龙智活了700多岁，等金刚智出世后传于他，由他将秘密真言带到中国。密宗的世界观称，宇宙万物、佛、众生皆由地、水、火、风、空、识

“六大”所构成，所以佛与众生本性相同。众生依法修习，与佛身、口、意三密相应，便可即身成佛。所谓的“三密相应”又称“三密加持”，即“身密”（手结契印）、“语密”（口诵真言）、“意密”（心观佛尊）。在修行“三密加持”时，还必须有礼拜、供养、念诵等仪轨相随。如“修曼荼罗”，“曼荼罗”也译为坛，或“圆轮俱定”，在坛上悬挂诸佛活菩萨像，供众人膜拜。“护摩”是一种拜火仪式，在祭坛上设置火炉，焚烧乳香木，供物，以求本尊用智慧之火，烧烦恼之薪，保佑息灾增福。另外，受婆罗门教祭祀万能观念的影响，密宗特重供养，主张向寺院大量布施。

密宗“无上瑜伽部”的修习仪轨中还有一种很特殊的方式，即“男女双修”。受古婆罗门教“性力崇拜”的影响，印度的密教从传统佛教逃避欲望求解脱，转而在欲望之中寻求解脱。他们说：“随诸众生种种欲望，令得欢喜。”（《大日经》）“主宰者能调，大染欲大乐。”（《金刚顶经》）“一切佛菩萨，尽为染爱妻。”（《金刚峰楼阁一切瑜伽瑜祇经》）为此他们还制造了一套理论，说：“女是禅定，男是智慧”（《大日经疏》卷四），如同“鸟之双翼，车之两轮”，不可偏废。男女双修，通过一系列仪轨，最后在性交中体悟空的感受，密宗将其视为修习的最高境界。他们把陪同修习的女性称为“明妃”“佛母”“天女”，在殿堂中供奉男女裸体相抱的“欢喜佛”，这些都与汉族传统的儒家伦理强烈抵触。唐代中后期的帝王生活荒淫，将密宗引入内廷，实为学习“房中术”，但在社会上却无法广泛传播。唐武宗灭佛后，密宗在中原基本绝迹。宋初国家组织了庞大的译经场，但译出的佛经多为印度后期密教作品。宋朝儒学的社会地位上升，君主命令担任译经官的儒家官员严格检查所出经文，发现文辞邪僻、淫秽者，立即举报销毁。这说明中国对外来文化的输入，是有很强的选择性的。

在我国的西藏地区，由于没有强烈的宗法家族观念，密教得以广泛传播，形成了世界上最为完整的“西密”系统。

（张 践）

36. 道教在唐宋时期有哪些重要发展

唐宋时期，传统道教的天师、上清、灵宝诸派，由于帝王的崇拜和推崇，都继续流行。此外，唐宋道教也出现了一些显著的变化，即清修无为理论和内丹道形成派别，获得了长足的发展，并成为道教内的主流。

唐代道教中出现了一批文化素养较高的学者，他们隐遁山林，潜心经典，自修自悟，对道教理论的发展做出了重要的贡献。这些人物有：

成玄英，唐初道教学者，陕州人。注《老子》《庄子》，影响很大。他提出了“重玄之道”，对传统道教的修习理论和方法进行了根本性的扭转，从重视肉体成仙转而重视心性修炼。他认为长生久视之方不是金丹、符箓，而是通过忘情，了悟“夫森罗万象悉皆虚幻”，从而使精神“与道归一”。道乃世界的本体，得道的方法是排谴“滞于有”和“滞于无”的俗见。这种“谴之又谴”，“玄之又玄”的道，就是“重玄之道”。

王玄览（626—679年），广汉绵竹人。他在援佛入道方面，表现十分突出。他的主要著作《玄珠录》说：“心生诸法生，心灭诸法灭，若证无心定，无生亦无灭”，这是运用法相宗的“万法唯识”论来解释世界和人生，其内在超越的方向和方式，与大体同时创生的禅宗有异曲同工之妙。

司马承祯（646—735年），字子微，河南温县人。他上承茅山宗陶弘景，是著名的道教理论家。他的学说以老庄为主体，兼收儒、释，阐发的“主静”和“坐忘”的修真方法。此理论首先肯定人心“以道为本”，不过在现实生活中“心神被染”，“遂与道隔”，所以修真之要在于清除心垢，“使与道相守”。具体方法就是“坐忘”，“安坐收心离境，住无所有，不著一物，自入虚无，心乃合道”。这种静心坐忘理论被后世道教清修派所发扬，成为道教中的主流。

隋唐之时的帝王推崇道教，意在个人长生，统治者为此不惜耗资巨万。加之前代的积累，外丹道在隋唐进入了一个鼎盛时期。但历代服丹者都是中毒身亡，有唐一代崇道最盛，帝王、重臣中毒身亡者也最多，太宗、宪宗、穆宗、敬宗、武宗、宣宗之死，都与服食道士进贡的金丹有关。残酷的现实不能不引起人们的

冷静思考，怀疑和否定外丹的思潮遍布朝野，教外之士纷起抨击，外丹道遇到了严重的危机。

外丹道的屡屡失败，迫使道教内部的有识之士独辟蹊径。道教求“长生久视”，除了炼金丹外，自古还存在着导引、行气、胎息等道术，到隋唐时期无论在理论上还是实践上都积累了丰富的成果，为外丹向内丹的转化准备了条件。一般道教史著作都把隋代道士苏元朗看作内丹道的实际开拓者。据《罗浮山志》载：其弟子论服灵芝得仙，元朗曰：“灵芝在汝八景中，盍向黄房求诸?”于是他借外丹术语说明内丹，“身为炉鼎，心为黄室，津为华池”，天铅、婴儿喻“身中坎”，砂汞、姹女喻“身中离”，黄婆喻“身中意”，以修炼自身之精神谓之“还丹”。总之，他用外丹的术语对传统的气功修炼方法作了新的解释，开内丹之先河。

唐末及五代，内丹道从理论到实践都获得了长足的发展，道士们多将其成果托于钟离权和吕洞宾。在道教神仙谱中，钟离权是汉朝人，故又称汉钟离，以明其长寿。可今人考据他是五代后汉人，吕洞宾是其弟子，号华阳子，世称吕祖或纯阳祖师。这两人都是“八仙”中的仙人，事迹不可详考，著作也多仅存篇名。洞宾弟子中施肩吾作《钟吕传道集》流传了下来，基本反映了五代时期的内丹道的主要成果。《传道集》认为：“天道以乾为体”，故能长久坚固。人若效法天道，便要使肾水与心火相交，心为离，名曰阳龙，肾为坎，名曰阴虎，心肾交态，即为龙虎交媾，便出黄芽，即金丹大药。“保送黄庭”为采药，且配合以水火，而养胎仙。至胎圆神足，则可成为神仙。钟、吕的思想，为日后内丹道的发展奠定了基础。

钟、吕内丹道门下四传，至宋初的陈搏（871—989年），字图南，亳州真（今安徽亳县）人。他是个比较可信的历史人物，据《宋史·陈抟传》载：他自幼习儒，通经史，唐末举进士不第，遂隐居华山，修习道术。后移于少华山石室，每觉可百日不起，世人目为异人。陈抟在道教史上的主要理论贡献是根据道教经典及自身体验，画出了一幅《无极图》，包括“玄牝之门”“炼精化气，炼气化神”“五气朝元”“取坎填离”“乃成圣胎”“炼神还虚，复归无极”等内容。陈抟《无极图》虽对内丹功法的说明尚嫌简单，但描述了内丹修炼的几个主要阶段，为日后内丹道的进一步发展奠定了基础。

张伯端（987—1082 年），字平叔，浙江天台人。少年时曾为太学士，举进士不第，屈居幕僚。后“坐累谪岭南兵籍”，遂绝仕途，潜心道教。八十二岁时游蜀，遇刘海蟾，得金丹还液火候之诀，修炼成功，著《悟真篇》阐扬内丹学。他以《道德经》和《阴符经》为祖经，吸收“三才相盗”和“虚心实腹”的观念，又融摄禅宗和儒学，形成了独特的“先命后性”的内丹修养理论。他继承了道教追求肉体长生的传统，认为：“命之不存，性将焉附?”主张宗教修养当从锻炼身体入手，“先以修命之术顺其所欲，渐次导之于道。修命之要，在乎金丹。”他用八十一首诗词，对内丹功法作了详细的描述，这个修炼过程，基本和当代气功家练习气功的方法类同，其健身强体的功效被实践所证明。在“修命”的基础上，张伯端又借用佛教禅宗的思想，大谈“修性”之功，这是传统道教所没有的。他认为：“既性命之功未修，则运心不普，又焉能究竟圆通，回超三界?”身体锻炼得再好，也只是健康长寿，精神上还不能达到无限，成为神仙。所以，“丹是色身至宝，炼成变化无穷。更能性上究真宗，决了无生妙用?”张伯端从道教的角度，吸收大量禅宗思想来“修性”，把三教融合推向了一个高潮。

（张　践）

37. 金元之际的“新道教”包括哪些主要派别

河北新道教包括全真、太一和大道三个流派，尤以全真在后世影响最大。由于全真道领袖们的发展，使道教从理论到活动方式都发生了重大变化，所以被称为道教史上的“鼎革”。河北新道教异军突起，与当时中国北方沦为异民族统治区的现实有关，许多汉族士人不甘心于“亡国奴”的地位，但南宋小朝廷偏安一隅，无心收复中原，使他们彻底失望。因此他们需要一种具有正宗华夏文化色彩的思想作为精神的慰藉，道教恰恰符合了人们的心理需要。金、元统治者及时

加以利用，结果使新道教反而成了他们辅助统治的工具。

全真道的创始人是王喆（1113—1169 年），字重阳，陕西咸阳人。他幼习儒业，长入府学，本希望以儒术经世。青年时代恰逢宋金战争，报国之望破灭。在金代他也曾几次试图从科举出身，但皆未能如愿，心灰意懒，遁入教门。王喆出家修道经历了一番痛苦的磨炼，他掘地穴居，内修丹道，外佯疯狂，人称“王害疯”。后他云游到山东半岛，打出了全真旗号，发展门徒，先后收留了马钰（1123—1183 年）、孙不二（1119—1182 年）、谭处瑞（1123—1185 年）、刘处玄（1147—1203 年）、丘处机（1148—1227 年）、王处一（1142—1217 年）、郝大通（1140—1212 年）七大弟子。他们长期追随王喆从事创教活动，成为全真道的骨干。传统道教讲究个人修炼，因而组织松散，全真道借鉴佛教的丛林制度，在山东建立了“三教七宝会”“三教金莲会”“三教玉华会”“三教平等会”“三教三光会”五个教团组织，道风朴素，纪律严明，在民众中获得了好评。王喆死后，相继由马钰、王处一、丘处机掌教，教团队伍不断扩大。金廷也转而从压制改为拉拢。金、元之际，南宋、金和元三派政治势力都派使者来邀请丘处机，他以一个政治家的远见作了一番权衡，最终决定接受元太祖成吉思汗之邀，不顾七十高龄，远赴雪山绝域，到蒙古军队的大营所在地和林拜谒太祖，因而得到了蒙古贵族的支持，为全真道在元代的大发展创造了良好条件。元代全真道有了很大发展，成为与南方正一道相对峙的两大教派之一。丘处机得意地对弟子说：“千年以来，道门开辟，未有如今日之盛。”（《北游语录》卷一）

全真道的主要特点是倡导三教合一，顺应了当时的社会大潮流。他们以内丹道为基础，但是宣扬“先性后命”，以此与金丹南宗相区别。他们更多地接受了禅宗的“直证本心”和理学的“主静立诚”，认为：“人之修行，先识取性命宗祖，然后真以保命修行。”（《晋真人语录》）修性功夫就是要在反观内省上着力，因为人之真心圆满自足，清净不染，只要反身识取，“全其真性”，即可获得一个圆满的人生。王喆将新道教命名为“全真”，就是取“全本无亏，真元无妄”之意。从全真哲理出发，他们对“成仙悟真”进行了新的证明。王喆认为传统道教所宣称的肉体成仙是根本不可能的，因为“唯一灵是真，肉身四大是假”

(《立教十五论》),“欲永不死而离凡,大愚不达道理也”(《金关玉锁诀》)。真正的长生,乃是对真性的识取,精神的超越,丘处机说:“所以不言长生,非不长生,超之也……真性不乱,万缘不挂,不去不来,此是长生不死也。”(《重阳受丹二十四诀》)这样的“长生不老”,和佛教的“顿悟涅槃”,儒家的“存诚立性”已经相去不远了。

太一道创始人萧抱珍(?—1166年),生于宋金交兵激烈之时,摆脱异民族统治的强烈愿望和南宋王朝的腐败无能恰成反照,对现实的无望使他转向宗教,欲效法汉代道祖张陵,创教以号召人心,积蓄力量,以图将来。太一教以崇拜太一神而得名。太一本是先秦古籍中对天地开辟之前宇宙混沌状态的描述,汉武帝时才上升为人格神,具有主宰四方之神的至上意义。萧抱珍的用意是十分明显的,可是创教之后,金廷迅速召见了他,并赐以观额,使之在维持现行统治的轨道上发展。萧抱珍去世以后,其徒韩道熙(1156—1189年)成为第二代祖师,并按照本教规则改姓教主之姓。三祖萧志冲(1151—1216年)、四祖萧辅道(1191—1251年)、五祖萧居寿(?—1280年)、六祖萧全佑、七祖萧天佑,以下传承世系不详。总体来讲,太一道在金代还是保持了相当的规模,在元初曾兴盛一时,不过由于其自身理论缺乏创新,道徒文化素质不高,数传之后便难以为继了。

大道教入元以后又称真大道,由刘德仁(1122—1180年)创于金初。他本是一名举人,适逢靖康之变,不愿仕金为官,但也无力组织抗金,唯有创教以慰藉心灵,以教团联络自保。大道教以重视宗教伦理而著名,他们吸收儒、释而订九条戒法,在社会上很有影响。刘德仁又以祈禳治病称名于世,据记载他“治病不用药,仰面视天,病无不愈”,所以在朝野很有名气,吸引了大批教徒。大道教的快速发展引起了金廷的注意,金世宗曾召见过刘德仁,赐号“东岳先生”。刘德仁以后下传二祖陈师正、三祖张信真、四祖毛希琮、五祖郦希诚、六祖孙德福、七祖李德和、八祖岳德文、九祖张清志等。在郦希诚时,正逢金元之交,由于他的杰出活动,大道教曾兴盛一时,至元末逐渐衰落,教徒并入全真。大道教衰落的主要原因也是未能建立起独特的宗教理论体系,仅仅依靠宗教领袖的个人

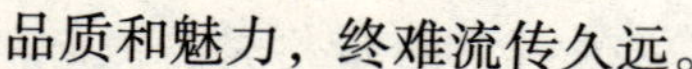
品质和魅力，终难流传久远。

（张　践）

38. 道教在明清时代有哪些重要派别

道教在明清时代主要分成正一和全真两大派系，分别在大江南北流传。在这两个大派系中，又有一些小的宗派产生、变化，以下分述之。

正一道在明代比较受到皇帝的重视，因此地位显赫。从明洪武初年起，正一道天师即掌管全国道教事务，其地位超过全真。从第四十二代天师张正常，到第五十一代天师张显庸，代代袭封为大真人，赐银印，官秩二品，为全国性宗教领袖。尤其是明世宗朝，宠幸道教，正一天师邵元节以术媚君，显贵一时。但是由于正一道在理论上缺少发展，所以至清代以后逐渐走上了下坡路。其间较有作为者是张宇初、赵宜真和娄近垣。

张宇初（？—1401 年）是第四十三代天师，博学能文，道贯儒释。针对正一教门内戒律废弛的状况，他写《道门十规》，力图驳正宗风，并且阐发了一些重要思想。由于道教史上仙人混杂，所以模糊不清。他强调老子才是道教真正的始祖，“虽有道经师三宝之分，而始自太上授道德五千言于关令尹”。同时他又吸收了全真南北二宗的内丹功法，以性命双修为一切教门修习之旨。“凡符箓经教斋品道法之传，虽传世之久，各尊所闻，增减去取或有不同，而原委为一，内而修之，则有内外丹之传。”他还引入全真戒律，提倡远离尘俗，草衣木食，磨砺身心，以求正果。

赵宜真（？—1382 年）是元明间道士，上承全真、清微、净明忠孝教法，又受到正一派的礼遇，正一道士多师事之。著有《原阳子法语》《灵宝归空诀》等书。他的丹法与全真派略同，以“自性法身”为本，以“摄情归性”“摄性还元”为修行之要，以“粉碎虚空”为最高境界。同时他又相信外丹，认为日月精华炼成丹药，可以点化肉身，使之脱胎换骨，白日飞升。他的雷法主张内炼，“天地大天地，人身小天地”，两者可以相互感通，将内功发为雷电。

娄近垣（1689—?）是清代正一道士，曾被雍正皇帝封为四品龙虎山提点，被乾隆皇帝封为通议大夫。他的重要贡献在于，重新整理、刻印《黄箓科仪》十卷，集清初以来道教斋醮科仪、牒文、符箓之大成。经他的整理，使道教门徒做法事有所遵循。

全真道在元初曾因蒙古统治者的推崇而盛极一时，但其后因与佛教的两次辩论败北而转入山野，潜心钻研内丹功法，仍保存了相当的实力。入明后反倒在功法上创出了一些新的派别。

明初最先出现的是张三丰所创的“武当派”。张三丰的生卒年月不可详考，大约为元明之际人，据其自述，在元代曾为中山博陵县令，后弃官入道，为全真道士。云游终南山时遇火龙道人，传以丹诀，赴湖北均县武当山修炼。明初太祖、成祖闻其高名，派人往武当山寻之下遇，遂于此建立了庞大的道观，武当派从此创立。张三丰留有《金丹直指》《金丹秘诀》各一卷，后人又附以其他文字，编为《三丰全书》。武当派除传全真性命双修的内丹功法外，突出特点是崇祀“真武大帝”，传武当拳法。真武大帝又称玄武大帝，是主宰北方的天神。武当山世代为祭祀玄武大帝之所，因此武当派继承了这一传统。武当拳法传说为张三丰所创，特点是以静制动，以柔克刚，与雄劲豪放的少林拳南北对应。

全真道本有南北宗之分。南宗张伯端是宋代内丹大师，下传石泰、薛道光、白玉蟾等人，形成了清修派。另传弟子刘永年、翁葆光，形成了双修派。元代以后，清修派因方法一致，与北宗全真道合流。清修与双修的分野在于，清修派主张禁欲苦行，贬斥房中术，而双修派则提倡男女同修。入明以后，双修派有所发展，又分出了东、西两派。东派创始人是陆西星（1520—1606 年），扬州化县人，自称得吕洞宾秘传。著有《宾翁自记》《道缘汇录》等书。他的丹法主张从性功入手，但在筑基炼己，摄心修性之后，取坎填离，炼精化气则需男女双修，方可得真药。因为坎中真阳藏于同类“彼体”之中。西派创始人是清代的李涵虚（1806—1856 年），四川乐山人，托言得吕祖及张三丰丹道秘要，著《太上十三经注解》《三车秘旨》等书。其功法也是从清静立基入手，然后事阴阳双修。

其余全真道士理论上基本属于清修派，做出突出贡献者有：王常月（1622—

1680年），全真龙门派（丘处机派）第七代律师，以重振律法，整顿教团组织而闻名，被称为全真道的“中兴之祖”。全真创教时本以戒律严明而享誉天下，但元、明两代随着寺观经济的发展，教团首领的生活开始腐化，道众戒律松弛。王常月作《龙门心法》，阐明修道之要，特别突出戒律的重要作用，“唯有一法，能制此身，须是行持戒律”。他在北京的白云观六次开坛讲戒，“圣祖皇帝闻之，赐号‘抱一高士’”。在他的带动下，全真道恢复了昔日清修的好名声，重振教团。刘一明（1734—1821年）为龙门派第十一代道士，号悟元子，山西曲沃人。他勤修苦炼，成为一代内丹大师。其著作后人刻为《道书十二种》，在理论上融儒、释入道，另创新词。他把修道丹功分为：勘破世事、积德修行、尽心穷理、访求真师、练己筑基、和合阴阳、审明火候、外药了命、内药了性九个步骤，最后以“粉碎虚空”为了当。

（张　践）

39. 什么是理学

理学是儒家学说的哲学形态。它起于北宋中期，成于南宋朱熹，在中国封建社会后期，一直处于意识形态主流地位。

理学的名称有一个演变过程，初称道学，后来才称理学。中国古代学者要使自己的思想和门派在社会上争得一席之地，大多要有一个区别于他人思想和门派的名称；或者后人为前人记史立传，也要给各家各门派一个独具特色的称号，以别各家殊异。道学一名，北宋初已出现。程颐于宋元祐二年（1087年）《又上太皇太后书》中说：“陛下圣虑高明，不喜浅近，亦将勉思义理，不敢任其卑俗之见，惧获鄙于圣监矣。诚如是，则将道学日明，至言日进，弊风日革。”（《河南程氏文集》卷六《二程集》）此是说道学鄙弃浅近之论，穷究义理，且能革除弊风的。程颐又在给孙叔曼书中论及其兄程颢的功业，说：“其功业不得施于时，道学不及传之书。”是将道学与程颢的名字连在一起的。朱熹称二程为道学的唱明者：“夫以二先生唱明道学于孔孟既没千载不传之后。”而道学的实质则是孔孟学

说。在朱熹，合于孔孟的是道学，否则不得称为道学。后来，有人编排了道学的师承道统，罗列周敦颐、张载、二程、邵雍、朱熹及程朱门人为道学大家。

南宋有理学名称，范围比道学广。陆九渊曾说：“秦汉以来，学绝道丧，也不复有师……唯本朝理学，远过汉唐，始复有师道。”《周子金书》卷二十一上记有南宋嘉定时吏部考功郎中楼观的话：“理学之说，隐然于唐虞三代之躬行，开端于孔门洙泗设教，推广于子思、孟轲之讲明，驳杂于汉唐诸儒之议论，而复恢于我宋濂溪先生周公教颐……春秋之际，三纲沦，九法斁，邪诞妖异之说竟起涂民生之耳目，溺天下之污浊，理学亦几乎息矣！”这里，理学的范围很广，几乎与儒学合。往窄处说，也是包括宋代儒学。到明代，理学一名便用于称程朱的道学和陆王的心学，已是约定俗成。在中国哲学史和经学史上，一般说宋代思想的特色就是变古，对汉唐死守注疏的传统不以为然，由疑经到删经改经，借经文以阐发自己的见解，不拘泥于经书文字，重在说明经书的义理。在这种学术风气中形成的儒学学说可以都是理学，如关学、濂学、洛学、闽学、蜀学、新学、心学等。后者是从学派的创始人上说的，标识的是师门；理学则是就基本精神、治学目的、思想内容的特点上说的。现代学者一般将理学分为三大部分，即程朱道学，陆王心学，张载的“气”一元论。

在儒家经典中，理学尤为推崇《大学》《中庸》《论语》《孟子》。朱熹作《四书集注》，为以后历朝立为育才取士的教科书。朱熹《大学章句序》说：《大学》是古之大学所以教人之法，孟子以后，其基本精神几于泯灭。二程出，接孟子之传，“实始尊信此篇而表章之……发其归趣，然后古者大学教人之法、圣经贤传之指，灿然复明于世”。朱熹认为，《大学》一书对于国家化民成俗，学者修己治人，都有重大作用。《中庸》相传为子思所作，传孟子。孟子后继统绝。二程续千载不传之传，力倡读《中庸》。至于《论语》《孟子》，理学家则视其为成就圣人之道必读书。程颐说：“学者当以《论语》《孟子》为本。《论语》《孟子》既治，则六经可不治而明矣。”理学家重视《四书》，因为这四本书确实能反映理学的治学宗旨和学术特色。理学是反古、变古的，即对汉唐以来经学的僵化不满，尤其是魏晋玄学，以道家思想解说儒经，唐又倡佛，以佛说玷污儒学，

致使社会风气腐败。理学的兴起，在于拯救儒学，恢复儒学的纯洁性，将其运用于国家化民俗和学者修己治人上。《大学》上说："大学之道，在明明德，在亲民，在止于至善。""物格而后知至，知至而后意诚，意诚而后心正，心正而后身修，身修而后家齐，家齐而后国治，国治而后天下平。"理学是将此作为治学纲领的。

与以前的儒学相比，理学有较强的理论性、思辨性。儒家诸经，《礼》《诗》《书》《春秋》的重点是践行，要在指明在不同环境、针对不同的具体事物，人们应该怎样做，是规范具体行为的，可算作"经训"。至于为什么如此做，有什么道理，则不必追究。汉初立经，特别是今文经一统天下的时候，经学的学术重点是名物训诂，目的是读懂经文，是传述师说，固守家法。知先师怎样说，经上怎样说，于是在日常生活中怎样做，这就可以了。这时的经学没什么思想性，经学的地位是靠国家的强制力量、师门家法的宗法传统力量维系的，人们对于经典用不着、也不允许用脑思考。古文经出，打破今文经学独霸地位，人们在不同经典面前如何依从，必有取舍问题，这只靠信仰和外在的强制力量已不能解决，合乎逻辑地引发思考，形成理性的判断能力。但是，东汉后的经学大家，包括郑玄和王肃，仍然未能摆脱尊经、崇圣、法古的习惯势力，力图确立新的绝对权威，经学仍是建立在信仰和外在强制力基础上的。玄学重义理，但用道家思想解经，又为儒学正统所不容。

理学则要阐述儒家思想的理论和哲学基础，使儒学的经学地位建立在人们的理性思考基础上。而诸经之中，《论语》《孟子》是思想理论性较强的，这恐怕是理学推崇四书的原因之一。理学既是儒学，它不能违背儒学的基本精神。但它又不能重复前人，而要说明经所以经、圣所以圣的道理，所以理学充分借鉴佛教和道教哲学，建立起一套以理、道、气、器为基础范畴的宇宙结构论和宇宙生成论，用以解释世界万物及人类的生活，从而说明儒学确立的政治、伦理规范的合理性。全部理学就是围绕这一中心任务展开的。

（汤泽林）

40. 周敦颐为代表的“濂学”如何强调“诚”的意义

周敦颐依据《太极图》建立一个由无极到太极，由太极到阴阳，由阴阳而五行，由五行而万物的宇宙生成论，说明了宇宙万物由无到有的产生过程。更重要的，他是要依此说明社会历史现象，解释人类行为所以然的根据。周敦颐说，阴阳五行之精华妙合凝聚，乾道成男，坤道成女，二气交感化生万物。而人是阴阳五行中最优秀的成分，因而是万物之灵。人有肉身形体，又有精神而能产生心知。因为人有心知，所以五性感动而有善恶之分，于是便有人世中的诸多事变。可以看出，人性是周敦颐解说人类行为的基础概念，也是他由一般的宇宙万物生成进入社会历史现象的中介。

周敦颐解说宇宙万物生成，不是就万物的形体、构成成分上说的，而是在万物的运动变化规则，在人就是行为特点的意义上说的。也就是说，他解释人类社会，不是要说明生物学意义上的人是怎样产生的，人体由何而来，人的心知由何来，即不是体质人类学意义上的人类生成。他的重点是说明人的行为特点，特别是文化行为的特点的生成，可以是在文化人类学的意义解说人的本源和生成。万物本源是无极，由无极到太极。太极的构成是什么？周敦颐没有明确，只说它的“性”，是一动一静。阴阳是什么？他也不是从物质构成上说的，例如，他未明确说阴气阳气。阴阳是运动的特点，阳为刚健，为动；阴为柔顺，为静。《太极图说》中说：“五行，一阴阳也。阴阳，一太极也。太极本无极也。五行之生也，各一其性。无极之真，二五之精，妙合而凝。乾道成男，坤道成女。二气交感，化生万物。万物生生，而变化无穷焉。唯人得其性而最灵。”太极即一动一静运动着的存在。太极动而生阳，阳也是一动一静；静而阴，阴亦一动；静，所谓阴阳，一太极也。阴的一动一静与阳的一动一静就有区别了。阳的动静呈乾道，即刚健；阴的动静呈坤道，即柔顺。刚健成男，柔顺成女。男女不是指男人、女人，而指一般雌雄牝牡之类。也不是雌雄的形成构成，而是指行为运动特性。至于人类与一般动植物的区别，周敦颐没有明确讲，只是说人类得“二气交感，万生化物”过程之优秀者，因而有心知。这优秀者，因为周敦颐无明确的

“气一元论”，因而并非如者指明的是清气。

万物是“二五之精、妙合而凝”形成的。因为“五行，一阴阳也。”即水、火、木、金、土各有一阴阳，而五行又各有自己的运动特性。这样，阴阳五行交互作用，使万物，包括人类，形成五种基本的行为特性，即“刚善”“刚恶”“柔善”“柔恶”“中”。周敦颐说：“性者，刚柔，善恶、中而已矣。不达，曰刚善，为义、为直、为断、为严毅、为乾固；恶，为猛、为阳、为强梁；柔善，为慈、为顺、为巽；恶，为懦弱、为无断、为邪佞。唯中也者，和也，中节也。”（《师第七》，《周子全书》卷八）他把善恶又作了刚柔之分，或者说把刚柔又作善恶之分，此四者都不是好的品性，只有“中”才是好的。这是周敦颐对万物及人类品性的客观上的描述。

就人类行为来说，当然是要摒弃不好的品性，弘扬好的品性。于是，周敦颐就确立了一个完人的标准，他称作“立人极”，即规定人类行为的最高准则。《太极图说》写道：人类“形既生矣，神发知矣，五性感动而善恶分，万事出矣。圣人定之以中正仁义（自注：圣人之道，仁义中正而已矣。）而主静（自注：无欲故静），立人极。故圣人与天地合其德，日月台其明，四时合其序，鬼神合其吉凶。君子修之吉，小人悖之凶。”圣人所立人的行为准则合于天地、日月、鬼神，即合于宇宙万物运动生成的最根本规则，所以是最完美的。按此规范行事则吉，反之则凶。

那么，如何使人们的行为合于天地运行的根本规则，修身以达到人极的品格呢？周敦颐提出“诚”的概念以解决这个问题。

圣人之品性是中正仁义。然而就人性生成上说，本来有可能生成五性的。为何圣人能摒弃“刚善”“刚恶”“柔善”“柔恶”四个“不达”之性呢？因为君子乾乾不息于诚。所谓圣，就是诚。“诚者，圣人之本。”（《诚上第一》，《周子全书》卷七）对这句话，有不同的解释。朱熹说，所谓“圣人之本”的“本”字，是本领的意思，圣人能至诚不息，所以成圣人之性。有说这个“本”字，是“圣的根本”的意思，即“诚”就是“圣”的根本标准。仔细看来，所谓“诚者，圣人之本”，还是说“诚”是圣人所以成为圣人的根本原因。中正仁义，

是从已经是圣人的行为规范上说圣人之性；“诚”是从至圣的根源上说圣人之性。“诚”，乃是至圣的根本。

“诚”是什么？周敦颐之前，孟子讲过“诚”，《大学》《中庸》中也讲“诚”。《中庸》说：“诚者自成也……诚者物之终始，不诚无物，是故君子诚之为贵。诚者非自成己而已也，所以成物也。”周敦颐讲“诚无为”，含《中庸》中对“诚”的解说。在周敦颐看来，宇宙万物的生成过程本身就是“诚”，非人为的。圣人能使自己的行为合于天地、日月、鬼神，就是合于“诚”。由此说来，能合于天地万物生成规则就能成为圣人，就是圣人。如果行为中有人为的成分，就是不诚，就有四种“不达”性。这人为成分，就是“欲”。周敦颐讲修身的功夫，主要就是“无欲”。无欲而动就是静，静寂无为就是诚。有欲而动，就可能有恶善之举，形成四种“不达”之性。所以，周敦颐又把“诚”作为“五常之本，百行之源”。“诚”的概念是周敦颐社会伦理思想的基础。

（汤泽林）

41. 张载所代表的“关学”有哪些特点

“关学”是北宋时理学的一支，代表人物是张载，因流行于陕西关中地区而得名。

由于当时社会环境，“关学”对社会政治问题倾注了很多心血。张载从事政治活动的时候，正值王安石变法。他对变法的基本主张是支持的，希望借此机会革除北宋朝廷的腐败现象，增强国力，抵御外族入侵。但对王安石变法的方法和实施步骤，张载又有不同意见。张载认为，所谓变法就是“通其变而使民不倦”。即变法的目的是减轻民之负担，达到既利民又利国的目的。他之所以这样说，是因为在他看来，王安石变法并没有达到上述效果。另外，张载反对王安石自上而下的激进的变法策略，而主张渐进，以教化为先导，让百姓在不知不觉中接受新法，认为这样不至于引起过多的人反对变法，新法容易施行。

在具体的变法内容上，张载坚持孟子的“仁政必自经界始”的思想，在土

地制度上主张实行井田制，由朝廷下令，收天下田为国有，按古井田的形式分配给国人，使无田者知足，原来有田者又不失其富，照顾到他们的利益。赋税劳役也按井田分摊。张载认为，实行这种井田制的好处是，国家不失赋役，私家有相对稳定的田产，可保证生活供给。在此基础上，分宅里、立敛法、广储蓄、兴学校、成礼欲、救灾恤患、教本抑末，即可再现三代国治天下平的局面。

在行政管理体制上，张载主张实行古代的分封制。他认为秦以后实行的郡县制使国家行政设置烦琐，徒增加了许多官员，没什么好处。张载说，行分封法，以血缘宗法关系巩固家族，可以使朝廷保有一批世臣，即世代为官者。这样，官僚家族的地位世代有保障，自然会忠心于朝廷。如不然，为官者一世为官，骤得富贵，也只是得益三四十年，死后子孙分裂，不知其所出，家族不存，又如何能报效国家？张载还认为，家庭是社会的基础，国家又是个大家族，家庭环境中培养起来的孝亲思想，见之于国家，自然能增强国家的维系力量。

另外，张载还主张恢复古代的"肉刑"。墨、劓、刵、宫等肉刑，自汉文帝和隋文帝时已相继废除。张载说，有些死罪犯人，其实可用肉刑代替，不能什么罪都用死刑，这样一来，反倒使人不惧死了，不能减少犯罪现象。如把一些罪犯改为肉刑，既可使其免死，体现朝廷的仁政，又可起到示警作用。

张载的"关学"在中国思想史上的重大贡献是建立"气一元论"的理论体系。这一理论是直接用于批判佛、老的空无思想的。

魏晋以来，佛家、道家思想盛行，大有压过儒家之势。尤其是佛、道有精致的理论体系，是儒家经学所不能比的。汉代经学只重训诂名物，恪守家法师说，窒息了人们的思维。今文经学又好引谶纬灾异说，显得粗俗浅薄，很难敌得住佛、道学说的逻辑力量。先前的儒家学者批判佛、道，多只是给予道德上、政治上的指责，未能拿出足以取而代之的理论体系，张载的"气一元论"哲学可以说填补了这方面的空白。

张载认为，佛教理论的错误集中在三个方面：一是"一切唯心"，以意识为天地万物生灭的根源；二是"以空为真"，视天地万物为虚幻；三是"生死轮回"，灵魂不灭说。道家的理论错误是以"无"为万物之本，有生于无。张载把世界万物的本原归结为“气”，用“气”的不同形态解释虚实、有无问题。

张载认为，世界万物是实有，而不是虚幻的空无，这个实有的本体就是“气”。所谓“气”，不仅指呼吸吐纳之气，也指看不到摸不着的东西。“气”的存在和运动有聚和散两种基本形式，聚则为各种具体事物，散则又回归于“气”。“气”的虚实存在，即可感和不可感，以及它的聚散运动，是“气”的本性。

“气”的本来存在是“太虚”。“太虚”无形，又是“气”的本体。“气”与“太虚”是同一东西，“太虚”就是“气”。“气”有聚散。聚，即为万物；散，即为太虚。不过，张载虽然把“太虚”和“万物”都看作同一“气”的不同形态，还是认为两者有本质区别。具体事物有各自形制，也就有大小精粗的分别，这是因为具体事物碍于形的限制。而“太虚”是“气”的本然形态，其特点是“清”。“清”则无碍，无碍则神。具体事物是“浊”气，所以受制于形。那么，“太虚”与具体事物相比，就是清与浊、神与有碍的关系，两者地位悬殊，具体事物只是神的糟粕。这种看法在张载解释人性时有重要影响。

“太虚”如何演化生成万物？张载提出一个“太和”概念。“太和”是“气”的“氤氲”未气状态，但其中含动静、虚实、阴阳、刚柔。正是“气”的这种氤氲相荡，“气”才由“太虚”演化为天地万物。由此看来，天也是“气”，所以，天并没有意志，只有人类才有意识。天人相异，根本也不存在天能奖惩人世的事。张载连中国古代天命、天志的思想也否定了。接着，张载就用他的“气”说解释风、雨、雷、电等自然现象。最后，由于“气”的阴阳两性的相互作用，生成人类。

关于人性问题，张载也是用他的“气一元论”来解释的。他说，所谓人性，即人之所以为人的根据，这是立人之本。人也是“气”的一种存在形式，“气”的本然存在是“太虚”，这是最纯粹的“气”。“气”之阴阳相荡形成人的形体。所以，人性有两重性，一是基于形体的“气质之性”，它有善有恶；一是基于“太虚”的天地之性。“天地”之性是纯善。虽然人类及万物都由“气”生成，但由于“气”的清浊及禀受“气”的厚薄不同，所以，人各有性，物各有性，

浊气成物，清气成人，薄气成愚人，厚气成智者。然而，既然人都是“气”由“太虚”形态凝聚而成形体，所以，每个人都有“气质之性”和“天地之性”。“天地之性”并非圣人专有。任何人，只要他肯于学习，就可以使“气质之性”改造为“天地之性”，则每个人都有可能成为圣人，关键是要虚心学习。要不为私欲物欲所迷惑。

张载的“关学”在实践层面上所坚持的，都是儒家一贯的基本原则。他的贡献是用“气”说为这些原则确立了宇宙本体论的根据，儒学终于有了一个可以与佛、道理论相抗衡的哲学体系。

（汤泽林）

42. 程颢、程颐所代表的“洛学”是怎样论述“性即理”学说的

程颢、程颐的“洛学”为程、朱道学打下了理论基础，这个理论体系的主旨是政治性，即说明儒家主张的政治制度、礼法、道德纲常的绝对权威性。这个问题在“洛学”之前没有理论性、思辨性的解决。孔子只是主张恢复周礼，行仁义。至于为什么要这样，他没有更多的说明，只说那是古代圣人的惯例，社会就应当那样生活；人为什么必须行仁义？他只说作为人就应当如此，否则就不是真正的人。孟子坚持孔子的治世主张，为什么必须如孔子说的那样做呢？他有点现实的功利性味道，说只有行圣人之道，有国者才能保国王天下，世人才可以得福免祸。汉代的董仲舒的论证更为粗俗，他以血缘宗法关系为模本，搞个人副天数论，说天是人的祖宗，天道就是仁、义、礼、智、信，所以人道也只能如此。张载的“气一元论”主要是针对佛、道的空无说的，主要任务是在说明世界的本体是“实”，而非“虚”，实的基础是“气”，重点是说明世界本原是什么，而不是回答世界万物应该怎样运动，以及为什么应该那样运动。这样，就仍然不能充分说明社会生活为什么必须遵行儒家确立的礼法及伦理规范。二程开创的“道学”向解答这个问题的方向迈进了一步。他们的理论的主题大体有三个：第一，说明为什么必须要遵循儒家提倡的政治制度、礼法、道德规范；第二，为什么社

会上会存在不符合儒家说教的恶的行为；第三，怎样去掉恶的现象，实现儒家的理想社会和人生。所以，二程理论的出发点和归宿都是人的行为问题。

人的行为是人性的表现，所以，人性问题就成了“洛学”的核心。人性问题，先秦思想家就提出来了。那时，有人性本善说，有人性本恶说，有不善不恶说，但都没能回答人性为什么善，为什么恶。二程要解答这个问题，方法是为人性找到一个第一的、终极的、绝对的根据，为此，他建立起一个系统的宇宙结构论。

二程理论的逻辑起点是“理”。“理”就内容上说，规定很简单，“礼即是理也”。圣人是人伦之至，这人伦就是理。“理”就形式上说就是万事万物的最终依据，决定者。“理”是唯一的，万事万物的最终决定者就这一个“理”，没有第二个；“理是永恒的”，“不为尧存，不为桀亡”；“理”无形，是形上的，但又是实有，它体现在万事万物的运动过程中。

“理”如何决定万事万物的具体行为呢？二程说，“理”本身就含动静，动静生阴阳，或者说动静本身就是阴阳，“动静是阴阳之本”。阴阳氤氲相荡，决定诸事物的变化运动，这种决定的过程叫“气化”，不同具体事物新陈代谢，例如动植物的种的繁衍，叫“神化”。“气”这个概念在二程那里更多是指一种运动形式，而非物理学意义上的构成事物的元素，与张载的规定不同。二程后来讲到人的善恶，说是因为由气的偏正决定的，“偏正”一语显然指阴阳的关系、势力是否协调，他们虽然也提到“气”的清浊，但也主要从运动形式上用的，非指构成元素。到此，二程算是层层剥离了万事万物运动变化、人的行为的最终决定者：事物的不同运动形式取决于阴阳，阴阳本于动静，动静就是“理”自身的规定性。所以，万物运动的第一因是“理”。

“理”在人就是“性”。“理”与“性”是同一个东西，只是名不同。就万事万物共同的最终决定者，称为“理”，就诸事物的具体个体上说，就称“性”。所以，“性”这个概念也不只是用于人类，凡物都有“性”，如牛性、马性、犬性、草性、木性等。其实，这万事万物的“性”还是那唯一、永恒、绝对的理。“性”也是唯一的，并非每物各有一“性”。这就是“性即理”命题的本意。不

能在那终极“理”之外去看具体事物的“性”；也不能在具体事物的“性”之外再去找什么其他的最终规定者，如果这样，就把那个“理”架空了，成为非实有。

但是，万物的具体运动有不同形式，人的行为也各不相同，而人以及万物的行为又由“性”决定，唯一的“性”为何表现不同的行为？这是因为“理”（即是“性”）本身不是僵死不动的。“理”有动静，动静的阴阳相荡就可有无数的平衡点。作为“人伦之至”即儒家提倡的那个礼法、道德规范，是阴阳的中正状态的表现。阴阳相荡有偏倚，就是不正，在具体行为上就不能呈现纲常、礼法的纯粹状态，就是“浊”，圣人的行为才是“清”，即纲常礼法的纯净的形式。

二程又说过“性即气，气即性”，这是从人的生理意义上说的。这里，二程吸收了张载的“气”的观点。人性有“气质之性”和“天命之性”，就是那万物唯一的“性”，即“理”。这是二程为了说明人的愚智、贤不孝等行为的差别引进的概念，与他的“理”为万物终极原因的逻辑已不那么协调了。在这里，二程既然认为“气即性”，所以每人禀气不同，就有善恶、愚智之分了。

二程分性为“天命之性”和“气质之性”，但又不能将二者拉得太远，若完全割裂开二者，就成了“性”二元论，如此，他们的道学理论就失败了。幸亏二程把握了这一点，没有在“气质之性”上走得太远，还得回归到“性即理”的大前提上来。

“理”在人就是“性”，如果它是实有，就得在人身上有个处所，这就是“心”。“心”是人性之所主。“心”不是生理学意义上的心脏，而是意识，精神。心能思虑。二程说“心即性”。心性本善。但是，心既能思虑，这思虑就是心动，它与“理”动静、阴阳相荡是一致的，心动就有可能形成阴阳不中正，所以，说心性本善，是从心寂然不动，从心的阴阳中正上说的。这是心的“未发”状态，但心的特点又是感物而动。心感物而动的表现是“情”，这是心的“已发”形态。感物而发就打破了心之本性的阴阳中正的平衡，就有喜、怒、哀、乐、爱、恶、欲“七情”。心感物而生情，这是心，即性的必然，所以，能生七情也是性的表现，生情没有善不善的分别，任何人，包括圣人，也生七情。但是，人的行为的善恶又确是由七情引发的。二程特别提出七情中的“欲”作为鞭挞对象，认为凡恶行都出自“欲”，所以，他们提出要“灭人欲”，以“存天理”。这里的关键是能否使七情保持中正状态，七情中正就是善行，反之即为恶。至此，二程就从“理”出发，说明人的行为。

这个关于人的行为、人性的理论模式一出来，也就能回答能否改变人的恶行为善行，以及怎样达到这个目标了。人性本善，心寂然不动，就是保持“性”的本来面貌，即为善。所以，行善要能“居敬”，即心“主一”，而不为外物所诱。心“已发”时，要能“灭人欲”，使七情中正，即能行善。

（汤泽林）

43. 朱熹所代表的“闽学”的主旨是什么

以朱熹为代表的“闽学”是“道学”的一支，大的原则都是申明儒学的政治和道德伦理主张。从政治上说，闽学的主旨也是说明儒家确定的政治制度、礼法、道德规范的绝对权威性，因而必须实行这一套治世治人的根本原则。这与二程的“洛学”是一致的。作为理论上的任务，也必得说明儒家的社会人生运行模式的唯一性、永恒性、普遍性，它作为万事万物终极原因的神圣地位；解释现实中生活违反儒家训条的行为是如何产生的；回答如何消除这些反儒家的恶现象，使社会人生都纳入儒家的理想模式，这也是宋明理学的共同课题。思想家活动的目标就这么确定了，但真要在理论上完成这些任务，又非易事。二程“洛学”的重点是在形式上，说明人们的行为遵循儒家训条是当然的，必然的，还要说明之所以应当如此的终极原因。这是从事物运动的规则，人的行为规范上说的，回答人应当如何行以及为什么必须这样行，至于行为的主体是谁，二程并未过分注意。张载是在二程忽略的另一极上下工夫，他针对佛、道的空无说，全力回答世界上实存的是什么？实存的主体是谁？在二程可能是不言自明的前提，而张载从佛、道那里看到，这并非是不言自明的。

实存的主体与主体的运动形式，这是两个问题。将两者截然分开，说明不了

人们为什么得遵行儒家的主张；将两混为一，或忽略一个方面，尽管口头上说那“理”是实的，也仍有虚幻之嫌。朱熹“闽学”理论上的主旨就是解说此两者的关系，他兼采张载和二程的思想，以“理”与“气”，“道”与“器”，“体”与“用”，“本”与“末”，“形上”与“形下”等范畴，力图回答形式与质料的关系。

朱熹与二程一样，也将“理”视为宇宙万物的第一因，它是唯一、永恒、绝对的。他说，这“理”要是实理而非“非理”，就得有个安顿处。“气”便是“理”的安顿处。朱熹比二程重视“气”这个概念，并用张载的思想，把“气”描述为构成事物的元素那样的东西。“气”概念对朱熹的理论体系至关重要，舍此，就会流于佛、道的空无。他说：“佛氏偏处只是虚其理，理是实理，他却虚了，故于大本不立也。”（《朱子语类》卷一二六）为什么会如此，就是因为不讲事物实体的构成要素，空说“理”，如“终日吃饭，不曾咬破一粒米，终日着衣，不曾挂着一条丝”。（同上书）所以，寻求决定事物的终极原因，要从两方面入手，一是构成事物的材料，这是“气”；一是事物的运动形式，这是“理”。“天地之间，有理有气。理也者，形而上之道也，生物之本也；气也者，形而下之器，生物之具也。”（《答黄道夫》，《文集》卷五十八）“理”“气”截然分明，不能混淆。“理”在“气”中，如明珠在水里。“理”只有一个，水却有清浊，所以，同一个“理”在不同事物的显现方式就不一样了。

朱熹强调“理”在“气”中，不能到“气”之外去寻“理”，“理”外也再无“气”。若这样看，那脱离“气”的“理”就是虚理，那脱离“理”的“气”，也就不受“理”的制约了。关于“理”“气”的相互地位，两者不可分离，还有以“气”为主或以“理”为主两种可能。如果以“气”为主，把“理”只看成具体事物的条理，运行规则，“理”的绝对权威性地位就失去了。如此，朱熹理论活动的政治主旨就会流产。所以，朱熹只能从另一可能上发挥，他说，“理”是本，“气”是末，“理”在先，“气”在后。这先与后不是时间上的顺序，而是逻辑上的顺序，有因果关系的含义，即一物之所以能成一物，之所以能有特定的运动规则，是由“理”规定的。没有“理”这个前提条件，就没有特定的事物及其运动规则。当然，运动形式和运动主体间的关系还有另一面，没有运动主体，就没有什么运动形式。运动总是某一主体的运动。此种说法，就把“气”当做“本”，“理”当做“末”了。朱熹没有看到这一面，或者即使看到了也不愿承认，同样在于，如果从这一面发挥开去，便无从论证儒家礼法、道德规范的绝对权威性。

“理”与“气”判然有别，又共处于各具体事物之中，要说明“理”为万物的第一因，就有两条线了：一是形式的，一是质料的。朱熹理论比二程就多了一个要解决的麻烦。朱熹把动静阴阳从“理”的概念中分离出来，说动静阴阳是“气”的特征，是形而下的，只有“理”是形而上的。万物的生成是阴阳二气动静运动的结果。天地初间，只是阴阳之气，这一个气运行，磨来磨去，就产生天地、日月星辰以及万物。“理”作为形而上之道，是宇宙万物的太极，太极能生动静，但不就是动静本身。太极动而生阳，静而生阴；动极至静，静极复动，这样，作为规定万物“所以然”的道，就随动静、阴阳之气的相磨运动而始终伴随万物的质料方面的生成运动。所以，万物作为实体虽是“气”的运动，却无时无地离开那形而上的“理”。“理”就像月映万川一样“分殊”到各个具体事物之中。如此说，无论何时何地的何种事物，任何人的行为，便都是由那唯一的“理”规定的。

说到人的行为，乃是人性的表现，朱熹坚持“天命之性”和“气质之性”的观点。“性即理”。天命之性就是“理”的纯粹形式。气质之性是从人的生理上说的，人由“气”构成，“气”有清浊，所以不同的生来禀受不同的“气”，就有善恶、愚智之分，这是就形而下意义上说的。但就形而上看，既然“理”存在于任何事物当中，所以任何人都有“天命之性”的善的种子，只是得去掉浑浊的“气质之性”的污染，才能显出善的本性。这个过程，朱熹强调学习的作用，通过格物致知——穷尽天下事物的“理”，从而达到唯一的天理，便能成为至善的圣人。如此，朱熹完成了理论上给自己规定的任务，他的理论比二程就显得精致周全得多了。

（汤泽林）

44. 曾有“鹅湖之会”的陆九渊与朱熹的思想有何不同

陆九渊与朱熹个人私交不错，但他的“心学”与朱熹的“道学”在理论上有矛盾。宋孝宗淳熙二年（1175 年），吕祖谦约陆、朱两派人士在江西鹅湖寺搞个学术讨论会，意在弥合两家的分歧，结果却使分歧更为明晰化了。

陆九渊“心学”在政治的主旨与朱熹一致，但在如何使人思想上达到“理”的境界，成就圣贤的道路上，与朱熹有很大分歧。《陆九渊集》第三十六卷上记载：“鹅湖之会，论及教人，元晦之意，欲令人泛观博览，而后归之约。二陆之意，欲先发明人之本心，而后使之博览。朱以陆之教人为太简，陆以朱之教人为支离。此颇不合。”黄宗羲在《宋元学案》的《象山学案》中说，陆九渊之学“以尊德性为宗”，主张成就圣贤之道，应“先立乎其大”，不然的话，“本体不明，而徒致功于外索，是无源之水也”。而朱熹以道问学为主，认为格物穷理是“入至之阶梯，夫苟信心自是，而唯从事于覃思，是师心之田也”。则达到“理”的境界，陆九渊以“尽心”为先，朱熹以“格物”为先。

陆九渊所以把“尽心”当做修身之始，因为他对“理”与个人的行为的关系与朱熹有不同看法。

陆九渊关于“理”的内容和形式的规定与朱熹没有什么不同，他也把“理”视为万事万物的运行规则及终极原因，是儒家提倡的政治制度、礼法、道德规范。既然宋明理学的主要目标都是在政治、伦理方面，力图说明人的行为与那绝对神圣的礼法和道德规范的关系，那么，与其绕很大弯子去解说“理”与人之外的万物的关系，不如单刀直入，简洁明快地回答人的行为与“理”的关系。朱熹为了强调“理”的普遍性、绝对性，把“理”看做是不依赖任何个人，不依赖于整个人类，也不依赖于任何个别事物的先在的条件。陆九渊则说，“宇宙便是吾心，吾心即是宇宙。”那么，作为宇宙万物第一因的“理”，也就在心中。心就是理，“满心而发，充塞宇宙无非此理。”（《语录上》，《陆九渊集》卷三十四）宇宙万物与心的关系，犹如镜中观花，心是镜，花是万物。关于心，陆九渊的规定是，它首先是思维的器官，人与木石不同，都有心。五官之中，心的功能最重要，心主思虑，思虑才聪明，聪明才能成圣人。心是人与动物的根本区别，仁、义、礼、智四端就是心的表现，是天生就有的，人的行为有善恶，是后天的，圣人存有心的先天就有的四端，为善；小人舍弃这四端，为恶。陆九渊还反对“人心”“道心”说，在他看来，人心是唯一的，不可能有二心。

陆九渊如此规定了万物与心的关系，在如何认识“理”的道路问题上，就提出了与朱熹正相反的观点。在朱熹，因为“理”是个不依赖人类，当然也就不依赖人心的终极存在，它随“气”的运动，演化生成万物，便也与万物同在。人心只是万物之一，随着心“气化”过程中的生成，尽管也含理，却只是心作为生理器官运动的“理”，而不是宇宙终极原因的全理。所以，人要达到“理”的境界，就要一个个去格物，通过物而认识“理”，这就是陆九渊所批评的“支离”。在陆九渊看来，既然“理”，譬如仁、义、礼、智、孝、悌等（这些都是“理”，道学家讲“理”，主要内容也是这些），都在心中，是心天然就存在的，当然就不必向心外去寻求“理”了。只要尽己心，就能知己性，就能知天，即知“理”了。

“理”在心中，那么人的恶念恶行从何而来？来源于心与物交之初。心与物交，不良的念头滋长不剔除，久而久之，陋习难改，就压倒了心之本善。这在心与物之初埋下恶念的种子就是“欲”。“欲”是“害吾心”者。人人都得与物交，所以，人人都有产生“欲”的可能。任何人都处在“欲”与本心之“理”、善与恶的旋涡中，这就是“人心唯危”的意思。那么，任何人就都有修养“吾心”的必要。但这个过程不是去“格物”，只在尽自己的“本心”。“保吾心之良”，“去吾心之害”。“吾心之良，吾所固有”，如若不能保，其害即“欲”必多，“欲之多，则心知存者必寡；欲之寡，则心知存者必多。故君于不患夫心之不存，而患夫欲之不寡。欲去，则心自存矣。”（《养心莫善于寡欲》，《陆九渊集》卷三十二）

如何去欲存心？不必去“格外物”，而是反省内求。陆九渊说，人耳自聪，目自明，事父自成孝，事兄自能悌，本无缺少，不必他求，关键在于自立，即自立本心，去掉物欲。有物欲不怕，要能“剥落”，时时处处能剔除物欲，本心即

越来越清明。去欲存心也要学习、读书，但读书不是读传注之类。读传注让人劳心费力，精神疲惫。所谓学习，在陆九渊看来，主要知晓人们相互间的社会地位、角色关系。知父子关系，为父，自能慈；为子，自能孝。知君臣关系，为君，自能仁；为臣，自能忠。知人们的角色关系，能激发本心之善，又能不断地“剥落”“欲”，就是“保吾心之良”，就能成为圣贤君子。陆九渊的这一思想，后来被王阳明继承发扬起来。

（汤泽林）

45. 王阳明如何把心性之学推至登峰造极

儒家治学论道，根本宗旨是说治世做人必须遵行古代圣人定下的礼法制度，三纲五常、道德规范。关键是“实行”，而不只是知“道”，能议论“道”。但这个问题从来没有解决过。春秋战国时期，儒学只是与诸子地位平等的一家，其言论主张并没有权威性、神圣性，人们可公开反对它，倒也少心口不一，言行不一问题。汉初立儒学为经，政治上受保护，其意识形态上的主宰地位是确立了。但是，实际生活环境却又必然生出私欲，儒家的礼法和道德规范实行上于个人与生存又行不通（当然，它于社会整体上说，是协调社会关系，处理各种社会矛盾的可行方案）。所以，就有口头上能论“道”，而不能行“道”，理性上知“道”，而不能行“道”的事。心口不一，知行不一，身心不一，在王阳明看来，就成了礼法、道德纲常崩坏沦丧的根本原因，他针对此类实事提出自己理论活动的课题。

必须解决“道”的实行问题。王阳明发现，人的行为是由意识支配的，所行与所想（意）是一致的，怎样想，便怎样做；有什么样的想法，便有怎样的行为。这个看法应该说是合理的。基于此种认识，王阳明提出“知行合一”说，这便是他全部理论的核心。

王守仁批评时人说：“今人学问，只因知行分作两件，故有一念发动虽有不善，然却未曾行，便不去禁止。”（《传习录下》，《王文成公全书》卷三）如此长久积恶念，怎么会有善行？王阳明认为，从理论上说，上述不良倾向实是受了朱熹的分“心”“理”为二说的影响，“外心以求理，此知行之所以二也”。心外求理，可能知“理”，可能会论“理”，但“理”却不一定能入我心，在心中扎根，如此，实际行为上怎么能够合于“理”？“理”必须纳入“心”，与心合一，行为上才能处处时时合于礼法道德。这便是知行合一，知便行，行便是知。“一念发动之外，便是行。发动之外有不善，就将这不善克倒了，须要彻根彻底，不使一念不善潜伏在胸中。”（《传习录下》，《王文成公全书》卷三）王阳明说，人们口头上知晓得对父当孝，对兄当悌，实际行为上却不能孝，不能悌，这不是真知，真知被私欲遮蔽了。若是真知，便不会有知行不一的现象。譬如好好色，见好色属知，好好色属行。一见好色，便自好之，不是见了好色之后，再立个心去好那好色。可见知与行是同一个过程。

为了进一步论证知行合一，王阳明提出“心”“事”“物”的关系。王阳明不否认心外有物。如这样看王阳明，不免把他看得过愚了。但心外物不与“我”接触，便与“我”没有丝毫关系，于“我”没有任何意义。如若一与“我”接触，发生关系，便成了“为我”之物，是“我”对待的对象。由于，那外物便由“我”，即由己心了。王阳明举例说，譬如山中一花，人不接触它，作为心外之物它当然存在。当人们一看此花，则花的颜色便明白起来，可知花不在心外。譬如天地、神鬼、万物等是千古常在的，但若人死了，心灵不存在了，这个人的天地鬼神万物还有吗？所以，只有灵明，即心，是充塞天地万物的。“我的灵明，便是天地鬼神的主宰。没有我的灵明，谁去仰他高；地没有我的灵明，谁去俯他深；鬼神没有我的灵明，谁去辨他吉凶灾祥。”（同上书）再譬如对待圣贤的言论，也是以“我心”为判断标准的。“夫学贵得之心，求之于心而非也，虽其言之出于孔子，不敢以是也，而况其未及孔子者乎？求之于心而是也，虽其言之出于庸常，不敢以非也，而况其出于孔子者乎？”（《答罗整庵少宰书》，《王文成公全书》卷二）这样见解乃是王阳明理论体系逻辑上的必然，但不会为统治者和经学家们喜欢，因为它把天地鬼神圣贤的地位都变成依赖“我心”的东西了，少了神圣色彩。当然，王阳明的本意也并非如此。万物虽然依于“我心”，但“我心”也不是自由飘荡的，还有“理”规范着“心”。

“理”即圣人的礼法制度、道德纲常，是儒学不可逾越的界限。但王阳明把“理”在心外移到在“心”内。“理”在“心”中，“心”就是理。“心”的内容是礼法纲常，“心”运作的节文条理就是“理”，“心”与物接，不是无规则的，待什么物，就有特定的规范，如对父则孝，对君则忠，这是必然的，这“心”之运作的必然就是“理”，所以，王阳明改程子“在物为理”一语为“心在物为理”。如此，“理”就不在“心”外，“理”就是“心”固有的动作条理了。以这样的“心”去接触外物，中间环节是“事”，“事”就是行，就是对待外物的方式。“事”由“心”发，“心”通过“事”接物，则物也在我心中。为了强调外物与我心为一，王阳明进一步说，“事”就是物。

“心”的节文条理就是“理”，而讲人性，实即人心，则“理”就是人的本性。但人仍有不良行为，是违反人的本性的，这源于私欲。那么，要成就圣人，就是去掉私欲，恢复本心之性。这便是“致良知”。“致良知”是王阳明理论的最高范畴，这个理论所论课题的答案所在。王阳明自已对“致良知”评价极高。他说，他的理论，除了“致良知”就再没有什么要说的了，“吾平生讲学，只是致良知三字。”

如何“致良知”？王阳明也讲“格物致知”，但内容与朱熹却完全不同。朱熹说要一件件去穷尽个别事物的“理”，经过积累逐渐达到宇宙的终极之“理”。王阳明认为，“格”是“正”的意思，“物”是“事”的意思。“格物”是正事，即规范人们的行为。他说：“物者，事也。凡意之所发必有其事，意之所在之事谓之物。格者，正也。正其不正以归于正之谓也。正其不正者，去恶之谓也；归于正者，为善之谓也。”（《大学问》，《王文成公全书》卷二十六）王阳明从“知行合一”说上发挥“格物致知”，“格物”是规范行为，去掉恶行，也即去掉恶念。这是“致知”过程，也是“修身”，道德修养与“致知”是同一的。王阳明这样便能解决言行不一、心口不一、知行不一的问题了。

王阳明完善了陆九渊的“心学”，是“心学”的集大成者。他把万物归于“我心”，却算不上唯我主义者。因为他讲的“心”不是自由驰骋的，完全随我意的。“心”有“理”规范它，这“理”却是普遍的、绝对的、不依赖于“我心”的。虽然他把“理”说成是“心”之本性，形式上把“理”主观化了，实际上，“理”还是客观的。后来的统治者贬斥王学，大概是没有看出这一特点，实是看轻了王阳明的一片苦心。

（汤泽林）

46. 何谓朴学，有何重要成果

“朴学”二字始见于《汉书·儒林传》，倪宽初见汉武帝，述说经学。汉武帝说：“吾始以《尚书》为朴学，弗好，及闻宽说，可观。”朴学是指上古质朴之学，后称汉代古文经学为朴学。清代汉学宗汉古文经，更崇尚郑玄、许慎的训诂、文字、音韵学，也称后者为朴学。乾嘉考据学派的文字音韵学自认为继承许、郑传统，也被称为朴学。本条目讲的朴学，就指清代乾嘉考据学而言。

乾嘉考据学发端于顾炎武。顾炎武提出“读《九经》自考文始，考文自知音始。”于是著《音学五书》《唐韵正》《韵补正》，明三代以上之音，据古音以正唐韵之误。继顾炎武之后，阎若璩、胡谓发扬了顾炎武的学术风格，专门致力于学术，不像顾炎武那样干预政事。阎若璩用数十年工夫撰《古文尚书疏证》，证明东晋梅颐的《古文尚书》和《孔安国尚书传》为伪书。梁启超对此书评价极高，说是开了疑经之先，进而研究问题的风气，改变了在圣人经书面前唯唯诺诺的迷信态度，对近代学术发展起了解放思想的作用。胡谓作《易图明辨》，论证所谓河图、洛书说，“太极”“无极”说，都是宋代道士陈抟的伪造，并非《易经》应有之意。阎、胡二人是为乾嘉考据学派奠了基的。

乾嘉考据学最主要的学派有两支，一个是吴学派，起于惠周惕（惠栋祖父），经惠士奇（惠栋父），到惠栋集大成。惠栋弟子有江声、余萧客、王鸣盛、钱大昕、王昶等。惠栋的主要著作有：《九经古义》十六卷、《周易述》二十二卷、《易汉学》八卷、《易例》二卷、《明堂大道录》八卷、《古文尚书考》二卷、《后汉书补注》十五卷。考据学的另一主要支派是皖学派，以戴震为代表，继其后的有段玉裁、王念孙和王引之。戴震的主要著作有：《原善》《原象》《声

韵考》《声类表》《方言疏证》《孟子字义疏证》，戴自己最看重《孟子字义疏证》。段玉裁的著作主要有：《古文尚书撰异》《诗经小学》《周礼汉读考》《仪礼汉读考》《毛诗故训传定书》《经韵楼集》，流传最广的是《说文解字注》《六书音韵表》。王念孙的主要著作是《广雅疏证》，另有《古韵谱》《读书杂志》等。王引之撰有《经传释词》《经义述闻》，是阅读经书的重要工具书。

名物的训诂，古代文字、音韵的考证，是件极艰苦细致的工作，要占有大量的资料，相互比较，分门别类，又要有综合概括的能力，才能在各种不同的见解中，明辨真伪。完成这样的任务，确实要埋头于古文献之中，不为世事所干扰。所以，考据学家为自己规定的治学宗旨都是“为学术而学术”。他们认为，像宋儒那样就时政而议论，所谓阐发圣贤经书义理，不过是主观臆说而已，无实事求是精神。抱有政治倾向很强的思想家，像清代的今文经学派，认为考据学埋头故纸堆，不关心时政，为不可取。从儒家经学的角度看，这种批评可能是对的，但从学术角度看，却有偏头。考据学澄清了经学史上诸多疑惑不清的问题。考据学家的大量著作对于后人研究经学历史是不可缺少的材料，这批遗产的历史价值，今天也不可忽略。

考据学的意义又不仅在于它的既定成果，更在于它成就这些成果的治学态度、治学方法。考据学家在辨证古字古音的过程中，已经提出了某些接近于近代科学方法的东西。譬如，如何确定对圣贤经典的信从态度，汉儒的习惯是凡经就应该信，凡师说就不可违背。宋儒以义理为准，凡合于义理的就信从。但所谓义理又都是自己阐发的，所谓信义理也就是自己了。考据学中的吴学派仍有汉儒的习惯，吴学派以汉儒的注疏为判断经说是非的标准，凡汉儒说的，就信从，反之则排斥。戴震则舍弃人为设定的权威，讲究实事求是，以事实为是非取舍的标准，而如何做到实事求是，必须有一套科学的逻辑方法。梁启超曾将戴震的学术方法归纳十条（见《经学家·戴震》条目），其中已含有近代科学思维方法的成分了。这是乾嘉考据学留给后人的最有价值的贡献。

（汤泽林）

47. 管仲

管仲（？—公元前645年），春秋初期齐国的著名政治家、思想家，名夷吾，字仲，谥敬，故又称管敬仲，颍上（今安徽颍县）人，姬姓之后。他一度很穷，作过小商人，后来成为齐国公子纠的家臣。公子纠与公子小白争夺君位失利而死后，小白作了齐国之君，是为齐桓公。管仲初由鲍叔牙推荐，被齐桓公任命为卿，后深受齐桓公倚重，在齐为相四十年，被尊称“仲父”。他帮助齐桓公对内推行以“富国强兵”为宗旨的政治经济改革，对外进行以“尊王攘夷”为号召的联盟和征战吞并，使齐国国力大振，成为春秋时期最富强的大国和称霸诸侯的第一个霸主。学术界对管仲思想倾向评价不一，一般认为他是中国早期法家思想的先驱。

管仲在齐国大力推行政治经济改革的宗旨是富国强兵。为此，他一方面，突破了某些传统观念，如将农、工、商与士一起并列为“四民”，称他们为“国之石民”（《管子·小匡》下引此书仅注篇名），即国家的柱石；另一方面，也对分封、世袭等传统制度进行了一系列实际的改革。

中国远在商代已有分封制度，至周已相当完善。这一制度大体是天子将土地连同当地居民一起分赏给王室子弟及功臣，使之成为诸侯。诸侯靠封地生活，在封地内有世袭的统治权，并对天子有服从命令、定期朝贡、提供军赋和力役等责任。管仲则根据发展经济的需要，将全国按行业分为十五士乡、六工商乡，共二十一乡，置官吏分类分级管理。工商乡专事器具制造和货物流通，免服兵役，以专心本业。士乡专事农耕，适当征发力役，交纳税赋。对士乡的税收，管仲实行“相地而衰其政”（《小匡》），“案田而税”（《大匡》）的制度，即按土地优劣分等征税，使农民能安心本地生产而不向有好地的地方迁移。如此，士农工商各安本业，对发展经济自然是有利的。此外，由于国家有了税赋收入，又可以对官吏实行“赋禄以粟”（《大匡》），即由国家对官吏按级别发放粮食作为俸禄，促进了靠封地生活的世袭贵族向职业官僚的转变。

齐国的士乡组织非常严密，是一种平时与战时、经济与军事、富国与强兵高度统一的管理体制。平时，它是行政组织，士“食田”，农夫耕田。五家为轨，

设轨长。十轨为里，设里司。四里为连，设连长。十连为乡，设良人。战时，它则成为组建军队的基础，士作甲士和低级军官，农夫当兵。每家出一兵，则每轨可出五人，称伍，由轨长率领。每里可出五十人，称小戎，由里司率领。每连可出二百人，称卒，由连长率领。每乡可出二千人，称旅，由良人率领。每五旅一万人为一军，一国共有三军，齐君自率一军，两位上卿各奉一军。除征战之外，每年春秋两季，还以打猎的形式进行军事训练。

商周以来，国家的各级权力一直采取贵族世袭垄断制度，不利于人才选育和职业官僚的形成。管仲则推行了一套"循名责实"的考核制度，即根据官吏的职位来考查其实际政绩与能力是否相当，并以此作为人才选拔和淘汰的根据。例如，士不再世袭，而是经过层层考核来决定提升还是处罚。经三次审选，成绩最好的士可为"上卿之佐"（《小匡》），上卿之佐为上卿的辅佐之官。上卿是在地位上仅次于君的高官，当时齐国只有国子、高子两位世袭的上卿，所以上卿之佐的位置应是不低的。不仅如此，甚至"农"中有"秀才"者也可以为士为官。知贤而不举，还被视为犯罪。

此外，管仲还主张禁止掠夺家畜，以官府之力发展盐铁业，铸造和管理货币，调剂物价等。这些改革措施在当时确实是相当进步的，在推动齐国成就霸业的过程中起了极为重要的作用。

在与诸侯国的关系上，管仲推行"尊王攘夷"的外交政策，即打着尊周天子的旗号，联合中原的诸侯国，以武力抗拒当时中原以外的民族，所谓"诛无道""屏周室"（《国语·齐语》）。为此齐国曾九次召集诸侯国开会，制定互惠措施，订立盟约。这些对确立齐国的霸主地位，进而对国家统一的实现都有着重要意义。

管仲不仅是个有大作为的政治家，而且是个有大贡献的思想家。他在《水地》篇中明确提出水是"万物之本原"的命题，在时间上约与西方哲学史中的第一人泰利士相当。他主张法治与礼治结合，既相信"严刑罚""信庆赏"，又充分肯定道德教化的作用，将礼义廉耻规定为"国之四维"（《管子·牧民》）。他重视民心向背，提出："政之所兴，在顺民心，政之所废，在逆民心。"（《管子·牧民》）他还指出："凡治国之道，必先富民，民富则易治也，民贫则难治也。"（《管子·治国》）等。这些都是有积极意义的。

管仲是先秦法家的主要创始人之一，对后来的韩非、李斯等人影响很大。可以说他的学说成就了齐桓公的霸业，也可以说，齐桓公的霸业为他的学说作了最有力的注解。

（王国元）

48. 李耳

李耳，即老子，先秦道家学派创始人，被后世奉为道教教主，称"太上老君"，生卒不详，当为春秋末期之人，约与孔子同时，或略长于孔子。司马迁说："老子姓李氏，名耳，字伯阳，谥曰聃"，并说他是"楚、苦县（今河南鹿邑东）、厉乡、曲仁里人"（《史记·老子韩非列传》）。但同时他又记述了老莱子和太史儋两个人，究竟这三人中哪一个是老子，抑或根本就是一个人，向无定论。老子之学有《老子》书流传至今，传为老子所作。但据学者们考证，《老子》当成书于孔、墨之后的战国中前期。究竟《老子》书是否为老子所作，或是后人根据老子思想编订，已很难详考。一般认为，《老子》书基本上保留了老子本人的主要思想，是研究老子思想的基本依据。

"道"是老子思想的基础。道家及后世之道教即得名于老子关于"道"的观念。老子认为道是万物的根本，一切皆由道化生而来。所谓"道生一，一生二，二生三，三生万物"（《老子》四十二章，下引此书仅注篇名），所谓："有物混成，先天地生，寂兮寥兮，独立而不改，周行而不殆，可以为天下母"（二十五章），都是将道规定为一种永恒的、绝对的、运动不息的、独立自在的万物本原。但关于道到底是什么，老子语甚玄妙费解。归纳起来，大致有三方面含义：其一，道本身是一种恍恍惚惚、无形无状、迷离不定的"无"。如"道之为物，唯恍唯惚"（二十一章），又如"无状之状，无象之象，是谓惚恍"（十四章），再如"天下万物生于有，有生于无"（四十章）等；其二，道是万物之母和最终归

宿，是宇宙之混沌未分。如“无名天地之始，有名万物之母”（二章），又如道“渊兮万物之宗”（四章），再如“道生一，一生二，二生三，三生万物”，万物“复归于无物”（四十二章）等；其三，道是天地万物运行的法则。如“人法地，地法天，天法道，道法自然”（二十五章），又如“功成身退，天之道”（九章）等。

老子认为，世界上的万事万物无不存在着相反相成的情况，如“有无相生，难易相成，长短相形，高下相倾，声音相和，前后相随”（二章）等。由于作为世界本体的道是运动不息的，所谓“独立而不改，周行而不殆”（二十五章），道所化生的世上万事万物也就无不处在永恒的变化之中，“天地尚不能久而况于人乎”（二十三章）。进而，由于事物总存在自己的反面，总是与自己的反面相反相成的，事物的这种运动变化也就总是表现为向自己的反面转化，如“祸兮福之所倚，福兮祸之所伏”（五十八章）。这也就是所谓“反者道之动”（四十章）。从道的这一本性出发，他主张为人处世要贵柔不争、知足无为。他并不是不知道什么是强壮，但他更知道“物壮则老”（三十章），“兵强则灭，木强则折”（七十六章），“强梁者不得其死”（三十章），反之，“曲则全，枉则直，洼则盈，敝则新，少则得”（二十二章）。他以水为例说：“天下莫柔于水，而攻坚强者莫之能胜”（七十八章）。由于“水善利万物而不争”（八章），“夫唯不争，故天下莫能与之争”（六十六章），所以“上善若水”（八章）。从这一原则出发，在日常生活中他提倡委曲求全，知足常乐，主张“知其雄，守其雌”“知其荣，守其辱”“知其白，守其黑”（二十八章），因为“祸莫大于不知足”“知足之足，常足矣”（四十六章），在认识过程中他反对经验，提倡直觉，主张“不出户，知天下，不窥牖，见天道”，“是以圣人不行而知，不见而名，不为而成”，因为“其出弥远，其知弥少”（四十七章），“为学曰益，为道曰损”（四十八章）；在政治生活中，他反对通过战争解决国家之间的争端和扩大疆域，认为“兵者不祥之器”（三十三章），主张回到上古“小国寡民”，“邻国相望，鸡犬之声相闻，民至老死不相往来”（八十章）的时代；在社会管理中，他主张清静无为，因为“无为故无败，无执故无失”（六十四章）。

在先秦诸子百家的统治术上，老子以其提倡复古主义，主张无为而治而独树一帜。他反对儒家以复周礼治天下，认为“礼者，忠信之薄而乱之首也”（三十八章）。他也反对法家以严刑罚治天下，认为“法令滋章，盗贼多有”（五十七章），“民不畏死，奈何以死惧之”（七十四章）。他还反对墨家以尚贤重利治天下，主张“不尚贤，使民不争；不贵难得之货，使民不为盗；不见可欲，使民心不乱”（三章）。他更反对现实政治，认为“民之饥，以其上食税之多，是以饥”（七十五章），“朝甚除，田甚芜，仓甚虚，服文彩，带利剑，厌饮食，财货有余，是谓盗夸”（五十三章）。他认为，最理想的办法是政治上复古，实现所谓“无为而治”。复古不是孔子的恢复周礼，而是一直回到“小国寡民”的上古时代。“小国寡民，使有什伯之器而不用，使民重死而不远徙。虽有舟舆，无所乘之；虽有甲兵，无所陈之。使人复结绳而用之。甘其食，美其服，安其居，乐其俗，邻国相望，鸡犬之声相闻，民至老死不相往来”（八十章）。针对春秋战国时期文化发达，社会反而混乱的状况，老子主张恢复人善良原始的本性，“绝圣弃智”“绝学无忧”“古之善为道者，非以明民，将以愚之。民之难治，以其智多”“虚其心，实其腹，弱其志，强其骨，常使人无知无欲。使夫智者不敢为也。为无为，则无不治”（三章）。他认为无为从根本上说是道的本性，所谓“道常无为而不为”（三十七章），从而为他的社会政治观点找到了哲学基础。

老子虽是道家创始人，但其思想对后世的影响极为深远而复杂，并不限于道家一派。就思想界而言，尽管他激烈反对儒家、法家，但许多著名的儒、法代表人物，如荀况、韩非反而深受其影响，竟至道论成为中国传统思想中一个各派学说都不可或缺的部分；就社会政治而言，他无为而治的主张对被后世许多著名政治家所接受；就宗教而言，他不仅后来成了道教的祖师，还通过三教合流，对儒、释产生了重要影响。

（王国元）

49. 孙武

孙武，春秋末期大军事家，中国军事理论的奠基人。其生卒年已不可详考，

当生活于公元前500年前后。据《史记·孙子吴起列传》记载，他本是齐国人，后入吴，以兵法十三篇见于吴王阖闾，为阖闾所赏识，用作吴将。吴国当时能“西破强楚”“北威齐晋”“显名诸侯”是得力于孙子的。孙子是齐国将门田氏之后，与伍子胥同为吴将，曾有以三万人破楚军二十万的辉煌战绩。

孙武既是一位战功显赫的著名将领，又是一位学问渊博的军事理论家，留有《孙子》兵法十三篇至今。《孙子》十三篇是我们研究孙武思想的基本材料，但一般认为，它不是完全出自孙武一人之手，而是孙武一派兵家的著作。因为各篇内容多有重复，体裁也不尽一致，而且有些战争规模相当大，而且有骑兵，似乎更像战国时期的情况。大约是在孙武本人著作基础上经后人，特别是战国兵家的整理、补充而成。

孙武之所以是伟大的军事家，不但在于他是一个能征善战的将领，更为主要的是他能从国家政治的高度去看待战争，将战争视为关系国家生死存亡的大事，所谓“兵者，国之大事，死生之地，存亡之道，不可不察也。”（《孙子·计篇》，下引此书仅注篇名）他认为，谋划战争要考虑道、天、地、将、法五个方面，即所谓“五事”；决定战争胜负要看“主孰有道、将孰有能、天地孰得、法令执行、兵众孰强、士卒孰练、赏罚孰明”（《计篇》）七条，即所谓“七计”。可见，无论“五事”“七计”，“道”总是首位的。而“道者，令民与上同意也”，“上下同欲者胜”（《计篇》）。这些都表明，孙武主张战争胜负首先取决于是否得“道”，即政治是否修明，战争是否正义，而得道的实质又在于得民心。孙武认为，政治才是最终的目的，而战争不过是实现政治目的的手段之一。他深知，战争会消耗大量的人力、物力，“凡兴师十万，出征千里，百姓之费，公家之奉，日费千金。内外骚动，怠于道路，不得操事者，七十万家，相守数年，以争一日之胜”（《用间篇》）。既然战争会给国家的经济带来沉重的负担，一味好战喜功，耗尽国力，就是舍本求末了。因此，只要能用非战争的手段实现政治目的，就不要用战争解决问题，所谓：“上兵伐谋，其次伐交，其次伐兵，其下攻城，攻城之法为不得已。”（《计篇》）“用兵之法，全国为上，破国次之；全军为上，破军次之……是故百战百胜，非善之善者也；不战而屈人之兵，善之善者也。”（《谋

攻篇》)

孙武认为："知胜有五：知可以战与不可以战者胜，识众寡之用者胜，上下同欲者胜，以虞待不虞者胜，将能而君不御者胜。"(《谋攻篇》) 在这里，"知"，即对敌、我双方作战人员、作战条件、作战时间等实际情况的了解，被列为"五胜"之首。所谓"知彼知己者，百战不殆；不知彼而知己，一胜一负；不知彼，不知己，每战必殆"(《谋攻篇》)。既然"知"是取胜的先决条件，那么当然应当知在战先，所谓"先知"。不过，这种"先知"并非通常人们所说的先知先觉及预兆占卜之类，而是将领们建立在对敌情认识基础上的正确预测。"故明君贤将，所以动而胜人，成功出于众者，先知也。先知者不可取于鬼神，不可象于事，不可验于度，必取于人，知敌之情也"(《用间篇》)。先知基础上还要周密谋划。"夫未战而庙算胜者，得算多也，未战而庙算不胜者，得算少也。多算胜，少算不胜，而况于无算乎！吾以此观之，胜负见矣"(《作战篇》)。

孙武非常重视战争中的各种变化。既然"五行无常胜，四时无常位，日有短长，月有死生"(《虚实篇》)，那么战争也同样是变化万端的，所谓"兵者，诡道也"(《计篇》)，"兵以诈立"(《军争篇》)。一方面，要善于隐蔽和变化自己，"兵无常势，水无常形，能因敌变化而取胜者，谓之神"(《虚实篇》)；另一方面，又要善于识破敌人的假象，"佯北勿从"，"饵兵勿食"(《军争篇》)。

作为军事家，孙武非常强调将领的作用，认为将领主宰着人民的命运、国家的安危，所谓"将，民之司命，国家安危之主也"(《作战篇》)，"夫将者，国之辅也，辅周则国必强，辅隙则国必弱"(《谋攻篇》)。但他认为只有智慧、勇武还不是好的将领。"将者，智、信、仁、勇、严也"(《计篇》)。"仁"就是要懂得爱护士兵，因为"视卒如婴儿，故可以与之赴溪；视卒如爱子，故可与之俱死"(《地形篇》)。但爱兵要与刑罚严明结合起来，否则"卒已亲附而罚不行，则不可用也"，这也就是所谓"令之以文，齐之以武"(《行军篇》)，同时他又主张"愚士卒之耳目，使之无知"，将领指挥士兵"若驱群羊，驱而往，驱而来，莫知所之"(《九地篇》)。

作为先秦兵家的主要代表人物，孙武在战争史及军事理论发展史上占有着极

为重要的历史地位。但同时，兵家又是先秦诸子百家中的一个重要派别，军事理论也是传统文化的重要组成部分，从这个意义上说，孙武及其军事理论的价值又远远超出了战争这一特殊的社会现象和军事家这一特殊的社会群体，在中国社会几千年的发展中，对社会生活的各个领域都曾经产生过并仍在产生着广泛而深远的影响。

（王国元）

50. 墨翟

墨翟，先秦著名思想家，墨家学派的创始人。由于史籍文献的缺失，其生卒、籍贯及生平事迹等均已很难详考。

关于墨翟的生卒，在司马迁作《史记》时已有两种说法："或曰：并孔子时；或曰：在其后。"（《史记·荀孟列传》）《后汉书·张衡传》主在孔子后，并说其与公输般（即鲁般）及孔子之孙子思同时。近代学者一般认为墨翟生活于公元前478年左右至公元前390年左右，是战国初期的思想家。

关于墨翟的籍贯，主要有鲁人（《吕氏春秋·当染》）、宋人（《史记·荀孟列传》）两说，此外还有生于鲁阳（楚地）、生于宋而久居于鲁等不同的说法。今人多认为鲁人之说较为可信。

墨翟一生游历颇广，除长期生活于鲁外，还曾在宋为官，屡游楚国，游说卫、齐，并曾准备去越国。但他一生中除制止了一场楚对宋的侵略战争及在宋做过大夫之类不大的官外，政治上并无什么显赫之处，所以墨翟说自己"上无君王之事"（《墨子·贵义》，下引此书仅注篇名）。这与他每到一国不大计较封地和爵禄，而必以接受其政治主张为做官的条件有直接关系。墨翟早年曾学儒者之业，受孔子之术，但后来因不喜欢周礼的烦琐和厚葬久服等而背弃周礼，提出自己的主张，并授业收徒，自创学派。《墨子》书中对《诗经》《书经》等古代典籍的广征博引，及有关墨翟到各地游历时车中常带有很多书籍的记载，说明墨翟是个学识渊博的知识分子。但《墨子》书中关于生产技术及科学知识的丰富记载又说明墨翟不像当时大多数知识分子那样轻视体力劳动。他早年曾从事体力劳动，据说技术与当时的著名工匠公输般齐名，因此自称“贱人”（贵义）。当然，他从事体力劳动并不是单纯为生计，而主要与实践其政治主张有关。所以尽管他“日夜不休，以自苦为极”（《庄子·天下》），但也还是承认自己“下无耕农之难”（《贵义》）。

墨翟思想中最具特色的是他的功利主义价值观念。儒者对利是持否定态度的，所谓君子“罕言利”，而墨翟则公开主张追求能使上层贵族“富且贵”，下层劳动者“暖衣饱食”的物质实利。不过这种利不是为儒者所否定的一己私利，而是“上利天，中利鬼，下利人”的“天下之利”（《天志下》）。“利”是墨翟考虑一切问题的出发点和归宿。

墨翟的社会政治观点集中表现在他的“尚贤”“尚同”“节用”“节葬”“非乐”“非命”“天志”“明鬼”“非攻”“兼爱”十项基本主张中。“尚贤”即主张将选贤任能以为国家的统治者，当做政事的根本。因为贤者能够使“天下皆得其利”（《尚贤中》）。“尚同”是主张政治的统一，即由天子来“一同天下之义”，因为这样可以“为万民兴利除害”（《尚同中》）。“节用”“节葬”“非乐”都是提倡节约，反对奢靡。提倡节用是因为“去无用之费，圣王之道，天下之大利也”（《节用上》）。提倡节葬是因为“衣食者，人之生利也，然尚有节。葬埋者，人之死利也，夫何独无节于此乎”（《节葬下》）。反对音乐是因为“上考之，不中圣人之事；下度之，不中万民之利”（《非乐上》）。“非命”“天志”“明鬼”讲的是命运、天意、鬼神之事。“非命”是否定命运的存在，因为大家若相信了命运支配，则上层统治者不会尽力去治理国家，下层劳动者不会去尽力劳作，所以命定论“上不利于天，中不利于鬼，下不利于人”（《非命上》）。“天志”是说上天是有意志的，能赏善罚恶。“顺天意者，兼相爱，交相利，必得赏；反天意者，别相恶，交相贼，必得罚”（《天志上》）。“明鬼”则进一步将鬼神请出来，在吏治官府不廉洁、百姓作暴寇盗贼以追求“自利”时，鬼神就会出现，施之以“鬼神之罚”（《明鬼下》）。“非攻”“兼爱”讲的是国与国的关系。“非攻”是因为攻伐兼并“上不中天之利”“中不中鬼之利”“下不中人之利”“实

天下之巨害也”（非攻下）。“兼相爱”则更是与“交相利”两位一体的，是“圣王之道，而万民之大利也”（兼爱下）。可见，“利”是墨翟社会政治观点中一以贯之的基本原则和最终目的。

墨翟的伦理道德思想同样是以利为核心的。他从“利”的角度对儒家的仁、义、忠、孝作了重新解释，将这些道德范畴统统归结为追求利的具体方式或以利为最终目的的手段。墨翟认为所谓“仁”就是“务求天下之利，除天下之害”（《兼爱下》）；“义”之所以重要是因为“义可以利民”（《耕柱》）；忠臣尽“忠”须做到“以美善在上，而怨仇在下；安乐在上，而忧戚在臣”（《鲁问》）；孝子尽“孝”“即欲人爱利其亲也”（《兼爱下》）。

墨翟在哲学上的主要贡献是提出了一套经验主义认识论。他认为认识的唯一来源是“耳目之实”的直接感觉经验，如果众人“闻之见之，则必以为有；莫闻莫见，则必以为无”（《明鬼下》）。他还提出了三个判定认识真伪的标准：即“上本于古者圣王之事”；“下原察百姓耳目之实”；“观其中国家百姓人民之利”（《非命上》）。

墨翟是中国古代逻辑思想的主要开拓者之一。他不仅在中国逻辑思想史上最早提出名实必须相符的观点，最早使用了辩、类、故等逻辑概念，最早要求将“辩”作为一种专门知识来学习，而且自觉地、大量地、熟练地运用类推等逻辑方法揭露论敌的矛盾，建立和论证自己的观点。由于墨翟的启蒙、示范和倡导，墨家学派形成了重逻辑的传统，并由后期墨家建立了第一个中国古代逻辑学体系。

墨翟的学说是春秋战国时期“百家争鸣”中最有影响的学说之一，是当时的所谓“显学”。秦汉以后，随着国家政治上的统一和思想上的“罢黜百家，独尊儒术”，墨翟的学说逐渐沦为“绝学”。但墨翟对中国古代学术思想发展的巨大贡献是无法绝灭的。

（王国元）

51. 庄周

庄周，战国时期著名思想家，道家中老庄一派的主要代表人物。

现存史料中关于庄周生平事迹的可信资料很少。我们只能大致地知道，庄周是战国时宋国蒙（今河南商丘）人，约与梁惠王、齐宣王及孟轲、惠施等同时。庄周家贫，有时要靠打草鞋度日，即便是见魏王时，穿的也是补了又补的粗布衣服和断了带子又接起来的草鞋，困窘时甚至曾向监河侯借米度日。他早年曾在家乡做过时间不长的漆园吏一类地方小官，以后便做了隐者，主要从事讲学和著述。庄周对功名权贵表示了极大的轻蔑。据《史记》记载，楚威王曾派使者以重金迎聘庄周到楚国为相，庄周却对使者说："千金，重利；卿相，尊位也。子独不见郊祭之牺牛乎？养食之数岁，衣以文绣，以入大庙。当是之时，虽欲为孤豚，岂可得乎？子亟去，无污我。我宁游戏污渎中自快，无为有国者所羁，终身不仕，以快吾志焉。"（《史记·老子韩非列传》）

庄周的思想主要保存于《庄子》书中。史载《庄子》书有五十二篇。今仅存西晋郭象注《庄子》三十三篇，分内篇七篇、外篇十五篇、杂篇十一篇。学术界关于《庄子》书各种注本内、外、杂篇的异同、真伪、年代及郭象注的真实作者等争论已久，多数学者倾向认为，内篇为庄周所作，外篇、杂篇可能掺杂了庄周门人后学及道家其他派别的作品，但其中某些篇章也反映了庄周的思想。

在学术上，庄周宗于老子而又有所发展。司马迁在《史记》中说庄周"其学无所不窥，然其要本归于老子之言"，是颇为中肯的。庄周和老子一样将道视为天地万物的根本及运行秩序，主张"道者，万物之所由也，庶物失之者死，得之者生，为事逆之则败，顺之则成"（《庄子·渔父》，以下凡引此书只注篇名）。但同时他又有自己的思想体系和学术风格。如果说老子的注意力在作为世界本体的道，那么庄周则更多地将目光投向了社会与人生。极端的相对主义和自然无为的人生哲学是庄周思想体系中最具特色，同时也是对后世影响最大的方面。

庄周将相对主义推向极致。他认为，作为万物本质的道是充塞天地，瞬息万

变的，因此“以道观物”，世上万物也无时无刻不在变化之中。那些看起来彼此完全相反的事物，其实并无根本区别。例如生与死就是可以相互过渡，相互转化的，“生也死之徒，死也生之始”（知北游）。既然生死相连，生不过是暂时的，那么生当然也就是无足轻重的，“生者假借也，假之而生生者，尘垢也”（《至乐》）。反之，死倒是一种幸福，因为“死，无君于上，无臣于下；亦无四时之事，从然以天地为春秋，虽南面王乐不能过也”（《至乐》）。据说当妻子死去时，庄周不但不像常人那样悲伤，反而“鼓盆而歌”，理由是妻子安睡于天地这个大房子里得到了宁静。其他如长短、大小、成毁、是非、美丑等，也无不如此。

从这种相对主义出发，庄周达到了彻底的怀疑主义。他认为当时的诸子百家各讲各的是非道理，其实不可能讲出个究竟来。因为“井蛙不可以语于海者，拘于虚也；夏虫不可以语于冰者，笃于时也；曲士不可以语于道者，束于教也”（《秋水》）。是非不在事物，也无共同标准，只能取决于人，“自其异者视之，肝瞻楚越也；自其同者视之，万物皆一也”（《德充符》），而人又要受到空间（虚）、时间（时）和各自学术（教）等条件的约束，因而最终只能是“彼亦一是非，此亦一是非”（《齐物论》）。

通过怀疑主义，庄周又达于彻底的不可知论。他认为，既然是非同异不在于事物自身，全在于人们怎样去认识事物，而人的认识又要受到种种限制，所以真理是不存在的，人也没有获得真理的能力。他举例说：人睡在潮湿之处会得腰痛病，泥鳅则不然；人爬到树上会惴惧不安，猿猴则不然。这三者谁算知道正确的住处呢？可见感觉经验是千差万别的，不能作为真理的标准。他又举例说：双方辩论，各自是其所是，非其所非，因而无法评定是非。如果请第三方来评定，他要么同意其中某一方的意见，这就没有公正了，要么自己另有主张，这又使自己也有是非问题了，还怎么能去评定别人呢？可见理性的逻辑思维也是因人而异的，不能作为标准。庄周进而怀疑人作为认识主体的能力，认为“吾生也有涯而知也无涯，以有涯随无涯，殆矣”（《养生主》）。他甚至怀疑人作为认识主体的存在。在庄周梦蝶的著名寓言中，究竟是庄周梦而为蝶，还是蝶梦而为庄周，都无法判断，遑论是非。

自然无为的人生观是庄周思想对后世影响最为深远的一个方面。庄周认为自然的一切都是好的，人为的就是不好的，得失皆因自然，所以不应以有目的的活动去对抗自然，不应以得之自然的天性去殉功名，而应顺应自然，反对人为。他举例说："牛马四足，是谓天；落马首，穿牛鼻，是谓人。故曰：无以人灭天，无以故灭命，无以得殉名。"（《秋水》）他的结论是："适来，夫子时也；适去，夫子顺也。安时而处顺，哀乐不能入也。"（《养生主》）

从这种自然无为的人生观出发，庄周认为真正自由就在于任其自然，无条件地与自然成为一体。他说，大鹏能在天空中飞翔，人以为它是自由的，其实它要依靠长翼和大风；列子能御风而行无须走路，比一般人是自由多了，但也要依靠风。这种自由都是有条件的，庄周谓之"有待"，因而还不是真正的自由。真正的自由应该是无条件的，即"无待"的。那是一种"乘天地之正而御六气之辩，以游无穷者"（《逍遥游》）的绝对自由。庄周认为，一般人所以不自由根本上是因为"有己"，即忘不了自己的生死、寿夭、贫富、得失、毁誉等。其实这些东西是自然而然的，并不是天地偏心，硬去追求不过是庸人自扰。"巨人""神人""圣人"之所以能够获得真正的自由，是因为他们"无己""无功""无名"。那么常人怎样才能去"有待"而达于"无待"，去"有己"而达于"无己"呢？这就要"堕肢体，黜聪明，离形去知，同于大通。此谓坐忘"（《大宗师》）。

庄周在世时门徒不多，朋友也很少，学界同辈中只有惠施与他多有往来，时相辩论。百家争鸣中，庄周的影响并不太大，先秦诸子书中只有《荀子·解蔽》言其"蔽于天而不知人"。朱熹曾说："庄子当时亦无人宗之，他只在僻处自说。"（《朱子语类》卷二一五）魏晋玄学兴起，玄学家们融合儒、道，"祖述老庄"，把庄周说成玄学祖师，并为《庄子》作注，庄周地位开始上升。东晋南北朝时，庄周的思想与佛学研究互为渗透。隋唐时期，儒、释、道三教并立，庄周与老子并称道教祖师，《庄子》书被奉为《南华真经》，庄周的地位达到巅峰时期。宋明理学兴起后，道家被视为异端，庄周的地位也开始下降，但理学还是吸收了不少道家思想。明清学者对庄周及其著作的研究成果甚丰。纵览整个中国封建社会，庄周的思想，特别是他的人生观对中国学术及知识界的影响之大是难有

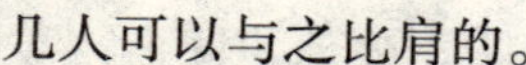

几人可以与之比肩的。

（王国元）

52. 公孙龙

公孙龙，复姓公孙，名龙，字子秉，战国末期赵国人，名家学派的主要代表人物。生卒已不可详考，约生活于赵武灵王、惠文王至孝成王在位期间（约公元前320—公元前250年），与荀况、邹衍等同时。

公孙龙的生平事迹也已无从详考。我们只能从史籍的零星记载中约略地知道，他曾长期在赵国平原君赵胜家做门客，为平原君出谋划策，受到平原君的厚待，并曾与赵惠文王论偃兵；曾出使燕国，说服燕昭王偃兵；曾到过魏国，偕魏王出猎，与魏公子牟论学。公孙龙擅长辩论，以“白马非马”“离坚白”等异于常识的辩题著称，并曾与孔子后裔儒家孔穿、阴阳家邹衍等进行过辩论。公孙龙晚年被黜，不知所终。

公孙龙有学生綦母子等，并形成了一个当时被称为“辩者”“辩士”“察士”，后来被称为“名家”的学派。公孙龙有《公孙龙子》传世，是先秦名家至今尚存的唯一著作。该书《汉书·艺文志》著录十四篇，今本只有六篇。除首篇《迹府》为弟子补录外，其余《白马论》《指物论》《通变论》《坚白论》《名实论》五篇信为本人所作。

“白马非马”是公孙龙在《白马论》中提出的一个重要辩题。公孙龙认为，“白”是用以称呼颜色的，“马”是用以称呼形体的，“白”与“马”结合而为“白马”，其所强调的不是某物为马，而是某马颜色为白。既然颜色不同于形体，所以“白马非马”。在这一辩题中，“白马”代表个别，“马”代表一般，辩题涉及的是个别与一般的关系，这是学界共识。但对“非”的含义则有两种理解：一种以为，“白马非马”即“白马不是马”，辩题过分强调了个别与一般的区别；另一种观点以为，“白马非马”是在承认白马也还是一种马的前提下，重点强调二者之间有异。

“离坚白”是公孙龙在《坚白论》中提出的又一重要辩题。公孙龙认为，一块坚而白的石头，在一般人看来，具有石质、坚性、白色三个要素，而且坚、白同在石中，不可分离。实际上，人看石头时只能看到白石而不能同时看到坚，人触摸石头时只能触摸到坚石而不能同时触摸到白。既然人不能同时感觉到坚和白，说明坚与白本来就是各自分离的。不仅如此，坚、白也并不是只有与事物结合才存在的，而是本身独立存在的，可见，坚、白、石是各自分离的。在这一辩题中公孙龙强调了事物及其属性之间的区别，在人类认识发展史上有一定的积极意义，但由此认为它们之间可以完全分离，就难以服人了。

无论“白马非马”之辩，还是“离坚白”之辩，实际上都是在讨论“名实”关系。在公孙龙看来，“名实”关系是至为重要的。他甚至认为古代君王所以贤明伟大也正在于他们能“审其名实，慎其所谓”（《公孙龙子·名实论》）。

为什么公孙龙如此热衷“白马非马”这样怪异的辩论，如此重视名实之间的关系呢？这与公孙龙所处的时代有着密切的关系。名实关系本是一个逻辑学问题，但在先秦诸子那里却更是一个重大的哲学问题、社会问题。中国的春秋战国时期正是一个社会秩序急剧变革的时期。新事物、新势力的出现，旧事物、旧势力的衰退，使得原有社会秩序出现了混乱，即所谓名不副实。这样，从孔子率先提出“正名”开始，几乎诸子百家都以自己特定的角度和方式探讨和回答了这一问题。名实关系遂与天人关系、义利关系等一起成了先秦学术的重要内容。到了战国中、后期更出现了以公孙龙、惠施等为代表的，专门讨论名实关系的学派——名家。公孙龙的弟子们在谈到公孙龙作“白马非马”之辩的动机与目的时曾说他是“疾名实之散乱，因资材之所长，为‘守白’之论”，希望通过将这一辩论推而广之，“以求正名实而化天下焉”（《公孙龙子·迹府》）。

但毕竟“白马非马”从字面上看确实有悖于生活常识，许多人都无法理解或虽能理解却不能接受这一“淫辞诡辩”。与他同时的荀况说他“惑于用名以乱实者也”（《荀子·正名》），《庄子》书说他的辩论“能胜人之口，不能服人之心”（《庄子·天下》），比他稍晚的西汉刘向、扬雄等大家也对他颇有微词。

除上述学术观点外，从有关史料中，我们还可以约略地知道，公孙龙的社会

政治观点有主张“偃兵”“兼爱天下”“赏罚得当”（《公孙龙子·迹府》）“不逆有伎能之士”（《淮南子·道应》），反对统治者“无礼慢易”“阿党不公”“烦召数变”“暴戾贪得”（《吕氏春秋·审应览》）等。这些观点与墨家颇为相近，在当时是很有步意义的。但这些主要是他人间接的记述，没有什么直接的材料，仅供参考。

（王国元）

53. 荀况

荀况，字卿，汉人避宣帝刘询之讳，又称孙卿。战国末期思想家、教育家，赵国人。生卒已不可详考，约生于周显王四十四年前后，卒于楚考烈王二十五年春申君死后不久（约公元前325—公元前238年）。

关于荀况的生平事迹，史籍记载较略，且颇多可疑之处。我们只能大致地知道，荀况在齐威王、宣王时曾到齐国稷下游学，颇有“秀才”。齐败于燕后，稷下学士各自分散，他也离齐去楚。齐襄王时，稷下恢复学术活动，荀况二次入齐。这时老一代稷下先生或死或散，“而荀卿最为老师”（《史记·孟轲荀卿列传》），遂为稷下学者中的学术领袖，曾三为稷下学宫祭酒，主要从事教学活动。齐王建时，荀况因受谗言所害而离开齐国，曾在秦论政、在赵论兵，最后他再次入楚。荀况在楚期间曾由春申君用为兰陵令。公元前238年春申君被杀，荀况也被免职，从此教学授徒，著书立说，终老此地。观其一生，荀况主要从事儒学的教学和研究活动。韩非、李斯等著名学者和政治家皆出其门下。汉初《诗》《书》《礼》《乐》《春秋》《易》等儒学经典的传播均与他的传授有密切关系。《史记》以孟轲、荀况同传，足证战国时荀况与孟轲占有同等地位。

荀况学术思想主要保留于《荀子》书中。因荀况学术活动时间长，影响大，《荀子》书流传抄录的情况相当复杂。西汉刘向校定该书时曾见到三百二十二篇之多，但其中绝大部分是重复的。刘向去掉了这些重复的篇章，定为三十二篇。这三十二篇大体为荀况本人作品，但《大略》《宥坐》《子道》《法行》《哀公》

《尧问》等篇当系荀况弟子的记述。

在学术上，荀况以仲尼、子弓的继承者自任，是先秦儒家最后一位大师。但他先后活动于齐、楚、秦、赵等国，齐有管仲学派，秦有商鞅学派，楚有老、庄道家，燕、赵多慷慨悲歌之士，对荀况不可能没有影响。他以儒为本，比较诸子百家之短长，广采名、墨特别是法家、道家的思想，成一家之言，开一代新风，遂为先秦诸子百家之集大成者。

先秦诸子由于时代限制，多以天为统治人间万物的主宰。儒家讲“天命”，墨家讲“天志”，道家讲精神性的“道”。荀况也承认天的存在，但他认为天不是人格化的神，而是自然界，所谓“列星随旋，日月递炤，四时代御，阴阳大化，风雨博施，万物各得其和以生，各得其养以成，不见其事而见其功，夫是之谓神。皆知其所以成，莫知其无形，夫是之谓天”（《荀子·天论》，下引此书仅注篇名）。并且这种自然界的运行是有自身规律的，不以人事为转移，所谓“天行有常，不为尧存，不为桀亡”（《天论》）。进而，这种自然的天又决定着世上万物的生成变化，所谓“天地合而万物生，阴阳接而变化起”（《礼论》）。针对儒家“畏天命”和道家“无为”的思想，他还明确提出了“大天而思之，孰与物畜而制之！从天而颂之，孰与制天命而用之！”（《天论》）等积极进取的观点。

在认识论上，荀况继承并完善了孔子重视学习的观点。他批评孟子只重内心和墨子只重经验的片面性，认为“天官”（即感觉器官）的作用在于“当薄其类”（《正名》），即与不同事物及其不同方面接触，以形成不同感觉。但有时感觉也会发生错误，这就要“天君”（即心）发挥“征知”（《正名》）的作用，即对感觉经验加以验证，以求得正确认识。只有人心不带偏见，“虚一而静”（《解蔽》），才能获得关于事物规律，即“道”的认识。他还反对道家的蒙昧主义和不可知论，主张“凡以知，人之性也；可以知，物之理也”（《解蔽》）。

在人性问题上他反对孟子的性善说，提出了“人之性恶”（《性恶》）的观点。他认为，物欲是人的本性，但放任本性会导致社会混乱，因此必须重视环境和教育，所谓“注错习俗”（《荣辱》），“化性起伪”（《性恶》），使之得以改善。改善的具体方法是儒家的礼义与法家的法治相结合，“明礼义以化之，起法正以

治之”（《性恶》）。只要改善得法，“涂之人皆可以为禹”（《性恶》）。

荀况博学多才。他的“正名”学说中包含了丰富的逻辑理论，对名学发展做出了贡献。他的散文说理透辟，结构严谨，其《赋篇》对汉赋兴起有一定影响。他精通乐理，其《乐论》是我国先秦第一篇系统论述音乐理论的著作。他在齐、楚长期从事教学活动，成就斐然，学生韩非、李斯等后来都成了大有作为的人。

荀况是先秦最后一位儒学大师。其学术不仅对当时及汉初儒学发展起了重要作用，后世王充、柳宗元、刘禹锡乃至近代的严复、章太炎等人也都不同程度地受到了他的影响。但荀况否认命运，积极进取，不敬天地，不信鬼神，法后王等思想，在宋明以后受到理学家的排斥，因而其人其学在后期儒学中未获得正统地位。唐宋以前，荀子和孟子是齐名的儒学大师，但是唐宋以后孟子被奉为儒家“亚圣”，荀子的学术地位下降。尽管他的弟子在《尧问》中对他有着极高的评价，但他在世时，其政治主张不为统治者所接受。直至唐代，《荀子》书才有了第一个注本，至于对其学术的系统研究更是晚至清代才开始。

（王国元）

54. 韩非

韩非（约公元前280—公元前233年），战国时期著名思想家，法家学派的主要代表人物。据《史记·老子韩非列传》记载，韩非出身于贵族世家，是韩国的公子，曾与后来成为秦国重臣的李斯同学于荀况门下，虽因口吃而拙于言谈但却长于文章。在韩非所生活的战国末期，韩国因战争迭遭失利及秦国的武力威胁，已有亡国之虞。为此，他曾多次上疏韩王，力陈变法图强，但不为韩王所采纳，于是退而著书立说。他的著作流传到秦国后，得到秦王嬴政的赏识。据说秦王嬴政读了他的《孤愤》《五蠹》等著作后曾感叹说：“寡人得见此人与之游，死不恨矣！”公元前233年秦国进攻韩国，本来得不到重用的韩非被韩王指派出使秦国，为秦臣李斯、姚贾陷害下狱，被迫服毒自杀。他的著作保存于《韩非子》一书中。

社会政治历史学说是韩非学术思想的主要内容，也是其对后世影响最大的方面。

在社会历史观上，韩非提出了一套社会进化的理论。他将传说中的古代历史理解为从“上古之世”到“中古之世”再到“近古之世”的进化过程，认为不同的历史发展阶段有不同的具体问题。所谓圣人就是能够顺应历史发展，为人民解决当时最为迫切问题的人，同时，他们也因此而取悦于民，得以称王于天下。韩非的社会进化论是为他反对“法先王”，主张“法后王”的观点作论据的。法后王本是荀况的观点，但“后王”在荀况主要还是指文武周王，这与儒家孟轲一派的“先王”实际上是一致的。而韩非的后王则明指“新圣”，这比他的老师又大大前进了一步。他认为既然事过境迁，每个时代有每个时代的具体情况，那么盲目颂扬和效法过去时代的圣人及其做法，就是愚蠢的，无异于“郑人买履”，必然受到当代新圣的耻笑，“是以圣人不期修古，不法常可”（《韩非子·五蠹》，下引此书仅注篇名）。这与商鞅“治世不一道，便国不必法古”（《商君书·更法》）的观点可说是如出一辙。

从上述历史观出发，韩非明确地坚持以“变法”为核心的社会政治观点。他认为，是否变法，不能听命于古代的圣人，而应完全取决于时事的更替与实际的需要。“不知治者，必曰：‘无变古，毋易常。’变与不变，圣人不听，正治而已。然则古之无变，常之毋易，在常古之可与不可。伊尹毋变殷，太公毋变周，则汤武不王矣，管仲毋易齐，郭偃毋更晋，则桓文不霸矣。”（《南面》）与儒家孟轲一派追求通过“礼治”而达于“王道”的观点不同，荀况主张礼法兼行，王霸并用，所谓“隆礼尊贤而王，重法爱民而霸”（《荀子·天论》）。韩非则进而完全否定礼治，专以法治，甚至以法治取代礼治，所谓“以法为教”。从这个意义上说，韩非已经完全出于儒而入于法了。但与前期法家不同的是，韩非的法家理论更为完整，更具综合性。在前期法家中，商鞅重法，即注重国家法令的制定、公布和严格执行；申不害重术，即注重统治者驾驭群臣的权术；慎到重势，即注重统治者借助君临天下的威势和地位实现统治。韩非认为，他们都有各自的片面性，商鞅“徒法而无术”，申不害“徒术而无法”，“二子之于法术皆未尽善

也”，因此商鞅在秦国、申不害在韩国执政多年都不能取得更大的成就。在此基础上，韩非兼采三家，融会贯通，自成一说，即所谓“抱法处势用术”，从而成为先秦法家的集大成者。韩非的集大成并不是对三家的简单综合，而是有所批评，有所扬弃，有所增益。他将前期法家传统的法、术、势理论，建立在绝对的君主独裁基础上，所谓“事在中央，要在四方，圣人执要，四方来效”（《扬权》）。这种绝对的中央集权思想，在结束战国末期群雄割据、连年战争的混乱局面，实现国家统一中虽有一定的积极意义，但同时也是使中国人民深受两千年封建专制制度压迫和封建集权主义统治的理论发端。中国封建社会制度的黑暗漫长、统治者对人民的残酷暴虐、统治集团内部的阴谋诡诈，都与韩非的理论有着一定的关系。

在哲学观点上，韩非主要受老聃道家和荀况儒家的影响。韩非继承了老聃关于“道”是“万物之宗”的思想，认为“道者万物之始，是非之纪也”（《主道》），“道者万物之所然也”，“道者万物之所以成也”（《解老》），但他与老聃将道理解为缥缈恍惚的虚无不同，他认为道“天得之以高，地得之以藏，维斗得之以常其位，列星得之以端其行，四时得之以御其变气……而功成天地，和化雷霆，宇内之物，恃之以成”（《解老》），是某种物质性的本原或普遍规律。这里我们不难看到荀况所谓“天行有常，不为尧存，不为桀亡”（《荀子·天论》）等思想的影响。韩非继承了老聃关于道是按照自身规律不断运动变化的，因而人应当顺应自然，即所谓“无为”的思想，但他同时又反对老聃一味消极的处世态度，主张对世界进行积极的改造。他认为“夫必恃自直之箭，百世无矢；恃自圜之木，千世无轮矣。自直之箭、自圜之木，百世无有一，然而世皆乘车射禽者何也？隐括之道用也”（《显学》）。在韩非看来，世上万物都有自己的“规矩”和“道理”，所谓无为就是“随规矩”“缘道理”而不轻举妄动。这与荀况“大天而思之，孰与物畜而制之！从天而颂之，孰与制天命而用之！”（《荀子·天论》）等积极进取的观点在实质上是一致的。在对人性的看法上，荀况曾提出人性本恶的思想，认为既然人性本恶，就应该提倡道德教化。而韩非则将荀况的性恶论与早期法家关于人性自利自为的观点结合起来，认为既然人性本恶，就必须专以严刑峻法，所谓仁义道德之类应当统统抛弃。显然，对人性的认识是韩非法治学说的理论依据。

韩非虽终其一生，不曾为统治者所重用，但他的理论在秦王朝的建立及整个中国封建制度的发展中都起了极为重要的作用，因而了解韩非是了解中国封建社会的一个重要途径。

（王国元）

55. 李斯

李斯（？—公元前208年），秦代著名政治家，战国时楚国蔡（今河南上蔡西南）人。

李斯年少时曾为楚国郡之小吏，后为求得更高的政治地位，从当时的儒家大师荀况"学帝王之术"，曾与韩非同学。学成后，他看到楚王没有多大作为，燕、赵、韩、魏等国又腐败脆弱，遂于战国末年西去入秦，一度为秦国丞相吕不韦门下的舍人，后得吕不韦之助，被秦王嬴政所器重，拜为客卿。李斯任客卿期间，韩国水工郑国做客于秦，劝说秦王修筑了一条灌溉渠。这个后来被称为"郑国渠"的水利工程虽对秦国农业发展有很大好处，但也给秦国进攻韩国造成不便。一些秦宗室贵族认为这是为韩国所骗，于是上疏秦王说，外国人到秦国做事，实际上是为了本国利益而专事挑拨离间的，因此秦王应该下令驱逐所有客卿。秦王政遂于秦王政十年（公元前237年），下逐客令。李斯是外国客卿，当然也在被逐之列。李斯闻讯后作《谏逐客书》，上疏谏阻，为秦王所采纳，收回成命。李斯不仅免于被逐，还得以扬名，不久被任为廷尉。秦王政即皇帝位后，李斯更被任为丞相，成为秦代重臣。

李斯在秦国为官多年，政治上颇多作为。秦统一六国前，他建议对六国采取各个击破的方针，对统一六国的事业起了重要作用。秦王朝建立后，他尽弃旧日所学儒家学说，专以严刑峻法，积极为专制皇权的巩固出谋划策。主要有：

反对分封制，力主郡县制。秦始皇二十六年（公元前221年）秦统一了全

国。以当时的丞相王绾为首的群臣大多主张在离秦较远的燕、齐、楚等地分封皇子为王，唯独当时还是廷尉的李斯反对恢复古代的分封制。秦始皇为加强中央集权制，听从李斯的建议，在全国实行了郡县制。

反对以古非今，参与焚书坑儒。秦始皇三十四年（公元前222年），秦始皇大宴群臣，博士齐人淳于越倡言恢复古制，分封皇子功臣为诸侯，反对封建中央集权的郡县制。已身为丞相的李斯痛加驳斥，说儒生不师今而学古，各尊私学，诽谤朝政，惑乱人心，并建议禁止儒生以古非今及借私学诽谤朝政。具体办法是：除史官所藏官修《秦记》以外的各国史书一概焚毁；除博士官所藏图书以外，民间私藏的《诗》《书》等儒家经典及诸子书等一概送官府焚毁；下令三十天内不送所藏私书到官府者罚筑长城四年；有敢聚谈《诗》《书》者处死，以古非今者灭族；禁私学，民间欲学者以吏为师；唯医药、卜筮、农作之书不禁等。秦始皇接受了建议，遂下令焚书。次年，卢生、侯生等方士、儒生诽谤朝政，秦始皇派御史查究，又有方士求仙不得，畏罪逃走，秦始皇大怒，下令将儒生、方士四百六十余人坑死于咸阳。

创制推广“小篆”，支持“书同文”。周朝文字称为“大篆”或“籀文”，笔画繁复，难写难认。周以后，群雄割据，各国文字音、形皆不统一。战国时期，在文化较为发达的齐、鲁地方，通行一种相对简便的字体，汉代称为“古文”“蝌蚪文”或“孔壁古文”。秦始皇统一全国后，为强化中央集权，推行“书同文、车同轨、行同伦”等政策。李斯在上述两种文字的基础上，订定统一文字，力求笔画简省划一，称为“小篆”或“秦篆”。他还用“小篆”写成学童课本《仓颉篇》，以利推广，有力地促成了“书同文”的事业。秦统一全国之初，疆域辽阔，方音复杂，交往困难。文字的统一在一定程度上减少了方音不同所造成的种种问题，对政令的统一、经济的往来、文化的交流与普及、民族的融合，进而对国家统一事业的巩固等都有着深远的积极意义。

秦始皇在世时，皇位继承人长子扶苏因政见不合而失宠，被迫到外地做监军。秦始皇三十七年（公元前210年）秦始皇病死在出巡的路上。李斯怕由自己当政时遭贬的扶苏来继位于己不利，便与宦官赵高合谋伪造遗诏，迫令太子扶苏自杀，立十八子胡亥为秦二世皇帝。不久，李斯为赵高所忌，身被五刑而夷三族。

李斯工于书法，泰山、琅琊等刻石传为李斯手书，对中国书法的发展有一定影响。遗著有《谏逐客书》及《仓颉篇》等，已佚，有辑本。其中《谏逐客书》并不直言水渠之事，而是广征博引，以事说理，善用比喻，形象生动，颇具说服力，又多用短句、排比，语调铿锵上口，极富感染力，向为文家推崇。《仓颉篇》既教字体，又教语法，与赵高的《爰历篇》、胡母敬的《博学篇》同为当时相当普及的启蒙读物。

（王国元）

56. 董仲舒

董仲舒（公元前179—公元前104年），汉代著名思想家、政治家，广川（今河北省枣强县广川镇）人。少治《公羊春秋》，景帝时在太学中任博士，专门讲授《公羊春秋》。武帝时以《举贤良对策》受到统治者器重，官拜江都易王刘非的国相六年。后因言灾异事触怒武帝而下狱，几乎被杀，不久赦免，重又执教十年。再任胶西王刘端的国相四年，恐久而获罪，遂以老病为由辞职回家。晚年仍受武帝敬重，朝廷每有大事还会派使者、官员就其家而问之。著作尚存有《春秋繁露》及《全汉文》中辑录的文章两卷等。

董仲舒是中国古代学术发展史上一个地位显赫的重要人物。其主要作为有：

确立儒学的正统地位。春秋战国百家争鸣，莫衷一是。儒虽称“显学”，但社会地位也只是一个学术派别而已。秦专以法家，焚书坑儒，儒学几遭灭顶。汉初统治者鉴于秦因暴政二世而亡的教训及秦汉之际的连年战争国力衰竭的社会状况，公开倡扬无为而治、与民休息的黄老之学，儒学的活动主要被限制在学术领域。武帝元光元年（公元前134年），董仲舒在著名的《举贤良对策》中提出，孔子修《春秋》，将一统作为首要的大事，因为这是天地的常道，古今的通义。现在学士们各持异说，朝廷无法一统，法制屡变，臣民不知所从。请将不属于《六经》、不合于孔子的学术，一概废绝不用，专用儒术，此即所谓“罢黜百家，

独尊儒术”。这与武帝准备结束无为，转向进取，以求进一步巩固和发展统一局面，因而迫切需要一种大一统的社会政治理论的愿望正相吻合，武帝遂采纳了这一建议。师孔读经从此成为中国士人入仕的唯一途径。儒学也从此确立了在中国传统文化中的正统地位。

创始今文经学。董仲舒以前的儒学还处于比较原始的阶段，汉代人称之为“朴学”。朴学一方面仍拘泥于孔子恢复周礼的理想，不符合当代统治者的需要；另一方面仍局限于百家争鸣中的一个学派，不能融合各派于儒学一家，完成学术上的统一，以适应政治上的统一。董仲舒以儒家系统的《公羊春秋》为主要依据，将先秦以来以天为本的观念与阴阳、五行学说结合起来，兼采法、道、阴阳各家，建立起来一个以论证“春秋大一统”为宗旨的新的思想体系，使儒学成为统一的汉代官方哲学。汉武帝时京师太学中设有“五经博士”，专门讲授《诗》《书》《易》《礼》《春秋》等儒学经籍。由于官学中博士传授弟子的经书都是用当时通行的隶书书写的，故有“今文经学”之称。与此相应，使用以篆文（战国时的古文字及秦小篆）书写的经书，主要由少数儒生私下传授的经学则称为“古文经学”。由于今文经学更能适应当时统治者的需要，儒学便通过今文经学这种形式登上了官方学术的宝座。作为汉代经学大师和今文经学的创始人，董仲舒在儒学传承和发展史上地位是不言而喻的。

提出天人感应说。董仲舒学术思想中最具特色和对后世影响最大的便是其关于“天人感应”的学说。董仲舒认为人是天创造的，天是人的曾祖父，所以天与人本是相通的。“人之形体，化天数而成；人之血气，化天志而仁；人之德行，化天理而义；人之好恶，化天之暖清；人之喜怒，化天之寒暑；人之受命，化天之四时。人生有喜怒哀乐之答，春夏秋冬之类也。”（《春秋繁露·为人者天》，以下凡引此书仅注篇名）可见，人无论是身体血气，还是道德性情，都是来自天的，这就是所谓“人副天数”“天人同类”。既然天人同类，那么天人之间就会像动物中“马鸣则马应之，牛鸣则牛应之”，医学上“天将阴雨，人之病故为之先动”，“病者至夜而疾益甚”等那样，存在所谓“同类相动”的关系（《同类相动》）。因此，统治者如果按照天意行事，所谓“圣人法天而立道”（《天人三

策》)，天就会降下祥瑞。反之，统治者如果逆天，天就会降下种种灾异，以示谴告。这就是所谓“天人感应”。这一学说在董仲舒有两方面的意义：一是为统治者进行论证。因为君权神授，以三纲五常为代表的封建秩序皆出自天意，天意自然是任何人都不能违背的；二是对统治者进行约束与警告。见到灾异须自省改过，以免招致更严重的后果。

在天人感应说的基础上，董仲舒还对先秦儒家的伦理思想进行理论化、系统化和神学化的改造，形成了一套以“三纲”“五常”为核心的道德体系；将先秦儒家“上智下愚”“性近习远”的人性论发展为将人性分为“圣人之性”“中民之性”“斗筲之性”，注重对“中民之性”道德教化的“性三品”人性论；根据道家“天之道终而复始”的原则、阴阳家“五德终始”的学说，提出了一套赤、黑、白“三统”循环的历史观。

董仲舒将儒学神学化，使之能够适应当时社会制度的需要，这不仅使得他本人在政治上深受统治者的器重，而且也确立了他成为汉代乃至整个中国封建社会的重要理论家，被尊为群儒首的学术地位。

（王国元）

57. 王充

王充，字仲任，会稽上虞（今浙江省上虞县）人，生于东汉光武帝建武三年（27年），约卒于东汉和帝永元年间（100年前后），一生历光武、明、章、和四朝，享年约七十岁。

王充出身于“细族孤门”，年幼时曾入书馆拜师学习《论语》《尚书》等儒家经典。年轻时曾游学于京师洛阳的大学，师从过名儒班彪，为学好博览而不守章句。因无钱购书，王充便常到书肆看书，靠博闻强记博通众流百家之言。成年后，王充先后做过一些地方上的从属小官，终因与上司意见下合而辞职归乡，教书为生。其间经人力荐，汉章帝曾特诏公车征，终因病未能成行。晚年生活潦倒，贫无供养。

王充一生仕途困顿，便将主要精力和大部分时间用以著书立说，先后写过《讥俗》《政务》《论衡》《养性》等书，但只有《论衡》一书流传至今，其他均佚。《论衡》共三十卷，二十余万言，分八十五篇，其中《招致》篇有目无文，实存八十四篇。《论衡》是王充最主要的著作，自明帝永平年间至和帝初年历时三十余年始成，耗尽王充半生心血，也奠定了王充作为两汉乃至整个中国思想史上杰出思想家的地位。

在中国学术发展史上，王充是一位富于批判精神的学者。两汉是一个神学充斥、迷信泛滥的时代。自董仲舒以下，将儒学神学化的经学及其天人感应、谶纬谴告等学说笼罩朝野与学术界，鬼神迷信更是肆虐于民间。东汉光武帝刘秀以图谶起家，谶纬神学成了官方统治思想，凡国家大事皆以谶纬定夺。汉初曾对国力恢复起过重要积极作用的黄老道学，也与神仙方术合流，日益宗教化。正是在这样一种特定的社会背景下，王充以“疾虚妄”（《论衡·佚文》，以下凡引此书仅注篇名）为宗旨，以丰富的学识为利器，以极大的勇气对这些进行了深刻的批判。对于天人感应说，王充指出，天与地一样是自然的物体，“天地合气，万物自生”（《自然》）。万物的产生完全是一个自然而然的过程，不可能是天有意的创造。“何以知天之自然也？以天无口目也”，“如谓天地为之，为之宜用手，天地安得万万千千手，并为万万千千物乎”（《自然》）。既然天地万物都是自然的，不是有意识、有目的的，不是人的同类，当然也不存在相互感应。对于灾异谴告说，王充指出，“夫天道自然也，无为；如谴告人，是有为，非自然也”（《谴告》）。各种所谓“灾异”，如“雷者，太阳之激气也”（《雷虚》），“风雨暴至，是阴阳之乱也”（《感虚》），完全是自然现象，与政治、人事无关。对于鬼神观念，王充提出，“阴阳之气、凝而为人；年终寿尽，死还为气”，“人死不为鬼，无知，不能害人”（《论死》）。对于厚葬，王充指出，“圣人惧开不孝之源，故不明死人无知之实”，如果圣人“明死人无知”，就会知道“厚葬无益”（《薄葬》）。对于今文经学行穿凿附会，谈微言大义，王充指出，“儒者说五经多失其实。前儒不见本末，空生虚说；后儒信前师之言，随旧述故，滑习辞语，苟名一师之学，趋为师教授，及时蚤仕，汲汲竞进，不暇留精用心，考实根核。故虚说传而不绝，实事没而不见，五经并失其实”（《正说》）。对于圣贤崇拜，王充指出，“贤圣者，道德智能之号”，因此“圣者不神”。如果“圣则神矣”（《实知》），那是“失实离本”（《艺增》）。对于神仙方术，王充指出，“夫人，物也，虽贵为王侯，性不异于物。物无不死，人安能仙”（《道虚》）。对于世俗迷信，王充指出，“天道称自然无为，今人问天地，天地报应，是自然之有为以应人也”（《卜筮》）。可以说，王充对当时社会上广泛流行各种“虚妄之言”无不做出了有力的批判。也正是在这个意义上，许多学者称王充的思想是“批判哲学”，梁启超甚至称《论衡》是“汉代批评哲学第一奇书”（《五十万卷楼群书跋文·子部·论衡引》）。

王充为学可以说无所顾忌、锋芒毕露，但由于他抱定“疾虚妄”为唯一宗旨，这就使得他的批判，是处说是，非处说非，绝无门户之见。比如，王充自幼习儒，常常流露出对“鸿儒”的倾慕，但这并不妨碍他写出《问孔》《刺孟》之类批判儒家圣人的篇章；他批判今文经学的天人感应以及“说圣太隆”“说五经多失其实”，但这并不妨碍他称赞今文经学的领袖和天人感应学说的倡导者董仲舒“文王之文在孔子，孔子之文在仲舒”（《别通》）；他批判神仙长生，言辞不可谓不激烈，但并不妨碍他汲取道家天道无为、道法自然等思想。这使王充的批判大大高出先秦诸子之间，两汉今、古文经学之间以及黄老与经学之间的学派之争。

王充的学识极为渊博。这不仅表现在他广采博收，兼容并蓄，“含百家之言，犹海怀百川之流”（《别通》），而且表现在他对注重对生活经验的总结和对最新科学知识的吸收、思考、运用上。他在动物、植物、天文、地理、历法、医学等方面的丰富学识不仅帮助他有力地批判了天人感应、图谶、方术、鬼神迷信等反科学的东西，也为我们保留了大量极为宝贵的科学资料。英人李约瑟的巨著《中国科学技术史》有关两汉时期的材料有些就直接出自《论衡》。这与同为汉代学者的董仲舒治学三年不窥园，乘马不觉牝牡，秦延君用十多万字解释“尧典”两个字，经学弟子皓首穷经，学习那些除了仕进没有任何实际价值的经书，形成了多么鲜明的对照！

王充因出身微贱，社会地位低下，其学说在当时未能引起人们的重视。他的

著作生前没能传入中原，死后多有散佚。直到东汉末年著名学者蔡邕等人入吴始得《论衡》，读后学问大进，时人称“不见异人，当得异书”，王充及其《论衡》才开始引起人们的关注。但历代学者的评价见仁见智，毁誉互参，相去天壤。毁者如南宋黄震说王充的学说“尽废天地百神之祀”（《黄氏日钞》分类卷五十七《读诸子·论衡》）；唐代史家刘知几说王充不孝，“实三千之罪人也”（《史通·序传》第三十二）；清乾隆帝说王充“犯非圣无法之诛”（《四库全书·读王充〈论衡〉》）。誉者如晋代葛洪称王充是“冠伦大才”；唐代韩愈作《后汉三贤赞》，列王充为三贤之一；近人章炳麟对王充评价极高，说“汉得一人焉，足以振耻”（《检论·学变篇》）。

（王国元）

58. 周敦颐

周敦颐（1017—1073年），理学的奠基者，字茂叔，号濂溪，原名惇实，道州营道县（今湖南道县）人。

周敦颐祖上世代为儒，其父周辅成于大中祥符八年（1015年）特赐进士出身，授官为桂岭县令。周敦颐父亲去世后，他随母亲迁居开封，由其舅父龙图阁直学士郑向供养。二十岁，因郑向为官，按例应荫子，周敦颐入仕，作监主簿。二十四岁时，吏部调任周敦颐为洪州方宁县主簿，在此显示断狱的才能，广受当地人称赞。二十八岁，周敦颐被吏部使者荐为南安军司理参军。三十四岁调任郴州桂阳令，治绩颇佳，受上司赏识。三十八岁改任大理寺丞，知洪州南昌县。四十岁，周敦颐又任太子中舍签书，署理合州判官。四十五岁，迁国子博士，通判虔州。四十七岁，升任虞部员外郎。五十一岁，迁朝奉郎，尚书驾部员外郎，摄邵州事。五十四岁，转任虞部郎中，擢提点广南东路刑狱。五十七岁时病逝于庐山。

周敦颐从二十岁起，为官三十余年，算得上是清正廉洁，秉公执法。据说他死时，家中无什么遗产，“服御之物，止一敝箧，钱不满百”。平时所得俸禄，多周济贫困的宗族和亲朋。

周敦颐年轻时就勤于学问，以后虽常年为官，终不荒废学业。程颢、程颐的父亲、大理寺丞程珦曾与三十岁时的周敦颐相识，觉得他气貌非常人能比，交谈中又知他是位“为学知道者”，遂与周敦颐结为好友，并令二程拜周为师。一次，周敦颐与号为通儒的王安石相遇，两人交谈起来，竟不能止。据说王安石很重视这次谈话，对周敦颐的议论精思至废寝忘食。在四川合州任上，周敦颐授业讲学，很受当地士人称道。在邵州任上，周敦颐兴办州学，亲自为学舍择址，向学生讲授《六经》。

周敦颐虽然自二十岁起就一直做官，但也流露过辞官隐居的念头。宋仁宗嘉祐六年（1061 年），周敦颐赴虔州通判任上，路经庐山，便在山麓建濂溪书堂，与其好友潘兴嗣说：“此濂溪者，异时与子相依其上，歌咏先王之道，足矣。”（《年谱·周子全书》卷二十）他还作《爱莲说》，颂扬荷花的品格：“予独爱莲之出淤泥而不染，濯清涟而不妖。中通外直，不蔓不枝。香远益清，亭亭净植，可远观而不可亵玩焉。”（《周子全书》卷十七）周敦颐是借莲花抒发自己的做人志向。这种情绪也影响了他的学术活动，在他的思想理论体系中留有痕迹。

周敦颐的著作主要有《太极图》《太极图说》《通书》及诗文，后人汇成《周子全书》，是研究周敦颐思想的重要史料。

周敦颐思想的精华在《太极图》一书，《通书》是阐释《太极图》的。在这里，他建立了以无极为本源的宇宙万物生成论。无极寂然不动，是唯一的存在，由无极生成太极。太极有动静的性质，动而生阳，动极则静，静而生阴，静极又复动，阴阳称两仪。阴阳变化的交合，派生水、火、木、金、土五行。五行顺布，有四时运行。阴阳五行之精华聚合凝结而生男女。阴阳二气交感，化生万物。以后，万物生生不息，变化无穷，成五彩斑斓的世界。周敦颐的由无极而太极而阴阳而五行而万物的宇宙生成模式，深受道家和佛教、道教思想的影响。据说，周敦颐的《太极图》，就是华山道士陈抟经仲放、穆修传到周敦颐的。以后，周又传二程。有学者断定，周敦颐的宇宙生成论是儒、释、道三家合一的产物。

（汤泽林）

59. 张载

张载（1020—1078年），“关学”派的代表人物，字子厚，因他在陕西凤翔眉县横渠镇讲学，学者又称其“横渠先生”。

张载先世居住在大梁（今河南开封），祖父张复在宋真宗朝做官，为给事中，集贤院学士，赠司空。父亲张迪在宋仁宗朝为官，曾任四川涪州知事，殿中丞，赠尚书都官郎中，卒于任上。父亲去世后，张载全家无力再回开封，遂在陕西郡县定居下来。

张载的青年时代，西夏统治者屡屡发兵侵扰宋朝西北地区，陕西地方深受其害。北宋王朝腐败软弱，与西夏战争节节败退，每年要向西夏进贡，数额巨大，加重了宋朝百姓的负担。张载亲身感受到西夏侵犯的灾难，对北宋王朝的腐败深为不满，决心反抗西夏统治者，拯救宋西北地区人民。这个时期的张载对军事很感兴趣，并曾企图组织武装，收复洮西地区。宋仁宗康定元年（1040年），范仲淹被委任为陕西经略安抚副使，兼延州知州。张载曾到延州，上疏拜见范仲淹，范仲淹劝张载读《中庸》。张载读《中庸》，不满足，又读了许多佛教和道家书籍，尽心研究，感到不能尽宗之，于是又返回儒家，攻读《六经》。这时，张载的治学风格渐趋形成，其思想体系也慢慢成熟起来。他从儒学出发，入佛、老，又出佛、老，最终归向儒家，在批判佛、老思想的基础上，建立起自己“气一元论”的思想体系。

北宋道学都很重视《周易》，张载也是如此。他阐发《周易》，继承王弼的义理派，并在京师授徒讲《易》。这时（1057年，张载38岁）在京师遇二程，相互论《易》。他对二程很佩服，自谦说：“吾平日为诸公说者，皆乱道。有二程近到，深明《易》道，吾所弗及，汝辈可师之。”（《河南程氏外书》，见《二程集》）这一年，张载中进士，开始入仕为官。先在祁州（今河北安国县）任司法参军，后任丹州云岩（今陕西宜川县云岩镇）县令，在从政实践中开始显示其政治社会思想。《横渠先生行状》记：“其在云岩，政事大抵以教本善俗为先，每以吉月具酒食，召乡人高年会于县庭，亲为劝酬，使人知养长事长之义，因问民疾苦及告所以训戒子弟之意。有所教告，常患文檄立出不能尽达于民，每召乡长于庭，谆谆口谕，使往告其里闾。”张载治县，很重视教化作用，每月亲自讲解圣人古道，以德教人。

宋英宗治平四年（1067 年），张载四十八岁，升任著作佐郎，并渭州军事判官。时陕西转运副使蔡子政对张载很是敬仰，常与张载讨教政事。张载也积极协助，提出自己的意见。譬如，张载发现边民苦于霜旱，口粮不足，便建议官府用军储粮救济；他还建议招募当地民人当兵，补充戍兵的不足，可减少内地军士，节约费用。

宋神宗熙宁二年（1069 年），张载五十岁，由御史中丞吕公著推荐，升为崇文院校书。宋神宗亲自召见张载，问治国之道，张载皆以渐复三代作答，神宗很满意。张载所谓渐复三代，实际上是主张治国以《周礼》为指导，具体实行是“自经界始”，讲求法制。以为行仁政从经界始，可解决贫富不均、教养无法的时弊。当时，宋神宗支持王安石主持变法。王安石曾与张载讨论变法事，希望得到张载的支持。张载也主张以《周礼》为基础进行改革，但不尽同意王安石的变法内容和方法，便与王安石产生隔阂。后来，张载的弟弟张戬公开抨击王安石变法，被贬官，张载担心受牵连，便辞去崇文书院校书职，离开京师回故乡，潜心于著书讲学。熙宁九年（1076 年）完成《正蒙》一书，标志他的“气一元论”哲学体系已成熟。熙宁十年（1077 年），张载又经人推荐赴京师任职于太常礼院，又因为与主管礼官有隙，辞职回陕西，路过洛阳再与二程论学，所说多有不合。此次旅行，张载已重病缠身，未及到家，便病死在临潼。

张载一生不忘著书立说，著作有《正蒙》《易说》《文集》《礼乐说》《论语说》《孟子说》《春秋说》等，明万历年间有人收集成《全书》。

（汤泽林）

60. 程颢

程颢与程颐是亲兄弟，长程颐一岁，生于宋仁宗明道元年（1032 年），卒于

宋神宗元丰八年（1085 年），字伯淳，后人又称“明道先生”。

二程家世显赫，世代为大官僚。高祖程羽受宋太祖赵匡胤器重，又是宋太宗为晋王时的心腹幕僚，宋真宗也曾受经训于程羽。曾祖程希振任尚书虞部员外郎。祖父程遹受赠开府仪同三司吏部尚书。父程珦，蒙皇帝荫恩得官，当过大理寺丞等官职，又承动为上柱国，受爵为永年县伯。在这样的家中，二程自小就受到严格的儒学教育，青少年时代，二人经历基本相同。

少年程颢熟读诗书，十岁能赋诗，十五六岁时，父程珦以为周敦颐气度非凡，是知道者，令程颢兄弟拜周为师。宋仁宗嘉祐二年（1057 年），程颢中进士，遂被任为鄠县主簿，据说颇有治绩。鄠县南山僧舍有一石佛，当地人传说石佛的头能放光，远近男女聚而观看，昼夜杂处。程颐很是巨感，决心治一治这事。他对寺僧说，佛首放光事，定要告诉他。到时如无其事，要取下石佛的头。这么一来，石佛放光事再无出现。三十岁时，程颢调任江宁府上元县主簿，着力解决当地的田税不均、诉讼不绝、农田水利诸事。上元县田税不均现象严重，富家大户高价收买肥田，贫苦农民图一时小利，将肥田卖给大户，日后苦不堪言。程颢改变了这一状况，一些大户不满，想闹事，终不得不服就。上元县令被罢，程颢接任，时县诉讼每日不下二百，程颢接手，不到一个月就解决久积的问题。民心安定后，程颢又主持修整堤塘，以利稻田灌溉。三十三岁，程颢调任泽州晋城令。晋城县风气鄙陋，教化未兴，几百年也没有一人能应试登科。程颢到这里首先是办教化事，他建造学舍，亲自挑选优秀可教者，集中起来入学，并亲自讲课，严格督导，使教化成为风气。不久，应试者就有数百，竟有十余人登科。在学校教育的基础上，程颢又重视民间道德伦理的教化，忠孝仁义等教育乡民；组织乡民订立乡约，提倡互助，惩恶扬善，稳定了社会秩序；又自筹资金，借以图济贫弱乡民，很受当地人称道。

宋神宗熙宁二年（1069 年），程颢三十八岁，授任为太子中允，权监察御史里行，相当于临时见习谏官。当时，宋神宗支持王安石变法。程颢当皇帝面数说王安石的不是，并撰写一系列文章批评时改。程颢说：“宋兴百余年，而教化未大醇，人情未尽美，士人微谦退之节，乡闾无廉耻之行，刑虽繁而奸不止，官虽冗而材不足用。”他希望皇上能“稽圣人之训，法先王之治，一心诚意，体乾刚健而力行之。”神宗皇帝对此不以为然。程颢针锋相对，直言“陛下此言，非天下之言也。”以后，程颢上疏神宗，反对王安石新法，被王安石排挤。此后一段时间，程颢在洛阳专心读书教学，从者甚众，奠下“洛学”的基础。王安石变法失败，守旧派重新执政，程颢又曾被朝廷起用为官，并可望受重用，却于不久因病逝世，年五十四岁。

理学家对程颢的评价甚高，据说，上自公卿，下至闾巷士民，闻程颢死讯，莫不哀之。程颐颂扬其兄说：“周公没，圣人之道不行；孟轲死，圣人之学不传。道不行，百世无善治；学不传，千载无真儒。无善治士犹得以明夫善治之道，以淑诸人，以传诸后；无真儒，则贸贸焉莫知所之，人欲肆而天理灭矣。先生生于千四百年之后，得不传之学于遗经，以兴起斯文为己任，辨异端，辟邪说，使圣人之道焕然复明于世，盖自孟子之后，一人而已。”（《宋史·程颢传》卷四二七）程颢、程颐是宋明理学的奠基人，而开其先的又是程颢。程颢说他的思想虽有所受，但“天理”二字却是他自己体贴出来的。程颐又说自己的理论观点与其兄相同。二程的思想基本是延同一路数发展的。

（汤泽林）

61. 程颐

程颐（1033—1107 年），字正叔，后人称伊川先生。程颐与程颢青少年时代受同样的教育。宋仁宗嘉祐元年（1056 年），程颐兄弟随父亲到京师入国子监读书，准备来年考进士。第二年，程颢中进士，程颐却未能如愿，此后也未再应考。程颐一生不愿做官，也可能与此有关。但他勤于学问，忧国忧民，对时政也有深刻见解。十八岁时，程颐就曾上疏宋仁宗，陈述自己的治国之道，抱负不小。他认为，治国应固本，固本之道在于安民，安民之道在足衣食。与孟子的仁政思想一个路数，如何实行仁政，程颐说关键在于得贤臣，而要能选取贤臣，又要改变当时的取士制度。他说当时的取士，所谓贤良方正，不过是博闻强记之士，明经科的，专会读经，不晓经的义理，全是无用之人；进士科的，以辞赋试对，全不讲治天下之道。这种取士制度是发现不了真正的贤臣的。程颐一次应试未中，即不再考，与他的这种认识可能也有关系。既不愿为官，程颐就把传播圣人之道，并以圣人之道自律修养，作为自己一生的生活目标。

仁宗嘉祐四年（1059 年），程颐因诏被赐予进士出身，本可蒙荫恩，但程颐父亲都推给同族人了。宋英宗治平三年（1066 年），有人向英宗推荐程颐做官，认为他洞明经术，有经世济物之才，必可能成为国家栋梁。程颐以学识不足推托了。宋神宗元丰五年（1082 年），程颐在文彦博支持下在洛阳创建伊皋书院，此后二十多年间，他常在这里著书讲学。

宋神宗死后，反对王安石变法的守旧派上台，司马光等向宋哲宗举荐程颐做官，获准。但程颐力辞不就。哲宗元祐元年（1086 年），程颐应召赴京师，被任为承奉郎，秘书省校书郎。程颐仍极力推辞。后因皇帝召他上殿面对，太皇太后又直接干预此事，推辞不得，才受命任西京国子监教授一职。不久，程颐又以通直郎充任崇政殿说书。开始，程颐不愿赴任，推辞不掉，不得已而受命。程颐给皇帝讲学也是有板有眼，严格要求。按惯例，夏天皇帝便不听讲学了，程颐说，为皇帝讲经，不只是讲明经义，还要熏陶德行，暑天也要坚持讲。一年春天，哲宗折下一新发柳枝，程颐对皇上说："方春发生，不可无故摧折。"意在启发哲宗要有仁爱之心。为培养皇上尊儒重道之心，程颐还提出应允许讲官坐着讲课，哲宗对程颐的所作所为多有不悦。程颐在朝廷中对时政及官僚们的行为议论褒贬，无所顾忌，恪守经说，因而也遭到一些大臣的诬陷。宋哲宗元祐二年（1087 年）秋，程颐被免崇政殿说书，对此，他也倒坦然。

元祐八年（1093 年），哲宗亲政，表示要行神宗时的政纲，守旧派失势，被称为奸党。程颐因反对王安石变法，支持司马光一派，也被贬到四川涪州由地方监管，在此期间，程颐完成《周易注》，但不曾传授。当时朝廷严惩守旧派所谓奸党，程颐一再受累，并要追查他自赐进士出身以来的所有著作，全部毁版，以后再写书，也要经受检查。有些忠诚弟子不顾程颐处境的险迫，仍登门求教。程颐怕牵连他们，多于以回绝。宋徽宗大观六年（1107 年），程颐在党祸中病逝。

弟子亲朋担心被入奸党籍，入葬者寥寥。

程颐一生中大部分时间著书讲学，弟子门人甚众，扩大了理学的影响。他和程颢的著作主要有《遗书》《外书》《文集》《易传》《经说》《粹言》等。

（汤泽林）

62. 朱熹

朱熹（1130—1200 年），宋明理学的集大成者，“闽学”的代表人物，字元晦，后改为仲晦，号晦庵，祖籍婺源（今江西婺源县），父朱松曾在福建尤溪县做官教书，朱熹便生在福建。朱熹祖上世代为官，以儒名家，是大户。到父亲朱松时，家势已衰微。朱熹十四岁丧父，依托父友刘子羽生活，家境已算是清贫，要常靠借贷度日。

朱熹父亲受二程影响很深。少年朱熹在父亲直接教导下学习儒家经典，每日攻读《大学》《中庸》《论语》《孟子》不间断，并立志做圣贤君子。但他这时读书又不限于儒经，也广泛浏览佛、道著作并楚辞、诗、兵法之类，无所不学，据说，他还曾持佛学应举考试。

宋高宗绍兴二十一年（1151 年），朱熹考取进士，被授予左迪功郎，出任泉州同安县主簿，两年后到任。在这里，朱熹曾催逼民税，镇压农民起义，显示了他的从政风格。又加紧整治民俗，振兴教化。同安县有“结伴为妻”的婚俗。朱熹认为这是违背礼典的，严加禁止。又建立“经史阁”“学宫”，以儒家经典教授学生。宋孝宗乾道三年（1167 年），福建崇安发生水灾，朝廷遣派朱熹前往视察，并协助县官主持赈恤事项。由于灾情，又处青黄不接时节，崇安县由于大饥荒而爆发农民起义，朱熹觉得对饥民不能严酷苛刻，劝说当地豪民开仓救济灾民，并请朝廷调拨粮食赈灾，一时缓和矛盾。朱熹由此体会到对百姓不能竭泽而渔的道理，主张官府建立“社仓”，即官府粮仓每年一敛一散。新粮收获，即将陈粮低息贷给百姓。这样，既免得使陈粮霉腐，又接济了贫民，可塞绝农民因饥荒发生的骚乱。

宋孝宗淳熙五年（1178年），朱熹受人举荐，被任命知南康军（今江西星子县）。南康军地理环境不佳，人烟稀少，官府又节节增税，当地百姓逃亡的很多，即使未出走的，也不思耕作，只是苟且偷安而已。朱熹两次上疏，要求朝廷减南康军的税，并要求朝廷出资修筑长江堤，雇佣饥民服劳役。朱熹认为，这既解决了饥民的吃饭问题，且修堤可长久得利。他似改变了年轻初任时的盛气凌人的态势，治世更讲究"软"的一手。在南康军任上，朱熹积极办学，在庐山建白鹿洞书院，以儒家经典教授学生，力图从根本上改变社会风气。白鹿洞书院的教学宗旨及规章制度为各地书院效法，以此为基地，朱熹的"闽学"派也渐渐壮大起来。

宋光宗绍熙元年（1190年），朱熹受命知福建漳州。在这里，他提出正经界的主张，企图核实田亩，廓清税制，遭官僚地主的反对。朱熹见自己的主张不能实行，愤而辞职。绍熙四年（1193年），升任朱熹为漳州荆湖南路安抚使。朱熹想推辞不赴任，正值湖南洞庭地区爆发农民起义，他便立即上任。朱熹是把镇压农民起义当做自己义不容辞的责任的。他在官场上推行自己的政见主张表现软弱，对镇压农民起义却毫不留情。宋宁宗初即位登基，朱熹怕行大赦，便在赦令到湖南之前匆忙从狱中提杀了十八名起义军首领。

光宗绍熙五年（1194年），朱熹经宰相赵汝愚推荐，任焕章阁侍讲，为宋宁宗赵扩讲儒经。朱熹在任上似不满足于讲经，还经常就时政向宁宗进言。宁宗对此很反感，罢免了朱熹的侍讲职务。宋熹回福建从事著述并讲学。宁宗庆元元年（1195年），南宋朝廷出现一股反"道学"势力。开始，这些人是想弄倒宰相赵汝愚，随之殃及不少人，包括朱熹。反道学的人称道学为伪学，说奉伪学者是以匹夫身份而窃人主之权柄，想毁除道学家的语录著作，科举取士，凡涉及道学，一律不取，"六经""四书"为禁书。朱熹还被监察御史明列有数条罪状。道学被朝廷列为"逆党"。庆元六年（1200年），朱熹死，下葬期间，朝廷严加防范，怕他的弟子借此聚会闹事，"妄谈时人短长，谬议时政得失"。

朱熹一生做官时间不长，大部分时间著书讲学。他的学术思想直接渊源于程颐，由程颐到杨时，到罗从彦，到李侗，四传到朱熹。朱熹于三十岁时正式受学于李侗。从此，朱熹从年轻时的"无所不学"，到专注于儒学经典，完成了他思

想上的一次重大转折。

朱熹一生著作很多，《太极图说解》《通书解》《周易本义》《易学启蒙》以及《四书集注》是最具代表性的。特别是《四书集注》，自元朝至明、清，一直是官方教科书和开科取士的标准，被视为圣书。后人将朱熹的著作汇集成《朱文公文集》《朱子语类》。朱熹生时际遇不佳，在朝廷掀起的反道学风中离世，很有凄惨色彩。死后地位却被抬到圣人地位，其牌位被列入孔庙，清康熙皇帝甚至说朱熹的话“一句一字莫有论其可更正者。”从孔、孟到程、朱，这些死后被捧上吓人地位的圣人，活着的时候境况都不好。汉以后，各朝代几乎都讲要崇敬圣人，可圣人又都是死了后才成为圣人，活着的圣人却不招人喜欢。中国圣人的命运为什么成为这个样子呢？

（汤泽休）

63. 陆九渊

陆九渊（1139—1193 年），宋明理学中心学派的开创者，字子静，后人称象山先生。江西抚州金溪（今江西临川县）人。陆九渊的祖先可追溯到战国齐宣王之后，自高祖起家中不再有官，家庭境况也不算好，无地产，靠卖药维持生计。到陆九渊这代，逐渐买田置产，家业又重新兴盛起来。

陆九渊青少年时代，正值金兵大举南犯，南宋朝廷屈辱求和的时候，十六岁的陆九渊立志习武，以便报北宋两位皇帝被掳之仇。他认为，反抗金朝，收复宋失地，这是实功实事。如果不能忧国忧民，整天高谈阔论，饱食终事，是可耻的。宋高宗绍兴三十二年（1162 年），陆九渊以《周礼》参加乡试中举。十年后，宋孝宗乾道八年（1172 年），又以《易经》参加乡试中举，来年赐同进士出身。自此，以学问名世，登门求学者甚众，便在自家辟一房舍作讲学用。

宋孝宗淳熙元年（1174 年），陆九渊被授予迪功郎并隆兴府清安县主簿。第二年，由吕祖谦搭线与朱熹等会于江西上饶鹅湖寺，讨论学术问题，两家分歧很大，讨论很激烈，但朱、陆之间的交往还很深，其后多次互访。淳熙六年（1179

年)，陆九渊调任建宁府崇安县主簿，九年（1182年）被荐举为国子正，赴国学讲《春秋》；十三年，主管台州崇道观闲职，有暇回故乡讲学，听讲者老少贵贱常有一二百人；十五年，把江西贵溪应天山改名为象山，设精舍讲学。陆九渊在这里每年二月上山讲学，直到九月。宋光宗绍熙二年（1191年），陆九渊奉调到湖北荆门抗金前线，组织荆门防务，在这里，他施展自己的政治抱负，充分显示了自己的治世思想。陆九渊主要做了三件事：一是强化边防，主要是军事方面的事务，如筑城池，组织民间武装，惩治逃兵；二是改革弊政，主要解决财政方面的问题；三是修郡学，教授儒家经典，以便从精神上巩固宋王朝的统治。陆九渊治荆门政绩很大，朝廷很是赏识，评价很高。说是“政行令修，民俗为变”，可以作为效法的榜样。

陆九渊的政治思想与孟子的民贵说有渊源关系。他引述孟子的“民为贵，社稷次之，君为轻”，说“民为邦本，得乎丘民为天子”。批评地方官僚暴敛民众，置民之日甚穷困而不顾。基于这种认识，他肯定王安石变法。当时，上自皇帝，下至一般大臣，都否定王安石变法，王安石变法为一大罪过，似成了定论。陆九渊此时站出来伸张王安石变法，确需一定勇气。他说，反对王安石变法的人都只是极力诋毁，而不能平心静气地据理分析；只是说祖宗之法不可变，而不能就王安石新法本身的得失做评价，这是没有道理的。在陆九渊看来，既然民为邦本，就应以民心向背为判断是非的标准。凡事有不合天理，不顺民心的，必有害于天下，此效验明显，不分智者愚者都能看得清的。他赞扬王安石变法，实是他自己主张当时也有改革的必要。陆九渊针对南宋王朝的具体情况，由他的民为邦本的思想出发，提出不少在经济上减轻农民负担的改革措施。例如，他主张减轻农民的租税。陆九渊认为，各级官吏吞并农民土地，以国家的名义占有土地，增加农民租税负担，自己又不去交税。这既伤了农民，又害了国家。

陆九渊一生讲学活动频繁，但不像道学家那样热心于注解经书，这与他的心学世界观是一致的。他的著作有《象山先生全集》，是研究陆九渊心学的重要材料。

（汤泽林）

64. 王守仁

王守仁（1472—1529年），明朝时人，宋明理学心学派的集大成者，字伯安，人又称阳明先生，浙江余姚人。

王守仁的先人世代为官，他本人也是明王朝的大官僚，只是他以学问入仕，做官后又坚持做学问，成了一学派的领袖。小时候，王守仁曾问他的老师什么是人生第一等事，老师说是读书登第，他却自有主张，说读书学圣贤才是第一等大事。不过，两者区别到底有多大，也很难说清楚，儒家的圣贤也是积极谋求从政为官的。只是要讲究做什么样的官。

王守仁青少年时代受的也是朱子学的教育。元、明、清三朝都把朱熹捧为圣人，他的思想是官方意识形态，他的书是考官的标准教材，要进入官僚阶层，这个门槛是不能绕过的。但王守仁对朱熹的说教并不感兴趣，反倒有心于佛、老说。明孝宗弘治三年（1490年），王守仁十九岁，父亲王华督促他熟读经书，准备应试，他似乎也不那么专心，白天读经，夜里浏览诸子和史书，凡能找到的书，他都读。两年后，王守仁在浙江参加乡试中举，到京城他父亲的任所，准备来年会试。一天，他按朱熹格物致知的说法，去“格”院子里的竹子，希望能通过“格”此物而“穷理”。七天，“理”未穷及，却病倒了，遂自叹没能力去格物穷理，做不成圣人了。怀有这样的心态参加科举考试，后果可想而知。第二年春参加会试，未及第，三年后又试，仍未成功。王守仁对此倒也泰然。他说，世人都以应试不第为耻，实际上，不及第而心不安才是可耻。话是这么说，王守仁的情绪实际上也是压抑的，以致曾起过入佛、老一流的念头，想学道士遗世入山，自养其身。弘治十二年（1499年），王守仁二十八岁时终于中进士，有了入仕的资本，不久被任为刑部云南清吏司主事，并上疏朝廷，申明自己的政见。王守仁对政局的看法是：“今之大患，在于大臣者，外托慎重老成之名，而内为因禄希宠之计；为左右者，内挟交燔蔽壅之资，而外肆招权纳贿之恶。习以成俗，互相为奸。”（《王文成公全书》卷九）官僚表里不一，心里想的一套，口说实行的又是一套。王守仁哲学重视“心”的作用，与他的这种认识可能有关系。王

守仁做官三十年，基本经验就是“破山中贼易，破心中贼难。”所以，他的“政绩”也就是两件事：一是镇压农民起义，叫“破山中贼”；二是办学校，施教化，叫“破心中贼”。

初为官时，王守仁思想上还是动摇不定，仍时常起出世念头。三十二岁时，王守仁游九华山、泰山，一路写下不少诗句，都是赞美空、无遁世境界。后回到浙江，在绍兴阳明洞中还行起神仙导引术来，但终不能舍弃现世生活。以后便逐渐放弃了入佛、老的想法，立志走儒家圣贤的人生道路，而佛、老的理论影响却还是在他的潜意识中保留下来。

明武宗朱厚照昏庸无能，大宦官刘瑾擅权，引起一些朝臣不满，上疏武宗重振朝纲。刘瑾大怒，将这些大臣治罪，王守仁上疏为他们申辩，也被刘瑾投入大狱。武宗正德二年（1507 年），王守仁被发配贵州龙场驿作驿丞。龙场驿是个地处贵州深山丛中的小驿，环境恶劣，人员只有两人，一个是驿丞王阳明，还一个驿吏，其他就是马匹了。王守仁在这里要自己种田打柴、烧饭，作为一个世家子弟心境可想而知。凄惨的感觉是难免的，他自己写诗说是“游子望乡国，泪下心如摧”。可是出路在哪儿呢？只能从心理自我宽解了。王守仁自己立誓：“唯俟命而已，日夜端居澄默，以求静一”，以求置生死于度外。久而久之，王守仁似一下子觉悟了达于圣人之道的实质，实际上就是从自修心性上入手。此后，王守仁开始在贵州讲学，信服者还不少，在此播下了心学的种子。

武宗正德五年（1510 年），刘瑾被诛杀，王守仁又得以回京师为官，逐渐受重用。正德十一年（1516 年），王守仁升任都察院左都御史，奉命到江西、福建一带镇压农民起义。他大肆屠杀起义军，扑灭了起义的烈火，同时大办学校，施行道德教化。此后，王守仁又平息了宁王朱宸濠的反叛，为武宗朝是立了功的。但由于他人诬陷，受到武宗猜疑，王守仁又发动“心”上的功夫，以一个“忍”字渡过了险关。明武宗死后，世宗朱厚熜即位，王守仁又是升官，又是封爵，但因受人嫉妒排挤，实是明升暗降，他也有暇议论学问，使自己的“心学”更为成熟，突出了“致良知”的观点。他说，良知说是他自己从百死千难中得来的，足可以去患难，出生死。王守仁极为珍视此说，并处处用于自己的生活实践。

王守仁的著作有《传习录》《文录》《别录》《外集》等，后人将其著作汇集成《王文成公全书》，是研究王守仁思想的主要材料。

（汤泽林）

第四编

集部——文学与文学家

1. 中国文学的基本含义和文体分类有哪些

中国文学有悠久的历史，有丰富的内容，在上下三千多年有文字记载的文学遗产中有许多珍品，它在中国全部文化遗产中是一个重要组成部分，而且也是世界文学中的不可分割的组成部分。中国文学，是由汉民族文学为主体的各民族文学的合称，意即中华民族的文学。它有自己的独有的内容、形式和风格，有自己的审美理想和追求，有自己的起支配作用的文化传统和思想，有自己的理论批评体系。它从时间上划分，可分为古代、近代、现代、当代文学。

中国文学的特色，是与它所使用的汉语言文字的特点密切相连的。汉语言文字的特征为：以表意为主；汉字的单文独义；一字一音；繁复的单音词；区分“四声”；言文分离。上述特点，在文学中就构成了所独具的美学特征。

中国文学是着重于表现的艺术，在表现形式上偏重于抒情，如在整个诗歌史上，中国抒情诗洋洋大观，而叙事诗则为数不多。在创作方法上，不重写实而重写意。如古诗中常讲的“情景交融”，其意在借景抒情，宣泄内心的情感。

中国文学在自身的发展基础上，形成了一整套不同于西方的理论批评体系和范畴。它反过来又规范和影响了文学的审美理想和追求，并关涉到文学发展的进程。

中国文学除了因汉字语言具有自己的特征以外，还有自己的文学观念体系。这个体系又受到中国传统思想体系的支配。儒家正统思想的影响，就形成了以诗文为教化的文学功用说，它在中国文学中是一个最为重要的文学观念。表现在创作内容上，偏于政治主题和伦理道德主题。由此而来的是文学常成为政治的附庸，并带有说教的倾向，它在中国文学的不同历史时期，有着不同程度的表现。儒学的入世哲学和教化观念，又使中国文学在内容表现上，呈现出高亢的政治热情，积极进取的精神，强烈的社会责任感，但同时又相应存在着对人个体自我的开掘不足。儒家的“中庸”思想，使得中国文学在美学追求上，讲求中和之美。它是中国文学的一个很重要的美学思想。另外，道、释，以及儒道释的合流，都影响着中国文学的总体风格。

中国文学历史悠久，文学种类和各种文学形式也十分繁复多样。

诗歌，是中国文学中产生的最早的艺术形式之一，也是中国文学中得到最为充分发展的体裁。《诗经》是中国最早的一部诗歌总集。四言为主的句式、重叠反复的章法，是《诗经》时代诗体的主要特色。作品中有抒情诗，也有叙事诗。从原始型的二言诗体，发展到《诗经》的四言体，是一很大的进步，反映了社会生活的变化和语言的变化。紧接着，在中国的南方的楚地又兴起一种新诗体——楚辞。它的开创者和代表作家是楚诗人屈原。“楚辞”是一种具有浓郁地方色彩的诗体。它打破了《诗经》作品的以四言为主的句式，而代之以五言、六言、七言等长句。在诗的节拍上出现了三字顿，构成了有偶、有奇、奇偶相配。同时诗体的篇章结构，或抒情兼叙事，或抒情、咏物兼议论，极大地增强了诗歌的艺术表现力。它对后来的赋体文学的产生和发展，后世五、七言古体诗的产生，都有过显著的影响和启发。

随着楚辞逐渐向接近于散文的赋体演变，另一种诗体——乐府，以民间的清新、刚健步入汉魏六朝（公元前200—581年）的诗坛。它是中国诗歌继《诗经》《楚辞》之后的第三个重要发展阶段。在乐府诗的发展过程中，汉乐府以杂言体为主，五、七言的句式渐为人注重。到了汉末佚名诗人作的《古诗十九首》出现，五言古诗的艺术已基本成熟了。至齐梁时，“五言居文词之要”（钟嵘《诗品》）。七言古诗的产生稍后于五言古诗，其流行大约于晋宋之际。汉乐府的杂言体，到唐代则发展为“歌行体”。从诗歌种类上说，乐府民歌还开创和发展了中国叙事诗体。其现实主义精神直接影响了后来的“乐府古题”。

经过齐梁间“永明体”诗歌在声律方面的充分准备，至唐，诗歌进入了全盛的时期，也是中国古代诗歌的黄金时代。从古体诗到近体律诗的出现，是中国古代诗体的一大变化，而这一变化，正以齐梁时代的“永明体”诗的产生为重要转机。唐代诗歌各种格律因素均定型下来，律诗（包括五律、七律、排律、绝句），古体诗（包括五古、七古、乐府、乐府歌行），各体竞盛，百花齐放。

宋、元时期的词、曲，是冲破传统诗体而出现的两种新体制。中国诗歌同音

乐有着非常密切的关系，二者关系的变化经历了“以乐从诗”“采诗人乐”至“倚声填词”三个阶段。词和散曲都是沿着“倚声填词”的途径发展起来的。词，最初称曲子词，又称长短句，它和散曲同为配乐文学。词和曲原都是随民间歌曲的发展和外族“新声”的输入，而产生的新兴的歌词俚曲，后被引入文坛而为新兴的音乐文学。词萌发于中、晚唐和五代而光大于宋代；曲萌发于金代，而昌盛于元代。从讲求平仄声律、篇有定句、句有定字上说，它们都属格律诗范畴，但它们又与近体律诗不同，各有独立的体制、风格特点。从词曲的篇章句式上看，词以长短句间出、韵位疏密相间为特点；曲在用韵、字数等方面有一定灵活性而与词不同（虽然它也是按曲调写出的长短句）。在文体的表现风格上，诗抒情叙事贵含蓄，以典雅凝重为上，注重意在言外；词多为尚委婉、重情致；曲贵自然晓畅、语言不避俚俗、以能庄能谐及清新活泼为长。宋词、元曲在文坛上层主导地位之后，传统诗歌仍然绵延不断地出现，虽然诗的数量巨大并有自身的特色和成就，但总成就未超过唐代。

中国文学中，与诗词并列为文学正宗的，还有另一重要文体——散文。“散文”相对于“韵文”说，泛指一切无韵的文字；“散文”相对“骈文”说，即指那些单行散句，不拘形式工整的语体文（唐宋后称“古文”）；现代“散文”，是与诗歌、小说、剧本相并列的一种文学体裁（包括记叙、抒情散文、杂文等样式）。从广义上看，中国文学史上第一部记叙文和论说文的散文集于是《尚书》，它是中国散文的萌芽之作。战国时（公元前481—公元前221年），首先得到较大发展的是历史散文和诸子散文。历史散文以《左传》《国语》《战国策》为代表。它们在记叙历史事件和历史人物时，都能对某些历史场面作出具体描写，对人物的形象也很注意刻画。不少篇章情节生动，很有故事性。人物言谈的记述也无不曲尽笔墨，有声有色。它们对后世的“古文”及小说、戏剧的发展都有深远的影响。诸子散文以《论语》《孟子》《老子》《庄子》为代表。主要为说理文，最初为语录体，而后才向有组织有结构的论说文形式发展。它们风格各异，其文宏丽，辞藻华美，感情激越，富有哲理，论辩性强，多用寓言和比喻。到这时，散文的基本形式已经确定。汉散文更讲究文采，而且各类杂体散文充分发

展，各类文体已逐渐齐备，一些文人以善写某类文体著称。但有偶句增多及辞赋化的倾向。司马迁的《史记》，不仅被目为史书的杰作，其中大量的传记文字也是传记文学的典范。唐宋散文（古文）基本上直承先秦两汉的传统，但在杂记文、书信、序文等方面有了长足的发展和创新，尤其起于唐代的游记散文，清新隽逸、生动活泼。明清的小品文是纯文学散文的一个重要时期。它吸收了唐以来游记散文的精髓，又融入了魏晋南北朝笔记文的谐趣和隽永，具有独特的艺术魅力。

中国文学中还有两种介乎诗歌和散文之间的文学样式：赋与骈文。赋源于楚辞体，流行于两汉。它有诗的韵脚，尚铺张扬厉。后来随着时代和文学的发展，演变为骈赋、律赋、文赋等多种形体。骈文，又称骈俪文，它是在诗歌、辞赋等惯用的修辞手法——排比、对偶的基础上，经文人加工创造而成的新文体。它追求句式整炼、词语对仗，讲求文采、音律的和谐，不要求押韵。它产生于魏晋，鼎盛于南北朝，并几经起伏，至清末余绪犹存。

中国文学中，小说、戏曲，有很长一段历史时期不被重视，被当做街谈巷议之言，不登大雅之堂的东西，被视为民间俗文学而为封建文人所鄙薄。元、明、清时，小说戏曲得到了充分发展，出现了伟大的作家和作品。戏曲如元杂剧，明清传奇中的关汉卿的《窦娥冤》、王实甫的《西厢记》、汤显祖的《牡丹亭》、孔尚任的《桃花扇》等戏剧。小说中的有施耐庵的《水浒传》、罗贯中的《三国演义》、吴承恩的《西游记》、蒲松龄的《聊斋志异》、吴敬梓的《儒林外史》、曹雪芹的《红楼梦》。

中国文学发展到现代，产生了不同于传统文学的新的诗歌、散文、小说和戏剧，还引进和创造了散文诗、报告文学、电影文学等新的文学体裁。而过去传统文学中存在的抒情胜于叙事、表现多于再现的特点，有了很大的变化。此外，文学理论由于接受外来影响已出现了许多有别于古文论的新范畴、新概念。语言结构也发生了巨大变化，这些不同已往的大变化构成了新的民族文学的特征。

（马胜利）

2.《诗经》中的风、雅、颂有何异同

《诗经》，是中国古代第一部诗歌总集。它收集了中国西周初年到春秋中叶（公元前11—公元前6世纪）约五百年间的305篇诗。先秦时称为《诗》，取其整数又称《诗三百》。西汉时立于学官，被奉为儒家经典，故称《诗经》，并沿用至今。

据秦汉时古籍载，《诗经》的来源一是朝廷派“行人”到民间“采诗”得来的；二是公卿大夫的“献诗”。这些从不同途径得来的作品经朝廷的乐师删削、整理、加工，约在公元前六世纪中叶编定。

《诗经》中的诗在当时都是配乐的歌词，保留着古代诗歌、音乐、舞蹈三者结合的形式，后乐谱和舞姿失传，只剩下歌词，即今所见到的这部诗集。

《诗经》的句式是以四言为主，比较整齐，又时有杂言，灵活多变，使用二字至八字一句的形式，亦间有一字句和九字句。并大量运用章句的重叠，使用了叠字、双声叠韵等修辞手法。这些多样的句型，后来就成为各种诗体发展的滥觞。

根据古人对《诗经》的编排分类，有“六诗”“六义”“四始”的说法。这些区别在《周礼·春官·大师》中，将风、赋、比、兴、雅、颂，称为六诗。在《毛诗序》里，把“六诗”称作“六义”。孔颖达在《毛诗正义》里的诠释，认为风、雅、颂是诗的不同体制，赋、比、兴是诗的不同表现手法。这种观点被沿用至今。其中将风、大小雅、颂说成王道兴衰的“四始”，则是曲解。在种种解说中，南宋人郑樵的说法最简明：“风土之音曰风，朝廷之音曰雅，宗庙之音曰颂。”（《六经奥论》）他认为风、雅、颂，都是“音”，是从乐调上来区分的，诗就是唱的歌辞，因古时歌诗是不分的。

风土之音，就是各地的民歌。“风者，民俗歌谣之诗也。”（朱熹《诗集传》）《诗经》中的风共一百六十篇，分十五国风，它包括有“周南”“召南”“邶”“鄘”“卫”“王”“郑”“齐”“魏”“唐”“秦”“陈”“桧”“曹”“豳”。其产生的地域，即今陕西、河南，山东、山西、湖北，而多集中于河南。诗中有很多各地风俗习尚的反映。如郑、卫两国的情歌；秦国的车马田狩之盛和尚武风气；陈国的迎神祭祀、载歌载舞等。作为先民的集体创作，作品中表达了对和平与幸福生活的渴望，反映了沉重徭役压榨下的痛苦呼号，揭露了统治者丑陋行径。这些作品有《豳风·七月》《魏风·伐檀》《魏风·硕鼠》《唐风·鸨羽》《王风·君子于役》《周南·芣苢》《魏风·十亩之间》《秦风·无衣》《陈风·株林》《周南·关雎》《召南·摽有梅》《邶风·静女》等。这些诗篇感受真切、不加粉饰。运用了赋、比、兴的艺术手法，歌咏景物，抒写情思，托物讽喻，通俗易懂。

雅是在朝廷里演奏的官乐，它相对于各地民歌俗乐。作者主要为贵族、官吏，内容主要是歌功颂德，宴饮游猎。其中也有不少诗篇是讽刺、规劝的讽喻诗。雅共有一百零五篇，大雅三十一篇，小雅七十四篇，合称“二雅”。“大略《小雅》多燕饮赠答、感事述怀之作；《大雅》多受厘陈戒，天人奥蕴之旨。”(方玉润：《诗经原始》) 小雅的大部分作品出自官吏、贵族之手，其中也有一部分是民间歌谣，大雅几乎全是贵族作品。

雅诗大部分作为贵族们进行各种典礼、宴饮时演唱的乐歌，从中比较真实地反映了周代社会某些生活的面貌。大雅中的《生民》《公刘》《绵》《皇矣》《大明》等诗篇，比较完整地描述了周人的起源以及发展和建国史。它们是中国最早的史诗，历来受到人们的重视。大、小雅中，还有不少讽喻诗，又称为“变雅”。在规劝示警中反映了统治者的内部种种矛盾。故后世“风雅”并称。如《大雅·桑柔》《大雅·瞻卬》《小雅·正月》《小雅·巷伯》《小雅·小曼》等。雅诗中也有些反映先民的生活的民间歌谣。其中有反映民间呼声的，如《小雅·苕之华》《小雅·何草不黄》；恋怨之辞，如《小雅·隰桑》《小雅·采绿》《小雅·谷风》。一些诗篇作为农耕社会的生产、生活反映，描写了五谷丰登，畜牧兴旺，如《小雅·甫田》《小雅·楚茨》《小雅·无羊》等。当然反映贵族豪华奢侈生活场景的篇幅也下少，如《小雅·鱼丽》《小雅·宾之初筵》《小雅·庭燎》等，都极写宴乐的场面。总的说，雅诗不如风诗通俗易懂，篇幅较长，用韵整齐，布局谨严，多议论。呈现出庄重舒缓、典重文雅的风格。

颂，作为宗庙乐歌，有《周颂》三十一篇，《鲁颂》四篇，《商颂》五篇，共计四十篇，合称“三颂”。“颂者，美盛德之形容，以其成功告于神明者也。”（《诗·大序》）载歌载舞，可说是宗庙乐歌的特点。作为周王和诸侯用于祭祀、典礼的乐歌，主要内容多为宣扬天命，赞颂先祖的功德。颂诗也有一些春夏祈谷，秋冬报赛的祭歌，反映了当时农牧渔的生产情况。还有些篇章描写了古时的乐器，有的涉及中国早期的神话传说和历史。

总的来说，颂诗大多为空洞的说教，缺少形象性和韵律美，也少用比兴手法。

根据上述，可以清楚地看到风、雅、颂在乐调、作者、内容、表现手法、艺术风格等方面都是不一样的，有着各自的特色。

（马胜利）

3.《楚辞》是怎样一部书

楚辞，一是诗体名，一是诗集名。作为诗体的楚辞，它的创始者是屈原。而屈原最重要的作品是《离骚》，故又称“骚体”。作为作品总称的楚辞，约形成于西汉前期。《史记》《汉书》在记述西汉事时，都有所提及。《楚辞》正式编定成书，是由著名学者刘向，在西汉末成帝河平三年（公元前26年）完成的。

楚辞，是战国时期以屈原为代表的楚人创作的新体诗歌。它是发源于中国江淮流域楚地的民歌。如《诗经》中的《汉广》《江有汜》就是西周初年的楚地民歌。《说苑》也保存了《越人歌》《楚人歌》。《论语》里记载过孔子听到《接舆歌》，《孟子·离娄篇》里也记有《孺子歌》。楚辞也受着《诗经》的某些影响，但它和《诗经》中的北方民歌有着明显的不同，它不是整齐的四言句式，而是每隔一句末尾都用一个语助词“兮”，声调舒缓、抑扬。楚辞是在楚民歌高度发达的基础上产生的。另外，楚辞还受着楚地的巫风的影响，民间祭祀时的歌舞娱神，很像戏剧，充满了原始宗教气氛和浪漫情调，因而《楚辞》中的很多篇章都带有巫风的痕迹。还有战国后期，南北文化的融合，也是楚辞产生的重要条件。长诗《离骚》，体式宏阔，气势雄伟，句式灵活，和当时蔚然勃兴的散文不无联系。

对于楚辞的称谓，宋代黄伯思在《校定楚辞序》中说：“盖屈宋诸骚，皆书楚语，作楚声，记楚地，名楚物，故可谓之‘楚辞’。”（《宋文鉴》卷九十二）由此也可看出楚辞所具有的特征。

《楚辞》共收入屈原所作《离骚》、《九歌》十一篇、《天问》、《九章》九篇、《远游》、《卜居》、《渔父》，宋玉的《九辨》《招魂》，旧题景差所作《大招》，旧题贾谊所作《惜誓》，淮南小山所作《招隐士》，东方朔所作《七谏》，庄忌所作《哀时命》，王褒所作《九怀》，刘向所作《九叹》。其中如《远游》《卜居》《渔父》等篇，其作者都有异说。楚辞的作者，据《史记》载，有宋玉、唐勒、景差等人。现存的《楚辞》总集中，主要是屈原及宋玉的作品；唐勒和景差的作品，大都未能流传下来。至于西汉人贾谊、淮南小山、东方朔、庄忌、王褒等人的作品，多是仿屈之作。今存东汉王逸的十七卷本《楚辞章句》（《楚辞》注本），从中可略窥《楚辞》原本的大概。因刘向编定的《楚辞》十六卷久已亡佚。

《楚辞》在中国诗史上占有重要的地位。它的产生标志着古代诗歌发展到了一个新阶段。与《诗经》多数篇章是民间的集体口头创作，具有浓郁的民歌特色相比，《楚辞》则是诗人的独立创作，具有个性色彩。特别是屈原的诗歌，塑造了具有崇高理想和人格的抒情主人公形象，具有鲜明的个人风格，从而结束了古代诗歌集体口头创作的阶段，开始了文人创作的新时代。其次，与《诗经》的四言相比，“骚体”是一种崭新的诗歌形式，为中国的诗歌发展开辟了道路。屈原早期作品，如《橘颂》也是四言体，可看到他承袭《诗经》痕迹，后来有很大变化和很高的创造，从四言变为六言、七言，参差错落，灵活变化，且富有地方色彩的语言，宏大的结构，塑造了丰富的艺术形象，抒写了复杂的思想感情，表现了理想与现实间的尖锐冲突。它不但完成了中国诗歌语言的第一次解放，推进了诗体的发展，也显示了在艺术构思上的进步，形成了独特的艺术风格。这些特点，是与《诗经》的四字基本句式，较短小的篇幅、形象的单纯、

所反映的多是生活的片断不相同的。再有，楚辞以丰富的想象、华美的文辞，抒发诗人的主观激情，开创了古代诗歌的浪漫主义创作道路。屈原在他的诗中，巧妙地运用了神话传说，大胆地展开想象的翅膀。他的作品经常以虚构的情节和人物，构成奇异的意境。这就不但加重了作品的浪漫色彩，增强了诗歌的表现力，而且深刻地揭示了诗人崇高的精神境界，深化了诗歌的主题。与此同时，它的比兴寄托手法，不仅运用遣词造句上，而且能开拓到篇章构思方面。它对后来的赋体、骈文、五七言的形成，都产生了深远的影响，这些特色，也是与《诗经》中的民歌侧重于反映现实生活，干预生活，风格自然朴素所不同的。

《楚辞》是《诗经》问世后最优秀的诗作，它的出现标志着作家文学的产生，屈原则是中国文学史上第一位诗人。它实现了诗歌语言和体式的开拓，创造了具有鲜明个性的抒情形象，开辟了诗歌的浪漫主义道路，所以后世将《诗》《骚》并称，从而成为中国古典诗歌的两大源头，对后世的文学创作产生了深远的影响。

（马胜利）

4. 为什么说汉赋的成就较高

汉代，由荀宋开创的赋体成为文人们普遍爱好的文学体裁。他们广泛借鉴了文学创作的历史经验，使赋体文学进入了成熟、发达的汉赋阶段。后世往往把它看成是汉代文学的代表，同唐诗、宋词、元曲各领一代风骚。

作为两汉最流行的文体——赋，它的作家人才辈出，作品繁盛，风格各异，蔚为大观。

据《汉书·艺文志》著录的汉赋有一千零四篇，赋有七十八家；而《昭明文选》作为中国现存的编选最早的一部文学总集，它的主编者南朝梁萧统，则将赋列于所收作品的最前面，并分为京都、郊祀、耕籍、畋猎、纪行、游览、宫殿、江海、物色、鸟兽、志、哀伤、论文、音乐、情共十五类。从这些典籍中可以窥知西汉赋作家作品的繁盛，题材的多样化。另据范晔《后汉书·文苑传》

所载，东汉文人凡有著述者，也几乎无人不有辞赋作品。

从汉赋的形成和发展来看，可分为三个阶段：

即汉赋的形成期、发展鼎盛期、转变期，从中可考察诸种因素酿成了赋的发达、流变。

第一阶段，是汉初至武帝初年，为形成期。这一时期的作品，以写志为主，多带讽谏和怨诽的情意，形式上也近似屈原的作品，所以通称为骚体赋。代表性的作家是贾谊，还有淮南小山、枚乘等人。代表作有贾谊的《吊屈原赋》《鹏鸟赋》，淮南小山的《招隐士》，枚乘的《七发》。但《七发》与贾谊、淮南小山等人的赋已有明显不同。《七发》写楚太子有病，吴客用七件事情来启发诱导他。《七发》设主客问答形式来构成赋的主体部分，已完全形成了汉赋的体制，而且成为固定格式，“七”已经成为一种专体。楚辞的痕迹越来越少，初步具备了散体大赋的特点。赋中铺陈了音乐的美妙，饮食的甘美，车马的名贵，出游的欢乐，田猎的盛况和江涛的壮观。赋的结构宏阔，辞藻富丽。这是一篇承前启后的重要作品。

第二阶段，是西汉武帝初年至东汉中期。它是汉赋发展、鼎盛期。流行的是散体大赋。这类作品极力摹写各种物事，鸿篇巨制，结构严密，气象壮阔，辞藻华丽，喜用典故难字，多以问难对答为章法，韵、散相杂，呈现出典雅堂皇、肃穆凝重的风格，被视为汉赋的正宗。汉赋鼎盛是汉武帝刘彻到宣帝刘洵的九十年间，即人们所说的西汉中叶。这一时期是汉帝国最为强盛的时期。作为值得颂扬的盛世，无疑需“兴废继绝，润色鸿业”（班固《两都赋序》）。加之皇帝好大喜功，雅好文艺，提倡辞赋，从而产生了一大批“言语侍从之臣”和作品。他们的作品多铺写帝国的威势，都邑的繁荣，物产的丰饶，宫室园囿的富丽和田猎歌舞时的壮观场面。与此同时，也有些作品反映出文士们对类似俳优的地位不满，对皇帝的挥霍和耽迷于奢侈享乐的忧心忡忡，这就使得汉大赋呈现出既有歌颂夸耀，又有感慨讽戒的现象。这些代表作家有司马相如、东方朔、枚皋、王褒等人。其中司马相如是汉大赋的奠基者和成就最高的代表作家，他的《子虚赋》《上林赋》的出现，标志着汉赋的发展已进入成熟阶段。从而确定了一种铺张扬

厉的大赋体制和所谓“劝百讽一”的传统。《子虚赋》写楚国的子虚先生与齐国的乌有先生互夸本国田猎的盛况。《上林赋》是承续《子虚赋》，写亡是公盛赞天子的上林苑的宏大豪华与天子出猎场面的威武雄壮。在赋的末尾委婉地表达了作者惩奢劝俭的用意。两赋结构宏伟、场面壮观、想象奇特、文采富丽、描写细致，在写法上对后代影响很大。据史载汉武帝即位后读《子虚赋》，颇为赞赏地说：“朕独不得与此人同时哉！”（《史记·司马相如列传》）后经荐举成其朝中的“言语侍从之臣”。其后的作家，东方朔的《答客难》《非有先生论》，两篇散体赋对后来的述志赋有一定影响；王褒的《洞箫赋》，对后世的咏物赋也产生过影响。

在司马相如之后，有代表性的作家是扬雄、班固。扬雄作为西汉末年最著名的赋家，以他的《甘泉》《河东》《羽猎》《长杨》等显示着自己的实绩，艺术水平有了进一步提高，讽谏成分明显增加，显出了一些自己的特色。后世常以“扬、马”并称。另外，他的《解嘲》《逐贫赋》《酒赋》也各具特色。班固作为东汉前期著名赋家，以其《两都赋》为人看重。它的描写范围更加扩展了，也更为现实，铺叙了汉东、西两大都的规模和城市生活。后来张衡、左思的“京都大赋”都受其影响。

第三阶段，东汉中叶至东汉末年，为转变期。东汉中叶以后，政治日趋腐败，动乱频仍，民生凋敝。文人忧国忧民的情绪成为他们思想的基调。大赋逐渐减少，抒情咏物的小赋开始流行。从大赋向抒情小赋的转化，是以张衡为标志。他的《归田赋》抒写了不愿同流合污，退隐归田的心愿，作品有了个性，并且篇幅短小，风格也由雕琢堆砌趋于平易流畅。以后赵壹的《刺世疾邪赋》、蔡邕的《述行赋》、祢衡的《鹦鹉赋》都走这条路，是东汉的优秀抒情小赋。这些作品为数不多，却为建安以至南北朝抒情言志，写景咏物赋的发展开辟了道路。汉末建安年间，以曹氏父子为代表的诗人，掀起了诗歌创作高潮，汉赋作为一代文学的“正宗”也就退出了文学舞台。

（马胜利）

5. 什么是乐府诗

乐府，本意就是音乐机关。“乐”即音乐，“府”即官署。汉承秦制，它的主要任务是训练乐工、谱曲、组织歌舞表演。汉代人把当时由乐府机关所编录的和演奏的诗篇称为“歌诗”，魏晋六朝时人称这些歌诗为“乐府”或“乐府诗”。作为古代诗歌的一种体裁，它有广义和狭义之分：狭义是指汉乐府官署搜集的民歌俗曲和歌辞；广义则包括两汉特别是魏晋以后历代文人仿制而不入乐的讽诵吟咏的诗歌。作为仿制的方法有：依照乐府旧谱，重创新辞入乐的诗；沿用乐府旧题，承续旧乐府的思想内涵、艺术风格，而不入乐的诗；自立新题、新意的，并且不入乐的（新乐府）诗。

从古代典籍中可知，乐府作为诗体名最早见于沈约的《宋书》卷五十、卷一百中的记载。作为门类划分，梁代刘勰的《文心雕龙》，立出《乐府》一篇；梁太子萧统的《昭明文选》则创立了“乐府”一门。

乐府的最早分类，始于东汉明帝，“汉明帝定乐有四品”（吴兢《乐府古题要解》），它是按照乐调和所用场合的不同来划分的。其后不断增扩门类。到宋代，郭茂倩对自汉至唐的乐府诗广采博收，编为一百卷。作为集大成性质的总集类著作，他按照来源和用途的不同，将历代乐府诗划分为十二类：（一）郊庙歌辞，（二）燕射歌辞，（三）鼓吹曲辞，（四）横吹曲辞，（五）相和歌辞，（六）清商曲辞，（七）舞曲歌辞，（八）琴曲歌辞，（九）杂曲歌辞，（十）近代曲辞，（十一）杂歌谣辞，（十二）新乐府辞。

其中郊庙、燕射、鼓吹、横吹、舞曲属于“官乐”，多为庙堂文学作品；相和、清商、琴曲、杂曲，为民间无名氏的作品。它们都是入乐的。而近代曲、新乐府、杂歌谣辞，则不一定是入乐的。而鼓吹曲、横吹曲中也有不少是民间作品。总体来看，鼓吹、横吹、杂曲、相和、清商、杂歌谣辞，都有些民间优秀之作。现今文学史，一般习惯将乐府诗分为乐府民歌与文人乐府诗两大类。

今存两汉乐府歌辞中最有价值的作品是五十余首民歌，部分谣谚和少量有主名或无名氏文人诗歌。它们相当广泛地反映了汉代社会的现实生活，如抨击、讽

刺了统治集团的淫侈、腐败的作品《淮南民歌》《卫皇后歌》《五侯歌》《长安有狭斜行》等；反映民不聊生的痛苦遭遇和生活，如《东门行》《妇病行》《上留田行》《孤儿行》《战城南》《十五从军征》等；还有些作品则是热情赞美妇女对坚贞的爱情、幸福婚姻的追求，歌唱她们的美丽善良、机智勇敢和不屈的反抗，如《上邪》《有所思》《白头吟》《陌上桑》《陇西行》等，最杰出的是长篇叙事诗《孔雀东南飞》。另外，还有些作品则是反映下层文人的抱负、苦闷、讥时愤世，如《驱车上东门行》《青青陵上柏》《饮马长城窟行》《长歌行》《枯鱼过河泣》等。两汉乐府“感于哀乐，缘事而发”（《汉书·艺文志》），与《诗经·国风》相比，多叙事诗，即使是在抒情作品中也常带有叙事成分，喜用第一人称自述的结构，表述如说家常话，娓娓动人。在抒情时多用比兴，含蓄有味。叙事则通过对话、自述，铺张排比，交代情事，渲染人物性格和气氛，推动情节发展，完成人物刻画。两汉乐府诗的体裁以五言为主，兼有七言及杂言。句式较灵活，语言通俗流畅，生活气息浓厚。与先秦的诗歌四言形式相比，西汉乐府歌辞的五言为主的形式是一种新体。其间文人的加工和创作显然促进了五言诗体的成熟。两汉乐府开创了古代叙事诗的传统，并发展成为一种专门的诗体，即乐府体。汉乐府诗在中国古代诗体的发展中，起到了承前启后的巨大作用。

南北朝时期，继汉乐府后又一次出现了民间诗歌创作的高潮。

现存南朝乐府歌辞约近五百首。大部分收在宋代郭茂倩《乐府诗集》的“清商曲辞”一类中，并分为“吴声歌”“神弦曲”“西歌曲”三部分。仅《西洲曲》《东飞伯劳歌》《苏小小歌》等不足十首（不包括民谣），分别归入“杂曲歌辞”“杂歌谣辞”中。“吴声歌”是当时流传在江南一带的歌谣；“神弦曲”是江南一带民间祭神歌曲；“西曲歌”又名“荆楚西声”，是江汉流域一带的民歌，从题材上说，大都以写男女恋情的内容为多，其风格委婉缠绵、本色自然。代表作有《西洲曲》《子夜吴歌》等。它们以五言四句的短章为主，间或也有四言、七言、杂言体。它对于后世文人创制的“绝句”体小诗的兴起有着影响。诗中有些也以男女唱和、一问一答的形式出现，有着民歌风格的本色。歌辞中还广泛运用了双关隐语的表达方式。

与汉乐府的质朴，南朝乐府的清新婉转、本色自然相比，北朝乐府则显得刚健。北朝乐府见载于《乐府诗集》的“梁鼓角横吹曲”。今存六十多首。它们在题材、语言风格同南朝乐府有着明显的差别。但在诗体形式上却与南朝乐府接近，以五言四句为主体，但也出现了几种不同体式，如七言四句体、七言二句体。长篇杂言体《木兰诗》，更为南乐府所无。北朝乐府歌辞，又称“胡吹旧曲”或“北歌”。在题材上，除歌咏男女爱情以外，还有反映民间疾苦、战乱、边塞风光、歌颂英雄人物等。代表作有《木兰诗》《敕勒歌》等。

作为“乐府诗体”，它还包括文人拟作在内，早期的有张衡的《同声歌》、辛延年的《羽林郎》、宋子侯的《董娇娆》等，都是较为成功的作品，至建安时风气大开，在文学史上出现了许多名家名作。如“三曹”，“建安七子”以乐府旧题咏时事，鲍照的拟乐府歌行；而杜甫的“即事名篇”的乐府诗，李白、高适、张籍等也参与其中。它是一种用新题写时事的乐府式的诗。中唐以后，元稹、白居易等倡导“新乐府”，遂成为“乐府体”诗的一种。乐府诗体，也就成为中国文学史上流行诗体之一。

总的说来，乐府诗本是一种音乐文学，民间作品是它的主体。后来既已失乐，其后的乐府体作品，主要是表现在创作精神上、语言风格上对汉乐府有某些继承而已。另外，前人以从入乐不入乐来规定“乐府诗”的范围，把后来的词曲也纳入此范围之中，名为“乐府”，这显然是不科学的，它混淆了不同文体的界限，为后世所不取。

6. 什么是古体诗，什么是近体诗

中国古典诗歌源远流长，历史悠久，在发展过程中，形式、体制几经变化。

古体诗简称古诗，也称古风、古体、往体。它是与“近体”相对而言的诗体。中国早期的诗歌，是没有严密的格律限制的。格律诗酝酿于齐梁时期，但直到唐代以前并未成熟。无论篇章字数、对偶应用、声律结构都无固定格式，呈不规则性。人所说的新体诗，介于古体诗与格律诗之间。它是一种过渡性诗体。至唐代初年，格律诗才最后定型。所以，古体诗与近体诗的区别，并不只是就产生

的时代说的，而是从格律的角度说的。从广义上把唐代以前，没有严密的格律限制的诗体，称作古体诗。从狭义上划分，仅指五、七言古诗，而不包括四言诗、乐府诗、楚辞、杂言古诗。但对有些不遵“近体”格律、仿效古体形式而写的诗作，在文体分类上也称为“古体诗”。

古体诗，在句式、平仄、对仗、用韵等方面，都比近体诗自由得多。由于古体诗形式灵活，限制少，便于叙事、抒情、写景、说理，所以即使到了唐代以后，近体诗的创作进入高潮，而用古体诗进行创作的诗人仍大有人在。也可以说，古体诗是古代的“自由诗”。另外从唐代人的眼光来看，唐以前诗歌不受格律限制，而且时代离唐朝较古远，自然就把唐以前的“古代”诗歌称之为“古体诗”，而律诗，是距唐朝的“近代”隋朝时才开始日益完善起来，尔后才成熟的新体诗。自然就称作“近体诗”“今体诗”。而后世的人们为区别现当代自由诗，将古代的诗歌统称为古典诗歌，或旧体诗。

具体说，古体诗按诗中的每一个句子字数的多寡，可以划分为四言、五言、七言以及杂言等几种形式。四言体诗，主要产生和发达在先秦时期，以《诗经》为代表。两汉魏晋时还有人从事四言诗的写作，曹操、嵇康的四言诗就很有名。五言古诗简称五古，它的出现比四言诗晚。较早出现的是民间的五言诗，文人们以此进行创作，大致在东汉末年。南北朝时以五言诗为主，唐代以后五言诗仍是诗歌的主要形式之一。七言古诗，简称七古，出现的时间与五古相似。七言古诗在魏晋南北朝时并不多见，至唐时才大量涌现。杂言诗与四言诗一样，是古体诗所独有的形式。凡字句长短不齐的诗都可称为“杂言”，这在《诗经》《楚辞》乐府及民间歌谣中都有。后世习惯上所称的杂言古诗，是指受乐府诗影响而产生的“歌行体”作品。对“歌行体”的认识，历来不一，有时将它与“乐府”相连称“乐府歌行”，包括拟乐府诗（用古题）；有时又将它从属于七言古诗之内；有时又把它“即事命篇”，讽喻时事的作品，视为“新乐府”。另外，唐以前即有以四句为单位的绝句，又称“古绝句”，唐时也有人以此写作，也属古体诗。

古体诗每首的句数是没有限定的，首先，诗人可根据内容的需要来任意安排。唐以后的律诗则限定为八句（此指律诗正格而言）；其次，古体诗一般不对仗，对仗也不受格律限制，不避重字，不求工整；最后，古体诗是不讲求平仄的，尤其在汉魏六朝时，更无任何限制。唐以后，由于受近体诗影响，古体诗在平仄格式上出现了两种情况：（一）为与近体诗有所区别，避免使用律句，而多用拗句，结果使古体诗在平仄格式上有了特点。即“三字尾”，指古体诗每句最后三个字的平仄（即仄平仄、仄仄仄、平仄平、平平平），上述指一般古诗。（二）有些诗人将律句入古体诗，称入律古风。它的句数仍不受限制，篇幅可长可短。另外在用韵、对仗，也与近体诗有所区别。古体诗用韵，比较自由，韵脚不受平仄限制，可以一句一押韵，两句一押韵，也可三句或四句一押韵，多数情况是隔句押韵。在一篇诗中可一韵到底，也可中途换几次韵。一首诗用多少韵，是无具体规定的，它可以从一个韵中选择用作韵脚的字，也可从相邻的几个韵中选择用作韵脚的字，邻韵相通，允许出现重复的韵脚。

总的来说，古体诗基本上没有格律限制，句式整齐，讲求音顿。即使杂言体，但它基本上是四、五、七言的句式构成和发展而来的，即使用“杂言”，往往也以大体整齐的句式为主。由于它形式上限制较少和自由灵活的特点，便于表现比较复杂的内容，所以一直为诗人所喜爱。

近体诗，也叫今体诗，或叫格律诗（唐代有“格诗”“律诗”之分，“格诗”，即讲究骨格、风骨的诗，指古体诗；“律诗”，指唐以后讲究严密声律的诗。此处是就现在一般的理解说的）。作为与“古体”相对而言的诗体，是指唐代形成的格律诗体。它是由南朝齐永明时沈约等讲求四声、八病等声律、对偶的新体诗（齐梁体或永明体）发展而来。到唐初的沈佺期、宋之问时才发展完备并定型下来。后世检阅一首诗是否合律，都是以唐代律诗为标准。

近体诗分绝句和律诗两大类。律诗有五言与七言两种，简称五律与七律。它们每首诗都是八句。个别超过八句的，被称为排律。六句三韵的称为三韵律诗或小律。绝句又称律绝，以此与古体绝句相别，它是格律诗中最短小的一种，每首只有四句，分为五言与七言两种（六言较少见），简称五绝和七绝。它又被称为截句或断句。有人认为是截取律诗而成，这是一种形式上的臆断。

“绝句”之名，最早见之于南北朝刘宋时期。它产生于律诗之前。而律诗，

是五律出现于前，七律形成于后。它们在字数、句数、平仄、对仗、押韵等方面都有严格的规定。

它们在句式上是诗有定句、句有定字。五言绝句是每首四句，每句五字，全诗二十个字。七言绝句是每首四句，每句七字，全诗二十八个字。五言律诗是每首八句，每句五字，全诗四十个字。七言律诗是每首八句，每句七字，全诗是五十六个字。

近体诗的句中的每一个字是用平声还是仄声，都有具体规定，不能随意更换。五绝、七绝，五律、七律平仄格式基本上都有四种（略）。不讲平仄，就不成为格律诗了。

律诗要求必须对仗，对仗的位置必须固定。律诗共八句，分为首联（一二句）、颔联（三四句）、颈联（五六句）、尾联（七八句）四部分。每一联中前一句称为出句，后一句称为对句。所谓对仗，是指对句与出句的对称，律诗中间两联（即颔联和颈联）必须对仗，首尾联可对可不对。另外，还要求句型一致；词性相同或相近；出句与对句相对的字要避免重复。绝句的对仗要比律诗自由得多，在对仗位置上也不作限制，不要求一律对仗。

律诗、绝句，在诗中必须一韵到底，且只押一个韵。一般是两句一押韵，韵脚都在双句的末尾，也有诗歌首句就押韵。韵脚一般为平声韵，偶用仄声。用作韵脚的字不能重复（用韵，就是押韵，也称协韵或叶韵。押韵的部位都是在句子的末尾，在句子相同的位置上重复出现的相同韵母，称为韵脚）。

中国古代诗歌，经历了由不讲求格律到讲求格律的过程，有了古、近体之分。尔后出现了并行发展的局面。它反映了古代诗歌从低级到高级，从简单到复杂，从朴实到华美的变化。

（马胜利）

7. 盛唐浪漫派、写实派代表诗人有哪些

盛唐诗坛最杰出的代表，是伟大的浪漫主义诗人李白和伟大的现实主义诗人

杜甫。“李杜文章在，光焰万丈长”（韩愈《调张籍》）。他们二人的诗歌代表了中国古典诗歌的最高成就。

盛唐，指唐玄宗开元、天宝年间至唐代宗大历以前（713—766 年）。作为中国古典诗歌发展中浪漫主义和现实主义两大流派最杰出的代表，李白主要生活在安史之乱以前，是从开元、天宝盛世中走过来的人物，最后又经历了安史之乱。他的诗歌作品既反映了发展中的盛唐气象和风貌，也揭示了在表面繁荣后面所隐藏的社会矛盾和腐败现象，既表达了追求光明、向往自由的强烈愿望，也表现出鄙弃权贵、抨击现实的反抗精神。杜甫比李白略晚，他虽然生当开元伊始，但在盛世之年他还年轻。主要经历还是在天宝年间及以后的战乱岁月，他是唐代社会由盛而衰的亲历者，诗作全面、深刻地反映了当时社会的各种矛盾和生活情景，一向有“诗史”之称。李白和杜甫，以其不同的创作方法，建立了各自的独特艺术风格。严羽在《沧浪诗话》中曾指出：“子美不能为太白之飘逸，太白不能为子美之沉郁。太白《梦游天姥吟留别》《远别离》等，子美不能道，子美《北征》《兵车行》《垂老别》等，太白不能作。”可谓是公允之论。

李白是继屈原之后又一位伟大的浪漫主义诗人。他继承了前代浪漫主义诗歌创作的成就，极大地开拓了诗歌的艺术境界，丰富了诗歌的艺术技巧，并在一定程度上体现了浪漫和写实的结合。他以其诗歌创作的理论和实践，扫清了六朝华艳柔靡的诗风，完成了陈子昂诗歌革新的业绩。他认为“自从建安来，绮丽不足珍”（《古风》其一），主张“清水出芙蓉，天然去雕饰”的诗风。他善于向乐府民歌和前代优秀诗人学习，采用过几乎所有的乐府古题，并达到情深词显的境界；还常自立新题，另创新意，在古乐府的基础上推陈出新。他的五言、七言绝句既有民歌风味又具个性特色。他的歌行体诗飘逸、奔放、雄奇、壮丽，独具特色。贺知章惊赏李白是“谪仙”，后人沿用而称李白为“诗仙”。他的诗用蔑视世俗、飘逸洒脱来表现他对现实的不满，给人一种绝世超凡、如置仙界的印象。李白是以“无为”为思想指导的，排斥功名富贵的诱惑，不肯摧眉折腰，服侍权贵；同时又以“有为”思想为安慰，在悲愤孤寂之时追求成仙得道，求得精神一时的寄托。而“超脱”的思想，又助长他在不施展抱负时拂手而去，毫不

惋惜。至于侠士的豪爽轻生，某些纵横家的建功立业、功成退隐也成了心向往之的豪举。李白诗中那种想落天外的意境给人一种飘飘欲仙的感觉，尤其是描写山水风景更具浪漫色彩。他喜欢用夸张、渲染、烘托、拟人等手法；当现实事物还不足以表达喷薄而出的激情时，就借助于非现实的幻想来创造天马行空的意境来表现。这一点在《蜀道难》《梦游天姥吟留别》等名诗中表现得尤其突出。

杜甫作为中国文学史上第一个伟大的现实主义诗人，他的诗歌继承和发扬了自《诗经》以来的现实主义传统，是中国古典诗歌史上思想性和艺术性高度统一的典范。杜诗不管是叙事诗，还是占他创作绝大部分的抒情诗，都包含着丰富的社会内容，深刻地表现了当时的人民生活和愿望，具有浓厚的现实生活气息。应该指出的是杜甫写的是诗，而不是史，杜甫之所以成为伟大的现实主义诗人，是在于他是通过诗歌这一艺术形式反映了当时的社会生活和历史。“甫又善陈时事，律切精深，至千言不少衰，世号诗史。”（《新唐书·杜甫传赞》）杜甫善于对现实生活作高度的艺术概括。这种概括，有时是选取具有典型意义的事物和人物，通过客观的描写，反映社会生活；有时又是通过人物对话对典型事件作介绍。杜甫对雄浑壮阔的艺术境界的营造往往是通过刻画眼前具体、细微的景、物和表现内心情感的细微波动来达到的。这是杜甫不同于浪漫主义诗人李白，而又超出一般现实主义诗人的地方。如《春望》《茅屋为秋风所破歌》等。杜诗的诗风以沉郁顿挫为主，在这种风格的基调上，诗人的创作又呈现出多种多样的风采，或质朴、或瑰丽、或清新明快、或朴简拙重、或雄浑悲壮、或细腻委婉。杜诗的语言特点是苍劲凝练，典雅的文学语言，质朴的民间口语，都被加以恰当地使用，语言的性格化、诗化程度很高。在诗歌体裁方面，他各体兼善，尤擅律诗，“晚岁渐于诗律细”（《遣闷戏呈路十九曹长》）。他的律诗是唐代律诗成就的高峰。他的乐府诗，即事命题，是曹操的以旧题写时事的乐府诗的一个新发展，对白居易等人的新乐府运动有直接的启迪。有人称杜甫为“诗圣”，就是着眼他的爱国与儒家的忠君相连的。但只要把杜甫放在一定历史条件下来考察，就不觉得被当做“诗圣”加以歌颂有何不对。

李白、杜甫对当时和后代文人的影响是巨大的、深远的。唐朝的很多诗人都从不同方面受到这两位大诗人的影响。李白对中唐孟郊、韩愈、李贺，晚唐杜牧；宋代苏轼、陆游；明清高启、杨慎、黄景仁、龚自珍等都产生了程度不同的影响。至于富有传奇色彩的传说，更是长期在民间流传，甚至被写进小说戏曲之中。而对杜甫，首先是爱国者们，如宋代爱国诗人陆游、文天祥及明末清初的爱国学者顾炎武等人，都从其为人和诗作中接受教育、汲取营养。杜甫的现实主义创作精神，不仅直接推动和影响了中、晚唐诗歌的发展，并成为历代诗人效法的榜样。中唐元稹、白居易等倡导的“新乐府运动”，晚唐皮日休、聂夷中等人，及至其后宋、元、明、清各朝有成就的诗人以杜为师大有人在，而且范围不限于诗歌一隅。在艺术上取法杜诗的也是历久不衰。行名的如唐韩愈、李商隐，宋王安石、黄庭坚、陈与义、陆游，金元好问，明李梦阳、屈大均及清沈德潜、黄遵宪等人，都在不同方面、不同程度上受到杜诗的艺术影响。自唐以来，仅就选杜、注杜或专攻杜诗者就不下数百家，甚至号称“千家”，由此可见其影响的深远和巨大。李、杜二人的诗作，不仅为文人所喜爱，也受到了历代广大民众的喜爱和传诵，成为中华民族悠久的文化传统的一个组成部分。

（马胜利）

8. 盛唐山水田园派的代表诗人有哪些

山水田园诗在晋宋时期陶渊明、谢灵运的手中正式形成，其后又经过谢朓等人的创作，不断发展，到盛唐时就出现了一个以孟浩然、王维为代表的山水田园诗派。

盛唐的田园山水诗人，继承了陶、谢以来的田园山水诗的传统，并在此基础上有所发展，艺术上日趋精工，摹景状物更加细腻。他们往往通过对自然景色的描绘，流露出对怡静的田园生活的留恋和对大自然秀丽风光的热爱，同时也表现出对污浊官场的厌恶。这些诗人大都属于社会中上层，虽然隐居田园，热恋山水，但却时刻不忘功名，很想通过“终南捷径”走上飞黄腾达的道路，因此在他们的诗中常常流露出“欲济无舟楫，端居耻圣明”（孟浩然《临洞庭湖赠张丞

相》）的感叹，只是在仕途无望的时候，才表现出对官场的厌恶，借以抒发怀才不遇的郁闷之情。

孟浩然是唐代第一个大量写作田园山水诗的诗人。他的诗歌以五律居多，主要反映隐逸生活和自然景物，表现了他在隐居与漫游中的种种闲情逸致和宦途失意的幽寂愁怀。其诗风格以自然冲淡为主要特色。孟诗对王维及其他诗人都产生了一定影响。大诗人杜甫称赞他："赋诗何必多，往往凌鲍谢"（《遣兴》），"清诗句句尽堪传"（《解闷》），可谓中肯之言。

王维山水田园诗中，渗透着他避世隐居的生活情趣，有的甚至还寄寓了幽玄苦空的佛理。所以他的田园诗既没有陶渊明田园诗对现实的批判意义，其山水诗又缺乏同时代诗人李白山水诗的乐观情调和阔大境界。但他的这些诗在艺术技巧上对于唐诗艺术的臻于完美做出了自己的贡献。苏轼就赞其诗是"诗中有画"。他的诗总的来说情调是静谧、安详的。他笔下的高山大河的崇峻和浩渺往往成了幽静、淡远的背景，山光、水色、树影、风云，变化有致，被用来陪衬野老、牧童、村姑和作者的闲雅、恬静的生活。而山鸟草虫的天籁，浣女、船夫的声息更增加了作品的诗情画意。诗作语言洗练、清新，朴素中富有光彩，而且音韵和谐。山水田园诗在王维手中发展到新的高峰，他既继承了陶渊明的浑融完整，又吸取谢灵运的细致刻画，并兼有谢朓的秀丽清新，是诗、画、乐最完美的结合。这一派的其他诗人还有储光羲，但他的作品不多，可成就颇高，以《钓鱼湾》一首，最为人传诵，语言清新，格调天然，诗情画意，浑然一体。常建以《题破山寺后禅院》最为著名，其中"曲径通幽处，禅房花木深"两句，是脍炙人口的名句。再有像祖咏、裴迪、綦毋潜、丘为、刘真虚等人也是山水田园诗派的诗人。而王维、孟浩然则是这一诗派的代表，他们的诗作体现了这一流派的最高水平。

总之，盛唐山水田园诗的繁荣和发展，是与社会的安定、经济的繁荣、佛老思想的提倡、隐逸思想的流行、诗人们的漫游成风分不开的。这些诗人大多采用五言古体和五言律绝的形式进行创作，作品风格清淡，意境深幽。在发掘自然美方面，把六朝以来的山水诗向前大大推进了一步，其中尤以王维艺术成就为高，于李、杜之外别立一宗，对后世产生了不小的影响。

（马胜利）

9. 盛唐边塞派的代表诗人有哪些

中国古代诗人写边塞生活的，六朝时就有，北齐的卢思道的诗，开唐代边塞诗的先声。隋代与唐初，边塞诗有了较大发展，特别是“四杰”与陈子昂，使边塞诗向前跨进了一步。盛唐时期，唐王朝的国势强大，疆域辽阔，同边远地区少数民族政权在政治、军事、经济和文化方面的交往密切，边事增多，驻军增多，文人多有到塞外出使、任职的机会，再有盛唐诗人在时代风气的影响下，意气风发，志在四方，向往从军边塞建功立业，向往边疆景物、生活的新奇；还有些仕途失意文人把立功边塞当做求取功名的出路。在各种原因想法的驱使下，边塞生活在盛唐时成为诗人们所瞩目的主题，边塞诗也由此得以盛行。

边塞诗的代表作家是高适、岑参、王昌龄，另外，还有李颀、王之涣、王翰、崔颢、张谓、刘湾等诗人。

高适（702—765 年）与岑参（715—770 年）都以写作边塞诗著称，由于生活经历和思想性格的差异，他们的边塞诗作在内容与风格上也就各具特色。从内容上说，高、岑二诗人的诗作都描写和歌颂了戍守边塞的将士慷慨报国的英雄气概和不畏困苦的乐观精神，反映了久戍不归、怀土思亲的情感。但高、岑二人诗作相比，前者不如后者的作品丰富多样，后者笔下的奇异瑰丽的边疆风光和丰富多彩的边疆风俗、边塞生活，在前者的诗作中很少出现。这与后者曾在西北边塞长期任职，有着丰富的见闻分不开。可是前者边塞诗作的思想深刻性超过前者，主要是深刻揭示边防上的弊病，表达了对战争的意见，讽刺了军中的丑恶现象。风格上，二人的区别更为显著。其共同点是“高、岑之诗悲壮，读之使人感慨”（严羽《沧浪诗话》）。但高适的边塞诗作多写实，风格雄厚浑朴，笔势豪健。岑参则富于浪漫色彩，想象丰富，夸张比喻很新巧，常出人意料，给人以色彩瑰丽、奇俏洒脱的感受，呈现出奇情异彩的艺术特色。

王昌龄（698—757 年）是可与高、岑并列而三的边塞诗派的重要诗人，在当时就颇负盛名。他擅长七绝，不仅数量多，而且成就高，《从军行》《塞下曲》历来被推为边塞诗的名篇。其《出塞》诗曾被推为唐人七绝的压卷之作。他的闺怨、宫怨、赠别诗中的七绝作品，其成就也只有像李白这样的少数大家可以与之媲美。王昌龄没有边地的亲身感受，然而凭他一贬再贬的仕途遭遇和低微官职的处境，他对于从征士卒的思想感情有某些共鸣之处，是完全可能的。他的诗不同高适和岑参那样铺写边地生活的各种景象，而是善于抓住从征将士复杂矛盾的感情加以逼真自然的描绘，收到感人肺腑的效果。所以他写将士杀敌卫国，充满了积极昂扬的精神；写士卒思乡，又具有悲苦婉曲的情味。王昌龄以语近情遥、含而不露的风格使之在边塞诗派中与高、岑齐名。另外还有一些诗人的作品被人长期传诵和称赞，如王之涣（688—742 年）的《登鹳雀楼》《凉州词》诗，以充满诗的语言，将人们从眼前的景物引向更高远更深长的境界中，短短的篇幅中，既写出了如此壮观的景色，又概括出如此丰富的感情，情景交融、浑然一体。和高适、王昌龄同时的李颀（生卒年不详），作品不多，成就较高。他的《古从军行》，是唐代边塞诗中的杰出作品，结尾两句“年年战骨埋荒外，空见葡萄入汉家”，深刻表达了戍边戎卒的愤懑之情。诗以古题写时事，意在托古讽今。

总的来说，边塞诗派的诗人们结合壮丽辽阔的边境景象，表现驰骋沙场、建功立业的壮志豪情，抒发慷慨从戎、抗敌御侮的爱国思想，反映征夫思妇的幽怨以及边塞的荒凉艰苦生活。同时也客观地反映了唐帝国内部的各种矛盾。特别要说明的是所谓边塞诗派，并不是说这些诗人只写边塞诗、战争诗，而是说这一派诗人擅写此类诗，并很有特色而已。盛唐边塞诗多采用乐府歌行和七言绝句的形式，他们的诗歌不仅为盛唐诗坛增添了异彩，还在诗史上开辟了一个新的境界，提供了新的技巧。

（马胜利）

10. 中唐诗风如何，有哪些重要的诗人

中唐时期，是指代宗元年至文宗太和九年（766—835 年）。延续八年之久的

安史之乱是唐代社会由盛而衰的转折点，也是由盛唐到中唐的过渡。这次动乱虽最后被平定，但旧有的社会矛盾未从根本上得到解决，新矛盾又不断产生、加剧，国势衰微、民生凋敝、外患频仍、藩镇称雄。尤其藩镇割据势力与朝廷的对立成为这一时期的主要矛盾。宪宗时虽有过“中兴”，但好景不长，到穆宗时各种矛盾有增无已，在此复杂的社会背景下，中唐诗坛出现了诗人辈出（约570人），诗歌繁富（约19000首），流派众多，各具特色的局面。现实主义是中唐诗歌的普遍的、主要的特征。以白居易为代表的新乐府运动贯穿整个中唐，贡献巨大，影响深远。元结、顾况等人是这一运动的先驱者，他们用诗歌反映现实，可谓杜甫的同调，其作品有深刻的思想内容，但对艺术性重视不够，在诗坛上没有产生重大影响。中唐前期诗坛上出现了名噪一时的“大历十才子”。《新唐书·卢纶传》：“纶与吉中孚、韩翃、钱起、司空曙、苗发、崔峒、耿湋、夏侯审、李端皆能诗，号大历十才子。”据计有功《唐诗记事》和严羽的《沧浪诗话》等所载，十人姓名略有出入。他们虽都亲身经历安史之乱，但其诗歌很少反映社会动乱和黎民疾苦，多唱和、应制之作。歌颂升平、吟咏山水、称道隐逸，是其诗的基本内容。他们多工五言律体，语言精致妥帖，韵度娴整秀润，有较高的艺术素养。他们中成就较大的是李益和卢纶。其中一些色调苍凉、意境雄浑的边塞绝句，可视为盛唐的高适、岑参边塞诗的继续。刘长卿、韦应物等主要以田园山水诗见长，很明显是受到王维、孟浩然的影响。人称韦诗“高雅、闲淡，自成一家之体”，他的《滁州西涧》颇有新意，拟之陶潜称为“陶韦”。乐府歌行则又与杜甫、元结接近“才丽之外，颇近兴讽”（白居易《与元九书》）。刘长卿诗作则称之为“五言长城”（《新唐书·秦系传》），他的五言律诗讲究声韵对偶，注重词语精工。写景抒情，凝练自然。如《穆陵关北逢人归渔阳》。其五绝《逢雪宿芙蓉山主人》也是脍炙人口的佳作。

以顺宗永贞（805年）革新和宪宗元和（806年）削藩为标志的政治改革的兴起，一度显现出中兴之兆。这时在理论主张和创作实践两方面全面继承陈子昂、杜甫等现实主义诗歌传统的，是以白居易、元稹、李绅、张籍、王建等人为代表的新乐府运动。其中最为杰出的是白居易。这时有大量的讽喻诗出现。如白

居易的《新乐府》《秦中吟》等。元、白发展了诗的叙事技巧，情节曲折，描写细致。如白居易的取得很高艺术成就的叙事长诗《长恨歌》《琵琶行》及元稹的《连昌宫词》。与元、白平易晓畅诗风不同的是以韩愈、孟郊为代表的“韩孟诗派”。他们以豪放杰出的诗笔，开创了奇崛险怪的新诗派。他们以杜甫“语不惊人死不休”的精神，标新立异。孟郊、贾岛等人则写诗刻意求工，从险、从寒、从瘦。人谓之“郊寒岛瘦”，形成清奇僻苦的诗风。韩愈诗有散文化的倾向，斗险争奇，流于怪诞僻涩，对于宋诗有着重大的影响。直接受到韩、孟的影响而又能大胆创新的李贺诗，更以其激越险怪的艺术风格独树一帜，放出异彩，人称之为“鬼才”，又叫“诗鬼”。其诗作影响所及孕育了晚唐温、李一派的诗风。其他如卢仝等人，都以奇崛见长，并有名篇传世。此外，刘禹锡则以他清新明丽的民歌体创作和沉郁苍凉的怀古诗，在中唐诗歌史上占有重要的地位。如他的《竹枝词》《石头城》《乌衣巷》等都是传世的名篇。而他的一些抒情写景小诗，则常带有一些哲理，它对宋诗的讲求“理趣”有一定影响。又因其才力雄健，被白居易称誉为“诗豪”。柳宗元的一部分写田园山水的诗，则是以巧借景物的描绘抒仕途幽愤之情，其风格近似陶渊明，“发纤秾于简古，寄至味于淡泊”（苏轼《书黄子思诗集后》），与韦应物并称为韦柳。

总之，继盛唐之后，诗歌创作又出现了一个高潮。虽在总的成就上不如盛唐，风格流派的多样却超过了盛唐。另外，这一时期的诗坛上所呈现出的创新精神，所表现出的个性特色，是异常突出的。

（马胜利）

11. 晚唐时期的诗人有何佳作

晚唐时期，是指文宗开成元年至昭宗天祐三年（836—906 年）。这一时期，宦官专权，藩镇跋扈，朋党倾轧，国势日趋衰微，农民起义接连不断，这个动荡不安的时代在诗歌创作中得到了不同的反映。杜牧、李商隐悯乱伤世、感时忧己的诗歌创作及其对诗歌艺术的丰富和发展，使他们成为这个时代最有成就的诗人，人称“小李杜”。

杜牧的诗继承了盛唐诗的优点，在晚唐诗歌绮丽浮艳的倾向中，显得豪放疏朗，清新俊逸。在形式上，他擅长七律、五古、七绝，而以七绝成就最高。他能够用七言绝句这样的小诗做最大的概括，咏史、感怀、抒情、写景，无所不晓。其名篇繁盛、佳句迭出，如《过华清宫绝句》三首之一：

长安回望绣成堆，山顶千门次第开。
一骑红尘妃子笑，无人知是荔枝来。

诗歌描写的是唐明皇为了贵妃所做出的荒唐行径，但矛头却是针对晚唐帝王奢侈荒淫的生活。再如《泊秦淮》《江南春绝句》：

烟笼寒水月笼沙，夜泊秦淮近酒家。
商女不知亡国恨，隔江犹唱后庭花。

千里莺啼绿映红，水村山郭酒旗风。
南朝四百八十寺，多少楼台烟雨中。

前首诗借秦淮歌妓犹唱亡国之音，讽刺晚唐社会风气的糜烂，寓示唐统治者正走向衰亡。后首诗在对江南春色描绘中，含蓄地揭露了晚唐时的宗教狂热。其他如《赤壁》等，破旧论、立新论，令人叹服。他的写景抒情诗也很有特色，如《清明》《山行》：

清明时节雨纷纷，路上行人欲断魂，
借问酒家何处有，牧童遥指杏花村。

远上寒山石径斜，白云生处有人家。
停车坐爱枫林晚，霜叶红于二月花。

这二首诗以简洁凝练的语言，独具特色的景物和形象，为人所喜爱。杜牧诗虽不求文字的绮丽，却善于以委婉之语表现深远之意，使诗意含蓄蕴藉，耐人品味。

李商隐的诗在晚唐诗歌中占有重要地位。其中成就最大的是咏史诗和爱情

诗。在他的咏史诗中，以含蓄的手法、典雅的语言，将那些具有典型意义的历史事件或人物作依托，来影射现实，抒发心底的愤惋之情。李商隐认为“历览前贤国与家，成由勤俭败由奢。”（《咏史》）以此作为现实的借鉴。如《北齐诗》：“小怜玉体横陈夜，已报周师入晋阳”；《隋宫》：“乘兴南游不戒严，九重谁省谏书函？春风举国裁宫锦，半作障泥半作帆”；《贾生》：“宣室求贤访逐臣，贾生才调更无伦。可怜夜半虚前席，不问苍生问鬼神”。这些诗有讽刺有慨叹，新警含蓄。其艺术特色是常以细小却很有代表性的形象，来反映重大事件。不发议论却以典雅含蓄的语言来表达情感，且富有韵味。而他更具代表性的是那些“无题”的爱情诗。如《无题·相见时难别亦难》：

相见时难别亦难，东风无力百花残。
春蚕到死丝方尽，蜡炬成灰泪始干。
晓镜但愁云鬓改，夜吟应觉月光寒。
蓬山此去无多路，青鸟殷情为探看。

这首诗借整体的艺术形象来托寓某种抽象的情感和意绪，意境含蓄，情味隽永，语言清丽精工。另外像《夜雨寄北》：“君问归期未有期，巴山夜雨涨秋池。何当共剪西窗烛，却话巴山夜雨时。”诗句平白如水，情感如火。又如像《锦瑟》一诗，以清丽的语言，表达了凄婉的情思，使人进入到惝恍迷离的艺术境界中去。李商隐作为一位风格独特的诗人，接受了汉魏古诗、乐府歌辞及梁陈宫体诗的影响。形成了包蕴密致、深情绵邈、绮丽精工、富于象征暗示的独特风格。在各体诗中，成就最高的是近体，尤其是七律。

李、杜二人对诗歌艺术的技巧做出了独特贡献，尤以李诗影响更大，成为唐代诗坛的殿军。他的一些唯美诗篇，成为宋西昆体的滥觞。与李商隐齐名的温庭筠，才思清绮、词采秾丽，但其诗很难嗅到时代气息，多是脂粉气。但在写景上有独到之处，如《商山早行》：“晨起动征铎，客行悲故乡。鸡声茅店月，人迹板桥霜。槲叶暗山路，枳花明驿墙。因思杜陵梦，凫雁满回塘。”其后的一些诗人也各有佳篇秀句流传于世，但“风容色泽，轻浅纤微，无复浑涵气象。求如中叶三全盛，李、杜、元、白之瑰奇，长章大篇之雄伟，或歌或行之豪放，则无此力量矣”（俞文豹《吹剑录》）。这时的一些诗人多为前代的追风者，或学温、李的华美，或学贾岛、姚合的清苦；或学张籍的雅正；或学元结、孟郊的简古；或学韩愈的博奥；或学元、白的平易通俗。其中以皮日休、聂夷中、杜荀鹤为代表的一些诗人，承续了白居易的新乐府运动，反映民生疾苦，取得一定成就，但影响不大。另有陆龟蒙、罗隐、韩偓等，为唐宋社会留下了写照。

总的来说，晚唐诗坛，比起初、盛唐时期，甚至比起中唐时期都要沉寂得多。“夕阳无限好，只是近黄昏”（李商隐《登乐游原》），唐诗就在这梦幻般的色彩中结束了它的辉煌的历程。

（马胜利）

12. 什么是词

词是中国文学中一种富有民族风格和民族特点的诗歌体裁。它最早是合乐的歌词，后衍变为律化的长短句。它的产生晚于古体诗和近体诗，在体制上有许多不同于其他诗体的特点。词，这一诗体，和“国风”“乐府”一样，是由民间发展起来的。它在中唐以后，逐渐被文人注意。到了宋代，逐渐脱离音乐，成为一种新型的诗体，并繁衍于明、清，影响迄于现代。词从它作为一种独特文体后，就有各样称呼。

词，这一文体专称是后起的。在唐五代时，被称为曲词或曲子词。宋时则称“歌词”“小歌词”“曲”“曲子”“今曲子”“俗曲”“琴趣”，这是与它当初和音乐相连分不开的。由于和配乐歌诗“乐府诗”相似，宋时又称“乐府”。为与古乐府相别，则称“近体乐府”。又有人称词为“乐章”。从词的句式特点出发，则称“长短句”。词又被称作“诗余”（一说是诗的剩歌余绪；一说是诗歌的一种“变体”）。

词，在一定意义上，可说是诗的解放。它是由诗的五言、七言的句式发展为参差不齐的长短句，同时突破了黏对的束缚，用韵也比诗宽一些。但同时，同律诗一样，词仍要受一定的格律的限制。在这里需注意的是古代的诗、乐府也入

乐，即先有诗篇后谱乐调；而词则先有乐谱乐调，然后倚声填词，即词为乐而写。将词和近体诗相比较，大致有五个特点：

（1）词必须依据词谱规定的每一个具体词牌的格式来填写。须先标出词牌名，然后再加本词的题目（也可不加），然后依照这一词牌对字数、句数、平仄、声韵的具体要求来填写。

（2）多数词牌分为数段，两段居多，一三段较少，四段最少。段是相对独立单位。

（3）词在对仗上没有明确要求。相连的两句字数相同可对，也可不对仗。即使对仗，相对的字数也不一定平仄都要相对，还可重字相对。与近体诗相比自由得多。

（4）近体诗的平仄格式基本为四种，押平声韵。词则不同，平仄格式无规律可遵循，每一个词牌都有不同的平仄格式。

（5）近体诗的声调只分平仄，但有助词牌在个别地方的用字、押韵，要求区分四声。词的押韵间疏不等，不一定像近体诗那样隔句押韵，而且中间还可换韵，韵脚可重复，用韵较宽，可用邻近韵部。

下面按词调与词牌、词体式和类别、词律的要求分别简述如下：

词是为了配乐的，因此每一首词都有一个与其相配合的曲调，这个曲调就称为词调。它是写词时所依据的乐谱、乐调。词调的来源不一，有来自民歌的曲调；有源于外来音乐（如西域的胡乐）；有些是来自乐工、歌女之手制作；有些是文人自制的。在词前面标示的名称是乐调的名称，而不是词的题目，这是词与诗的不同。

词调数目繁多，每种词调都有特定的名称，这就是词牌，如《破阵子》《浪淘沙》等。在词的起初阶段，调名和词的内容是有关的，因此调名也就是词名、词的题目。这种“缘题生咏”以调为题称作“本意”（刘师培《论文杂记》十六）是无须另有题目的。至五代、宋代初始，绝大部分词的内容和调名不相一致了。这样为了点明词旨，说明词的内容，在词牌下另标题目，如“京口北固亭怀古”（辛弃疾《永遇乐》）。也有词前加序文的，它是用以说明作词的缘由。还有用词题名篇，而把所用词牌附注正题下的。值得注意的是词调数目浩繁，存在着同调异名、调异名同、同调异体的现象。

根据曲调的需要，词必须分段。词的一段叫做一片，即表示演奏一遍的意思。音乐终止叫阕，所以一片或一遍也可称一阕。按词谱规定一首词只有一段的，是单片词，称为单调。一首词包括两段的，是双片词，称双调。双调的前一段称上片或上阕，后一段称下片或下阕。一首词中也有分为三段、四段的，称为三叠、四叠。

依据词调的长短，可把词分为令、引、近、慢四种。令，也称小令。这是词中最早定型的一种形式，它乐调短，字数少，大多只有一段。引，属中调，字数、乐调长于令词。引本是乐府诗的一种，词中的引多数是截取大曲中前段部分制成。近，也叫近拍。近与引在乐调长短与字数多少相差不大。慢，是慢曲子的简称，属长调。鉴于引与近区别不大，有人将此四类按字数区分为小令、中调、长调三种。规定五十八字以内为小令，五十九至九十字为中调，九十一字以上为长调。也有依词牌段数来划分的，独段为小令，双段为中调，三段以上为长调。有些词牌末尾缀有“令”“引”“近”“慢”等字，一般都可表明本词是小令、中调，或是长调。

词调或词牌种类繁多，每一个词调，都具一定的格式，这种根据音乐的需要，在字数、句数、声韵、平仄等方面所形成的格律规定，就叫词谱。明张南湖编制了中国最早的一部词谱，但收词调数量有限。清万澍编的《词律》，收有六百六十调，一千一百八十余体，后王奕清等编《词谱》，列八百二十六调，二千三百零六体。经人不断补辑达一千调以上，常用的一百多个。

词的格律，即词律，它的基本要求是：①每一词调字数一定。②讲究平仄。它表现在一个句子里，有时不仅规定平声、仄声，甚至在仄声中还要区别上、去、入三声，后由于词与音乐逐渐分离，其要求也无形被放松或忽略。大致说来，其要求小令最严，中调稍宽，长调则更宽。③词的押韵，据《词林正韵》载，全部词韵分十九个韵部，平、上、去声韵共十四部，入声韵五部。其押韵方式大致有：一首一韵的；一首多韵的；以一韵为主间押它韵的，同一韵部平、仄

韵通押的。④词的对仗。词作为长短句，必须相邻两句字数相等，才有可能对仗，并随着词调的不同而不同，而且不受平仄严格相对的限制。

南宋沈义父在《乐府指迷》中说："前辈好词甚多，往往不协律腔（音律、乐调），所以无人唱。"这种无人唱的词，作为抒情作品，不兼合乐功用，但按格律填词遂成为一种单纯的诗歌形式了，也就是说衍变为一种律化的长短句。

（马胜利）

13. 中唐时期有哪些重要的词家和作品

文人填词之风始于唐代中期。在这之前，相传李白作有十余首词。其中《菩萨蛮》（平林漠漠烟如织）、《忆秦娥》（箫声咽），宋人黄升曾称这两首词是"百代词曲之祖"（《唐宋诸贤绝妙词选》）。尽管有人怀疑是伪作，但却有很高的艺术价值，并在中国词史上发生了很大影响。作为中唐文人词的前奏曲，现将二词恭录如下：

平林漠漠烟如织，寒山一带伤心碧。暝色入高楼，有人楼上愁。玉阶空伫立，宿鸟归飞急。何处是归程，长亭更短亭。（《菩萨蛮》）

箫声咽，秦娥梦断秦楼月。秦楼月，年年柳色，灞陵伤别。乐游原上清秋节，咸阳古道音尘绝。音尘绝，西风残照，汉家陵阙。（《忆秦娥》）

两首词感情深沉浑厚，意境阔大高远。

中唐时期，由于民间词的影响和流传，文人仿民间曲调从事词的创作屡见不鲜，文人小令大量出现。这一时期有代表性的作家为张志和、戴叔伦、韦应物、王建、刘禹锡、白居易等。这一时期的文人词作，多从民间曲子汲取营养来进行词的创作。由于他们以主要精力从事诗的创作，写词为辅，词的数量并不是很多。这些词作不管在词句形式、意境风格还未脱去诗的痕迹。这些都是词在形成过程中的现象。

张志和的词作《渔歌子》（又作《渔父词》），描写了渔钓生活和自然风光，与盛唐山水诗有异曲同工之妙：

西塞山前白鹭飞，桃花流水鳜鱼肥。青箬笠，绿蓑衣，斜风细雨不须归。

其词调源于渔民中流行的“里巷”之曲。唱和者甚多，并流传到海外［日本平安朝弘仁十四年（823 年）有仿张词作］。此词的第三句由七言句分解为两个三言句，其余皆为律绝句式，由此也可看出它和近体诗的关系。戴叔伦、韦应物各作有《调笑令》，戴词为：

边草，边草，边草尽来兵老。山南山北雪晴，千里万里月明。明月，明月，胡笳一声愁绝。

韦词是：

胡马，胡马，远放燕支山下。跑沙跑雪独嘶，东望西望路迷。迷路，迷路，边草无穷日暮。

词中边塞生活与离愁别恨，都在苍凉的景色中衬托出来。这二首词的声律急促，当是出自“胡马”之乐。王建描写怨女的《宫中调笑》词：

团扇，团扇，美人并来遮面。玉颜憔悴三年，谁复商量管弦？弦管，弦管，春草昭阳路断。

白居易、刘禹锡写词较多，他们新翻的《杨柳枝词》及刘禹锡改造的《竹枝词》，似于七绝，类同于词。“竹枝”为蜀地民歌，“杨柳枝”是洛阳谣曲。白、刘词作大抵是抒写他们对自然景物的眷恋，对美好事物的追求，虽也写过离情别绪，但其词意境清新，形象鲜明，语言活泼自然，可看出仿效民间词的语言和情调。如刘禹锡的《潇湘神》二首：

湘水流，湘水流，九疑云物至今愁。若问二妃何处所，零陵芳草露中秋。

斑竹枝，斑竹枝，泪痕点点寄相思。楚客欲听瑶瑟怨，潇湘深夜月明时。

白居易的《忆江南》，还带有诗的味道，但已逐步远离民间曲子词了：

江南好，风景旧曾谙。日出江花红胜火，春来江水绿如蓝。能不忆江南！

他的《花非花》《长相思》，更是情景相生：

花非花，雾非雾；夜半来，天明去。来如春梦几多时，去似朝云无觅处。

汴水流，泗水流，流到瓜洲古渡头，吴山点点愁。思悠悠，恨悠悠，恨到归时方始休，月明人倚楼。

这些描写爱情题材的词，发展到后代就成为词的主要题材了。

另外，这一时期也有自创曲调的，相传“大历十子”之一韩翃和柳氏寄答之词，调名《章台柳》，是长短句形式。

从上述作品来看，唐早期文人词题材比较广泛，与晚唐限于男女爱情及离愁别恨者不同。其风格、语言、意境也与乐府民歌和敦煌曲子词极相似，证明了它们之间的渊源承继关系。

总之，词这一新兴体音乐文学，经过民间的流行，又经过盛、中唐诗人的试作，很快就在文坛上流行起来了。到晚唐五代时，出现了词的专门作者和专门的词集，如温庭筠和他的《金荃集》，以及后蜀赵崇祚将唐五代的词编成的词集《花间集》，而且词牌也逐渐增多，形式更见多样。词由此成为独立的一体，与诗并行发展。

（马胜利）

14. 何谓“花间词人”

词至晚唐五代，文人写词的逐渐增多，这些文人词与民间词有了很大的差别，开始形成了它的题材和艺术风格方面的特色。

五代时后蜀赵崇祚辑录晚唐五代词人温庭筠、皇甫松、韦庄、牛峤、牛希济、和凝、鹿虔扆、李珣均等十八家五百首词，编为《花间集》十卷，它是中国第一部词作专集。由于这些文人在词风上相近，故后世称之为花间词派。《花间集》词作者十八人，其中温庭筠、皇甫松为晚唐曲子词词人，列于卷首，表示西蜀词派的渊源所在。和凝是北汉宰相，时人称之为“曲子相公”，张泌为南唐词人（有争议），此外，从韦庄到李珣十四人，都是蜀中文人。

花间派词人，奉温庭筠为鼻祖。温庭筠（约812—866年），通音律，谙词调，又了解秦楼楚馆生活，其词浓艳华美。如《菩萨蛮》：

小山重叠金明灭，鬓云欲度香腮雪。懒起画蛾眉，弄妆梳洗迟。照花前后镜，花面交相映；新贴绣罗襦，双双金鹧鸪。

但他的有些表现离愁别恨的闺情词，却写得比较朴实流畅，真挚感人。如他的《梦江南》：

梳洗罢，独倚望江楼。过尽千帆皆不是，斜晖脉脉水悠悠，肠断白萍洲。

又如《更漏子》：

玉楼香，红蜡泪，偏照画堂秋思。眉翠薄，鬓云残，夜长衾枕寒。梧桐树，三更雨，不道离情正苦！一叶叶，一声声，空阶滴到明。

这两首词虽写男女离情，却无脂粉气。他的词长于刻画人物心理，注意开拓词的意境，在陈辞、声律等表现技巧方面都取得了不小的成就。在温庭筠的影响下，约半个世纪后，五代西蜀出现了一批词人。

花间派词人多数是西蜀词人。在当时由于西蜀地处西南，依持山川之险，所蒙受的战祸较少，君臣上下皆好纵情声色，沉湎于歌舞伎乐，曲子词也因之盛行。相传前蜀后主王衍曾使"宫伎多衣道服，簪莲花冠，施脂夹粉，名曰醉妆，自制《醉妆词》云云。又曾宴于怡神亭，自执板，歌《后庭花》《思越人》曲"(《词林纪事》引《北梦琐言》)。后蜀后主孟昶"尝夜同花蕊夫人避暑摩诃池上，作《洞仙歌》词"(《漫叟诗话》)。花间派词人有不少是王氏或孟氏的文学侍从之臣。他们为适应西蜀统治者偏安一隅的享乐生活需要，创作了大量专以华丽辞藻描写女人的作品。这些词内容上比温词更为狭窄空虚，有的甚至像六朝时的宫体诗一样带有色情的描写，或多流于轻薄。宋代陆游《跋花间集》说："《花间集》皆唐宋五代时人作。方斯时，天下岌岌，生民救死不暇，士大夫乃流宕如此，可叹也哉！或者亦出于无聊故邪?"又说："唐自大中后，诗家日趋浅薄。其间杰出者，亦不复有前辈闳妙浑厚之作，久而自厌，然梏于俗尚，不能拔出。会有倚声作词者，本欲酒间易晓，颇摆落故态，适与六朝跌宕意气差近，此集所载是也。故历唐季五代，诗愈卑而倚声者辄简古可爱。"所评可谓一语中的。他们中的一些个别人，虽没能离开工"花间"独辟蹊径，但却有些别开生面之作。如李珣《巫山一段云》："古庙依青嶂，行宫枕碧流。水光山色锁妆楼，往事思悠悠。云雨朝还暮，烟花春复秋。啼猿何必近孤舟，行客自多愁。"词中描写了孤舟行客凭吊神女庙。又如鹿虔扆的《临江仙》："金锁重门荒苑静，绮窗愁对

秋空。翠华一去寂无踪，玉楼歇吹，声断已随风。细月不知人事改，夜阑还照深宫。藕花相向野塘中，暗伤亡国，清泪泣香红。”词中表达了亡国之痛。此外，像欧阳炯、孙光宪的一些词，描写南国自然风光，或涉及民情民俗，语言也较朴素。而孙光宪的个别词，在反映边塞生活上，可谓笔力雄放，是边塞诗词的承上启下之作。

花间派词人中，成就较高的是晚唐诗人韦庄（836—910 年）。他前期仕唐，后期仕蜀。韦庄词与温庭筠齐名，同是花间派的代表作家。与温词浓艳华美不同，韦词疏淡明秀，代表了《花间集》中的两种风格之一种。他们二人在内容上并无多大差别。除风格有差别外，韦词与其不同处在于注重作家感情的抒发，词作中吸收了不少晚唐五代民间词的养料，富有民歌风味，词作语言质朴天然。人评其词“能运密入疏，寓浓于淡”（《历代词人考略》），“语淡而悲，不堪多读”（许昂霄《词综偶评》），“似直而纡，似达而郁，最为词中胜境”（陈廷焯《白雨斋词话》）。王国维《人间词话》认为韦词高于温词，“端己词情深语秀”，“要在飞卿之上”，“温飞卿之词，句秀也。韦端己之词，骨秀也”。如韦词《菩萨蛮》：“人人尽说江南好，游人只合江南老。春水碧于天，画船听雨眠。炉边人似月，皓腕凝双雪。未老莫还乡，还乡须断肠。”又如《清平乐》：“春愁南陌，故国音书隔。细雨霏霏梨花白，燕拂画帘金额。尽日相望王孙，尘满衣上泪痕。谁向桥边吹笛，驻马西望销魂。”

花间词的字句雕琢，辞藻的华美，讲究音律的和谐及表达的委婉曲折，对宋代婉约派的形成有直接的影响，并一直影响到清代的常州词派。

（马胜利）

15. 北宋词风如何？有哪些代表人物

词至宋代，开始进入繁荣鼎盛时期。北宋开国以后，经过休养生息，出现了“百年无事”相对安定局面。经济、文化得以发展，城市也恢复了繁荣。当时皇室、贵族和官僚、士大夫，标榜文治，沉溺于酣歌醉舞之中，以求欢娱。而市民阶层的文化娱乐的要求也日益增强。“新声巧笑于柳陌花衢，按管调弦于茶坊酒肆。”（孟元老《东京梦华录》）朝野上下，对词迷恋成风。

宋代初始，除了几位前代词人，降王降臣如李煜等哀吟绝代之歌外，宋人王禹偁、寇准、潘阆、林逋等，不过是偶尔填词，非为专工名家，作品主要是秀美清新的小令。而后出现于词坛的，都是以达官贵人为主的词人，如宋初范仲淹、晏殊、欧阳修等。他们的词作大都还未脱出晚唐五代词的范围，题材比较狭窄，形式也多为小令，风格婉约，但毕竟出现了一些新气象。如范仲淹的个别词，其词恢宏开阔的意境，苍凉悲壮的气象，与词的传统风格形成了鲜明对照。而张先的慢词则与范仲淹的描写边塞风光的词不同，对词的形式和内容有所开拓和发展。晏、欧虽未脱艳科，但已不同于花间派的浓艳、南唐的哀婉，写得清丽婉转，含蓄典雅。晏几道的词，作为宋代婉约词派中出类拔萃者，比晏殊更工于言情，追摹花间而别具沉郁的哀婉之风致，将小令推向了艺术顶峰。与晏殊、欧阳修同时的柳永，使北宋词为之一变。

柳永与承续唐五代余绪，反映贵族阶层雍容享乐的生活，大作文人雅词，词风婉丽蕴藉的代表作家晏、欧不同。他追求唐代民间词风，以浅近平直的语言，反映市民阶层生活情趣，表达都市生活感受，将词引向了新的发展方向。他以慢词为主要体式，来进行抒情、叙事、写景、状物，将这种文学样式发展成为与小令双峰并峙的新局面，并对后来的通俗文学的发展产生了一定的影响。柳永以他自己对宋词的突出贡献和影响，成为宋代词史上的一座里程碑。

北宋时期，真正开一代词风的是苏轼，他打破了“诗壮词媚”的观念，扩大了词的题材和境界，开创了豪放词派，使词冲破了艳科的藩篱。他还用写诗写文的手法写词，革新了词的语言，而且不拘音律，使词初步与音乐分离，成为一种可以单独吟咏的抒情诗体，对于词的发展做出了重要贡献。后来的不少词人都不同程度地受到苏轼的影响。但另一些词人囿于婉约为正宗的传统观念，并没有沿着苏轼之路走下去。苏轼门人秦观承续婉约词风，以创作婉美妍丽、语言工致、音律协和的词而被称为“婉约之宗”。贺铸作词善用健笔，带有一些豪放之气，但仍以婉约词风为主。以周邦彦为代表的大晟词人，精通乐律，能自度曲，

注重词的格律、典雅、铺叙曲折多变，言情体物更加工巧。在提高词的总体艺术水平的同时，推进了词的声律艺术的发展。作为婉约派和词的形式格律化的集大成者，杰出的文人词的代表，由于他在词的艺术形式上所起的继往开来的作用，使得词坛上一个新的词派——格律词派出现了。南宋的姜夔、史达祖、吴文英、王沂孙、张炎、周密诸人，都沿着他所开拓的道路前行，注重形式的风气因而大盛。

（马胜利）

16. 南宋词有何发展

词到了南宋，进入了新的发展时期。宋钦宗靖康元年（126 年），金人再度发动进攻，长驱直入，占据中原，直指京师。次年，宋徽、钦二帝等被掳而去，北宋亡，史称"靖康之难"。徽宗之子康王赵构在南京（今河南商丘）称帝，建立南宋政权，改元建炎。金兵继续南侵，南宋小朝廷最后定都临安，纳币称臣，偏安江南半壁江山。随着时事的剧烈动荡，文学创作发生了巨大变化，爱国主义成了这一时期的文学主题。国破家亡的变故，颠沛流离的生活，使许多人写出了不少感时伤乱、抒发爱国情思的作品，一改以往贪欢逐醉的调子。

作为婉约派的代表之一，以协音律而又典重高雅为当行本色的李清照，由爱情闺思、离愁别恨，而一抒国破家亡、颠沛流离之苦，流露出深沉的爱国情思。她善用白描，并以其生动的形象描绘来表达抽象的思想感情。语言自然清新，具有独特的艺术风格，对词的发展做出了一定的贡献。在国难当头的特定历史条件下，不少人以词为武器，发出了抗战复国的呼声，其中有主战派的大臣、将领，如李纲、岳飞，而代表作家为张元干、张孝祥等。他们上承苏轼豪放词风，下开辛弃疾爱国词派的先河，为南宋前期的词风变化揭开了序幕。

辛弃疾是南宋最杰出的爱国词人。他在上承苏轼豪放词风和南宋初爱国词的基础上，抒发了更为激越的抗战复国的豪情，壮志难酬的勃郁之气，并创造性地融会多种文学形式之长，形成了辛词的多样化的艺术风格，将词这一艺术形式的发展，推上了一个新的高峰。为此，在词史上他和苏轼并称为“苏辛”，成为豪放词派的主要代表。辛词给当时和后起的大批词人以深刻的影响。与辛弃疾同时的陈亮、刘过和南宋后期的刘克庄、刘辰翁等一批词人，因此被称为辛派词人。他们的成就与风格固然不尽相同，但作品多抚时感事，充溢豪迈悲壮激越之气，与辛词基本上是一脉相承的。南宋后期，另一派词人是以姜夔、张炎、吴文英等为代表的格律派，他们受周邦彦词风的影响，作词追求格律精严，造语精工，意境清幽。其中姜夔作为南宋杰出的词家，和辛弃疾、吴文英分别鼎立于词坛。他们在北宋末期大晟乐府旧谱散失，音律不严的时候，精研音律，自度新径，细琢词句，力求淳雅。从艺术角度看，他们是异曲同工，各有创新，在词的艺术上做出了重大贡献。他们在艺术上虽各有所长，而题材却很狭窄。其中虽有一些作品寄托了家国之恨，但情绪低沉，反映了当时出现的一些消极悲观的思想情绪。格律派词对后世有相当的影响，直到清朝，朱彝尊仍将姜夔等人奉为宗主。

（马胜利）

17. 元曲兴盛的原因何在，元曲的样式主要有哪些

元曲是元代文学的光辉代表，它是继唐诗、宋词之后，在中国文艺百花园中又一簇奇葩。

元曲，实际上是指元代两种不同的文学体裁而言。一种是散曲，另一种是杂剧。

散曲今存小令三千八百多首，套数四百五十多套。由于散曲是在北方金代的俗谣俚曲的基础上逐渐发展起来的，所以绝大多数是北曲。作家留下名姓的有二百多人。不少杂剧作家也参与了散曲的创作，并取得很高的成就。散曲前期创作有代表性的作家有关汉卿、马致远、白朴、卢挚、贯云石等，语言风格朴实本色；后期代表性作家有乔吉、张可久、睢景臣、张养浩、刘时中等人，其作品语言风格为辞藻清丽。散曲是继宋词而兴起的流行于元代的新体诗，可合乐清唱。优伶乐意唱它，市民也喜欢听。它在元代日渐盛行，究其原因，一方面是词到了

南宋后期，词人忽视内容，过于注重字句的工巧和韵律，逐渐脱离现实生活，成为文人案头的书面文学。自姜白石始，接着是吴文英、史达祖等词人，在词的创作上，更加追求形式的华美，音调的和谐，终于使词走上了僵化之路，丧失了它原有的活力，而日趋衰落，使得一些文人不得不另外寻求革新之途；另一方面，民间不曾停止歌唱的俗谣、俚曲，也自中晚唐以后，继续酝酿发展着，到宋、金对立时期，又吸收了南北各种民间曲调与部分外来民族乐曲歌辞，逐渐在民间形成了一种新的诗歌形式。徐渭在《南词叙录》中说："今之北曲，盖僚、金北鄙杀伐之音，壮伟狠戾，武夫马上之歌，流入中原，遂为民间之日用。"这种认识是正确的，明确地指出了散曲形成的一个重要历史原因。但是散曲繁荣的原因，也是和当时文人的不断实践有关。经过长期酝酿而发展起来的新体诗，到金宋元初时，一些接近民间的文人开始采取这种形式进行写作，很快就被更多的文人，特别是戏曲家所青睐，用来进行文学创作。在文人的实践和润色下，终于成为当时文学创作的主要形式之一，从而代替了传统的诗词。散曲，包括小令、套曲（散套）、带过曲三种主要形式。由于散曲是产生于民间，文人们又极力向民间的俗谣、俚曲汲取营养，所以就具有别于诗词的特色。它只是文人文学的新形式，并不是真正的民间文学。

杂剧，是元代兴起的歌舞剧。它包括元、明之际无名氏作品。见于记载的计有七百三十七种，今尚存二百一十八种。它最初流行于山西、河北一带，元初发展到其他地区，元灭南宋后，又流入杭州等地。元杂剧是在宋杂剧、金院本及诸宫调等前代戏剧、曲艺基础上发展起来的。剧本的科白部分承袭院本形式，曲辞的组合则主要受诸宫调的影响。

第一，元杂剧作为时代的产物，其形成不仅有社会原因，同时也是中国戏曲艺术长期发展的结果。它兴盛的主要原因是元代激烈的民族矛盾和社会矛盾的现实，促进了元杂剧的迅猛发展。面对蒙古贵族对北中国的侵略和民族压迫政策，迫使民众起而抗争，戏剧就成为最适宜表现矛盾冲突的文学样式，成为民众反抗民族压迫、揭露社会黑暗、表达感情和思想的方式之一。如元杂剧的杰出代表关汉卿的杂剧，就其思想内容来说，不管是反映当时尖锐的社会矛盾、揭露统治者的残暴、歌颂老百姓的反抗斗争的公案戏，如《窦娥冤》《蝴蝶梦》《鲁斋郎》等；或是歌颂英雄人物的历史戏，如《单刀会》《西蜀梦》等；还是描写妇女尤其是下层妇女的生活和斗争，表现她们的勇敢和机智，如《救风尘》《金线池》《谢天香》《诈妮子》《望江亭》《拜月亭》等，都有一个共同点，就是对压迫者和侵略者深恶痛绝，对被压迫者深切同情，并通过他们之间的矛盾斗争，呈现了正面人物的坚强性格和反抗精神。

第二，城市的繁荣为元杂剧的兴盛创造了条件。元代都市经济发展，工商业特别繁荣，市民生活相对安定，人口集中，为适应统治者宴乐和广大市民文化生活的需要，出现了大批伎艺表演人员和集中演出的瓦肆勾栏。而各处艺人纷纷集中到此，使杂剧在这里获得了互相交流，进一步提高发展的机会。当时的北方的大都（今北京）、中部的汴京（今开封）、南方的杭州，就是这样的都市，而杂剧也在这些地方特别兴盛。

第三，元代统治者轻视文人，当时有所谓“九儒十丐”的说法。加之强制推行民族等级歧视政策，以及中断科举达数十年之久，使文人的晋身之阶被堵塞，于是大多数文人沦于社会下层。他们有些人满怀不平之气，与民间艺人结合，组成书会，从事杂剧创作。由于文人剧本创作增多，对于杂剧的繁荣自然有很大的推进作用。

第四，元朝疆域的广大，交通发达，国际间和各民族间的文化交流，特别是北方各民族乐曲的传播，给杂剧的发展繁荣，提供了借鉴与营养，使之更完美而兴盛起来。

第五，元杂剧的兴盛，是中国戏曲艺术长期发展的结果，同时也是受前代文学艺术的影响。早期一些反映农牧生产等内容的歌舞便是戏剧的萌芽。后来出现了从事祭祀舞乐的巫和专供人娱乐的俳优。至汉，“百戏”盛行，南北朝时出现了“拨头”“代面”“参军”等具有一定故事内容的表演艺术形式。到了中宋，各种艺术获得了高度发展。傀儡戏、影戏给戏曲的舞蹈动作和脸谱以启示，各种表演形式的队舞使戏曲舞蹈身段和扮相更加美化。金院本为元杂剧奠定了基础：诸宫调的乐曲组织，曲白的结合形式，影响其体裁结构；唐宋变文、传奇小说、

话本小说，为元杂剧提供丰富的素材；诗词、绘画等为其提供了有益的经验。这些都是元杂剧能发展繁荣起来不应忽视的重要原因。

（马胜利）

18. 中国古代戏曲的演变脉络如何

中国戏曲的发展源远流长，从孕育它的远古直到蓬勃发展的宋、元、明、清四代，中国古代戏剧逐渐形成了自己民族的独特的完整体系，并一直延续到今天。

中国戏曲的发展，大致可划分为准备、形成、完善、提高、变化五个阶段。从先秦至隋唐、五代，可以说是从萌芽到雏形的发展阶段；而至宋代则是戏曲的形成阶段；到元代戏曲则趋于完善阶段；在明代戏曲水准则是得以提高阶段；进入清代，戏曲则起了不小的变化，臻于集大成阶段。

先秦至隋唐五代这一阶段，从现存的资料看，戏曲文学并无作品出现，而只有一些演出实况的记录。从艺术因素的构成来看，戏曲的来源有三个：歌舞、滑稽戏、说唱。中国青海大通县孙家寨出土的一个新石器时代的陶盆上，绘有三组舞蹈人像，每组五人，连臂踏歌，似在扮演《尚书》中载原始部落“百兽率舞”的场面。孔子再传弟子公孙尼子，在春秋末年写过一本阐述儒家音乐理论的书，名叫《乐记》，其中说到“诗，言其志也；歌，咏其声也；舞，动其容也”。即诗是用来述说思想的，歌则是表达思想的声音，舞蹈则是诗歌的外形。《吕氏春秋》一书还记载古代传说中的“葛天氏之乐”：“三人操牛尾，投足而歌八阕”。这种原始形态的艺术，人物表演和故事情节都极为简朴粗略，还远不是戏剧，但可以看做是最早的演出。

在中国古代戏剧中，经常出现的大鹏展翅、乌龙搅柱、前扑虎、双飞燕等很多舞姿，往往就是从这些古人模仿鸟兽形体动作的舞蹈中逐渐发展而来。从传说中夏启上天宫偷来的乐舞《九韶》，商代甲骨文记录的卜辞中为求雨而祭祀上天时所跳的《云舞》，到西周时歌颂武王伐纣的著名武舞《大武》，直至楚诗人屈原在其楚辞《九歌》中所描写的楚国巫舞，都属上层统治者所有，这种古代的汉舞表演、装扮及脸谱，都存留于后世的戏曲舞台演出中；而另一些则盛行于下层民众间，成为自娱性歌舞。如《诗经·陈风·东门之枌》中，就有描写陈国民间歌舞的欢快场面。这种描写男欢女爱的民间歌舞代代相沿，如中国最早的正式戏剧——宋元南戏，就是在民间歌舞基础上转化成歌舞后逐渐发展起来，从中也可看到早期所记述的民间祭典巫舞的踪影。

西周末年，出现了“俳优”。所谓“俳优”也称“优”（“倡优”），他们是以滑稽的表演供贵族娱乐，并进行讽谏的职业艺人。当时优人分两种：“倡优”是由女性担任，大致以表演歌舞为主；“俳优”是由男性担任，大致以调笑、滑稽、讽刺的表演为主。后来这两个名称混用，泛指艺人。最早见于记载的优人是晋献公时叫优施的人。最有名的优人叫优孟。《史记·滑稽列传》里就记载了一个被称为“优孟衣冠”的故事。优是早期嘲笑滑稽艺术的创造者。他们开始注意表演人物的语言动作特点，或是作即兴的独自表演，或是模拟别人形象，通过找对方的行动中不合理之处，加以夸张，来取得诙谐与讽刺的效果。其语言准确生动，有很高的语言技巧。优人与非优人的区分并不严格，其表演区与非表演区并不明显。他们所运用的一些表现手法为后来的戏曲所继承，但优人所表演的还不是故事，只能说具有一些戏剧因素。

到了汉代，汉武帝时又设立了“乐府”官署。由于与西域各民族之间的经济和文艺的交流，西域的一些民间技巧陆续传到了中原，出现了“百戏”繁盛的局面。“百戏”即“散乐”。“百戏”的名称，在汉时是包括各种技艺歌舞的一种总称。由于它散在民间各地，故又称为“散乐”（“散乐”的另一意思是与宫廷“雅乐”对称）。这时的朝廷一面将民间乐曲收集到乐府里来，一面又把盛行于民间的角抵戏和民间多种技艺集合起来，进行演出。《史记·乐书》《述异记》都记载了“蚩尤戏”的表演，即一群头戴牛角与假面的男人在进行角抵戏的演出。“角抵”戏是“百戏”中的一种，在东汉张衡的《西京赋》中，有关于汉代的“角抵百戏”的描绘和歌舞表演的热闹场面，即名为“总会仙倡”。《西京赋》与东晋葛洪的《西京杂记》中，还有一段“东海黄公”的记载。民间把这个故

事作为戏来演，皇帝又把它作为角抵戏的一个节目。这个“东海黄公”的表演，已开始具有一定的故事性，其中还加入了幻术成分，两个演员也都有了特定的服装与化装，并按故事的预定情节完成表演。故事虽简单，但对于中国戏曲的形成来说，可说是戏曲的胚胎，并已进入到扮演人物、敷演故事的新的艺术领域。汉代“百戏”对于中国古代戏曲艺术的形成起着关键作用，可以说戏曲艺术的唱、做、念、打、舞，是在“百戏”中孕育形成的。

到魏晋时，表演中出现了男扮女的现象。据《魏书·齐王纪》裴注中引司马师上废帝曹芳的奏章中的记载，曾有魏国的废帝曹芳让小优郭怀、袁信等在广望观下表演“辽东妖妇”。隋朝统一南北之后，朝廷将各地及外域的乐舞集中起来，统归为“九部伎”，它对中国戏曲音乐的形成有很大的影响。而每年的正月，举行的百戏大会演，则是继承了数百年来歌舞百戏发展的成果。

至唐代，戏曲的各种要素在此期间得到很大发展。音乐上二十八调的运用，直接孕育着后来南北曲的宫调；前代所流行的歌舞表演，到了唐代就形成了小型的歌舞戏，如“代面”“钵头”“踏摇娘”与“参军戏”。他们继承了汉代以来的表演艺术，这时不仅有了故事情节和人物扮演角色，而且有歌唱，有舞蹈，有说白；不仅有面部化妆、服饰，而且还有了简单的舞台装置与布景；不仅有音乐伴奏，而且还有人声“帮腔”等。这些演出形式一直保留在后世戏曲舞台上。

宋代时，中国戏曲就臻于成熟了。宋代说话艺术的兴盛，对戏曲的成熟起着积极作用。而傀儡戏、影戏也很发达。这些都促进了戏曲由叙事体向代言体的过渡。在唐代参军戏的基础上，糅合了其他伎艺的表演形式，便形成了宋代的杂剧。宋杂剧大约可分为两大类：第一类即以对话为主，所谓滑稽戏的杂剧；第二类以歌舞为主的进行演唱的歌舞戏。宋杂剧角色的人数，已由参军戏的两人发展到五人，故事情节也更完整了。这些杂剧的演出，分为艳段、正杂剧和杂扮三部分。杂剧艺术，在南宋称作“宫本杂剧”，据《武林旧事》载，共有二百八十种；在金朝，杂剧称为“院本”，在《辍耕录》里，记载金院本共有六百九十种之多，可以想见当时杂剧演出的盛况。院本，就是在行院（倡伎的住处）中一些伎艺人演出的节目。从院本的体制、内容、规格来看，它与宋杂剧基本相同。

只是因地理上的关系，带有地方色彩。一个在北方，称金院本；一个在南方，称宋杂剧。可是这些剧本都没有流传下来，宋代存留下来的只有南戏作品。南戏，又称“戏文”。它于北宋末叶，在浙、闽一带地区形成，后发展到南宋王朝首都临安。南戏是在宋杂剧成就的基础上形成的。它汲取了大曲、唱赚、诸宫调、歌舞、滑稽戏等表现手段；也受到平话、说唱艺术、傀儡戏的影响。南戏的形成不但确立了中国戏剧的独特艺术形式，综合了各种表现手段，还开创了中国戏曲舞台艺术独有的表现方式。

中国戏曲艺术，到了元代，出现了一个繁荣兴盛的局面。元代戏曲，包括杂剧和南戏两个戏曲种类。元杂剧的代表作家有关汉卿、王实甫等。元杂剧是在宋杂剧、金院本的基础上，进一步融合其他表演艺术而发展起来的。它专指元代在北方流行的戏剧，剧本是由唱曲、道白、表演三部分组成，唱词讲究叶宫调，唱套曲，在音乐上有严格的要求。元杂剧一般是一本四折（也有五折、六折或多本戏），演出一个完整的故事。与前相比，其角色分工也比较细。元杂剧反映的内容主要有公案戏、爱情戏、水浒戏、历史戏、神道戏等。现存完整的剧本只有一百多种，有姓名可考的作家只有一百多人。所存剧目只有六七百种。南戏（南曲戏文简称，又叫戏文，也有称传奇的）到了元代，与北杂剧并行于南北的剧坛上。元代的南载剧本上都注有“元传奇”字样。元灭南宋，北杂剧流传到南方，南戏从北杂剧中吸取长处来丰富和发展自己，在声腔上，南戏采用了北杂剧的若干曲调，出现了“南北合套”的形式，在戏剧的内容和结构的严谨上，吸取其长处，到元末明初，逐渐形成了与杂剧相别的特殊体制。

至明代，杂剧开始出现了南曲化的趋向，有的打破了四折一楔子和一人主唱的规格，有的则变成了一折一故事的短剧。这时元杂剧的旧有形式在戏剧舞台上逐渐消失了。其盟主地位，也逐渐为在南戏基础上演变而来的传奇戏所代替。这一时期的代表作家有汤显祖、梁辰鱼、沈璟等。传奇戏的特点，与元末南戏大体相同，它的结构自由，篇幅比元杂剧长得多。音乐上，它每出不限一个宫调，也不限韵，或全唱南曲，或南北合套，视剧情需要而定，它是南戏系统各剧种剧本的总称。从明初到清中叶的三百五十多年，是传奇繁荣鼎盛的时期，它是继元杂

剧之后，中国古代戏剧的第二个高峰。

明末清初，传奇得到了新的发展，创作了一些优秀剧目。它们是由李玉、洪升、孔尚任等为代表的作家所创作。但昆腔传奇到了清乾隆年间，开始走下坡路。清杂剧创作形式仍继承了元杂剧的传统。作者除士大夫和文人外，其中还有下层人士。值得一提的有杨潮观、尤侗等。

从清康熙末叶至乾隆中叶（约1700—1774年），是地方戏兴起酝酿时期。全国各地地方剧种，逐渐进入城市，形成了所谓“雅部”（昆曲）与“花部”（又称“乱弹”，地方剧种）对立局面。乾隆五十五年（1790年），安徽艺人高朗亭携徽调三庆班进京（徽调，是在弋阳腔和秦腔基础上发展起来的二黄戏）。后三庆与另外三个徽班四喜、和春、春台，被人称为“四大徽班”。从此二黄戏风行京师达数十年之久，并在各种声腔的互相竞逐、取长补短中形成了一个新的剧种——京剧。它以徽剧二黄调为主，吸收了汉剧的西皮调、昆曲、秦腔等剧种的声腔和表演艺术，兼采众剧之长而形成的。京剧的诞生，标志着古代戏剧的终结，近现代戏曲的开始。

（马胜利）

19. 什么是明代“五大传奇”

明代戏剧以传奇为最繁荣，它的地位有如元代的杂剧。戏曲中的“传奇”是一种特指，它是一个与“杂剧”相对应的概念。元代就有人把南戏称为“传奇”，以区别于北杂剧，但比较普遍地把南戏称为“传奇”是明代的事。当“南戏”与“传奇”的说法并存时，一种说法认为明代南戏可统称为“传奇”；另一种说法认为“传奇”只是指昆山腔兴起以后的剧作，在此之前的都应称为“南戏”。现大多采用前一种说法，认为无须如此拘泥。

明代传奇创作大约可分为前后两个阶段，前期（洪武至嘉靖前，即1368—1521年），后明（嘉靖至崇祯，即1521—1644年）。明初，由元末涌现的《琵琶记》《荆钗记》《白兔记》《拜月亭》《杀狗记》五种南戏，已经通过改编在民间

广泛流传。这五大传奇有一个一致的特点，就是都从不同方面赞扬与歌颂了中国古代妇女的高尚品德，这些形象都具有不同程度的典型意义和说服力。它们都有着朴素、抒情的艺术风格，在它们的长期流传中，无论是创作或表演都得到不断地丰富与发展，对后世戏剧影响很大。

这五大传奇中，成就较大、影响最深的是《琵琶记》。它被后来的戏曲家们称为传奇的鼻祖。《琵琶记》的作者高明（约1305—1359年），字则诚，号莱根道人，温州瑞安人。元末进士，在浙江、江西、福建等处做官，很有文名。后弃官退隐，闭门谢客，以词曲自娱，专心写《琵》剧。元亡，明太祖即位，曾征召他去，但他以老病不出，不久病卒。高明的《琵》剧，是根据最早的南戏《赵贞女蔡二郎》的故事改编的。此故事取材于历史人物，但以民间传说为素材，改编中最重要之处是将男主角蔡伯喈由一个抛弃双亲、背弃妻子，最后遭雷击死的反面人物，改写成一个全忠全孝的正面人物，使剧的主题由谴责背亲弃妻变成了歌颂贞烈忠孝。在宣扬礼教的同时，此剧对社会生活和人物又做了不少真实的描绘。如蔡伯喈的软弱忍让、庸俗和功名心重，反映了在礼教影响和压抑下的许多士子的共同性格。又如赵五娘，并不是概念化的人物，作为封建礼教的牺牲品，其行为很有个性特点，概括了古代社会许多妇女的共同命运，显示了一个下层妇女所具有的自我牺牲、坚韧不拔等可贵品质，是剧中塑造的最为成功的人物。另外，此剧也暴露了封建社会的一些黑暗现象，如牛丞相的专横无理，地方官吏的贪赃枉法。对遭受饥荒的农村也有比较真实的描绘。这部戏在艺术上有较高的成就，从关目安排上，以赵五娘在家和蔡伯喈在京各为一条主线，交互叙写，形成对照，使故事曲折而不乱，情节起伏而有序。写赵五娘的主要情节，肩荷家庭重担，在苦难中挣扎，盼望外出赶考的夫君，愁恨无穷，其曲词本色动人，保留下较多的民间戏曲的优点。写蔡伯喈一步步陷入功名高贵网，在锦衣玉食中，犹念父母妻子。蔡在相府里的曲词华美典雅，都符合人物的性格。两种境遇的鲜明对比，加强了悲剧性的戏剧冲突。相府的荣华富贵与乡村贫寒生活两相对照，则暴露了贫富悬殊、苦乐不均的社会矛盾。戏中的不少曲文、宾白为后人所称赞，既富于文采，又接近口语，如《吃糠》《尝药》《剪发》《描容》《扫

松》等。在运用口语剖露人物心曲隐微，委婉尽致。后人往往把这部剧同王实甫的《西厢记》相提并论。后来不少剧作家，还把《琵琶记》当做学习创作的范本，对于其剧的结构、布局、语言等视为瑰宝。此剧在南戏发展中的重要意义在于，它是南戏从民间转到文人手上的代表作品，是南戏从岑寂到复兴的开端，是南戏发展史上的第一个里程碑。此剧刊刻的版本之多，戏曲选本中入选的出目比例之大（清代著名的戏曲选本《缀白裘》中收录了二十六出）远远超过任何一部剧作，说明文人们的重视程度。从昆山腔到地方各剧种的搬演，代代相传，成为许多剧种的保留剧目。

元末明初，出现了各方面非常成熟的南戏剧本，除《琵琶记》之外，以“荆、刘、拜、杀”最闻名。现所见到已不是元末时的古本，而是明代文人改过的本子。

《荆钗记》，其前身是徐渭在《南词叙录·宋元旧篇》中提到的无名氏所作的《王十朋荆钗记》。明初有李景云的改编本。明代的吕天成、清代的张大复认为是柯丹丘作，王国维认为是朱元璋十七子宁献王朱权所写。现有一些专家经考证，认为柯丹丘确有其人，他名九思，号敬仲，浙江仙居人，是元时知名文人，工书善画，官至奎章阁学士。现一般都定其作旨为元人柯丹丘。此剧借历史人物王十朋之名而编撰的故事，写的是王十朋和钱玉莲的爱情婚姻故事。剧中抨击了为富不仁、为官不正的黑暗现实，歌颂了钱、王二人坚贞不渝的爱情，对买卖婚姻做了有力的讽刺，谴责了嫌贫爱富的势利之人。从艺术性来看，《荆》剧以一枚荆钗为线索，结构巧妙，情节曲折，曲文本色而写情逼真。《祭江》《见母》《时祀》《夜香》等出戏抒发了剧中人物的深切之情，耐人寻味。今昆曲、湘剧、川剧、滇剧、莆仙戏、梨园戏等剧种中仍有这个剧目。

《白兔记》，又称《刘知远》，永嘉书会才人作。此剧是在宋元时《新编五代史平话》和《刘知远诸宫调》基础上改编创作的。现存明富春堂刊本《刘知远白兔记》、汲古阁刊本《白兔记》、成化刊本《刘知远还乡白兔记》，都经明人修改润色，其中成化刊本与早期演出本较接近。此剧取材历史人物刘知远，并带有浓郁的民间传说色彩。写刘知远穷困从军，后建功立业，“变泰发迹”；其妻李

三娘在家，十六年如一日，受尽残酷、贪婪的兄嫂李洪一夫妇折磨，在磨房生下儿子“咬脐郎”，托人送以军中抚养。十六年后，咬脐郎出外打猎，追踪白兔，在井边与母亲相会，全家才得团圆。剧中反映了中国封建社会农村妇女的悲惨命运，成功地塑造了李三娘这样一个动人的艺术形象，并讽刺了忘恩负义的刘知远，谴责了凶残狠毒的李洪一夫妇，歌颂了急公好义的长工。此剧体现出了封建社会的世态炎凉、人情冷暖，写出了小生产者盼望发迹的心理。《白》剧，在艺术上富有民间文艺的特色。它的唱词通俗浅显得如同说话一样，却能做到自然成韵，语义深远。“磨房产子”中一曲《锁南枝》尤为脍炙人口。它在注意人物性格的深入刻画，与在那些冲突集中、矛盾尖锐的场面中充分地展示不同人物的不同性格和心理特征上，颇具特色。剧中的一些艺术描写，都很有古代农村生活气息。情节和细节的设计安排，道具的使用，都颇具匠心。它的许多精彩场面，如《瓜园分别》《磨房产子》《窦公送子》《出猎回朝》《磨房相会》等，曾被不少载曲选本收录。清代戏曲班社有所谓“江湖十八本”，《白》剧即是其中之一，不少剧种至今还在上演此剧的精彩折子戏或全本剧，全本又名《红袍记》。

《拜月亭记》，又名《幽闺记》《拜月亭》。此剧作者，历代争论很多，有人认为是元代无名氏的作品，也有人认为是元代施惠（字君美）所作。明徐渭《南词叙录》中题作《蒋世隆拜月亭》，一般认为《拜月亭》是据关汉卿的《闺怨佳人拜月亭》杂剧改写的。此剧流传版本较多，多经明人加工修改。此剧作者着力写了蒋世隆和王瑞兰间的忠贞爱情与反对封建礼教的不屈精神。全部情节是在一次重大的历史事变中层开的，并针对现实进行了揭露，从而与一般才子佳人戏不同。从戏剧结构上看，此剧以喜剧为基调，采用了悲喜剧交错结合的方法，并充分运用巧合来加强戏剧性效果，从而使人物性格得到了充分的表现。这个戏的语言在许多地方，也达到了炉火纯青的地步，往往在平易而不加雕饰之中充溢着令人赞叹的文采。《走雨错认》（又名《抢伞》《踏伞》）、《招商成亲》、《幽闺拜月》等折，洋溢着幽默风趣的喜剧色彩。许多人将此剧评为南戏中之上品，“天然本色之句，往往见宝，遂开临川玉茗之派”（吕天成《曲品》）。明代何良俊、王世贞等人将《琵琶记》与此剧进行品评，成为明代戏曲评论中一个争议

的话题。此剧在后来的地方戏剧种中流行极广，并作为传统剧目，拍成了电影。

《杀狗记》，全名《杨德贤妇杀狗劝夫》，清朱彝尊在《静志居诗话》中说到此戏是明初洪武年间的秀才徐臣编写的。在《六十种曲》本中，有署有“龙子犹订定”五个字，龙子犹是冯梦龙的别名，说明此剧到晚明时还经过冯梦龙的修订。但此剧在徐臣之前就已有流传。元后期，元杂剧作家萧德祥有过一本《王翛然断杀狗劝夫》的杂剧。元中叶的南戏《宦门子弟错立身》中，提过一本《杀狗劝夫婿》，此剧很可能是据此改编而成的。

此戏通过一个家庭中兄弟、夫妻和叔嫂之间的关系的描写，宣扬了“孝友为先”“亲睦为本”“妻贤夫祸少”等思想观念。剧中塑造了贤妇义弟的形象，从侧面暴露了封建宗法制家庭内部的矛盾和封建家长的专横暴虐，反映了封建社会的生活面貌。剧中的主人公杨月真的形象，是一个贤惠聪明、符合封建伦理道德的妇女，其杀狗劝夫的行为是为兄弟和好。弟弟孙荣对兄长逆来顺受，也近似于嫂子杨氏所为。作为男主公孙华本应是受谴责的浪荡之人，可作者却为他开脱，归结为一时糊涂，并让他受到褒封，做了官。剧中的反面人物柳龙卿、胡子传刻画是成功的，对他们的无赖相及酒肉朋友间的种种欺诈行径，描绘得颇为传神。此剧词曲自然、质朴、通俗易懂，带有民间文学色彩。在刻画人物性格上，语言个性化的特点也很突出。情节颇为曲折，故事也较完整。

（马胜利）

20. 清代重要的传奇作家有哪些

清代是由少数民族建立起来的封建王朝，也是中国历史上最后一个封建王朝。戏剧，从明末清初到清代中叶的鸦片战争前夕，正处于大演变的时期。旧的传统戏剧形式，如杂剧、传奇，在经过繁盛之后，已不能适应广大市民和资本主义萌芽时期的一切中下层民众的要求，戏剧变革是这个时代的必然趋势。在这将变未变之际，传统形式的戏曲，主要是传奇曾有过一度的繁荣。昆山腔传奇作家，到了明末清初，除了一些士大夫之外，又有一些未得功名的布衣之士的下层文人参加。他们与下层百姓有着比较密切的精神联系，他们所描写的题材也逐渐扩大到反对封建强权的斗争，尤其是入清以后，不少作品充满了同仇敌忾的爱国激情，充满了对于亡明的怀念和对奸臣逆贼的批判。值得注意的是下层市井人物形象登上了戏剧舞台，成为被歌颂的正面人物。

这一时期有代表性的作家和作品有：

明末清初，以李玉为中心的苏州派剧作家出现，他们以质朴的现实主义剧作，为日益没落的传奇戏带来了生机。

李玉（约1591—约1671年），字玄玉（一作元玉），别号苏门啸侣，又号一笠庵主人，吴县（江苏苏州）人。他是明末清初昆山腔传奇的主要作家之一，也是“苏州昆山腔传奇作家群”的首领。所著传奇约四十种，现存十八种，即《清忠谱》《一捧雪》《人兽关》《永团圆》《占花魁》《千钟禄》《麒麟阁》《太平钱》《两须眉》《万里园》等；残本有《连城璧》《埋轮亭》《洛阳桥》等；其他如《万民安》《双龙珮》等仅存名目与提要。过去的评论家总以“一”“人”“永”“占”四剧作为李玉的代表作，合称“一笠庵四种曲”。现在人比较看重《清忠谱》与《万民安》。他有许多作品多取材于时事或近代的历史故事，或借古喻今，或斥骂奸谗，抒胸中下平之气。如《清忠谱》《万民安》，就是反映明代苏州两次大规模的市民运动；《双龙佩》《两须眉》《武当山》等，则是以土木之变或明末农民起义为背景的；《千钟禄》（又名《千忠戮》）、《琉璃塔》，写明代燕王攻破南京后，建文帝和程济化装僧、道，流亡于湖广、云南的故事；《麒麟阁》写隋末群雄起义；《昊天塔》写杨家将的故事。他的代表作《清忠谱》（与人合著），揭露了明天启年间阉党魏忠贤等人的专权横暴、祸国殃民的罪恶，歌颂了以周顺昌为代表的东林党人的正义之举，描绘了下层市井人物反抗强暴的优秀品质，其中最突出的代表是颜佩韦等五人，为正义而牺牲的事迹，流传至今，苏州百姓还特意修建了五人墓。除《清》剧外，他《一捧雪》，写莫怀古因不肯献出家传之宝玉杯，而遭奸佞严世藩迫害的故事。由此揭露了官场的丑态和当时社会的黑暗与冷酷。《人兽关》写一对夫妇忘恩负义，其妻受罚、转生做狗的故事。对“贪贱二观、炎凉异势”的世态和黑暗的官场进行了揭露和讽刺。

《永团圆》写的是嫌贫爱富的故事。《占花魁》，通过对王美娘因战乱而沦为妓女的描写，揭示出妓女的悲惨命运。李玉还精于曲律之学，编定《北词广正谱》十八卷，为北曲曲谱最完备之作。

除李玉外，苏州派剧作家还有朱佐朝（字良卿），写过三十种传奇，保存下十三种，以《渔家乐》最出名。该剧讲东汉外戚梁冀专权的故事。剧中有强烈的反权奸的倾向。叶时章（字稚斐），所写八种传奇，以《琥珀匙》较突出，剧中揭露了封建统治者的横暴贪鄙，赞颂了反抗官府的草莽英雄。张大复（字心其）写过不下三十种传奇，其中《天下乐》写钟馗嫁妹故事，影响很大；另有《如是观》也很有名，是写岳飞的故事；另编写有《寒山堂南曲谱》。朱确（字素臣）著有传奇约十九种，其中《十五贯》（又名《双熊梦》）作为他的一系列冤案戏中最优秀的一部，已成为家喻户晓的保留剧目。该剧是写况钟踏勘私访，平反了熊友兰冤狱的故事。这一派作家还有毕魏、丘园、陈二白、朱云从、薛既扬等。苏州派戏曲创作，扭转了明代中叶以后戏曲创作上片面追求声律、注重文采、脱离民众、脱离现实生活的不良影响。他们在创作方法上，严格遵循现实主义方法，在语言表现上风格平易质朴，不去追求一字之奇或一曲之丽，特别重视戏剧的舞台效果。由于他们大多出身下层，属平民剧作家，比较了解下层百姓的生活，因而他们的剧作，大都富有浓郁的生活气息，具有平民文学的特色。

除了以上剧作家外，这一阶段还有一个著名的戏曲家李渔，著有传奇十种，合称《笠翁十种曲》。还写有《谒闲情偶寄》，总结了昆曲传奇创作和演出的很多经验，是一部很有价值的古典戏曲理论著作。

这一时朝，为中国戏曲史上生色的是“南洪北孔”。一个是洪升，一个是孔尚任，可说是清代著名的两大戏曲家。

洪升（1645—1704年），字昉思，号稗畦、稗村，又号南屏樵者，浙江钱塘（今杭州）人。出身于仕宦之家，由于家庭的变故和功名不遂，长期远离家乡，流寓北京，自谋生路，卖文度日。在这困顿、潦倒的日子里，经过十余年的反复构思，三易其稿，写了《长生殿》一剧。此剧一出，“爱文者喜其词，知音者赏其律，以是传闻益远。蓄家乐者攒笔竞写，转相教习，优伶能是，升价什佰”

(《长生殿·吴舒凫序》)。后因此剧洪升遭难，只为“国服未除”而上演《长》剧，被国子监除名，朋友多少被牵连，“可怜一出《长生殿》，断送功名到白头”(李天馥《送洪昉思归里》)，结束了寄居北方的生活，回到杭州，寄情山水以求解脱。在一次乘船访友的归途中，因酒后失慎，坠水而死。他写有传奇九种，杂剧一种，今存《长生殿》、《四婵娟》(杂剧)，诗集有《啸月楼集》《稗畦集》《稗畦续集》。

《长生殿》是洪升的代表作，作品取材于历代相传的唐明皇和杨贵妃的爱情故事。在清代初年，在要求探索明朝灭亡的原因、吸取历史教训的思想背景下，作者在传统题材中进一步增加了政治和社会生活方面的内容。全剧共五十出，分上下两卷，各二十五出。作品着重描写了唐天宝年间，唐明皇寄情声色，荒淫奢侈，使朝政腐败，外戚专权，最后被迫缢死杨贵妃，使李杨爱情成为悲剧。在描写唐明皇对亡妃的哀思中，抒发了亡国之痛，塑造了郭子仪等忠臣义士的形象。但是从歌颂李杨爱情这一基本主题来看，既要歌颂，又有批判，势必造成戏剧主旨的混乱，尽管下卷着力描写李杨的忏悔，可是这种解决方法违背了历史真实，更加深了戏剧主旨的矛盾和混乱，而于剧无补。此剧在表现手法上，继承了《梧桐雨》《浣沙记》等通过爱情故事反映一代兴亡的手法，又吸取了《牡丹亭》运用幻想情节把人物理想化的特点。剧中语言清婉流丽，富有诗意和韵律美。如《闻铃》一出中李隆基的唱词《武陵花》，创造出了“夜雨闻铃肠断声”(白居易《长恨歌》)的意境，把秋雨、铃声和李对杨的刻骨相思，情景交融地表现出来。至今，《长》剧中的《定情》《惊变》《骂贼》《弹词》《闻铃》等出戏，仍为经常上演的保留剧目。

孔尚任(1648—1718年)，字聘之，又字季重，号东塘，别号岸堂，自署云亭山人，山东曲阜人，孔子六十四代孙。著有《石门山集》、《湖海集》、《人瑞录》、《岸堂稿》、《长留集》(合著)、《堂集》、《岸堂文集》、《绰约词》、《书林雁塔》、《享金簿》、《会心录》、《节序同风录》、《传奇小忽雷》(合撰)、《桃花扇》等。他曾任国子监博士、户部主事、户部广东司员外郎等。这期间曾因被派往淮阳疏浚黄河海口，多次往来于南京、扬州等地，结识了冒襄等明末遗老，凭吊了史可

法的衣冠冢，拜谒了明故宫、明孝陵，使他增长了不少南明兴亡的实际知识，为他日后创作《桃花扇》提供了丰富的素材。康熙三十八年（1699年），《桃花扇》问世。这部经过十多年的呕心沥血，三易其稿而编写出的传奇剧作，立即引起轰动，可是“命薄忽遭文字憎，缄口金人受诽谤”（《放歌赠刘雨峰》），被罢官后，在京逗留了二年，便返回了家乡。康熙五十七年（1718年），卒于石门山旧居。

《桃花扇》也是昆腔传奇盛极趋衰时期的重要作品之一。此剧是描写南明王朝覆亡过程的历史剧。它以复社文人侯方域和秦淮名妓李香君的爱情故事为中心线索，描写了明末的重大事件，总结了南明覆亡的历史教训，表现了作者的亡国之痛。一把“桃花扇”作为侯、李定情的信物，正如作者在《桃花扇小识》中所言：“其不奇而奇者，扇面之桃花也；桃花者，美人之血痕也；血痕者，守贞待字，碎首淋漓，不肯辱于权奸者也；权奸者，魏阉之余孽也；余孽者，进声色，罗货利，结党复仇，隳之百年之帝基者也。”作者跳出一般传奇剧的俗套，没有用主要篇幅写男女爱情生活，而是通过爱情故事把观众引导到广阔的政治生活中去，使纷繁的历史，在此线索下合拢得有条有理。全剧的结尾也突破了以往传奇剧大团圆的结局，安排侯、李各自拜师入道。这种结构方式，更有利于表现作者“借离合之情，写兴亡之感”的创作主旨。真可说“南朝兴亡，遂系之桃花扇底”（《桃花扇凡例》）。从而达到了历史真实和艺术真实的较好结合。在剧中众多的人物形象中，李香君的形象塑造得最为突出。李香君的性格中，对爱情坚贞，与对强暴的反抗是不可分割地联系在一起的。对侯的爱，必然导致对权奸的恨；对阮大铖等人的反抗本身就是对侯方域的忠诚。这统一的两个方面，构成了李香君性格的主要特征，使其成为明、清戏曲中的巾帼英雄。全剧曲词、宾白安排妥帖合度，写儿女风情，语言绮丽缠绵；叙述政治事件，慷慨激昂。使得曲词风格与剧情、人物性格相合。“说白详备，不容再添一字”，“一首成一首之文章，一句成一句之文章”（《桃花扇凡例》），宁不通俗，不肯伤雅。存在典雅有余，当行不足，谨严有余，生动不足。

在洪升、孔尚任前后较有名气剧作家、作品还有吴伟业的《秣陵春》、尤桐的《钧天乐》、嵇永仁的《扬州梦》、万树的《空青石》、万成培的《雷峰塔传奇》(改编本)、蒋士铨的《冬青树》和《临川梦》。

传奇至清中叶，开始衰落，其主要原因在于剧本远离现实，剧中人物众多，头绪纷繁，情节过于巧合，篇幅冗长，而且曲律过于严格，加之忽视舞台演出的需要，使传奇日益成为脱离舞台的“案头戏曲”。与此同时，各地方戏种（特别是长江流域的一些工商业繁荣的地区的地方戏），大大发展了起来，并向首都北京传播，逐渐形成了具有全国戏的“京戏”，从而代替了传奇。

（马胜利）

21.《昭明文选》是怎样一部书

《昭明文选》是中国现存最早的诗文总集。它的编撰者萧统（501—531 年），字德施，南兰陵（今江苏武进县）人。他是南朝梁武帝萧衍的长子。梁武帝天监元年（502 年），立为太子，卒年三十一岁，谥昭明，世称“昭明太子”。故后人也习称《文选》为《昭明文选》。萧统自小喜爱文学，博览群书。当了太子以后，住在东宫，延集了一批文人学士，讨论古今，著述文章。《南史》卷五十三称：“于时东宫有书几三万卷，名才并集。文学之盛，晋宋以来未之有也。”他著有文集二十卷（残存六卷），又编撰有古今典诰文章为《正序》十卷，选五言诗为《古今诗苑英华》十九卷（《南史》作《英华集》二十卷），均失传或散失，现存的仅有《昭明文选》，距今已有 1450 多年的历史了。

东汉以后，文人别集多了起来，读书人翻检有困难，选本于是应运而生。如晋杜预的《善文》、挚虞的《文章流别集》等书出现了，只是后来都失传了。“总集自晋有之，而无以选名者，梁昭明太子采自周讫梁百三十余家之文为《文选》，至唐而盛行。”自此以后，文选、诗选、词选、曲选之类就多了起来。

《昭明文选》的编纂，约在梁武帝普通三年至大通元年间（522—527 年）。这部书的选录，从时代说，上起先秦，下迄于梁普通七年（526 年）以前的各体文章。共分三十八类文体，计有赋、诗、骚、七、诏、册、令、教、策文、表、上书、启、弹事、牋、奏记、书、移、檄、对问、设论、辞、序、颂、赞、符

命、史论、史述赞、论、连珠、箴、铭、诔、哀、碑、墓志、行状、吊文、祭文（有些类又分小类，并以时间先后为序）。大致可概括为诗歌、辞赋、杂文三大类。《文选》的“文”是广义的。合计诗歌四百三十四篇，辞赋九十九篇，杂文二百一十九篇，共有七百五十二篇。《文选》所选作家，除无名氏外，共选一百二十九家，都是各个时代有代表性的人物，如屈原、宋玉、司马相如、司马迁、扬雄、班固、张衡、曹操父子、刘桢、王粲、陆机、潘岳、任昉、沈约等和他们的作品。在作品选择上又详近略远，以晋以后为多，并精选约取，如一类中仅选一二作家或一二篇作品。赋、诗所占比重最多，又按内容把赋分为京都、郊祀、耕籍等十五门，把诗分为补亡、述德、劝励等二十三门，它体现了对文体分类及源流认识、文学发展的观点。

萧统曾为《文选》写了一篇有名的序文。序文指出《文选》选录文章的标准是：“事出于沉思，义归乎翰藻。”意在说明文章的立意谋篇，要出于精心思索；文章的思想内容，要用有文采的语言表达出来。应当文质并重，形式、内容都好。比较具体地讲：“本书经书不选，诸子不选，繁博的记言文不选，记事的传记不选，取舍从严，史书里可选的只是赞、论、序、述。”由此可以看出当时人对文学的看法，把文和经、史、子相区别，文质相称，以完整的选本作标本示范等。其局限在于把子、史中许多有文艺性的作品加以排斥，两汉、南北朝乐府民歌及一些优秀的文人作品没有入选，分类过多，烦琐。再有就是书中入选了一些伪作，如李陵的《答苏武书》、孔安国的《尚书序》。还有不少误标序文、误标题目，前者如汉武帝《秋风辞》、刘歆《移书让太常博士》，序文系史传文字；后者如刘峻《重答刘秣陵诏书》并非答书的原文。另外，割裂前人文字、篇章次序安排失当等，也是其不足之处。

《文选》在流传过程中受到文人士子的普遍重视，它对后人研究这七八百年的文学发展提供了很大便利，并成为诵习的文本。杜甫告诫他的儿子要“熟精《文选》理”（《宗武生日》），宋人谚语也有“《文选》烂，秀才半”（陆游《老学庵笔记》）之说。从隋代起，研究《文选》就成为专门学问，号称“文选学”。唐代以诗赋取士，《文选》就成为学习诗赋的范本，后来人不仅把它当做范文读，而且当做字书、类书看。《文选》的诗歌作为典范，被称为“选体”。现存最早的、影响最大的研究著作是唐高宗时的李善的《文选李善注》。他注释《文选》，引书近一千七百种。其注释偏重于说明语源和典故，但对文义的疏通则疏略，后世学者往往以它作为考正、辑佚的渊薮，被认为是总结前人研究成果的集大成著作。另一有名的唐人注本是玄宗时的《五臣注文选》，“五臣”为由工部侍郎吕延祚所组织的撰注者吕延济、刘良、张铣、吕向、李周翰五人。南宋时，又有人将李善注、五臣注合刻，称为“六臣”注《文选》。除此之外，历代研究《文选》的书还有很多，比较重要的有：清胡克家《文选考异》十卷、汪师韩《文选理学权舆》八卷、孙志祖《文选理学权舆补》一卷、梁章钜《文选旁证》四十六卷、胡缙瑛《文选笺证》三十卷、朱珔《文选》集释二十四卷，及近人丁福保《文选类诂》、骆鸿凯《文选学》等。研究李注的书，有孙志祖《文选李注补正》四卷及今人高步瀛《文选李注义疏》八卷等。

（马胜利）

22. 刘勰的《文心雕龙》为何被视为文学批评的巨著

南朝梁代刘勰的《文心雕龙》，是南北朝时期一部集大成的理论巨著。它在中国古代文学批评史上具有空前绝后的历史地位。文心，指写文章的用心；雕龙，意即雕刻成龙，此书名是用雕龙来比喻写文章的用心。

《文心雕龙》的作者刘勰（约 465—约 539 年），字彦和。曾任东宫通事舍人，世称刘舍人。祖籍东莞郡莒县（今山东莒县）人。世居京口（今江苏镇江）。刘勰幼年丧父，笃志好学，因家贫无力婚娶，依靠沙门名僧僧佑，与之相处十余年。这一时期，刘勰经过五六年的努力，于齐和帝中兴元年至二年（501—502 年）间，写成了《文心雕龙》，并将它送给沈约。沈约对此很重视，逐渐流传开来。梁武帝时代，刘勰先后曾任奉朝请、记室、东骑仓曹参军、太末令、步兵校尉、东宫通事舍人等职。在任东宫通事舍人期间，与昭明太子萧统交好，其《文选》与《文心雕龙》选文定篇有相合之处。僧佑卒，刘勰奉命回定

林寺整理佛经，后削发出家，改名慧地，一年左右的光景即去世了。

从曹丕的《典论·论文》开始，其后有曹植的《与杨德祖书》、应玚的《文质论》、陆机的《文赋》、挚虞的《文章流别论》、李充的《翰林论》等文学理论和批评的著作，但都只是从某个方面进行论述，而刘勰则在批判继承前人的基础上做了创造性的集大成的工作，写成了这部文艺理论巨著。

《文心雕龙》是中国文学理论批评史上第一部有严密体系的，“体大而虑周”（章学诚《文史通义·诗话篇》）的文学理论专著。全书十卷分上、下两编，各二十五篇，篇又各系以赞。最后一篇是《序志》，古人写书都愿把序言放在全书的后面，说明写书的目的，介绍全书的内容。此书第一至五篇是全书的总纲，有《原道》《征圣》《宗经》《正纬》《辨骚》，作为“文之枢纽”，提出“文源于道”，论述文学的本源和准则。前三篇为核心，第六至二十五篇是文体论。其中第六至十五篇是属于“文”的，即《明诗》《乐府》《诠赋》《颂赞》《祝盟》《铭箴》《诔碑》《衰吊》《杂文》《谐隐》等篇为有韵之文；第十六篇至二十五篇是属于“笔”的，即《史传》《诸子》《论说》《诏策》《檄移》《封禅》《章表》《奏启》《议对》《书记》等篇为无韵之文，它们具体详细地论述了各种文体的特点及历史发展，其系统和周密，胜过前人；第二十六至四十四篇是创作论，即《神思》《体性》《风骨》《养气》《附会》《通变》《事类》《定势》《情采》《熔裁》《声律》《练字》《章句》《丽辞》《比兴》《夸饰》《物色》《隐秀》《指瑕》，它们对艺术构思、风格与个性、写作技巧、内容与形式的关系等进行分析论述。这些都对文学创作及文学批评有很大的指导意义；第四十五至四十九篇是批评论，即《总术》《时序》《才略》《知音》《程器》。这些篇章包括有文学史论、情景论、作家论、鉴赏论、品德论，初步建立了文学批评的方法和标准。

《文心雕龙》涉及的内容虽很广，但都是围绕“为文之用心”来写的。刘勰说：“夫‘文心’者，言为文之用心也。”他认为，“为文”必须“用心”，这种用心有如雕刻龙纹，须细加修饰，讲究文采，这就叫做“文心雕龙”。他从纠正当时形式主义文风，提倡写有益于封建政教的文章出发，站在儒家的立场上，指斥当时文坛是“去圣久远，文体解散，辞人爱奇，言贵浮诡。饰羽尚画，文绣鞶悦。离本弥甚，将逐讹滥”（《序志》）。而且认为魏晋以来的文学批评论著，都是“各照隅隙，鲜观衢路”，“未能振叶以寻根，观澜而溯源”（同上书），因此他要用自己的理论来纠正其根本性的偏失。

（马胜利）

23. 什么是骈文，骈文与散文有何不同

骈文，也称骈体文、骈俪文、四六文，是中国特有的一种文体。它产生于魏晋，南北朝是其全盛时期。作为中国文学中的一种体类，它是从古代文学中的一种修辞手法逐渐发展形成的。骈的本义是两马并驾一车（见《说文解字》），引申为对偶的意思。所谓骈偶、骈俪，都是平常说的对仗。偶的常用义是两个人在一起，引申为成双成对之称。俪也是这个意思。仗是古代帝王出行时走在前面的仪仗。仪仗总是两两相对的，所以也用来做词句整齐对称的名称。排偶或对仗，本是适应中国汉语言的单音词比较多，容易构成配对的现象而产生的一种修辞手法。它源于对事物的联想，可以使事类相从，还可以取得语句上的整齐、对称之美。这种排比对偶的修辞手法，在先秦散体文中已采用，如“学而不思则罔，思而不学则殆”（《论语·为政》）。“以此众战，谁能御之；以此攻城，何城不克！”（《左传·僖公四年》）至两汉时，汉赋促使散体文中的对偶句增多，作家更为自觉地使用对偶这一修辞手段。在贾谊、司马相如、邹阳、枚乘、司马迁、扬雄等人的文章中对偶句已屡见不鲜，并使用了大量典故，这可看做是骈体文的先声。经过魏晋，至南北朝时，形成与散体文互相区别的独立文体。六朝骈文的句式，这时多以四六句为主，但常常夹有杂言。唐代开始，骈文的句式更趋规整，出现了通篇四六句的骈文，因而在宋代一般又称骈文为“四六文”。

骈文这一名称是与散体文相比较而提出的。在中国的文章中，除韵、散之分外，还有骈、散的区分，这是中国文学史上所独有的现象。

骈文要求通篇文章句法结构相互对称，词语对偶。在声韵上，骈文讲究运用平仄，音律和谐。修辞上注重藻饰和用典。而散体文，句子可长可短，不要求对

仗，不讲究声律，不强调用典。但对骈文的这些表现手法和修辞手段，散体文也并不完全排斥。可骈文则在这些方面特别的讲求，以至成为必备，典型的骈文又是专以此来取胜的。下面就骈文的这几个方面加以简要说明：

（一）骈偶。这是骈体文最突出的特征。骈文要求通篇句式都两两相对，词语要相互对偶。即主语对主语、谓语对谓语、宾语对宾语等；名词对名词、动词对动词、形容词对形容词、虚词对虚词等。词义上还有言对、事对、反对、正对等区别。“故丽辞之体，凡有四对：言对为易，事对为难；反对为优，正对为劣。”（《文心雕龙·丽辞》）所谓言对，是就一般的语词相对，不含典故、故事；事对，指在对偶句中典故对典故，所选的既要贴切，上下句所用又要同类，互为补充，字数还要相等，如“毛嫱障袂，不足程式；西施掩面，比之无色”。（宋玉《神女赋》）以两位美女形容高唐神女的美丽；反对，指把两个相反状况的事情形成对仗，来说明同一个道理，如“钟仪幽而楚奏，庄舄显而越吟”。（王粲《登楼赋》）作者以一个穷迫为囚，一个身居显要两个不同境况，说明思念故土是人之常情；正对，是指把相同的两件事对举出来，来表述同一个意思。关于骈偶，《文镜秘府论》罗列对法，名目繁多，达三十九种之多。

（二）四六句式。与骈偶有极密切关系的，是对每句字数的要求。魏晋时代骈体文，每句的字数不定，多为四字句，也有五字句、六字句，还杂有散句。宋齐以后，特别是唐宋以后，“四六”（“四六”有广狭两种含义。狭义专指起于齐梁成熟于唐的更为严格的骈体文；广义的是作为一般的骈体文的别名）格式就定型化了。在骈体文中，关联词语、语气词一般是不计算在句子字数之内的（有时句子中的虚词也不算）。根据对仗来决定，“四六”的基本格式有五种：其一，四字句与字句组成为上、下联相对，如“轻如游雾，重似崩云”（鲍照《飞白书势铭》）。其二，六字句与六字句组成为上、下两联相对，如“窥地门之绝景，望天际之孤云”（鲍照《登大雷岸与妹书》）。其三，上四、下四与另一上四、下四组成为上、下两个长联相对，如“北海虽赊，扶摇可接；东隅已逝，桑榆非晚”（王勃《秋日登洪府滕王阁饯别序》）。其四，上四下六与上四下六组成上、下两个长联相对，如“渔舟唱晚，响穷彭蠡之滨；雁阵惊寒，声断衡阳之浦”

（王勃《滕王阁序》）。其五，上六、下四与上六、下四组成两个长联相对，如“屈贾谊于长沙，非无圣王；窜梁鸿于海曲，岂乏明时”（王勃《滕王阁序》）。一般来说，骈体文的其他句式，三、五、七字句也有，但以四、六句式为常，其他句式多起辅助作用。

（三）用典与藻饰。使用典故、崇尚文采也是骈体文的一个重要特征。所谓用典，是援引古人古事和古人的话来加强论据，证明自己所叙观点、事情是古已有之，来增强文章的说服力，并启人联想，发人之幽思，借以抒发怀抱，使文章达到词语简练、委婉含蓄的作用。用典，大致分为两类：一是历史故事，一是前人诗文。在具体运用中又有正、反、明、暗用等多种手法。魏晋以前的用典，一般为直接引述，意在以此为据，重在说理；魏晋以后的骈体文，用典则要求剪裁融化，借以达到比喻影射、衬托对比及含蓄委婉、典雅精练的效果。骈体文崇尚文采，除主张炼字、炼意外，还喜用色彩浓郁、富丽典雅的词句。

（四）声律。骈体文十分注意运用平仄加强文章的音乐性。骈体文讲究平仄，是从齐、梁开始的，而形成于初、盛唐。骈体文可以分为有韵骈文和无韵骈文两类。凡用骈体写的赋、箴、铭、赞、颂、诔词等，一般都是有韵的，其他体裁一般是不用韵的。骈体文运用平仄的规律，跟“律诗”中的律句大致差不多，即要求在一句之中，平节和仄节交替。四字句式，第二和第四个字是节奏点；六字句式如是二四式，则第二、第四、第六为节奏点；如果是三三式，则第三、第六字为节奏点，节奏点的平仄是最严格的。而骈文中的上、下两联之间，则要求平节与仄节相反，即以平对仄，以仄对平。追求句式整练，而又讲求声律谐调，这是后期骈文的特点。

骈体文在对偶、字数、用典、平仄文采等方面的要求，集中体现了汉民族语言的特色，有助于表达作者的思想。状难写之情，含不尽之意，实有散体文所不及处。但当骈体文过分追求形式的整齐华美时，其形式就成为一种束缚。自唐宋以来，骈体文多次受到扫荡，但它对中国文学的发展还是起到了不可忽视的影响。它不仅为律诗的产生创造了条件，而且也促成了后代许多骈散兼行的好作品的出现。

（马胜利）

24. 唐代古文运动的主要人物和主要观点有哪些

在中国文学发展史上，唐代文学中，散文的成就仅次于诗歌。韩愈、柳宗元是散文成就最突出的代表。而唐代散文成就的取得，又首先是和韩、柳所倡导的古文运动的开展分不开的。

唐代古文运动的形成主要是在贞元（德宗李适年号）、元和（宪宗李纯年号）之际（785—820 年）。“古文”是和魏晋以来流行已久的“骈文”相对立的概念，其特点是奇句单行，不拘格式，不像骈文那样讲究排偶、辞藻、音律和典故。在文体上取法先秦、两汉的散文，故称之为“古文”。唐朝德宗贞元年间，韩愈大力提倡这种文体，以反对六朝以来浮艳颓靡、注重形式的文风。稍后，又得到柳宗元的支持。他们彼此呼应，积极从事古文的宣传和写作，并逐渐形成一种文学思潮，这就是人们所说的“古文运动”。

古文运动的产生有其深刻的社会原因和文学本身的原因。贞元前后的唐王朝，不仅阶级矛盾尖锐、藩镇割据严重，而且佛、道二教的发展也严重地危害了中央政权的经济利益，唐王朝危机深重。另外，贞元时期一度出现了“中兴”希望。正是为适应当时唐王朝统治的需要，出现了以韩愈为代表的主张恢复孔孟儒家思想正统地位，反对佛、道二教，以整饬社会风尚的儒学复古思潮，企图从意识形态领域推动“中兴”局面的出现。儒学复古得到了文人士大夫的热烈响应而形成一种广泛的社会思想运动。从文学本身发展来看，先秦、两汉时期的那种质朴自由的散体文，到六朝时被片面地追求整齐俪偶、辞藻华美的骈文所代替。这种文体对于真实地反映现实、表达思想，无疑是一个严重的束缚。因此，对文体改革的要求也就日益迫切。这种改革的愿望和要求，早在南北朝时就被提了出来，但不少文人成就都不显著，直至到陈子昂时，局面才有所改观。他大张文学复古旗帜，提倡“汉魏风骨”，反对“采丽竞繁”的六朝余风，并第一个用古文进行写作。其后，萧颖士、李华、元结、贾至、独孤及、梁肃、柳冕等人，也都先后出来提倡散文革新，反对骈化，可说是古文运动的先驱。韩愈、柳宗元则进一步提出了一套完整的古文理论，并身体力行写出了相当数量的优秀古文作品。当时有一批人，如李观、樊宗师、李汉、李翱、皇甫湜、沈亚之、孙樵等积极支持响应，在文坛上形成了颇有声势的古文运动。

古文运动的理论主张，主要见于韩、柳等人的论著中。首先，在文学的内容与形式上，主张文道合一而以道为主的主张。认为道是目的、是内容，而文则是手段和形式，要用“道”来充实“文”。不过韩愈特别强调儒家的仁义和道统，柳宗元则主张“以辅时及物为道”（《答吴武陵论非国语书》）。为此他们强调提高道德修养，认为“根之茂者其实遂，膏之沃者其光晔”（韩愈《答李翊书》），主张“养气”，“气盛则言之短长与声之高下者皆宜”（《答李翊书》）。文道合一的重要之处在于言之有物，勿发空论，提出“大凡物不得其平则鸣”（韩愈《送孟东野序》）观点。

其次，重视学习前人的创作经验，丰富自己的创作。主张“非三代两汉之书不敢观”（《答李翊书》）。不仅重视经史，也吸取屈原、司马相如、扬雄等人的艺术创作经验。但反对盲目地厚古薄今，认为“古人亦人耳，夫何远哉”（柳宗元《与杨京兆凭书》）。要求写作必须有认真的态度，不可出以轻心、怠心、昏气、矜气（柳宗元《答韦中立论师道书》）。对古人文要“师其意，不师其辞”（韩愈《答刘正夫书》）。

最后，明确提出文体改革主张，这是古文革新理论的精华。一是要求语言自创新意新词，不避“怪怪奇奇”（韩愈《送穷文》），反对因袭陈言、模拟古语，即“唯陈言之务去”（《答李翊书》）；二是要求文句妥帖，通达流畅，不流于艰深难解，即所谓“文从字顺各识职”（韩愈《南阳樊绍述墓志铭》），文应“无难易，唯其是尔”（韩愈《答刘正夫书》），力求创造出一种既能融会贯通地运用古人的词汇语法，又能适合于表达思想反映现实的文学语言，并能用这样的语言写出不拘格式、通顺流畅的新型散文。

总之，唐代古文运动，开创了散文的新传统，是中国散文发展的一个转折点。它开创了一种摆脱陈言俗套、自由抒写的文风，扩大了散文的应用范围，使散文在传统的著书立说之外，在日常生活中找到了表达写景、抒情、言志的广阔天地，它的影响是巨大的。当时的张籍、元稹、白居易和晚唐皮日休、陆龟蒙等

人在文章和小品文的写作中，都受到韩、柳古文的影响。古文运动解放了文体，使传奇作家得到一种更自由的表现形式，促进了传奇小说的发展。至宋再一次掀起了古文运动，开创了以唐宋八大家为代表的古文传统。明代以唐顺之、王慎中、归有光为代表的“唐宋派”和清代以方苞、刘大櫆、姚鼐为代表的“桐城派”古文，都是以韩、柳为首的唐宋古文新传统的继承和发展。直至“五四”新文学运动才为语体散文所代替。

（马胜利）

25. 北宋古文运动的主要倡导者是谁

北宋继唐代古文运动而起的文学革新运动，是宋代文学史上的一个重要文学现象。它是在北宋时期酝酿、发展和完成的。这是一次承继唐代韩、柳的古文运动精神的大规模的文学复古运动。它是以“复古”为旗帜，来配合北宋政治变法形势的一次全面的文风革新，反对骈文，提倡古文。它对于整个宋代文学，不但有理论上的指导意义，而且还有创作上的示范意义，并由此开创了北宋文坛上新的局面。

这次文学革新运动的主要倡导者是欧阳修、苏轼。作为这次文学革新运动的领袖欧阳修、苏轼，以其理论建树和创作实践两方面的实绩，为后人留下了一份宝贵遗产。

欧阳修在文学上，主张“道胜者，文不难而自至”，反对文士溺于文辞，“弃百事，不关于心”（《答吴充秀才书》）；反对“务高言而鲜事实”（《与张秀才第二书》）的那种空谈道德性命的风气，认为这是与古道利世泽民的宗旨相悖的。其复古明道应以忧天下为务，而不是只求个人“光荣而饱”（《读李翱文》）。这是与柳开、石介在明道动机上的主要分歧，也是贯穿宋以后士大夫人生观中的一个核心问题。欧阳修正是以此作为复古的根本目的。关心“百事”，忧念天下，以反映民瘼和愤世忌邪作为文学的主要职能，确定风骚在诗道中的正统地位，反对虚美的雅诗赋颂，这是欧阳修倡导文学革新的基本思想。其针砭对象不仅包括杨亿、刘筠等人的时文及石介等人，而且也指向了晏殊、宋祁等的诗酒酬唱、歌颂升平之作。重视文学“忧治世危明主”的作用，这比唐人强调世治而颂，世乱而怨的观念大大前进了一步。这是与唐时古文运动所不同的。其革新时风与文风的最终目的，还是要培养一代士大夫忧国忧民的思想，耿直清正的品格，以及合于时用的才能。如果以通经学古来反对文章华丽反倒造就了一批迂阔诞漫，以道求禄的文人，那就比文章华丽更糟，何况俪偶声病，只是艺术形式问题，也可为古道所用，而不能采用简单化的办法来排斥骈偶。因此，对杨、刘诗文，欧阳修采取了一种通达的态度，与石介过激的言论完全不同。尽管他也反对“侈此丽彼，以为浮薄的风气”（《与荆南乐秀才书》），但又认为“偶俪之文，苟合于理，未必为非”（《论尹师鲁墓志》）。他还在《归田录》中称杨亿“真一代之文豪也”，肯定了其才学、功力、有长处可汲取。

在文学创作上，他认为道可以充实文，而不能代替文。主张作文，须简而有法，流畅自然，反对模拟与古奥，重视触事感物在诗歌创作中的作用，提出了诗歌创作“愈穷则愈工”的著名论点（《梅圣俞诗集序》），将忧思感愤兴于怨刺，强调作者的生活遭遇对于创作的重要作用。他推崇杜甫、赞赏李白。他首创了“诗话”这一评论的新体式，在他的《六一诗话》中有不少精辟的诗论、文论见解。他的这些诗文理论主张，对于诗文的革新和文人们的创作无疑有着不小的影响。不仅如此，欧阳修还以自己的诗文成就为一代文风的变革作出表率。他与苏、梅等人，将反映民瘼、讽刺时弊的古调歌诗与感遇兴寄相结合，使对“百事”关心处，形于吟咏情性之中，尽管以诗论政的做法使本来就说理过多的宋诗更趋散文化，但在北宋前期文坛上一片优游闲雅的酬唱和颂圣明道的说教中，却以其深刻敏锐的洞察力，产生了警时鼓众的巨大影响。与诗歌相比，欧阳修的散文更能体现革新成果。其文各体皆工，又富于变化和创新，因而能成为一代文章宗师。其“纡徐委备”“容与闲易”的艺术个性，不但为宋代散文形成平易简洁、委婉流畅的基本风貌树立了典范，改变了中晚唐以来因循韩、柳之文的旧习，开北宋六大散文家并峙的局面，还积极针对科场积弊，应考文体进行改革，对那种险怪奇涩号称“太学体”的时文，则坚决加以贬抑排斥。在努力提举后

进的同时，将一批新老文人团结在他周围。特别是他所推重的王安石、曾巩和苏氏父子等人，对于后来文学创作的繁荣起到了重要的作用。

继欧阳修之后的文坛领袖苏轼，在批判地继承前人的理论同时，将文学理论提升到了一个新的高度。他提出诗文应“有为而作”“言必中当世之过”（《凫绎先生诗集叙》）。强调文必立意，提出“述意”说：“天下之事，散在经史之中，不可徒得，必有一物以摄之然后为己用。所谓一物者，‘意’是也。”（葛立芳《韵语阳秋》卷三引）其内涵的广阔性超出了道学家所言的孔孟之道，政治家所言的礼教政治的范围。苏轼很重视文学的艺术形式，一再指出文学本身犹如精金美玉，自有定价。在表现形式上，强调“辞达”“使是物了然于心”“了然于口于手”，这是苏轼对于散文表现技巧的要求，也是对艰涩、浮华两种文风的批判。主张平易自然的文风，有意即言，意尽辄止，不要使人同已。他的许多著名论点，如“大略如行云流水，初无定质，但常行于所当行，常止于不可不止。文理自然，姿态横生”（《答谢民师书》），“吾文如万斛泉源，不择地而出”，“与山石曲折，随物赋形”。另外，如“胸有成竹”“传神写意”“诗中有画”等，都对当时和后来的创作有着很深的影响。与柳开、石介的传道，王安石、曾巩的重世用相比，在文道关系上，苏轼更看重文。他在欧阳修“事信矣，须文”（《代人上王枢密求先集序书》）的基础上，指出“有道而不艺，则物虽形于心，不形于手。”（《书李伯时山庄图后》）由重道转向重文，探求文学自身规律，这是苏轼对文学理论的一大贡献。他的诗、文、词、赋，都体现了宋代文学的最高成就。他培植的文学新人，“苏门四学士”以及陈师道等人，都成了北宋后期的著名文学家。

欧、苏等人，在唐代古文运动关于文道、文风、语言等方面改革的基础上，比较正确地解决了文、道关系，肯定了平易畅达的文风和易道易晓的语言风格。他们以其表现手法的多样化和所建立起来的平易自然、流畅婉转的风格，使得绮靡浮艳风气扫地以尽，并使奇句单行的散文占据了文坛的主导地位，最终完成了唐代韩、柳所倡导的古文革新，使得后人尊之为“唐宋八大家”。另外在词、诗、赋等领域也都取得了不小的成绩。

（马胜利）

26. 何谓“唐宋八大家”

唐宋八大家，是指唐、宋两代八个散文作家，即唐代的韩愈、柳宗元与宋代的欧阳修、苏洵、苏轼、苏辙、王安石、曾巩八个人的合称。

在宋代，八家说尚未定型。宋代吕祖谦的《古文关键》，取韩、柳、欧、曾、苏洵、苏轼、张耒七家为一编，而无苏辙、王安石。真德秀评论文章，在韩愈后，称欧、王、曾、苏为“以大手笔追怀古作”，不提柳宗元（《跋彭忠肃文集》）。到明初，朱右采录韩、柳、欧、三苏、曾、王八家文章为《八先生文集》。而“唐宋八大家”之称始见于后来明人茅坤所编《唐宋八大家文钞》。此书编纂的目的，在为初学散文者提供精良的选本，“以为操觚者三券”（茅坤《原叙》），此书对后世影响极大，“唐宋八大家”之称即由此书而起。此后学习散文大都以八家为宗。清桐城派方苞选古文约选、姚鼐选《古文辞类纂》，皆以八大家文章为主。储欣在八家之外，另增李翱、孙樵为十家。爱新觉罗·弘历曾选十家文为《唐宋文醇》，作为清代“钦定”的学习课本。其影响由此可见一斑。

韩、柳、欧、三苏、王安石、曾巩，散文创作成就很高，但就其个体来看，其内容有别，文风各异。韩愈的文章气势磅礴，雄奇恣肆，其行文骈散互见，长短兼施，排比铺陈、波澜起伏，于论说、杂感、传记、碑志、书信等形式上皆有实绩，只是有时失之古奥艰涩。柳宗元的论说文以思想犀利、精深细密见长。他的山水游记，文笔清新秀美，富有诗情画意，在描绘出自然山水优美动人的同时，又常在写景中寓以身世遭际之感，其语言简括、生动。欧阳修的文章，平易流畅，纡徐曲折，无论是叙事怀人、状物写景，还是议论说理，各体皆工，而且又富于变化和创新。其作品语言圆融轻快，声韵和谐优美。苏轼为文，才华横溢，无所拘束，文中纵横捭阖，挥洒自如，能“出新意于法度之中，寄妙理于豪放之外”（《书吴道子画后》），波澜迭出，变化无穷。王安石的文章法度谨严，笔力简峻。论证说理思想深刻，析理精微，有极强的说服力。这种长于议论的特点，在他的记游、记人、记事中也有鲜明的体现。由于只注重说服力而不注重摹

写物象、酝酿气氛，因而很多文章缺少文采和形象性，有枯燥单薄之感，缺少韵味。苏洵为文，“侈能尽之约，远能见之近，大能使之微，小能使之著”（曾巩《苏明允哀辞》），不抄袭陈说，敢于发表自己的独到见解。作品以雄奇为主又有曲折多变，纡徐婉转的特色。苏辙的散文，秀杰深醇，汪洋淡泊，一波三折，在宋代自成一家。曾巩为文含蓄典重，纡徐委备，醇厚平正，但不重文采。

总之，他们作为唐宋古文运动的代表作家，在文学创作上，其共同倾向是提倡散文，反对骈体文，主张文以载道，明道适用，形式为内容服务。语言上要求去陈言，词必己出，自然流畅。他们还注重作家的个人修养，讲究文章的气势与力量，提倡内容充实，清新流畅的文风，由此确立了中国古代散文创作的新典范。

（马胜利）

27. 笔记小说演变脉络如何

在中国文学发展史上，所谓笔记，首先是指一种文体。“笔记”二字，原本指执笔记叙而言。如《南齐书·丘巨源传》中“笔记贱伎，非杀活所待”的“笔记”系指此。笔记，可叙事、议论、抒情，不拘体例、形式短小、题材广泛、语言简洁而又往往较有风趣。如果把数十百条笔记汇编起来，就组成为笔记专集，于是，笔记又成了一种著述体制的名称。北宋的宋祁，首次以“笔记”一词为其随笔杂录之书命名，后泛指同类著作。

古代笔记取材极广，可分为几类呢？这要先从古代“小说”这一名称概念说起。“小说”二字首见于《庄子·外物篇》，这里所指是远离大道的浅薄言论，与后来讲故事的小说无关。汉班固《汉书·艺文志·诸子略》内所列小说十五家，包含内容相当杂乱，将“街谈巷语，道听途说者之所造”的都归入小说一类；后世文人承袭这一观点，把不本经典的论述，称为小说，把琐闻、杂志、考证、辨订等无类可归者，也一律归为小说。足见前人并未注意区分何为小说，何为笔记。在古人那里，“笔记”并不都是小说；古代“小说”也不限于“笔记”

一体。明胡应麟曾把小说分为六类：志怪、传奇、杂录、丛谈、辨订、箴规（《少室山房笔丛·九流绪论》）。六类中，除传奇、箴规类，都为笔记体。《四库全书总目提要》将小说分列为叙述杂事、记录逸闻、缀辑琐语三派。根据笔记取材及归纳魏晋至明清的笔记来看基本上可分为三大类：一是故事传说类。主要包括志怪和志人（逸闻琐语），寓言及笑话是它们的支流。这一类一般以人物或鬼怪为中心，有简单的情节，志怪纯属虚构，志人也不免掺杂想象夸饰成分，具有小说的味道。其简朴的样式，仍为后世所沿用。其早期之作是唐宋文言短篇小说的前身。为区别于近代小说，人称为“笔记小说”。后两类，一是历史琐闻类的笔记，这类笔记或掇拾历史的旧闻，或记述见闻时事，包罗万象。此类关涉人物事迹的琐记，与前类志人小说界限不易划清。再一类为考辨类笔记。关涉文史哲等多学科的治学或读书札记的考辨品评。而这三者杂糅也屡见不鲜。

由此看来，笔记小说，作为古代文言短篇小说一种，它既属于笔记文体的一种，也是文言短篇小说的分支。

中国小说故事类的笔记，渊源于先秦而形成于魏晋。魏晋南北朝志怪体的笔记小说，既继承了古代神话传说的系统，又受其本身的时代社会的影响演变而成。许多这类故事散见于先秦古籍中。其中《山海经》《穆天子传》对后来的志怪小说有较大影响。前者是记山川异物，言祭祀神祇的神话集；后者为周穆王驾八骏马西征，会见西王母的故事。这两部书可算是最早的志怪体笔记小说。逸事体笔记小说，则可在先秦诸子、史传，如《庄子》《论语》《国语》《战国策》等及两汉史书与子书如《史记》《吴越春秋》《新序》《说苑》等书中见其渊源和影响。

笔记小说，从魏晋到明清，每一朝代都有不少可取的作品。魏晋南北朝时的笔记小说，有杂谈鬼怪神仙的志怪体，有记叙人物言行片断的逸事体，其中尤以志怪体笔记小说为最多，这是与“中国本信巫，秦汉以来，神仙之说盛行……会小乘佛教亦入中土，渐见流传”等因素分不开的（鲁迅《中国小说史略》）。这一类作品有，《列异传》《博物志》《搜神记》《搜神后记》等。其中《博物志》《搜神记》可为此类书的代表。《博物志》，晋张华撰。这是继《山海经》发展而

来，记地理博物的琐闻一类。以宣扬神仙、方术为主要内容。其中的一些故事，多抄自古书。只在此类小说中聊备一格。《搜神记》，晋干宝撰，以记录神仙鬼怪故事为重要内容，也包括一些无故事内容的琐记。它受《山海经》《穆天子传》两书影响，是魏晋志怪体小说的一种主要类型。它记录了两汉的传说故事和魏晋民间传说，也采选了史传及早出志怪书的材料，如《宋定伯捉鬼》《干将莫邪》《嫦娥奔月》等。南北朝志怪小说，较著名的有《异苑》《幽明录》《续齐谐记》等，还是属《搜神记》类的作品。另有一部《拾遗记》，不同上述诸书，记古时异闻为重点，涉及人物较多。其他还有《冥祥记》《宣验记》《冤魂志》等，是宣讲天堂地狱、因果报应的志怪体小说。除此还有《神异经》《十洲记》《汉武故事》《汉武帝内传》《洞冥记》等，或记异物，或叙怪异物产，或假托历史人物，杂谈神仙怪异之事，或记鬼魂复仇。与魏晋志怪小说相比，这一时期的作品，故事性增强了，记叙上不是那样的芜杂琐碎。有些故事描写得还很生动、细腻，如《续齐谐记》（梁吴均）里的记“清溪庙神”“阳羡书生”等。《拾遗记》（梁萧绮托名于晋王嘉），大量的为古帝王的传说，并涉及上古和魏晋人物，其故事常借一点历史因由来铺演，情节曲折，辞采可观，如其记三国吴吕蒙梦中读《易》等条。有些篇章已粗似后来唐人传奇的模样。

魏晋南北朝逸事笔记小说，当推《世说新语》（琐语体小说），作者为南朝宋临川王刘义庆和手下文士所撰。它是在晋代辑录文士言行片断的逸事笔记基础上完成的。其书记载了汉末至东晋的逸闻，以魏晋名流的言行为多，由此可多方面地了解魏晋士大夫言行举止、思想及当时社会的一些面貌。其文字言约旨远，很为后人推崇。此作其后有《俗说》《小说》《笑林》《西京杂记》等，大多散佚。其中《笑林》（邯郸淳）、《西京杂记》（葛洪）作为逸事小说的门类，一个开“笑林”（排调）体小说，一个开“杂记”（逸事）体小说的先河。前者以诙谐讽刺为主，后者以琐事逸闻为主。

唐代的笔记小说，继承魏晋南北朝的传统，变志怪为传奇、逸事为杂录。而唐历史琐闻笔记类，有不少仍是传奇的支流，不可一律当做史料来看，须加仔细辨别。从发展上看，传奇为笔记小说的一支，是在唐代商业经济和都市生活发达的基础上诞生的。它是文人寄意抒情之作。其作品大都情节曲折，结构完整，辞藻华美，反映市民思想意识和中上层士人的识见和情感。传奇小说，有单篇，也有专集。如《玄怪录》《甘泽谣》《传奇》《三水小牍》《剧谈录》等，都是较著名的专集。其中《玄怪录》（牛僧孺撰。避“玄”讳，改“幽”字）可谓代表之作。继起之作有《续玄怪录》《宣宝志》《博异记》，近似《玄怪录》。至于唐传奇的单篇，如《枕中记》《南柯太守传》《柳毅》，属神怪故事类；《霍小玉传》《李娃传》《莺莺传》《离魂记》等，属爱情故事类；《虬髯客传》《谢小娥传》等，属侠义故事类。佳作甚多，不胜枚举。这些单篇作品已与笔记小说有所区别了，可视作比较成熟的短篇小说。另外，志怪类的集子还有《独异志》《集异志》，都属杂辑古事，兼及唐代传说琐闻。拟《语林》与《世说新语》的有《续世说新书》。但此类笔记并未兴盛。比较引人注目的是将志怪、传奇、杂录、琐闻、考证等汇为一处，称作杂俎的集子：《酉阳杂俎》（段成式撰）。全书虽内容复杂，但分类系事无所不包，涉及仙佛鬼怪、人事、动物等，范围很广，所辑材料很多。集中内容虽属荒诞，但还常被后人所取用。

至宋，笔记小说类的传奇，偏重述古、摹古，少写近事；杂采琐语的一类小说，为数寥寥。志怪未脱前人窠臼。这一时期较著名的志怪集有《稽神录》（徐铉）、《江淮异人传》（吴淑，专记异人）、《夷坚志》（洪迈）、《茅亭客话》（黄休复，专叙蜀事）等。传奇小说有《大业拾遗记》（托名唐颜师古）、《绿珠传》（乐史）、《杨太真外传》、《赵飞燕传》（秦醇）、《醉翁谈录》（罗烨撰，兼载琐事）等。这些单篇作品同唐传奇作品一样，可算做短篇小说。汇集各种琐语的杂俎集有《清异录》（陶谷）。总的来说，宋人笔记小说成就不高，水平不如唐人。

辽金元之际，笔记小说可一提的有《续夷坚志》（金人元好问），内容和体例都仿宋洪迈《夷坚志》。《诚斋杂记》（元人林坤），所辑古代至唐宋小说占全书大多数。《瑯嬛记》（旧题元伊世珍撰），此书是汇辑不少书中的异闻琐事的小说类笔记。这一时期的作品，除模仿和杂采诸书琐事，已无可称述之处。

明时，逸事小说，皆沿袭《世说新语》体例，内容无新奇之处，只是采辑范围扩大。志怪一类，比唐宋志怪更不像小说，演变为陈祸福、寓劝惩的工具，

如《涉异志》（闵文振）。传奇小说，明初曾被禁，嘉靖之后，虽有写者，佳著不多。明代传奇集，以《剪灯新话》（瞿佑）、《剪灯余话》（李昌祺）、《觅灯因话》（邵景詹）为代表作品。与唐传奇相比，它专写烟粉灵怪故事。这些作品虽说题材多袭前人，文笔冗弱，但却兼具志怪、传奇两体。已开清《聊斋志异》文体之先河。

清代是笔记集大成的时代。笔记小说，在继承魏晋志怪、唐宋传奇传统，又受明传奇和市民文学影响，取得了很高的成就。其中兼志怪、传奇两体之长的《聊斋志异》（蒲松龄）成就为最高。但它已是成熟的短篇小说，只是其中一些残丛小语式的短篇还不离笔记本色。此书借神仙狐鬼、木魅花妖等，借以反映现实，表现爱憎。体现了作者对封建社会的黑暗、世态人情的种种险诈现象的深刻认识，此小说在某种程度上，可说是用笔记小说文体写传奇小说。另一有代表性的作品，是模拟魏晋志怪、偏重议论的《阅微草堂笔记》（纪昀）。此书多方面的表现了作者对人情世态的见解和学识。叙事委曲周至，说理明畅透辟。“雍容淡雅，天趣盎然”（鲁迅《中国小说史略》）。值得一提的是《子不语》（又名《新齐谐》），作者袁枚在此部志怪小说中，涉笔成趣，融入人生智慧，洞明世事。其他的，如《今世说》（王晫）则是仿《世说新语》的逸事小说，反映了清士大夫的思想和生活面貌，文字技巧也有一定水平。只是有些篇章不免矫揉造作，标榜声名，更盛于明人。还有一些兼载时事的笔记小说集，其价值在于能从琐闻、时事中窥见当时的社会面貌。如《伊园漫录》（阙名）、《墨余录》（毛祥麟）、《壶天录》（淮阴百一居士）、《趼廛随笔》（吴沃尧）等。

（马胜利）

28. 最早的话本有哪些

“话本”在中国小说史中的重大作用，正如鲁迅先生所言：它的出现是中国“小说史上的一大变迁”（《中国小说史略》）。

话本，就是说话艺人用的底本。人们又称为话本小说。说话，也就是讲故事

的意思。

最早出现“话本”之名的是南宋灌圃耐得翁《都城纪胜》“瓦舍众伎”条。其中，傀儡戏、影戏以及杂剧、崖词的底本，都可称作“话本”。当时“话本”一语十分流行，同时运用也含混，一些脚本、唱本也被称为“话本”，正像“传奇”，唐时用以指小说，元时用以指杂剧，明清时才用以专指昆曲剧本一样。后来，由于约定俗成，“话本”才用以专指说话艺人讲说故事的底本了。“说话之事，虽在说话人各运匠心，随时生发，而仍有底本以作凭依，是为‘话本’。”（《中国小说史略》）

《都城纪胜》等书中，都有“说话四家”的记载。“小说”，一家的底本，即是话本中的小说，“讲史”，一家的底本称“平话”（“评话”或“演义”）。“讲史”话本篇幅较长，“小说”话本篇幅较短。另二家为“说经”“说铁骑儿”。

由此可见，话本与小说本是两个概念，话本是说话的底本，小说则是说话分类中的一种。话本的产生并不是由于人们阅读的需要，只是供说话人的比较详细的提纲。但最早被加工成文学读物的那些话本，主要是因为它的情节比较曲折，故事性强，在说话的分类中属于小说的那一部分。因此，人们习惯称话本为小说或话本小说（严格而论，话本小说是指经过加工而成为文学读物的小说家的话本）。

话本小说，作为书面文学，现存最早的一些作品是敦煌话本小说。它是于1900年在甘肃敦煌莫高窟藏经洞中，在一批湮没千年的敦煌遗书中发现的。这些话本以散文讲话为主，有时夹杂少量韵文，或者全无韵文，显现出话本小说的初期风貌。由于受习见的观念的影响，这些唐五代的敦煌话本小说在被发现后的很长时间里，都被归为“变文”一类，并被收入《敦煌变文集》（王重民等编）中。

现存的敦煌话本小说，主要有《庐山远公话》《韩擒虎话本》《叶净能诗（话）》《唐太宗入冥记》《秋胡变文》等。在内容上，它们较多地从神怪故事、历史故事、民间传说中取材，并较多地受到佛道思想的影响，其情节结构虽大体完整，但组织还较松散，不够集中。其结构形式仍很驳杂。人物刻画虽也有鲜明的，但粗线条描写的人物多，缺乏个性塑造。语言上虽较为通俗，但仍以浅近文

言为主，夹杂有口语，由此观之，它们还只是话本小说的雏形。但它们预示着“小说上的一大变迁”即将出现，符合下层市民口味的大众文学，将要登上历史文化舞台。虽然这一变化是要到宋代才能清楚地显现出来，但这一变化则是由敦煌话本小说开始的。

敦煌话本小说已初具的话本体制雏形，到宋人话本小说中，其体制才真正成熟、定型了。作为真正意义上的话本，这种由入话、头回、正话、篇尾等部分组成的体制，不仅成了话本小说的标志，也为后来的拟话本小说所模仿，从而形成了中国古代白话短篇小说的独特体制。它既不同于文言小说，也不同于近现代小说，更不同于国外的短篇小说。根据前人的考定，宋人的话本作品，见于《清平山堂话本》中的《风月瑞仙亭》《杨温拦路虎传》《蓝桥记》《西湖三塔记》《洛阳三怪记》《合同文字记》《陈巡检梅岭失妻记》《五戒禅师私红莲记》《花灯轿莲女成佛记》《董永遇仙传》。见于《熊龙峰刊小说四种》之一的《苏长公章台柳传》。见于《喻世明言》中的《赵伯升茶肆遇仁宗》《史弘肇龙虎君臣会》《杨思温燕山逢故人》《张古老种瓜娶文女》《朱四公大闹禁魂张》。见于《警世通言》的《陈可常端阳仙化》《崔待诏生死冤家》《钱舍人题诗燕子楼》《三现身包龙图断案》《一窟鬼癞道人除怪》《小夫人金钱赠少年》《崔衙内白鹞招妖》《计押番金鳗产祸》《皂角林大王假形》《万秀娘仇报山亭儿》《福禄寿三星度世》。见于《醒世恒言》的有《闹樊楼多情周胜仙》《郑节使立功神臂弓》《十五贯戏言成巧祸》。见于其他著作的有《钱塘梦》《王魁》《李亚仙》《灯花婆婆》《绿珠坠楼记》。

宋代的话本小说揭开了中国小说史的新篇章。话本小说是市民文学，作者不是“说话”艺人，就是沦为下层书会才子。其描写主角，也主要是下层小人物，即使写到上层人物，也依然是下层市民的观照视角。这是中国文学从面向上层到面向下层的最具历史意义的显著转变。考虑到服务于市民，自然取材于市民感兴趣的日常现实生活。作为娱人之作，不仅要使故事有头有尾、条理清楚、脉络分明，容易理解接受，而且要以故事的丰富生动、情节的紧张曲折、强烈的气氛、巧妙的悬念、鲜明的人物形象及其活动，牢牢地吸引观众（听众），并且把环境描写、人物心理刻画与情节的发展和人物的行动密切结合起来，共同为塑造人物和表达主旨服务，而很少孤立静止地描写环境和刻画心理。宋人话本所使用的白话，是在民间口语的基础上提炼成的新的文学语言，具有生动、灵活、泼辣、粗犷的特色，叙述故事，明快有力，表现人物，声口毕肖，大大增强了小说的表现力。“后来的小说，十之八九是本于话本的”（《中国小说史略》）。从宋人话本以后，白话小说就逐渐代替文言小说，成为古代小说的主流。

29. 什么是明清章回小说的“四大部”

中国古典长篇小说都采取章回体的形式，这种形式是由宋元讲史话本发展而来的。宋元话本继承发展了历代讲唱文学的成果，确立了白话小说这样一种崭新的文体，为后来的通俗小说繁荣打下了良好基础。《全相平话五种》和《五代史平话》就是章回本小说的原型。

中国长篇章回体小说其特点是分回标目，段落整齐，首尾完具。明清时，罗贯中的《三国志通俗演义》（简称《三国演义》）、施耐庵的《水浒传》、吴承恩的《西游记》、曹雪芹的《红楼梦》，被世人称为中国章回小说的四大名著。章回小说除了在形式上采用章回体之外，还有几个明显的特点：①在基本上依据历史的前提下，允许作家有虚构的自由。②章回小说所用的语言是白话散文。它在用白话散文写人、叙事、状物的同时，往往在其中又掺杂一些韵文，但它只是用来对人或景物进行描写或表示称赞，并不展开情节，并作为促进故事发展的必不可少的部分。③为保持长篇章回小说的情节具有连贯性，脉络清楚，当出现两组以上矛盾冲突时，采取了说书人经常用的“花开两朵，各表一枝”的交代方法。④在中国古代章回小说中，为使情节紧凑，结构严谨，有吸引力，一般地对景物和人物心理不进行过多的描写，而主要是通过人物对话和行动来完成人物性格的刻画与推进故事情节的发展。

中国长篇章回小说，从元末明初至清末这段时间，其内容是极其丰富多彩的，归纳起来，不外是历史小说、侠义小说、神魔小说、社会小说、讽刺小说、谴责小说几大类。

《三国演义》是历史小说中最为杰出的作品。它代表了中国古典历史小说的最高成就，也是中国第一部长篇章回小说。它成书约在元末明初。据记载，关于三国的故事，至迟在晚唐就在民间讲唱。到宋代，随着“说话”艺术的发展，三国故事更为流行，北宋时出现了说“三分”故事的专家。当时里巷小儿听“说话”艺人讲三国故事，“闻刘玄德败，频蹙眉，有出涕者；闻曹操败，即喜唱快”（苏轼《东坡志林》）可见宋时民间说唱的三国故事已表现出“拥刘反曹”的倾向。宋元时三国故事还被大量搬上舞台，金元演出的三国故事剧本至少有三十种。三国故事的平话小说，现存的有元代刊行的《全相三国志平话》，它是民间传说中的三国故事的写定本，内容和结构上已初具规模，但描写简略，文词也很粗糙。明初，罗贯中在民间传说的三国故事及民间艺人创作的话本、戏曲的基础上，集中充实了精彩的内容，淘汰了一些荒诞离奇的情节，增加了陈寿《三国志》和裴松之注的正史材料，扩充了篇幅，写成了这部影响深远的《三国志通俗演义》。现存最早的刊本是明嘉靖壬午（1522 年）刊刻的本子。清康熙年间，毛宗岗对此部小说的回目、情节、文字、史实等做了一些修改加工，其修改本就成为后来最流行的本子（一百二十回本）。这部长篇小说，演述了东汉灵帝中平元年（184 年）至西晋武帝太康元年（280 年）近百年间的历史故事。集中描写了魏、蜀、吴三国鼎立时各统治集团之间军事上、政治上、外交上的尖锐复杂的矛盾斗争，又以蜀汉和曹魏两个集团的斗争为主，开篇描写在镇压黄巾起义之后，统治集团内部展开了军阀混战。十七镇诸侯联合声讨董卓，董被杀，曹操当权，统一了北方。孙权与刘备在南方联合抗曹，赤壁之战后，形成了三国鼎立的局面。最后，司马氏取代曹魏，灭蜀灭吴，三国统一于晋。《三国演义》的艺术结构既宏伟壮阔，又严密精巧。它尤善于描写各种惊心动魄的战争场面。它的语言吸收了史传文学的语言成就，并加以适当的通俗化，以粗笔勾勒见长，塑造了一系列鲜明生动的人物形象，而且把历史上各种斗争的经验和智慧生动地表现出来。它在艺术上的成就是多方面的。作为一部历史小说，又与历史记载有很大的不同，其中的故事和人物都应与史书的记载区别开来。

《水浒传》是中国第一部长篇章回体侠义小说。它产生的时间基本上与《三国演义》同时，在小说史上与《三国演义》具有同等重要的地位。据南宋人罗烨《醉翁谈录》所载，关于水浒故事的说话就有公案类、朴刀类等多种，涉及人物有青面兽、花和尚等多人。现存最早而又较完整的水浒话本，是宋末元初的《大宋宣和遗事》中的水浒故事部分，内容虽然简单，但展示了《水浒传》的原始面貌。元杂剧取材水浒故事的有二十余种，现能见到的还有五种。这些戏中水浒英雄已由 36 人发展到 72 人，又发展到 108 人。施耐庵在宋元以来广泛流传的民间故事、话本、戏曲的基础上，进行加工创造，写成了长篇巨著《水浒传》。《水浒传》的本子很多，最早的本子出于元末明初，题为“施耐庵的本，罗贯中编次”，名为《忠义水浒传一百卷》。明嘉靖年间郭勋的一百回本《忠义水浒传》问世后，又有杨定见刊的一百二十回本《水浒忠义全书》。明末清初金圣叹删《水浒传》为七十回，另加楔子，实为七十一回，成了清以来流行本，名为《第五才子书施耐庵水浒传》。水浒故事本源于北宋末年，发生在中国北方的一次以宋江为首的农民大起义。此书表现了农民起义发生、发展直至失败的整个过程。写出了农民起义的社会根源，揭露了统治集团的罪恶。成功地塑造了众多的起义英雄群像，并使之带有浓烈的浪漫、传奇色彩。其情节的高度传奇性与人物的高度理想化达到了和谐统一。它的艺术结构完整而富于变化。整部作品以单线发展的结构手法，使每组故事都有其独自的中心人物，各组故事间既有相对的独立性，又环环相扣。整个情节结构的发展，都有着精心的设计与安排，既符合生活发展的逻辑，又与整个故事的发生、发展和结局的整个过程相一致。其书语言也取得了突出成就，它继承了话本小说的优良传统，以当时的北方口语为基础，经过艺术加工，达到了通俗流畅、生动传神的艺术效果。其人物语言的个性化也达到了很高的程度。全书在艺术上体现了鲜明的民族风格。它自问世以来，为广大民众所欢迎，尤其是农民起义者。而统治者则视如洪水猛兽，明令严禁。但其强大的生命力，是任何力量也扼杀不了的。至今仍流传不衰，就是明证。它为后世文学创作提供了许多宝贵的经验和借鉴，直至今天仍是如此。

《西游记》是中国神魔小说之祖。这是一部具有浓厚浪漫色彩的神话长篇章回体小说。故事先在民间长期流传，最后由作家吴承恩加以艺术创造而写定。

《西游记》主要是写孙悟空保护唐僧西天取经的故事。唐僧玄奘只身赴天竺（印度）取经是历史上的一个真实事件。他的弟子据其口述写就《大唐西域记》，后门徒又写了一部《大唐慈恩寺三藏法师传》。至宋，取经故事为艺人搬上“说话”讲台。宋末元初的《大唐三藏取经诗话》（艺术说讲取经故事的底本），已可见《西游记》中孙悟空的影子，及沙僧的前身浮河神的形象。元时出现了《西游记话本》，这部失传的话本很可能是吴承恩创作的一个重要依据。其故事还被搬上戏剧舞台，有金院本《唐三藏》、元杂剧《唐三藏西天取经》（失传）。现可见的是元末明初杨纳《西游记》杂剧。作者吴承恩就是在这些传说、话本、杂剧的基础上写成的。《西游记》通过神奇幻想的形式，生动地描绘了一个完整的神话世界，创造了许多优美动人的神奇故事，塑造了一个光彩夺目的、理想化的孙悟空的英雄形象，曲折地反映了中国民众的生活和斗争。作品的语言流利明快，刻画人物时寥寥几笔便神采焕发。它还具有幽默诙谐的特点，许多章节把善意的嘲笑、辛辣的讽刺和严峻的批判融合在一起，妙趣横生，具有别具一格的艺术特色。作者用游戏的笔墨，通过神话故事，寄托了他对现实的激愤。

《红楼梦》是产生在清代的长篇章回体小说，它是社会小说的最杰出的代表。它总结和吸取了《金瓶梅》的创作经验，从看起来似乎很平凡的日常生活描写入手，表现了极其丰富的社会生活画面。可以说中国古典小说最辉煌的时期在明清两代，明清小说最高的巅峰是曹雪芹的《红楼梦》。这部伟大的巨著凝聚了自《诗经》以来古典文学的精华和气派，以空前的文学成就在全世界为民族文学赢得了极高的荣誉。

《红楼梦》初名《石头记》，又名《金玉缘》。曹雪芹逝世时，前八十回已撰写完备，以下的手稿不及整理而散失。乾隆五十六年（1791 年），由程伟元、高鹗活字排印《红楼梦》，题《新镌全部绣像红楼梦》，一百二十回，称“程甲本”。第二年，程、高对“程甲本”修订后的排印本称“程乙本”，合称“程高本”。《红楼梦》又有多种带有评注的抄本，其中以脂砚斋的评本最具权威性。“程高本”的印行，迅速扩大了《红楼梦》的流传和社会影响。后四十回尽力揣摩前八十回的暗示和意图，使《红楼梦》成为有头有尾的作品。但其总倾向、风格和原著有很大距离。《红楼梦》以贾宝玉和林黛玉的恋爱悲剧为主要线索，描写了一个具有典型意义的封建贵族家庭——贾府的没落过程，向读者展示了封建社会的全面图景，成为那个社会的一部百科全书。此书在艺术上的独特之处在于它并不依靠起伏多变的情节和耸人视听的故事去赢取人，而是将许多日常小事连缀成篇，同时把一些重大事件天衣无缝地融合其中。作品所包容大小不一的许多故事，都不是简单的拼合，它们在情节中都有或远或近的前因后果，往往前有伏笔、征兆，后有交代、应验。在细针密线的安排中，整个作品浑然一体。至于续书，它大体完成了全书的悲剧结局。此书的语言在古典白话小说中是最优美自然的，简洁纯净、准确传神。在中国文学史上，从来没有一部小说像《红楼梦》这样持久地激发人们探索的热情。两百多年来，国内外对它的研究工作从未间断，专门著作大批产生，以致形成一种专门的学问——红学。1980 年 6 月，由美国威斯康星大学教授周策纵发起，在该校开了首届国际红学会。这标志着《红楼梦》已成为世界瞩目的文学名著，红学也已成为世界文学研究中的重要课题。

（马胜利）

30. 屈原

中国文学史上，第一个伟大的爱国主义诗人是屈原。他是中国文学史上一种文学形式——“楚辞”（骚体）的创立者和代表作者，也是中国文学史上运用浪漫主义创作方法写作诗歌的奠基人。他是世界文化史上永远值得人们纪念的伟大历史名人之一。

屈原（约公元前 339—约公元前 278 年），名平，字原；又自称名正则，字灵均。其故里传说为丹阳秭归（今属湖北）。屈原的作品，《汉书·艺文志》著录二十五篇，但未标出具体篇目。王逸《楚辞章句》载有《离骚》、《九歌》（十一篇）、《天问》、《九章》（九篇）、《远游》、《卜居》、《渔父》篇数与《汉书·艺文志》相符，但王逸所列篇目，如《卜居》《渔父》可能是后据屈原传说敷衍而成。远游及九章中的惜往昔、悲回风等篇，也多异议。而《史记·屈原贾生列

传》所标明为屈原的《招魂》，王逸却归于宋玉名下。现在公认的屈原作品有《离骚》《天问》《九歌》及《九章》中的大部分篇章。至于《招魂》，现多用《史记》说法，归在屈原名下。

屈原出身楚王同姓的贵族，是战国时期楚国的重要政治家。他生活的年代，是诸侯国互相兼并，战乱频繁的战国中后期，其一生随着楚国的变化而变化。据《史记·屈原贾生列传》记载，屈原受过较好的贵族教育，有政治、历史、文学的知识，兼收了先代和当代儒、法、道各家思想。在楚怀王时曾任左徒要职（相当于太傅），其职位仅次于令尹（楚国的相）。他热切期望凭借自己的地位和才干实现其政治理想，使楚国富强起来。但由于他的革新主张、措施触犯了楚国贵族集团的利益，招致中伤打击，并被楚怀王疏远，不再参与国事。其间曾被派往齐国，以修旧好。不久后，楚怀王被秦国欺骗而扣留，三年后客死于异邦，屈原则被流放到汉北。楚顷襄王继位，屈原受到更残酷的迫害，又被流放到江南地区，辗转于沅、湘一带约九年之久。当楚国郢都被秦国攻陷之后，他看到楚国濒于灭亡，理想破灭，于是怀着绝望的心情自沉于汨罗江中，以表明其对故国的忠贞之情。投江之日公元前 278 年，夏历五月初五，世代相传，这一天也就成了中国百姓纪念他的传统节日——“端午节”了。

屈原以其独创的诗歌艺术形式，反映了这一历史时期的变化，深刻地揭露了楚国政治的黑暗，憧憬着理想的美政，渴望政治修明的时代来临。

《离骚》是屈原的代表作，它是中国诗歌史上最早的长篇抒情诗，全诗三百七十五句，二千四百九十字。“离骚”旧时解释为“离忧”，是遭遇忧愁，近人解释为“牢骚”。诗中表达了他爱国、爱民、追求理想和顽强不屈的精神。诗中通过神游天上，寻求出路和失败以后要以身殉国的陈述，塑造了一个胸怀壮志、刚直不阿、百折不挠的抒情主人公形象。诗中采用了美人芳草的比喻、大量的神话传说和奇特的想象，形成绚烂的文采和宏伟的结构，体现了浪漫主义情怀。

屈原作品无论内容和形式都与《诗经》有明显的不同。他的作品与神话有密切关系，显示了长江流域文化与黄河流域文化的差异。其想象丰富、大胆热烈、形象瑰丽、气象万千，与质实、朴素的北方文学的特色迥然有别，独具浪漫色彩。屈原独创的“骚体”，为中国文学留下了一种独特的文学形式。他在诗中活用民间的语言声调，从民间乐曲中吸取激昂的声调，表达他澎湃的诗情。他的诗带有浓厚的楚地民风色彩。屈原继承了《诗经》的现实主义传统，吸收了诸子散文的组织形式和语言成就，汲取了民歌的优点，使诗句发展成反映复杂事物的七言句式、灵活的多言句式；把短小的抒情篇章发展成抒情主线起伏、有情节的长篇；在中国文学史上第一个塑造了抒情主人公的艺术形象。他吸取了《诗经》的赋、比、兴手法，诗作中象征、比喻等手法随处可见。而且诗中还融进了楚方言俗语，并有对话。由于屈原在内容与艺术形式的独特贡献，使之成为中国文学史第一位伟大诗人。刘勰认为：“其衣被词人，非一代也。”（《文心雕龙·辨骚》）“其影响于后来之文章，乃甚或在‘三百篇’以上。”（鲁迅《汉文学史纲要》）他的作品不仅为后世提供了新的抒情样式，对五言、七言诗的产生及“赋”体的出现起到了积极作用，开创了完全不同于《诗经》的创作方法，更重要的是他的爱国精神、高尚的人格对后世的深刻影响，使人从中获益匪浅。

（马胜利）

31. 司马相如

西汉时期的重要文学体裁之一是赋。据《汉书·艺文志》记载，整个西汉时朝共有赋一千零四篇，其中单是汉武帝时期就有四百三十五篇。它客观上反映了当时汉帝国的强大和统治者的生活豪华侈靡。其中的代表作家是司马相如。他是在模仿楚辞的基础上第一个奠定了汉赋的形式。其作品辞采富丽，结构宏大，艺术性较高。可说是“不师故辙，自摅妙才，广博宏丽，卓绝汉代。”（鲁迅《汉文学史纲要》）

司马相如（公元前 179—公元前 118 年），字长卿。因仰慕蔺相如的为人，故改名相如。蜀郡成都（今四川成都）人。《汉书·艺文志》著录“司马相如赋二十九篇”，现存《子虚赋》《上林赋》《大人赋》《长门赋》《美人赋》《哀秦二世赋》六篇，另有《梨赋》《鱼俎赋》《梓山赋》三篇仅存篇名。《隋书·经籍志》载有《司马相如集》一卷，已佚。明人张溥辑有《司马文园集》，收录《汉魏六朝百三家集》。

司马相如年少时喜好读书击剑。汉景帝时曾做过武骑常侍。后去梁国游历，著《子虚赋》。梁孝王死，司马相如在归蜀途中经过临邛，与富豪卓王孙之女卓文君结识，并用琴声打动了新寡的卓文君，二人一同私奔到成都。后因家贫又同返临邛开酒店为生。二人的故事被传为佳话，成为后世的文学、艺术取材对象。汉武帝好辞赋，读《子虚赋》时赞叹道："朕独不得与此人同时哉!"（《史记·司马相如列传》）其时，由狗监杨得意将司马相如推荐给汉武帝。后又因进献《上林赋》被任命为郎。在他做中郎将时，为开发西南，沟通汉人与少数民族关系作过一定贡献。其间写有《喻巴蜀檄》《难蜀父老》等文。后因受谤被免官。晚年做过孝文园令（管理文帝陵园的闲职）。

司马相如是西汉最重要的辞赋家。他在作赋理论上提出，"合綦组以成文，列锦绣而焉质"和"苞括宇宙，总览人物"（葛洪《西京杂记》所引），重视资料的广博、辞采的富丽。他的代表作品是《子虚赋》和《上林赋》。这两篇作品为汉代铺张扬厉的散体大赋，确立了比较成熟的形式，后来的一些描写帝都、宫苑、田猎、巡游的大赋，无不受其影响。但与之相比，则在规模、气魄上相去甚远。

《子虚赋》《上林赋》两篇同以游猎为题材（《史记》将两者合为一篇，《昭明文选》作两篇）。《子虚赋》假设楚人子虚同齐人乌有各自赞美自己国君游猎之盛。子虚向乌有夸耀楚国云梦之大和楚王田猎的盛况，乌有批评他"奢言淫乐而显侈靡"，接着乌有先生说以齐国之大，"吞若云梦者八九，其于胸中曾不蒂芥"。至于其中的奇珍异宝、名禽怪兽更是不能一一列举。乌有先生想以此折服楚使子虚。《子虚赋》分东、西、南、北、上、下几段进行描写，这种分段描写方法，几乎成了后来汉赋的一般性法则。《上林赋》是《子虚赋》的续篇，写亡是公听到子虚同乌有的对话，用夸说天子的上林来压倒楚国和齐国，以反对奢侈和淫靡而同前面照应。以"二君之论，不务明君臣之义，正诸侯之礼"作结。作者正是以正面宣扬汉天子的圣德和无比声威，来抨击子虚、乌有所宣扬的齐、楚二王的奢侈淫靡生活和不加检点的放纵行为。从作者的愿望说，是要对帝王贵族起讽谏作用，抑制他们对生活享受的过分追求，但其讽谏是委婉的，正如前人指出是劝百讽一，甚至是欲讽反谀，其作用是不足道。其赋也正是出于维护封建帝国的统一的明显政治作用，才成为汉武帝对该作品大加赞赏的主要原因。这两篇如《七发》一样，在艺术上的特色是铺写叙述上的夸张，但与《七发》相比，更为厉害，也更为程式化。如描写云梦的盛况，斑斓绚丽，华艳夺目。在赋中他喜用奇词僻句，并运用排句、骈语层层渲染，气魄宏大，辞采富丽，但终因过分夸奇炫博，内容较空洞，而且僻字连篇，使人难于卒读。正如后来人所评述的那样："夫假象过大，则与类相远；逸辞过壮，则与事相违；辩言过理，则与义相失；丽靡过美，则与情相悖。"（挚虞《文章流别论》）可说是点到了汉赋的要害处。

司马相如的散文，有不少地方和他的辞赋有类似处，也是多用排偶句式，亦喜铺张渲染，有的还采用主客问答方式。其中《喻巴蜀檄》《难蜀中父老》，前者是为政府写的文告，后者为说理辨难文，它们对后世政论和告谕文体有一定影响。其他散文还有《上书谏猎》《封禅文》。诗歌仅存《琴歌》《郊祀诗》。

总之，司马相如的文学创作，丰富了汉赋的题材和描写方法，使汉赋成为一代鸿文。他的创作代表了汉大赋的最高成就，但也是他使汉赋定型，使汉赋走上了模仿因袭的道路。

（马胜利）

32. 曹植

曹植为"建安之杰"（钟嵘《诗品》），是建安文学的集大成者。他的诗歌、散文、辞赋都取得了不小的成就。后来的谢灵运，作为一个出名的恃才傲物之人，他却说："天下才有一石，曹子建独占八斗，我得一斗，天下共分一斗。"（《释常谈》引）当时向曹植学习的人，正如钟嵘所形容的："抱篇章而景慕，映余晖以自烛。"（《诗品》）

曹植（192—232 年），字子建，曹操三子，曹丕之弟。沛国谯（今安徽亳县）人。三国魏诗人。今存南宋嘉定六年刻本《曹子建集》十卷，辑录诗、赋、文共二百零六篇。今人赵幼文有《曹植集校注》。他曾封陈王，死后谥思，世称陈思王。

作为三国魏杰出的诗人，曹植自幼聪慧，小时便诵读诗、文，辞赋数十万言，出言为论，下笔成章。在《三国志·魏书》他的传中说“生于乱，长于军”，青年时期，怀抱建功立业的大志，深得曹操的宠爱，曾几次想立他为世子。后因其行为放任，屡犯法禁，加之兄长曹丕善矫情自饰而失宠，并在争夺王位中失败。曹丕、曹叡父子，先后继皇位，曹植受迫害，屡被贬爵，改换封地，由一个优游宴乐生活的贵公子，成了一个处处受打击的对象。名为藩王，实同囚犯，多次上疏请求任用，希望为国家效力而不能如愿，在困顿的处境中忧郁而死。

曹植的一生，以曹丕即位为界，形成了前后两个时期。这一特点，在他的文学创作上有鲜明的反映。曹植的思想相当复杂，儒、道、阴阳、法家、谶纬、佛家杂糅，这种兼容并包的思想，显得非常驳杂。他一生勤于著述，自述“所著繁多”（《前录自字》），“门少至终，篇籍不离于手。诚难能也”（《魏志·陈思王传》）。

曹植的诗歌，“骨气奇高，辞采华茂，情兼雅怨，体被文质”（钟嵘《诗品》上）。他的诗一方面表现出感情真挚强烈，笔力雄健，体现了“雅好慷慨”的建安诗风；另一方面又呈现出色彩繁富、文采斐然的特色。诚如钟嵘所说，“粲溢今古，卓尔不群”（《诗品》）。

曹植前期诗歌，主要是歌唱他的理想与抱负，诗中大都激荡着积极进取的热情，充满开朗豪迈的情调，如《白马篇》《名都篇》，体现出曹植对成就功名的乐观态度。但由于他这时比较年轻，又贵为公子，诗歌情调乐观豪迈有余而沉着深厚不足。他还有些作品描写了百姓的困苦生活、战乱的景象，如《泰山梁甫行》《送应氏》。再有一些就是描写他自己优游享乐的公子生活，如《斗鸡》《侍太子坐》等，多为浮泛空虚之作。

曹植后期诗歌，主要表达理想与现实矛盾所激起的悲愤，体现了不甘被弃置，希冀用世立功的愿望。这一时期的作品反映现实的深度与广度比前期迈进了一大步，艺术上更成熟。其代表作品有《野田黄雀行》《赠白马王彪》《七哀诗》《怨歌行》《鰕篇》《杂诗》等。广为传诵的《七步诗》："煮豆燃豆萁，豆在釜中泣。本是同根生，相煎何太急?"语意浅显，情感愤激。以萁豆相煎比喻骨肉相残，诗中不但表现了他当时的处境，而且从一个侧面揭露了统治集团内部为争权夺利而自相残杀的现实。事见《世说新语·文学》这类诗歌的代表作品当推《赠白马王彪》。这是一首长歌当哭的诗篇。宋代刘克庄说："子建此诗忧伤慷慨，有不可胜言之悲。"(《后村先生大全集》)此诗作于黄初四年(223年)，当时曹植和白马王曹彪，任城王曹彰都去京师朝会。曹彰到洛阳后不久暴卒，曹植、曹彪返回封地同行时受阻，于是"愤而成篇"，写诗赠给曹彪。全诗共分七章，层层深入，反复回环，把叙事、写景、抒情融为一体，委婉曲折地表达了诗人内心的痛苦及愤懑。

在中国诗歌史上，曹植被视为五言诗的一代宗匠，对诗歌艺术作出了重要贡献。首先，他不但继承了汉乐府的现实主义精神，而且吸收了以《古诗十九首》为代表的汉末文人诗歌创作的艺术成就，并加以发展创作。作为文学史上第一个大力写作五言诗的作家，他能灵活地运用五言诗的形式：叙事、咏史、为志、抒怀，而且能把悲壮、愤慨、热烈、哀怨各种不同的情感表现出来，具有鲜明的个性色彩。其次，他讲求语言技巧，改变了汉乐府的古朴风格。他的诗描写细致，语言华丽，呈现出"辞采华茂"的风格。他的诗歌善用比喻，如用虾胆、燕雀比世俗之士；用鸱枭、豺狼、苍蝇比邪恶小人；甚至竟以全篇为比，如《七步诗》以豆萁相煎比喻亲骨肉的互相残杀，《吁嗟篇》以"转蓬"喻屡迁的流徙之苦，《野田黄雀行》以黄雀上遇鹞鹰，下逢网罗来喻好友被杀。他还注意炼字、对偶，如"鸱枭鸣衡轭，豺狼当路衢"(《赠白马王彪》)，"青楼临大路，高门结重关"(《美女篇》)。他还工于起调，善为警句，如"高树多悲风，海水扬其波"(《野田黄雀行》)、"惊风飘白日，忽然归西山"(《赠徐干》)、"丈夫志四海，万里犹比邻"(《赠白马王彪》)、"瓜田不纳履，李下不整冠"(《君子行》)、"捐躯赴国难，视死忽如归"(《白马篇》)、"生存华屋处，零落归山丘"(《箜篌引》)

等，或在篇首，或在篇中，都使全诗生色不少。

需要指出的是，其诗创作虽分前后两期，但曹植拯世济物的理想和恃才傲物的性格始终在他的作品中有所体现。只是前期诗作昂扬、豪迈的声音在后期显著地减弱了。

曹植的赋，今存四十余篇，数量在汉魏作者中为第一。其内容多为纪事、述志、咏物，后两类数量更多些。他的赋作，取材广泛多样，形制短小，带有强烈的主观情感，最出色的赋作有《洛神赋》《鹞雀赋》等。前者描写细腻传神，寄托了哀怨之情，在魏晋时期抒情小赋的发展中占有重要地位。后者全篇都是寓言写法，在赋史上很特异，而且通篇是四言句，犹如四言叙事诗。他的散文，体裁多样，著名的有《与杨祖德书》《与吴季重书》《辨道论》《王仲宣诔》《令禽恶鸟论》《籍田说》《髑髅论》《求自试表》等。他的散文同样也体现了"情兼雅怨，体被文质"（《诗品》）的特色。

（马胜利）

33. 陶渊明

在玄言诗充斥的东晋诗坛上，陶渊明的出现具有特殊的意义。他开创了田园诗派，为诗歌创作开辟了一个新的领域，在中国诗歌史上有着重要的影响。他总结了东汉以来五言古诗的优秀传统，并高度发展了民歌传统上的白描手法；在数量上及诗歌的接触面上都远远超过前代及当代的诗人。他不仅继承过去的现实主义传统，也以他自己的人格修养与文学修养，反映了时代精神，形成了自己的独特艺术风格，并以此独立肩负起与风靡一代的玄言诗和形式主义倾向相抗衡的使命。

陶渊明（365—427 年），一说名潜，字元亮，私谥靖节，别号五柳先生。浔阳柴桑（今江西九江）人。著有《陶潜集》。陶渊明出生于一个没落的仕宦家庭，少年时就博览群书，"不戚戚于贫贱，不汲汲于富贵"（《五柳先生传》），二十九岁起为江州祭酒，但因不堪吏职，没过多久就回家闲居。三十五岁，在荆州刺史桓玄属下供职，不久，因与世不合弃官。三十九岁时，离家东下，入刘裕幕下，任镇军参军。后转任江州刺史刘敬宣的参军。四十一岁做彭泽令，为官仅八十余日即辞官归家，并写了篇《归去来兮辞》。晋安帝义熙四年（408 年），他家遭大火，林室尽焚，宅无遗宇。此后生活日益困窘，躬耕未废，饥寒不免。这期间他结识了不少朋友，其中既有共话桑麻的农民，也有共赋新诗的文人，如诗人颜延之。义熙末年，朝廷又征他为著作郎，被拒绝。晋恭帝元熙二年（402 年），刘裕废恭帝为零陵王，改国号为宋。东晋灭亡。宋文帝元嘉三年（426 年），江州刺史檀道济曾前去陶家访问，陶渊明病饿卧床，檀道济劝他："贤者处世，天下无道则隐，有道则至。今子生文明之世，奈何自苦如此?"他说："潜也何敢望贤，志不及也。"檀道济馈以粱肉，被他挥而去之（《南史·陶潜传》）。元嘉四年（427 年），因贫病而逝。陶渊明归田后的二十多年是他创作最丰富的时期，这一时期著名的作品有《归田园居》（五首）、《桃花源诗并记》、《咏荆轲》、《感士不遇赋》、《自祭文》等篇。

陶渊明的思想受儒家和道家影响较深。儒家积极进取的思想使他激起"大济于苍生"（《感士不遇赋》）的热情，他多次出去做官，就有这种思想因素在起作用。他心目中的理想社会，是"春蚕收长丝，秋收靡王税""黄发垂髫，并怡然自乐"的"不知有汉，无论魏晋"的空想社会（《桃花源诗并记》）。他在吸收儒家修身济世的思想的同时，也吸收了儒家安贫乐道的精神。而他的随顺自然，委运任化的思想，如"人生似幻化，终当归空无"（《归田园居》）；"万化相寻绎，人生岂不劳！从古皆有没，念之中心焦，何以称我情？浊酒且自陶。千载非所知，聊以永今朝"（《己酉岁九月九日》）。"甚念伤吾生，正宜委运去。纵浪大化中，不喜亦不惧；应尽便须尽，无复独多虑！"（《神释》）则是他受道家思想影响的反映，这种思想也是他最终归隐田园的重要原因。陶渊明的归隐，是与那些谈玄说道，避世逃禅，专崇佛老，自命清高的虚伪文人士大夫不同的。他是从自己的亲身体会而深刻地认识了当时政治社会的本质，在思想中产生了强烈的厌恶和反感，才决定予以摆脱，另找寄托的。

陶渊明现存诗歌共 125 首，四言诗 9 首，五言诗 116 首。他的五言诗，大致

可分为两类：一类是继承汉魏以来抒情言志传统，并加以发展的咏怀诗；另一类是少有先例的田园诗。

陶渊明咏怀诗，既有他中年游宦的行旅诗，也有晚年归田以后写的《杂诗》《饮酒》《咏贫士》《拟古》《读山海经》《挽歌诗》等抒情言志诗。他的宦游行旅诗，多表现对家园的思念，如《辛丑岁七月赴假还江陵》；对他著名的《饮酒》诗（二十首），人评“有疑陶渊明之诗，篇篇有酒，吾观其意不在酒，亦寄酒为迹也”（萧统《陶渊明集序》）。可以说陶渊明是第一个大量写饮酒诗的人。历来为人传诵的有“结庐在人境”“秋菊有佳色”。诗的意境是和平静穆的，诗人是兴致悠然，景与意会，淡然忘世的；《咏贫士》（七首）寄托了安贫守贱的抱负，为被压抑的人士鸣不平；他的《杂诗》（十二首），“白日沦西阿”“忆我少壮时”，历来被人瞩目。诗人述及了一生壮志未酬的痛苦和早年“猛志逸四海”的远大抱负；《读山海经》（十三首），借神话故事，抒发自己的感慨；“夸父诞宏志”歌颂了夸父坚韧不拔的勇气；“精卫衔微木”，赞颂了精卫、刑天不向命运屈服的精神；《咏荆轲》则显现了荆轲反抗暴秦的栩栩如生的英雄形象。他的这些诗，在平淡自然的诗风下，既有傲视权贵，拒绝征召思想的流露，也有济世为民、除暴安良热情的显现。

陶渊明的田园诗，包括了中年学仕时的《怀古田舍》《劝农》及晚年归田的《归田园居》《戊申岁六月中过火》《西田获早稻》《下潠田舍获》《怨诗楚调示庞主簿邓治中》《桃花源诗并记》。这些诗或是展现乡村风光；或是描写田园劳动生活；或是叙写百姓的贫困和不幸；或是抒发对美好社会的憧憬。其中《归田园居》（五首）、《桃花源诗并记》是他最著名的代表作。

陶渊明的诗歌艺术成就很高。他的诗平淡之中有华采，质朴之中含风韵，可说是平淡自然与深厚醇美的统一。在他的诗中，没有华丽或艰涩的词句，所有的语言都非常自然而平易近人，读之又使人觉得意味丰厚。这是与他在对日常生活事物的叙写中，所自然地流露其旷达的胸怀和情调，展示出的高远的精神世界分不开的。在对大自然景物卓越的艺术描写上，与一般诗人的不同之处在于，对自然的景物叙写中，融注着自己的生活情感，使景物图画上了自己的主观情调，加之不着意于形貌的刻画，而是随意于神貌的点染及将深刻的哲理融入诗的形象中，从而使平凡的素材表现出不平凡的意境，体现着诗人高洁的品格、渗透着丰富的人生经验与生活哲理。其朴素明净的语言风格，也是诗人淡远情趣的体现。更须着重指出的，陶渊明所处的时代，正是文学的形式主义倾向进一步发展的时候，而陶渊明却不为其笼罩，卓然标立朴素淡远的风格，尤为难能可贵。而这种卓越的诗的风格，与其超乎流俗的情调是紧密相连的。他以其艺术地描写乡村生活的优美诗篇，在诗歌领域中揭示出一种鲜美的创作典范，建立起以田园生活为描写对象的优秀传统。由于他的诗篇的艺术力量，使其后世许多人士对其产生向往和崇敬，同时对自己所不满的黑暗社会深为憎恶。可见他的诗的风格不是单一的，也有沉郁豪放的一面。正如人所说："陶渊明诗，人皆说是平淡，据某看他自豪放，但豪放得来不觉耳。"（朱熹《朱子语类》）他的诗歌对后世影响是巨大的，后世的文人们依其个性及生活条件，对陶诗各有所得。

陶渊明还写有辞赋、韵文与散文。篇数不多，影响很大。其辞赋三篇：《闲情赋》《感士不遇赋》《归去来兮辞》。其中《归》篇，是尤为人所传诵的名篇。作为与官场决绝的宣言，欧阳修曾赞道："晋无文章，唯陶渊明《归去来兮辞》一篇而已！"韵文有五篇，其中既有赞美历史人物的《扇上画赞》《读史述》；也有吊祭亲人的《祭程氏妹文》《祭从弟敬远文》，可视为陶渊明传记的第一手资料；《自祭文》《挽歌诗》（三首），则是作者临终告别之作，曾语曰："人生实难，死如之何！"可谓参透生死之语。他的散文有四篇：《五柳先生传》《桃花源记》《晋故征西大将军长史孟府君传》《与子俨等疏》。其中《五柳先生传》《桃花源记》最为有名。《五》文，模仿《庄子》寓言，以简洁的文笔，描述了他自己入仕前的个性风貌和乐观自得的心情。《桃》文是桃花源《诗》的序言，但它的影响比诗大。自从《礼记·礼运篇》面世以来，《桃》文可说是古人对理想世界的第二件精心构筑的蓝图。这种空想的理想国在人间也许是永远无法实现的，然而却代表中华民族的一代代人对更为合理社会的探求。直到今天，陶渊明作品的全部深刻内蕴，仍然是展现在人们面前的一个十分广阔的、有待进一步探索的领域。

（张　健）

34. 王维

在盛唐山水田园诗派中，成就最高的当属王维。

王维（701—761 年），字摩诘，原籍太原祁（今山西省祁县），后迁居蒲州（今山西永济县）。王维自幼聪慧好学，通音律，善诗文。《洛阳女儿行》《九月九日忆山东兄弟》都是他少年时的作品。二十一岁时中进士，任太乐丞，后因故贬为济州司功参军。张九龄为相后，王维积极支持其开明政绩，被提拔为右拾遗，转监察御史。张九龄贬官后，王维亦被改任凉州河西节度使判官，出使塞上，有过一段边塞经历。回京后，王维过着半官半隐的生活。安史之乱时，王维被安禄山迫授伪官，但仍怀着"百官何日再朝天"（《凝碧诗》）的期望。两京收复后，王维先是被贬为太子中允，后又升至尚书右丞，卒于任上。

王维早期的诗歌作品，如《少年行》："出身仕汉羽林郎，初随骠骑战渔阳。孰知不向边庭苦，纵死犹闻侠骨香"和《燕支行》："麒麟锦带佩吴钩，飒沓青骊跃紫骝。拔剑已断天骄臂，归鞍共饮月支头"等激荡着豪放的热情，体现出盛唐蓬勃向上的生机和朝气。但中年以后，仕途的动荡使其早年即信奉的佛教思想逐渐占据了主导地位，他以"晚年唯好静，万事不关心"（《酬张少府》）的态度对待生活，宗教成为他人生的寄托。在《叹白发》一诗中写道："一生几许伤心事，不向空门何处销。"这种消沉避世的人生态度，使其诗歌作品的现实内容逐渐淡化直至退出，连对其生活产生巨大影响的安史之乱，在作品中也未有积极的反映。但是，这种对世事无可无不可的漠然态度为王维全身心地投入对大自然的体察创造了条件。他摒弃所有的欲望和杂念，以其全部的感知触角去聆听、感受大自然的真谛，捕捉深蕴其中的灵魂，并以艺术的表现手法将常人所看不到、听不到、感受不到的意境之美形诸笔端，其意境的清奇俊丽达到了前无古人后无来者的境地。

王维在音乐和绘画上的造诣并不逊色于诗歌，苏轼在《书摩诘蓝田烟雨图》中说："味摩诘之诗，诗中有画；观摩诘之画，画中有诗"，"诗中有画"主要体现为独具匠心的构图和色彩的映衬。如《终南山》：

太乙近天都，连山到海隅。白云回望合，青霭入看无。分野中峰变，阴晴众壑殊。欲投人处宿，隔水问樵夫。

诗人以寥寥数语将终南山的重峦叠嶂、云雾缭绕、山体走势以及阳光强弱浓淡组合为一幅气势磅礴的山水巨轴。而诗的最后两句，更是点睛之笔：深山空谷中的伐木声为画面增添了回远悠韵，人的形迹又为旷大的意境增添了生机。如果没有最后的一笔，前边的笔墨无论如何细致，总是缺少一种神韵。《使至塞上》中的“大漠孤烟直，长河落日圆”一句更见王维得益于绘画的构图功底。

荆溪白石出，天寒红叶稀。山路元无雨，空翠湿人衣。

这首题为《山中》的小诗仿佛使用的不是语言而是绘画的丹青，用色彩拼成一幅秋山行路图，体现了作者强烈的色彩感受力。

王维入仕后的第一项工作即是担任乐职，由此可见其在音乐上的造诣。在诗歌中，王维不仅出神入化地运用各种自然或非自然的音响来烘托气氛、创造意境，如《鸟鸣涧》的“月出惊山鸟，时鸣春涧中”、《山居秋暝》的“清泉石上流”和“竹喧归浣女”等，在整首诗的安排上，也往往体现了一种韵律之美。

《辋川集》中的五言绝句，是王维诗中历来为人称道的珍品，较为全面地代表着王维诗歌所达到的艺术境界。

空山不见人，但闻人语响。返景入深林，复照青苔上。(《鹿柴》)

王维作为山水田园诗派的代表，其作品中亦有一些写农家生活的篇目。如《渭川田家》的“雉雊麦苗秀、蚕眠桑叶稀。田夫荷锄至，相见语依依”，《春中田园作》的“持斧伐远杨，荷锄觇泉脉”，《新晴野望》的“农月无闲人，倾家事南亩”等。

王维诗歌的语言浅显平易，如《杂诗三首》其二：“君自故乡来，应知故乡事。来日绮窗前，寒梅著花未?”以不假修饰，接近于生活自然的形式表现了浓厚的思乡之情。

渭城朝雨浥轻尘，客舍青青柳色新。劝君更尽一杯酒，西出阳关无故人。

这首《送元二使安西》的前两句交代送别的时间和地点。在万千景物中独取杨柳，是因为唐代有折柳相送的习俗，这青青的柳色正是离别的象征。后两句

以白描的手法写别宴上的劝酒细节。“更进”表示已喝了很多，正是酒逢知己千杯少的铺垫。同时，最后再吃一杯，也表示了诗人的祝愿与安慰。《送元二使安西》又名《渭城曲》《阳关三叠》，自其问世以来即为人喜爱，传唱不已。李商隐《饮席喜赠同舍》诗中竟言：“唱尽阳关无限叠。”

王维存诗四百余首，有《王右丞集》。

（张 健）

35. 岑参

唐开元、天宝年间，唐王朝凭借强大的军事实力与周边地区的匈奴、吐蕃等进行了频繁的战争，并取得了一系列的胜利。这种局面奠定了盛唐边塞诗乐观豪迈的基调，岑参即是杰出的代表。

岑参（715—770年），江陵（今湖北省江陵县）人。岑参的曾祖父、伯祖父、伯父都官至宰辅，父亲也曾两任刺史。但由于父亲早逝，家道衰落。他自幼从兄受书，能自砥砺，博览史籍。二十岁曾至长安献书求仕，三十岁举进士，授兵曹参军。天宝八年，充安西四镇节度使高仙芝幕府书记，两年后回长安。天宝十三年，作为安西北庭节度使封常清的判官，再度出塞，安史之乱平定后才回朝。两次至塞上共计六年。回长安后，曾任右拾遗，与担任左拾遗的杜甫同朝共事。五十一岁时任嘉州刺史，大历五年卒于成都。

岑参对边塞生活和边塞风光有着较为深刻的体验。在他的边塞诗中，首先引人注目的是绮丽雄奇的塞外风光。如“火山突兀赤亭口，火山五月火云厚。火云满山凝未开，飞鸟千里不敢来”（《火山云歌送别》）、“天山有雪常不开，千峰万岭雪崔嵬。北风夜卷赤亭口，一夜天山雪更厚”（《天山雪歌送萧治归京》）等。其次是对边塞风习的描写。如“琵琶长笛齐相和，羌儿胡雏齐唱歌。浑炙犁牛烹野驼，交河美酒金叵罗”（《酒泉太守席上酒后作》）等。

《白雪歌送武判官归京》《走马川行奉送出师西征》《轮台歌奉送封大夫出师西征》是岑参边塞诗作品中鼎足而三的杰作。

《白雪歌送武判官归京》写于天宝十三年，岑参再度至塞外时：

北风卷地百草折，胡天八月即飞雪。忽如一夜春风来，千树万树梨花开。散入珠帘湿罗幕，狐裘不暖锦衾薄。将军角弓不得控，都护铁衣冷难着。瀚海阑干百丈冰，愁云惨淡万里凝。中军置酒饮归客，胡琴琵琶与羌笛。纷纷暮雪下辕门，风掣红旗冻不翻。轮台东门送君去，去时雪满天山路。山回路转不见君，雪上空留马行处。

这首充满奇思异想的咏雪送人之作以壮美的意境、浪漫的笔触描绘了边地独特的自然风光，充满浓郁的边地生活气息。“北风卷地百草折，胡天八月即飞雪。”诗的开篇由风起笔，写雪不是静静地飘，而是趁着猛劲的风势飞舞而至，这正是北地边塞气候的特征。一个“即”字，既有诗人对边塞气候的感慨，又寓意着边塞生活的艰苦。“忽如一夜春风来，千树万树梨花开。”“忽如”一词正说明气候的多变无常，大雪来得急骤迅猛。梨花盛开的景象不是一朵一朵，而是团团锦簇，压枝欲低。用梨花比雪，不仅在事理上相通，而且梨花开在春天，给人以浪漫、乐观的精神，这和岑参当时的思想感情也是一致的。诗人并不以边塞的艰苦生活为苦，反而有点津津乐道，将北国的奇寒融入新奇有趣的意境中，使人读来产生向往。这首诗虽然是咏雪送人之作，但咏雪的意味大大超过了送人，因此可视为咏雪的名篇，而非送人的佳作。

《走马川行奉送出师西征》的写作年代比《白雪歌送武判官归京》稍早，诗人将笔触直接伸向军旅生活，描写了一次艰苦的行军：

君不见走马川行雪海边，平沙莽莽黄入天。轮台九月风夜吼，一川碎石大如斗，随风满地石乱走。匈奴草黄马正肥，金山西见烟尘飞，汉家大将西出师。将军金甲夜不脱，半夜军行戈相拨，风头如刀面如割。马毛带血汗气蒸，五花连线旋作冰，幕中草檄砚水凝。虏骑闻之应胆摄，料知短兵不敢接，车师西门伫献捷。

这首诗运用反衬手法，通过对自然环境之恶劣的极力渲染，来突出唐朝将士不畏艰险为国效力的崇高精神。

岑参的边塞诗中没有高适笔下的沉重，更多的是乐观豪迈的精神、丰富瑰丽

的想象、壮阔雄奇的意境等浪漫主义的特征，这和岑参的家庭出身与个人经历不无关系。同时，也是唐代国力强盛时期时代精神在诗人心中的映照。鲁迅《坟·看镜有感》中说："汉唐虽然也有边患，但魄力究竟雄大，人民具有不至于为异族奴隶的自信心。"

岑参的边塞诗在场面的描摹、细节的刻画上都是相当出色的，如上引二诗中对边塞飞雪和唐军出征的场面描写，以及"纷纷暮雪下辕门，风掣红旗冻不翻"和"马毛带雪汗气蒸，五花连钱旋作冰"的细节刻画等。《逢入京使》"故园东望路漫漫，双袖龙钟泪不干。马上相逢无纸笔，凭君传语报平安"中的细节描写更是历来为人称道。

岑参的五言歌行诗大量运用转韵的手法，随着场景的变化和思想情感的发展，或两句一转，或三句一转，或四句一转，使得诗歌的韵律婉转流畅，节奏鲜明有力。《凉州馆中与诸判官夜集》一诗，句句入韵，两句一转，明显是受到民歌的影响。

（张　健）

36. 王昌龄

王昌龄是以边塞诗闻名的盛唐诗人。他的七绝作品言短意长，成就很高，后人称他为"七绝圣手"。

王昌龄（698—757 年?），字少伯，太原或京兆长安人。开元十五年（727 年）进士及第，开元二十二年（734 年）中博学宏辞科。王昌龄是唐代著名诗人中仕途极不得意的少数几人之一。他初授秘书省校书郎，后又任汜水（今河南省荥阳县）尉、江宁（今江苏省南京市）丞、龙标（今湖南省黔阳县）尉。《旧唐书·王昌龄传》说他"屡见贬斥"，曾远至岭南，原因大概是个性太强，不拘小节；安史之乱时，王昌龄弃官回乡，为刺史闾丘晓所杀。

王昌龄的边塞诗和盛唐其他边塞诗人的作品一样，充满乐观豪迈、激昂向上的情调。《从军行七首》是其代表作。

青海长云暗雪山，孤城遥望玉门关。黄沙百战穿金甲，不破楼兰终不还。

这是七首中的第四首。诗的开篇描绘出一幅景象壮阔的塞外长卷。“黄沙百战穿金甲”一句，不仅写出了西北地区独特的战场环境，并且虚实结合，有力地概括出战事的漫长、频繁、艰苦。诗的最后以唐军将士的誓言结束，从而使全篇具有了积极向上的乐观主义基调。对于强大的正义之师来说，环境越是艰苦就越能激发将士的豪情壮志，这首诗可以说是一个生动的写照。

《出塞二首》中的第一首曾为后人推为唐人七绝中的压卷之作：

秦时明月汉时关，万里长征人未还。但使龙城飞将在，不教胡马度阴山。

王昌龄边塞诗作中亦抒写戍卒的离愁别绪，如《从军行七首》中的第一首：“烽火城西百尺楼，黄昏独坐海飞愁。更吹羌笛关山月，无那金闺万里愁。”第二首：“琵琶起舞换新声，总是关山旧别情。撩乱边愁听不尽，高高秋月照长城。”但这种愁并非令人承负不起的绝望和怨愤，而是远离家乡思念亲人的自然流露。即使不在边关而羁旅他乡，这种情愁亦会时时缠绕。

《青楼曲二首》从一位征人家属的角度来写大军凯旋和封侯拜将，反映出军队在人民心目中的地位。楼下是旌旗十万秋毫无犯，楼上是红妆少妇静坐鸣筝。这种景象和杜甫笔下的“吏呼一何怒，妇啼一何苦”（《石壕吏》）形成了鲜明的对比。

王昌龄的边塞诗往往借用乐府旧题，但诗的内容和感情都是全新的。形式上，王昌龄也选择易于入乐的七绝。

王昌龄写闺怨、宫女的作品素享盛誉。他善于体察并捕捉细微的情绪，表情宛转，怨而不愤。

《旧唐书·王昌龄传》评价其诗文“绪微而思清”是很有道理的。

闺中少妇不曾愁，春日凝妆上翠楼。忽见陌头杨柳色，悔教夫婿觅封侯。

这首诗题目就叫《闺怨》，但开头却故言“不曾愁”，反荡一笔，使诗意转折有致。杨柳在唐代专门寓意别离，王维《送元二使安西》诗中营造离别情氛单选一物即杨柳。因此，闺中少妇登楼远眺，望见陌头杨柳色时，就自然地产生“只羡鸳鸯不羡仙”的情感了。《长信秋词五首》从五个不同角度写宫怨，其第

三首和第四首尤为出色：

奉帚平明金殿开，且将团扇共徘徊。玉颜不及寒鸦色，犹带昭阳日影来。

真成薄命久寻思，梦见君王觉后疑。火照西宫知夜饮，分明复道奉恩时。

前者的后两句既是写景又是抒情。将美人与寒鸦类比，一美一丑对比鲜明，增加了抒情的力度。后者写失宠宫女由思入梦，梦后生疑，疑无从解，遥望西宫，而西宫正是灯火辉煌，美人承欢之际。心理刻画细致入微、层次分明。另外如《春宫曲》《西宫春怨》等也都是成就较高的作品。

王昌龄作品中写与友人送别、留别的也不少。如《芙蓉楼送羊渐》："寒雨连江夜入吴，平明送客楚山孤。洛阳亲友如相问，一片冰心在玉壶。"借抒别情以明心志；《送柴侍御》："流水通波接武冈，送君不觉有离伤。青山一道同云雨，明月何曾是两乡。"跳出一般写别情的窠臼，独创新意。

（张　健）

37. 王之涣

王之涣以诗作之少——《全唐诗》仅辑录其诗六首，诗名之高——天宝间，名动一时而独出唐代数千之众的诗人群体。

王之涣（688—742年），字季陵，晋阳（今山西省太原市）人。少有侠气，好击剑悲歌，从禽纵酒。曾官文安县尉。《全唐诗》二百五十三卷录其诗文六首，如下。

《登鹳雀楼》：

白日依山尽，黄河入海流。欲穷千里目，更上一层楼。

《送别》：

杨柳东风树，青青夹御河。近来攀折苦，应为别离多。

《凉州词二首》：

黄河远上白云间，一片孤城万仞山。羌笛何须怨杨柳，春风不度玉门关。

单于北望拂云堆，杀马登坛祭几回。汉家天子今神武，不肯和亲归去来。

《谳词》：

长堤春水绿悠悠，畎入漳河一道流。莫听声声催去掉，桃溪浅处不胜舟。

《九日送别》：

蓟庭萧瑟故人稀，何处登高且送归。今日暂同芳菊酒，明朝应作断蓬飞。

鹳雀楼在山西蒲州（今永济县）。《梦溪笔谈》言其“楼三层，前瞻中条，下瞰大河”，可见气势之盛。王之涣写登楼所望，景象壮阔辽远，气势雄浑苍茫。“白日依山尽”是仰望、远望之景，“黄河入海流”是由近而远之景，前者如景之纵轴，后者如景之横轴，容括了上下、东西、远近的大小景物，境界才显得特别宽广阔大。仅此尚余不足，境界越是阔大，越少不得生机和灵动的点缀与贯穿。所以，作者用了两个动词，“尽”是缓缓地下落，“流”是滔滔地奔逝。夕阳西下没山，是当前之景；大河西逝入海，半是当前之景半是意中之景，二者交融一体，增强了写景抒情的力度，使人胸襟为开、豪情迸生。诗意至此，仿佛情已抒尽，景已写尽。但作者妙笔如椽，别出新意：世界是广阔无穷的，眼下的目之所见以及由此产生的意之所想，都不能脱开所处高度、位置的所限，登高一层，又会境界全新。这两句平铺直叙，却含意深远，给人无穷的启迪。在近体诗的格律上，《登鹳雀楼》也堪称典范之作。前两句用正名对，对句工整而又厚重有力；后两句用流水对，语意贯通自然天成。沈德潜选此诗入《唐诗别裁》时评价说：“四语皆对，读来不嫌其排，骨高故也。”

《送别》是一首语意平淡却又富含蕴藉的小诗。写送别不写别离之人，而是把笔触落在象征离别的杨柳上，以杨柳自苦的比拟手法写别人之多，别情之重。

《凉州词二首》的第一首是写边塞生活的名篇佳构，后人往往仅据此一篇而将王之涣纳至边塞诗人的名下，可见这首诗的巨大魅力。诗的第一句和“白日依山尽”相反，是逆观黄河。不属意其气势，而突出其迤逦蜿蜒的神韵飘飞。次句是画面的主体部分，崇山峻岭犹若大海之波涛起伏，一片孤城仿佛一叶孤舟般孤立无援。两句景语为下文抒写戍边者的思乡之情做了充分的铺垫。写情浓至化解不开之际，就应该排开一笔，予以宽解，这样不仅使诗意委婉，而且更能反衬情之深浓，“羌笛何须怨杨柳”一句正是如此。最后一句紧接上文的“怨”字，意为边地生活本来就是如此之苦呵，其中所包含的悲壮苍凉和慷慨飒爽，正是盛唐

边塞诗所独有的基调。

据唐人薛用弱的《集异记》载，王之涣与王昌龄、高适三人诗名相当。一日偶遇梨园伶官唱曲宴乐，于是王昌龄就提议以伶人所唱各人作品的多寡来定诗名。伶人首先唱的是王昌龄的《芙蓉楼送辛渐》“寒雨连江夜入吴，平明送客楚山孤。洛阳亲友如相问，一片冰心在玉壶”。次唱高适的《哭单父梁九少府》“开箧泪沾臆，见君前日书。夜台何寂寞，犹是子云居……”。第三唱的“奉帚平明金殿开，且将团扇共徘徊。玉颜不及寒鸦色，犹带昭阳日影来”，是王昌龄《长信秋词五首》中的第三首。王之涣说：“自以诗名已久，因谓曰：‘此辈皆潦倒乐官，所唱皆邑人下俚之词，岂阳春白雪之曲，俗物岂敢相近。’因指诸妓中之最佳者云：‘待此子所唱如非我诗，吾即终身不敢与子争衡矣。’”王之涣竟然言中，该女所唱即《凉州词二首》中的第一首。此事传为佳话，名“旗亭画壁”。

《谦词》和《九日送别》都是写别离之作。前者写愁而通篇不着一个愁字，后者则直抒胸臆，深沉凄婉。

王之焕虽仅传诗六首，除公推名作《登鹳雀楼》和《凉州词二首》其一外，其他四篇亦各有可观之处，无愧诗名。

（张　健）

38. 李白

李白，以其诗歌创作中高度统一的浪漫主义精神和浪漫主义表现手法奠定了在盛唐诗坛上的崇高地位。同时，也使其成为中国古代数千年诗歌史上最伟大的诗人之一。

李白（701—762年），字太白，祖籍陇西成纪（今甘肃省天水县），先祖在隋末时因罪流徙中亚。李白生于安西都督府属的碎叶城（今在哈萨克斯坦境内），五岁时随父迁居蜀郡绵州彰明县青莲乡（今四川省绵阳县）。李白幼年起即“诵六甲”“观百家”“好剑术”“游神仙”，受到儒、道、纵横等各家思想的影响。二十至二十五岁，李白游历了蜀中的名山大川。二十六岁时，李白怀着

“使寰区大定，海县清一”（《代寿山答孟少府移文书》）的勃勃雄心，南游洞庭，东游金陵、扬州，北游洛阳、太原，再东行至齐鲁，游迹所至，几乎遍及半个中国。长期的漫游生活，大大开阔了李白眼界，积累了丰富的创作素材，也培育了诗人的浪漫气质。

天宝元年（742年），李白四十二岁时，终因道士吴筠的推荐，唐玄宗下诏征召李白赴京供奉翰林。李白第一次去长安，是开元十八年（730年）的事，当时除结识了贺知章等当朝名流，传播了诗名以外，在仕途上并无进展。事隔十余年，皇帝亲自下诏书要其进京，使诗人豪兴大发，写下了“仰天大笑出门去，我辈岂是蓬蒿人”（《南陵别儿童入京》）的壮语。但是，当时正值奸相李林甫专权，贵妃杨玉环得宠，玄宗皇帝已失去了登基时的朝气，耽于欢娱，朝纲败坏。李白是怀抱着经邦治国的政治理想赴长安的，但事实告诉他，他只不过是一个唱赞歌的诗人。理想的破灭使李白心灰意懒，个性的狂放又招致了权贵的谗毁。终于，在天宝三年春，李白离开长安，再度开始了漫游生活。夏初，李白在洛阳遇到了比他小十一岁的杜甫，在汴州又遇到了高适。三位诗人一同畅游开封、济南等地的名胜，李白与杜甫之间更结下了“醉眠秋共被，携手日同行”（杜甫《与李十二同寻范十隐居》）的深厚情谊，二人盘桓至次年秋才分手。

天宝十四年（755年），安史之乱爆发后，李白被永王李璘从隐居地庐山坚请至幕府。李璘因怀争夺帝位之心而被消灭后，李白也因此获罪，囚禁于浔阳狱中。出狱后，五十八岁高龄的诗人被判长流夜郎（今贵州省桐梓），幸而途中遇大赦得归。三年后，病逝于他的族叔当涂县令李阳冰家中，初葬采石矶，后改葬青山。

“一百四十年，国容何赫然。”（《古风·四十六》）唐代开国一百余年形成的繁荣景象造就了积极向上充满热情的一代诗人，李白的诗歌中就洋溢着这种对功名事业的向往和拯物济世的雄心。“暂因苍生起，谈笑安黎元”（《赠蔡舍人》），“苟无济代心，独善亦何益”（《赠韦秘书子春》）。在长安失意之后，李白对自己的政治前途有了较为清醒的认识。他一方面在山水神仙中逃避，另一方面又唱出了“东山高卧时起来，欲济苍生未应晚”（《梁园吟》）的诗句。安史之乱爆发，李白接受永王的邀请，也是他面对“白骨成丘山，苍生竟何罪”（《赠江夏韦太

守良宰》）的残酷现实欲有所作为的表现。晚年流放夜郎行至巫山遇赦而归后，听说太尉李光弼率百万兵征讨逆贼史朝义，李白即由当涂北上，请缨杀敌，至金陵因病折返。这说明垂暮之年的李白仍不忘经邦治国建功立业的政治理想。虽然李白在中年以后，对政治有了一些认识，增强了其诗歌中的叛逆因素，但他对政治的不满局限于“总为浮云能蔽日”（《登金陵凤凰台》）。

求仙学道是李白诗歌中十分突出的内容。王安石曾这样评价：“李白识见卑下，诗词十句，九句言妇人酒耳。”李白对于求仙学道的热情贯穿了他一生，这与其复杂的思想体系相关。他以儒家思想作为入世和追求政治理想的切入点，又以道家的境界作为失意后回旋的场所，二者的交融塑造了李白激昂慷慨的热情和飘逸非凡的风骨。范传正在李白的新墓碑上写道：“好神仙，非慕其轻举，将不可求之事求之，欲耗壮心遣余年也。”求仙学道是李白在现实面前进行自我心理调节的广阔天地。李白四十四岁由长安赐金放还后，在洛阳与三十三岁的杜甫相遇，两人一同登泰山。杜甫写了著名的《望岳》，抒发了“会当凌绝顶，一览众山小”的雄心。而李白《登泰山六首》，其一说：“玉女四五人，飘摇下九垓。含笑引素手，遗我流霞杯。”其二说：“山际逢羽人，方瞳好客颜……遗我鸟迹书，飘然落岩间。”其三、四、五、六也都是如此。两人同登一山，而诗中的境遇是如此不同，迷乱荒诞的表象下是李白激荡不宁的心情。一千余年来，李白一直被誉为诗仙，如果把“仙”字理解为超脱世俗，不问世事肯定是不符合李白真实情况的。李白自视甚高，尤其喜欢“谪仙人”一词。他一生未参加科举考试，总想以诗名和奇遇来获得朝廷的任用。才气浩大，自视甚高决定了诗人内心深处的孤独感，也就是“高处不胜寒”的寂寞与冷清。《独坐敬亭山》是李白天宝十二年（753 年）秋游宣州（今安徽省宣城）时所作：众鸟高飞尽，孤云独去闲。相看两不厌，只有敬亭山。望断飞鸟，看尽闲云，该失去的都失去了，默默相对的，只有沉静和深厚的大山。如此凄清冷寂意蕴丰富的作品在李白的全部诗作中并不多见，但它从一个侧面反映出诗人内心世界中某些真实的情感。

李白诗歌的艺术魅力感染了古往今来的无数人。

在诗中，诗人毫不掩饰、约束自己的情感。闸门一旦打开，就任其喷薄而

出，表现出强烈的主观色彩。“狂风吹我心，西挂咸阳树”（《金乡送韦八之西京》），“大道如青天，我独下得出”（《行路难》），“黄河落天走东溟，万里泻入胸臆间”（《赠裴十四》），“天生我材必有用，千金散尽还复来”（《将进酒》），“我且为君捶碎黄鹤楼，君亦为吾倒却鹦鹉洲”（《江夏赠韦南陵冰》），“我本楚狂人，凤歌笑孔丘”（《庐山谣寄卢侍御虚舟》），“安能摧眉折腰事权贵，使我不得开心颜”（《梦游天姥吟留别》），“我有万古宅，嵩阳玉女峰”（《送杨山人归嵩山》），“划却君山好，平铺湘水流”（《陪侍郎叔游洞庭醉后三首》），“我醉欲眠卿且去，明朝有意抱琴来”（《山中与幽人对酌》）……这些以“我”为中心，将胸中之情自由挥洒的诗句，是李白浪漫主义诗歌特征的主要构成因素。其次，丰富的想象，艺术的夸张，新奇的意境是李白诗歌浪漫主义特征的艺术体现。这在其作品中比比皆是，尤以《梦游天姥吟留别》最为突出。

李白诗歌的语言不假修饰，真率自然，表现出高超的造诣。李白把“清水出芙蓉、天然去雕饰”（《赠江夏太守良宰》）作为诗歌的语言要求，而他自己的创作，完美地实践了这一主张。“两人对酌山花开，一杯一杯复一杯。我醉欲眠卿且去，明朝有意抱琴来。”（《山中与幽人对酌》）这种明白如话却又令人回味无穷的语言在唐代乃至整个中国古代诗歌史上恐无第二人可以写出。

李白一生恃才自傲，不拘小节。这些人生个性反映在其作品上，就是近体诗写得少，好的不多。五律《渡荆门送别》、七律《登金陵凤凰台》、五绝《夜思》、七绝《送孟浩然之广陵》和《早发白帝城》是其中的佼佼者。

李白是侠客，“笑尽一杯酒，杀人都市中”（《结客少年行》）；李白是豪士，“东游淮扬，不逾一年，散金三十余万”（《上安州裴长史书》）；李白是道人，“倘逢骑羊子，携手凌白日”（《登峨眉山》）；李白是隐士，“少年早欲五湖去，见此弥将钟鼎疏”（《答王十二寒夜独酌有怀》）；李白是酒徒，“蟹螯即金液，糟丘是蓬莱。且须饮美酒，乘月醉高台”（《月下独酌》），但李白更是对“大道如青天，我独不得出”满怀郁愤而又不失理想的豪儒。这一切，构成了李白丰富多彩的内心世界，造就了中国古代诗歌史上空前绝后的伟大浪漫主义诗人。

（张　健）

39. 杜甫

杜甫，以其诗歌创作中高度的现实主义精神，真实、深刻地反映了安史之乱前后唐王朝由盛转衰的历史，从而奠定了在盛唐诗坛上的崇高地位。同时，也使其成为中国古代数千年诗歌史上最伟大的诗人之一。

杜甫（721—770 年），字子美，原籍襄阳（今湖北省襄樊市），生于河南巩县。其曾祖父曾任巩县令，祖父杜审言是唐初著名的诗人，做过膳部员外郎。其父杜闲，曾任兖州司马和奉天县令。杜甫自幼聪颖，七岁始作诗文，读书十分刻苦。二十岁起，杜甫走出书斋，漫游于吴越、齐赵一带。天宝四载（746 年），三十五岁的杜甫来到长安，次年应试落第。此后十年，虽多方营运，在仕途一直未有转机。天宝十四载（755 年），杜甫因献《三大礼赋》才得以被任命为右卫率府兵曹参军，是一个掌管兵器盔甲仓库的小官。其后不久，安史之乱爆发，杜甫携家人自奉先逃往鄜州。次年，听说肃宗在灵武即位，即只身前往，途中被叛军俘至长安。至德二年（757 年）四月，杜甫由长安脱死逃出，径往凤翔行在，授任左拾遗。长安收复后，杜甫又因疏救罢相的房琯而被贬华州司功参军。不久，决心辞官，携家眷流落入川，定居成都。大历三年（768 年），年将花甲的杜甫离川东下，转徙鄂、湘之间，过着漂泊不定的生活。两年后，病逝于湘江舟中。元和八年（813 年），也就是诗人去世后的第四十三年，杜甫的灵柩才由其孙杜嗣业由岳阳迁回偃师安葬。杜甫的诗歌创作可以分为四个时期。

读书与壮游时期。这一时期以三十五岁入长安求仕为界，是杜甫创作的准备期。《望岳》较能代表这一时期杜甫的心境。

长安困守时期。这是杜甫开始关注社会现实，创作风格由浪漫主义向现实主义转变的时期，时间大致从其三十五岁至四十四岁，《自京赴奉先县咏怀五百字》《兵车行》《丽人行》等都是这一时期的作品。

陷贼与为官时期。四十五岁至四十八岁的短短数年，是国家岌岌可危，人民灾难深重的时期，也是杜甫现实主义诗歌创作的高峰时期。《悲陈陶》《悲青阪》《塞芦子》《春望》《述怀》《北征》《羌村》等关心时局，控诉叛军罪行，同情人民疾苦的诗篇均创作于此时。乾元二年（759年）三月，唐军在邺城溃败后，为补充兵员，滥用权威，凶暴程度不减于叛军。杜甫在自洛阳回华州途中，耳闻目睹了这一情况，写成了《新安吏》《潼关吏》《石壕吏》《新婚别》《垂老别》《无家别》这一组千古绝唱，史称“三吏”“三别”。

漂泊西南时期。这一时期的诗歌创作，在保持现实主义的基调的同时，增强了抒情色彩，形式也变得多样化。

杜甫出生在世代“奉儒守官”的家庭，儒家的入世思想是其一生中无论穷达的主导。早年抱守的“致君尧舜上，再使风俗淳”（《奉赠韦左丞丈》）、“再光中兴业，一洗苍生忧”（《凤凰台》）的政治理想渐行渐远之后，杜甫并未转寻另外的人生寄托，而是将这种政治上的理想和热情化为强烈的社会责任感，从而摆脱个人情感的波动，使自身与社会融为一体。他的欢乐，他的痛苦，他的愤怒，他的失望等一切的情感都是因社会、因人民而发，这就使得其作品具有了亘古以来从未有过的鲜明的时代特征。

关心时事，同情人民，是杜甫诗歌的突出特征。杜甫在强烈的社会责任感的促使下，自觉主动地将天宝年间一系列重大的历史事件纳入自己的创作范围，用“破胆遭前政、阴谋独秉钧”（《奉赠鲜于京兆二十韵》）斥责李林甫专权；用《丽人行》讽刺杨国忠兄妹乱政；用《兵车行》抨击出征云南的黩武丧师等。在对广大人民的同情上，杜甫以前的诗人也屡有佳作，但在深度和广度上，都远不及杜甫。杜甫以“穷年忧黎元，叹息肠内热”（《自京赴奉先县咏怀五百字》）的朴素感情来关注包括老妇、寡妇、负薪女子、士兵、老农等下层劳动人民的生活境遇，并直观地捕捉到“朱门酒肉臭，路有冻死骨”（《自京赴奉先县咏怀五百字》）这一阶级对立的本质。

关注国家命运，无比热爱祖国是杜甫诗歌的另一重要特征。在国家危难存亡之际，杜甫写下了“国破山河在，城春草木深。感时花溅泪，恨别鸟惊心”的《春望》，当大乱初定时，杜甫又写下了“剑外忽传收蓟北，初闻涕泪满衣裳。却看妻子愁何在，漫卷诗书喜欲狂”的《闻官军收河南河北》。在以“三吏”“三别”为代表的深刻同情人民的作品中，也无不充满着悲壮的爱国主义热情。

如《新安吏》中，杜甫一方面对被强征入伍的“中男”深表同情，对这一不合理的做法提出“县小更无丁”的责问，但毕竟大敌当前，战事危急；另一方面又以“掘壕不到水，牧马役亦轻。况乃王师顺，抚养甚分明。送行勿泣血，仆射如父兄”来宽慰和解释。

杜甫对待创作极为严肃认真，他在《江上值水如海势聊作短述》中说：“为人性僻耽佳句，语不惊人死不休。”高度的艺术概括力是杜甫诗歌创作，尤其是叙事诗创作的重大成就。《兵车行》描写的虽然仅仅是咸阳桥送别征人的一个场面和行人的一段对话，却集中概括了兵役的繁重以及给人民带来的痛苦。“三吏”“三别”无不如是。在许多作品中，杜甫将自己的主观思想、个人情感融化在客观的具体叙述和描写中，这种寓主观于客观的方法是杜甫叙事作品的最大特点。如《石壕吏》写官吏的横暴，人民的苦难和无奈，全诗五言二十四句，除“吏呼一何怒，妇啼一何苦”两句微微显露爱憎之情外，其余都是对客观事物的具体描写。浦起龙《读杜心解》评论《丽人行》说：“无一讽刺语，描摹处，语语讽刺；无一慨叹声，点逗处，声声慨叹。”此外，细节描写的精确传神、人物对话的个性化、情景交融的抒情方法也都是杜甫诗歌十分鲜明的艺术特征。

杨慎《杜诗详注》中评价杜甫诗歌的语言功底说：“诗中叠字最难下，唯少陵独工。”不仅“无边落木萧萧下，不尽长江滚滚来”（《登高》）、“世乱郁郁久为客，路难悠悠常傍人”（《九日》）中的叠字“唯少陵最工”，在炼字这词上，杜甫的语言功底也是十分深厚的。如以数字入诗，“烽火连三月，家书抵万金”（《春望》）、“十室几人在，千山空自多”（《征夫》）；以地名入诗，“即从巴峡穿巫峡，便下襄阳向洛阳”（《闻官军收河南河北》）。在炼字方面，杜甫受到历来诗评家的推崇备至。胡应麟《诗薮》中说：“意极精深，词意简易。前人思虑不及，后学沾溉无穷，真化不可为矣。”“感时花溅泪，恨别鸟惊心”（《春望》）、“细雨鱼儿出，微风燕子斜”（《水槛遣心二首》）、“星垂平野阔，月涌大江流”（《旅夜书怀》）、“吴楚东南坼，乾坤日夜浮”（《登岳阳楼》）等句确是达到了词和意的完美融和。

杜甫诗歌的体裁很杂，他对五言、七言、古体、近体都有独到的运用。他的四百余首古体诗继承了先秦两汉以来的现实主义传统，成为新乐府诗体的开路之作。他的一百三十八首绝句不仅在题材上有所开拓，还创制了拗体绝句的独特式样。律诗是杜甫造诣最深的诗体。现存诗作中有五律六百三十首，七律一百五十一首，排律一百三十五首，共计一千零五十四首。不仅数量多，在思想性和艺术性上都达到了运用这种诗体创作的最高峰。

杜甫的别名很多，有自称，也有后人的称呼。如李白诗中屡称“杜二”；杜甫因居住长安少陵，所以也自称“少陵”，又自称“杜陵野客”“杜陵布衣”等；因官职后人称杜甫为“杜工部”“杜拾遗”“杜员外”；宋代杨万里称杜甫为“诗圣”，直至明代仍有沿袭；因杜甫曾于成都浣花溪畔自筑草堂，所以又有“草堂先生”“浣花老翁”之称。

（张　健）

40. 韩愈

唐贞元年间到唐元和年间的二三十年中，质朴刚健的“古文”取代绮丽柔靡的“时文”成为文坛的主要风尚，史称唐代“古文运动”。韩愈是这场运动的首倡者和旗手。他“文起八代之衰”，对后世的散文创作产生了巨大的影响。

韩愈（768—824 年），字退之，原籍河阳（今河南省孟县），自称昌黎人。韩愈三岁丧父，依于长兄韩会。十三岁时，韩会死于岭南韶州，其嫂郑氏将韩愈带回北方，住在宣城。从十九岁至二十四岁，韩愈在长安连续三次应考未中，生活拮据，“日求人以度时月”（《与李翱书》）。贞元八年（802 年），韩愈终于进士及第，但其后三次参加博学宏辞科的考试未中，只好离京到地方去做幕僚。韩愈首得朝廷任命时已三十五岁，职务是国子监四门博士。次年升为监察御史，当年又贬为岭南阳山（今广东阳山县）县令。外贬三年后，韩愈回到京师，仕途顺畅起来，一直做到刑部郎中。宪宗极重佛事，在元和十四年（819 年）将法门寺的释迦牟尼指骨舍利迎入宫中供奉。韩愈就此事写了《论佛骨表》，触怒了宪宗，以五十二岁的高龄贬为潮州（今广东省潮阳县）刺史。穆宗登基后，召韩

愈回京任国子监祭酒。其后历任兵部侍郎、吏部侍郎、京兆尹兼御史大夫，终于长安静安里宅中，年五十七岁。

在文学理论上，韩愈首先主张文以明道，“学所以为道，文所以为理”（《送陈秀才彤序》）。这里的道，即指从尧舜传至孔孟的仁义之道。韩愈将道名指实，用以对抗社会上广泛流传的佛、老思想，从而具有了强大的号召力。因此，在韩愈的周围团结了众多的同好者，形成了古文运动的基本队伍。韩愈把道置于首位，认为道是内容，文是形式。在《题欧阳生哀辞后》中说：“愈之为古文，岂取其句读不类于今者耶？思古人而不得见，学古道则欲兼通其辞；通其辞者，本志乎古道者也。”在《上宰相书》中他明确概括自己的创作为“皆约六经之旨而成文”。其次，韩愈主张作家要有崇高的人格修养。在《答李翊书》中，他将修养概括为“气”，提出了“行之乎仁义之途，游之乎诗书之源，无迷其途，无绝其源，终吾身而已矣”的养气之法，并用水和浮物的关系来比喻气和言的关系：“气，水也：言，浮物也。水大而物之浮者大小毕浮。气之与言犹是也，气盛则言之短长与声之高下者皆宜。”最后，主张“师其意不师其辞”（《答刘正夫书》），在继承的基础上应有所创新。

在正确的创作理论指导下，韩愈的散文创作取得了很高的成就。他的议论文多为有感而发，针砭时弊，下尚空谈，《原道》《原毁》《本政》《守戒》《师说》等，均是传世名篇。《原道》《原毁》《原人》《原性》《原鬼》被合称为“五原”，集中反映了他的哲学思想。《守戒》提醒当政者戒备藩镇割据的政治局面。《师说》认为“无贵无贱，无长无少”“道之所存，师之所存”，提倡寻师求教。韩愈的叙事文包括传记、行状、碑铭、墓志等，不乏文学性较强的名篇佳作。《张中丞传后序》记述许远等人的抗敌事迹，绘声绘色。如描写张巡和南霁云就有一段：城陷，贼以刃胁降巡，巡不屈，即牵去，将斩之。又降霁云，云未应。巡呼云曰：“南八，男儿死耳！不可为不义屈。”云笑曰：“欲将以有为也。公有言，云敢不死？”即不屈。

韩愈写了相当数量的墓志碑铭，这些文章多属应酬之作，但韩愈写得灵活多样，各有特色。李耆卿《文章精义》评论说：“退之诸墓志，一人一样，绝妙。”

杂文也是韩愈所擅长的，以《杂说四首》为代表。《杂说·马说》以伯乐相马来比喻人才际遇取决于当政者是否识才。文中说："世有伯乐，然后有千里马。千里马常有，而伯乐不常有。"对千里马，"策之不以其道，食之不能尽其材，鸣之而不能通其意，执策而临之曰：'天下无马！'呜呼！其真无马邪？其真不知马也！"文章简短明快，起伏有致，既慨叹人才埋没，又寄寓自己的不平。

韩愈的诗歌作品今传三百余首，有反映社会生活，关心政治得失，同情民间疾苦的作品，如《赴江陵途中寄赠三学士》，也有写景咏物之作。韩愈的诗歌兼具雄奇和清淡两种风格。除此之外，以文为诗和以议入诗也是较为突出的特点。如"忽忽乎，余未知生之为乐也，愿脱去而无因"（《忽忽》）；"寿州属县有安丰，唐贞元时，县人董邵南，隐居行义在其中"（《嗟哉董生行》）。将散文的句式搬入诗歌中虽是一种新的尝试，但毕竟失去了诗味。诗歌本为形象思维艺术，但韩愈恃才在诗中长篇宏论，几乎等同于句式整齐的议论文章，如《荐士》《马厌谷》《剥啄行》。以文入诗和以议入诗给宋代诗人以很大启发，如王安石的诗作好发议论，苏轼诗的散文化都和韩愈有关。对于韩愈的散文成就，历代公论，对于韩愈的诗歌则褒贬不一。如惠洪《冷斋诗话》说："予尝熟味退之诗，真出自然，其用事深密，高出老杜之上"，陈师道《后山诗话》中说："退之于诗，本无解处，以才高而好耳"。无论如何，韩愈的诗以前人未有的特征自立于中唐，并影响了不少追随者，史称"韩孟（郊）诗派"。

（张　健）

41. 白居易

中唐时期，现实主义成为文坛的主体风格。在诗歌领域，也出现了以批判现实为宗旨的新乐府运动，其积极倡导者和实践者是白居易。

白居易（772—846年），字乐天，晚年自号香山居士，祖籍太原，后迁至下邽（今陕西省渭南市），生于河南新郑。少年时代，白居易随家人避乱越中（今浙江省）一带，备尝流离之苦。十五六岁时，白居易至长安，以《赋得古原草

送别》一诗博得诗名。德宗贞元十六年（800 年），二十九岁的白居易考取进士，三十二岁授校书郎，三十五岁参加“才识兼茂明于体用科”考试以第四等入选，被任命为陕西周至县尉，后提升为翰林学士，官拜左拾遗。元和十年（815 年），宰相武元衡因朝廷内权力纷争被刺客击杀于途，白居易上疏请求严缉凶手，触怒了朝中权贵，以“越职言事”之罪贬为江州（今江西省九江市）司马。元和十三年（818 年），白居易升任忠州（今四川省忠县）刺史。在任两年，应召入京任司门员外郎，后升中书舍人。在长安，白居易看到朝廷内党争日甚，便请求外任。长庆二年（822 年），白居易受命出任杭州刺史。隐居山林过于寂寞，在朝为官又过于喧烦，只有杭州刺史最适合白居易的性情。任上他为杭州人民做过不少好事，如蓄水灌田、浚治古井等。三年任满，将多余的俸禄移交官库，作为后任公干的补充，用后再行补足，延续了五十余年（事见《唐语林·文学》）。由杭州刺史转苏州刺史，政务繁忙起来，于是白居易上疏请求退休，闲居了一段时间。文宗登基后，白居易重出为官，至刑部侍郎。但白居易已倦于政事，终以大子宾客分司东都，在洛阳与裴度、刘禹锡等人诗酒宴乐，度过一段快乐时光。裴度死后，曲终人散，白居易在洛阳寂寞终老，终年七十五岁。

白居易的人生经历和诗歌创作都以贬官江州为界分为前、后两个时期。“丈夫贵兼济，岂独善一身”（《新制布裘》），“我有鄙介性，好刚不好柔”（《折剑头》），这些诗句较能代表他前一时期的思想。其作品中最有积极意义的讽喻诗集中写于此时，因为身为谏官，诗歌也是“言事”的工具的缘故。贬官江州，使白居易的思想陷入消沉，诗歌的基调也转向闲适和感伤。白居易的消沉并不是从思想上出世，而只是以佛教为工具来逃避宫廷争斗的旋涡。白居易仍然比较注重政绩，在任期间，做了许多有益于民的工作，并被杭州、苏州等地人民所怀念。

白居易在《与元九书》《新乐府序》中集中提出了系统、完整的现实主义文学创作理论。首先，他认为诗歌应服务于现实，负起“补察时政”“泄导人情”的责任，“文章合为时而著，歌诗合为事而作”。其次，强调内容与形式的统一，并以植物的根、苗、华、实来比喻诗歌的情、言、声、义。白居易的诗歌理论是《诗经》《乐府》以及杜甫现实主义创作经验的空前总结，新乐府运动即是在此理论的指导下开展起来的。汉代的乐府诗本是“缘事而发”的，至曹操等人变为“借古题写时事”。杜甫不拘泥于成规，“因事立题”，创立了新乐府这一体制，但这一名称自白居易才开始使用。所谓新乐府，即以新题写时事的乐府诗，是不讲究音律，“为君为臣为民为物为事而作，不为文而作”（《新乐府序》）的政治诗。

白居易把自己的作品分为讽喻、闲适、感伤、杂律四类。其中讽喻诗主要是指《新乐府》五十首，《秦中吟》十首。白居易《与元九书》中回忆当时的创作情景说：“身是谏官，手请谏纸，启奏之外，有可以救济人病，裨补时阙，而难于指言者，辄歌咏之，欲稍稍递进闻于上。”因此，白居易的讽喻诗具有极强的现实针对性和政治目的性，并使得“权豪贵近者相目而变色”（《与元九书》）。从《新乐府》的题下小注亦可略窥一斑：《七德舞》“美拨乱，陈王业也”；《法曲》“美列圣，正华声也”；《海漫漫》“戒求仙也”；《杜陵叟》“伤农夫之困也”；《新丰折臂翁》“戒边功也”；《卖炭翁》“苦宫市也”等。在这些作品中，白居易真实客观地反映了人民所遭受的痛苦不堪的压榨，抨击了权贵豪门的奢侈靡费，充满了对下层劳动人民的深切同情。

《长恨歌》是白居易在周至县尉任上所作。作者以优美的语言，曲折的情节，生动的形象，丰富的想象，虚实结合的文体叙述了唐玄宗和杨贵妃的爱情故事，取得了很高的艺术成就。

《琵琶行》是贬官江州时所作。诗人以低沉的笔调叙写了在船上听一位长安歌女弹奏琵琶诉说身世的情景。琵琶女的不幸身世激起了诗人的共鸣，发出了“同是天涯沦落人，相逢何必曾相识”的慨叹。用身处社会底层的琵琶女来类比失意的文人，不仅前所未有，通过相互间的映衬和补充所揭示出来的社会意义也是相当深刻的。

语句平易，用词通俗是白居易诗歌的一大特色。袁枚《续诗品》说：“意深词浅，思苦言甘。”确实道出了白居易诗的语言特色。正因为如此，白居易的诗歌作品一出，就被人广为传诵，“禁省、观寺、邮候、墙壁之上无不书，王公、妾妇、牛童、马走之口无不道……自篇章以来，未有如是流传之广者”（元稹

《白氏长庆集序》)。白居易一生勤于写作，传诗三千余首，为唐人之冠。白居易以现实主义精神倡导了对诗歌的革新运动，其影响远及宋明。以其通俗平易的诗歌作品为范本，还形成了一个“浅切”诗派。他的长篇叙事诗《长恨歌》《琵琶行》不仅为人广泛传唱，还成为后来多种戏曲式样的故事原型。

（张　健）

42. 刘禹锡

刘禹锡是中唐时优秀的诗人和散文家。在诗歌方面，以咏史诗和学习民歌创作的《竹枝词》奠定了地位；在散文方面，以参加古文运动而著称。

刘禹锡（772—842 年），字梦得，其祖匈奴人，魏孝文帝时迁居洛阳，祖父曾任洛阳主簿。安史之乱时，举家南迁，刘禹锡即生于苏州的嘉兴县。十九岁以前，刘禹锡一直生活在南方。此后赴长安求仕，于贞元九年（793 年）与柳宗元同登进士第。两年后，应吏部取士科合格，官授太子校书。中唐时深刻的政治危机酝酿了王叔文领导的永贞革新，刘禹锡是积极的参与者。革新失败后，王叔文被杀，顺宗退位，刘禹锡等八人被贬官，史称八司马。先是决定贬连州（今广东省连县)，途中改贬朗州（今湖南省常德市)。《旧唐书 · 刘禹锡传》载：“禹锡在朗州十年，唯以文章吟咏，陶冶性情。蛮俗好巫，每淫祠鼓舞，必歌俚辞。禹锡或从事于其间，乃依骚人之作，为新辞，以教巫祝。故武陵溪洞间夷歌，率多禹锡之辞也。”元和十年（815 年），刘禹锡结束贬官生活回到长安，当时正值春季，唐人有踏青看花之俗。刘禹锡亦往玄都观一游，写了《元和十年，自朗川承召至京，戏赠看花诸君子》一诗：“紫陌红尘拂面来，无人不道看花回。玄都观里桃千树，尽是刘郎去后栽。”此诗触及新朝权贵敏感的神经，以“语涉讥刺”(《旧唐书 · 刘禹锡传》）再贬播州（今贵州省遵义)，后由裴度陈情，改授连州，恰是初次贬官应赴之地。长庆元年（821 年）冬，刘禹锡被任命为夔州（今四川省奉节县）刺史。在夔州，刘禹锡专心创作，并主动从民歌中汲取营养。大和二年（828 年)，刘禹锡由和州任上应召赴京任主客郎中。至京后，写了《再游玄都观绝句》："百亩庭中半是苔，桃花净尽菜花开。种桃道士归何处，前度刘郎今又来。"此后，他又辗转任苏州刺史、汝州（今河南省临汝县）刺史、同州（今陕西省大荔县）刺史，终老于洛阳。

刘禹锡的诗歌创作可分为三个时期，永贞革新前，贬官二十二年和最后十五年。

刘禹锡仕途坎坷，在贬官外任期间，写了不少寄托身世和咏怀古迹诗。前者如《学阮公体三首》《咏史二首》《答杨八敬之绝句》等；后者如《西塞山怀古》《金陵怀古》《金陵五题》《蜀先主庙》《观八阵图》等。在《金陵怀古》中，他明确指出"兴废由人事，山川空地形"。《乌衣巷》堪称此中佳作：

朱雀桥边野草花，乌衣巷口夕阳斜斜。旧时王谢堂前燕，飞入寻常百姓家。

诗人将寻常之景徐徐道来，寓含着世事变迁人事无常的深沉感慨。

刘禹锡贬官的夔州，是竹枝词的发源地，这种"含思宛转"的民歌式样深深吸引了他。他不但认真学习，并付诸实践，写了十一首作品。如：

杨柳青青江水平，闻郎江上踏歌声。东边日出西边雨，道是无晴却有晴。

这些作品，词语清新活泼，感情健康率直，为中唐诗苑增添了新葩。

刘禹锡的某些诗歌作品过分咏吟风情，在辞藻上也过于讲究，对晚唐浓艳诗风和词风的形成有一定的影响。

刘禹锡的散文稍逊于诗歌，但也取得了相当的成就。他认为"文之细大，视道之行止。故得其位者，文非空言"（《唐故相国李公集纪》），这和韩愈、柳宗元倡导的古文运动的理论是一致的。他创作的大量散文，大多具有深刻的思想内容，如《华佗论》《天论》《明贽论》《答饶州元使君书》等理论论文和《因论》《观搏》《口兵戒》《救沈志》等杂文。

《华佗论》写于贬官朗州时，"夫以佗之不宜杀，昭昭然不可言也……吾观自曹魏以来，执死生之柄者，用一志而杀材者众矣。又乌用书信之事为?"用华佗的事来表示对当朝权要残暴轻杀的愤慨之情。

《答饶州元使君书》是一篇精彩的政论文章。"盖丰荒异政，系乎时也。夷夏殊法，牵乎俗也。因时在乎善相，因俗在乎便安。"指出为政之道应据民情而变。

刘禹锡的黄金时代是在坎坷中度过的，但他并不消沉，充满了乐观的精神。面对年龄上的衰老，他唱道“莫道桑榆晚，红霞街满天”（《酬乐天咏老见示》）；面对白居易“举眼风光长寂寞，满朝官职独蹉跎”的同情，他又唱出了“沉舟侧畔千帆过，病树前头万木春”。这种人格的魅力也是刘禹锡的作品经久不衰的原因之一。

（张　健）

43. 柳宗元

柳宗元是唐代著名的哲学家、散文家和诗人。他积极参加韩愈倡导的古文运动，并在创作实践上卓有建树。

柳宗元（773—819 年），字子厚，蒲州解县（今山西省运城市）人。柳姓始于春秋时鲁国的柳下惠，柳宗元这一支是自北朝以来的门阀士族，唐高宗时，族人“并居尚书省二十二人”（《送澥序》）。柳宗元生于长安，当时其父柳镇正在长安主簿任上。柳宗元幼年和少年时期，数经因藩镇割据而带来的动荡，留下了深刻的印象。青年时代，柳宗元曾三次参加科举考试，都未及第。贞元九年（793 年）二月，柳宗元进士及第，同榜的还有其终生知交刘禹锡。二十六岁时，柳宗元被任命为集贤殿书院正字，开始沿着“由进士出身授校书、正字，然后任畿县尉，再登台、省为郎官”这样一条理想的仕途捷径步入政治生涯。柳宗元参加了太子支持的王叔文革新集团，并在王叔文执政时担任礼部员外郎。永贞革新失败后，三十三岁的柳宗元离开长安，贬官至永州（今湖南省零陵县），头衔是“永州司马员外置同正员”，一个不得干预政事的闲员。在永州十年，柳宗元受诏命回京城。元和十年（815 年）二月，经过灞桥时，写下了“十一年前南渡客，四千里外北归人。诏书许逐阳和至，驿路开花处处新”（《诏追赴都二月至灞上亭》）的诗句，足见其兴奋之情。但在长安停留不及一月，即被出为柳州（今广西柳州）刺史。职务上有升，而地界更远，实际还是贬官。在柳州的任职时间虽不长，但为当地人民做了不少善政。元和十四年（819 年）病逝于柳州，年四十七岁。

柳宗元的思想和创作在被贬前后发生了较大的变化。永、柳时期，是其政治上最为失意的时期，却是其创作最丰的时期，写下了许多脍炙人口的名篇。

柳宗元是古文运动的积极参加者，并从创作实践上将古文运动推向高峰。他也主张文以明道，但他的道，较之韩愈范围更广，与现实的关系更为密切。在《捕蛇者说》的最后，他发出了“呜呼！孰知赋敛之毒有甚是蛇者乎”的强烈感慨，这是韩愈囿于生活经历所难以企及的。

柳宗元的论说文，题材多样，形式灵活，历来令人瞩目。《送薛存义序》中指出人民用赋税来养活官吏，目的是为了使官吏服务于民，而有些官吏却“受其直怠其事”。柳宗元的出发点是儒家的民本思想，却已体现出进步的唯物主义特征。《答元饶州论政理书》试图通过土地权利的平均来根本解决社会中的贫富对立。《封建论》否定君权神授，视社会由“家天下”向“公天下”的发展为必然趋势，表现出进步的历史观。

柳宗元的传记文和寓言取得了相当高的成就。《童区寄传》通过一位十一岁少年英勇自救的故事揭露了人口买卖的罪恶。《种树郭橐驼传》借郭橐驼的养树经验讽刺了政令烦苛，人民不胜其烦的地方官吏等。寓言在先秦曾大量出现在文章中，柳宗元将思想性和艺术性融为一体来创作寓言，使其成为一种独特的文学式样，这是前无古人的。《三戒》，即《临江之麋》《黔之驴》和《永某氏之鼠》，或讽刺其恃宠而骄、得意忘形；或嘲弄其色厉内荏、外强中干；或比喻其无自知之明，终不脱灭顶之灾。《蝜蝂传》写的是贪婪愚妄的小虫，但作者的目的却是“今世之嗜取者”。他们“遇货不避，以厚其室”，“日思高其位，大其禄”，“虽其形魁然大者也，其名人也，而智则小虫也，亦足哀夫!”柳宗元的寓言不仅寓意深刻，在艺术上也做到了形象生动、情节有趣，描摹传神。如《黔之驴》中对老虎的描写，先是“蔽林间窥之，稍出近之”，“觉无异能者”后“近出前后”，看看又无反应，就“稍近益狎，荡倚冲冒”，最后的结果是痛快淋漓地“跳踉大㘎”。

在柳宗元的散文创作中影响最大的当属山水游记。永州十年，柳宗元写下了大量的山水纪游作品，“借石之瑰伟，以吐胸中之气”（茅坤《唐大家柳柳州文抄》）。从总体来说，这些作品有几个特征。其一，寄意文字，景情一体。如“以其境过清，不可久居”的《至小丘西小石潭记》，“是山特立，不与培楼为类”的《始得西山宴游记》等。其二，细腻传神，写景如画。《永州八记》中几乎篇篇如此。其三，动静结合，生机盎然。如《至小丘西小石潭记》中以水中游鱼之动来衬托潭水的平静和环境的清幽。

柳宗元仅存诗一百四十余首，数量不多，但成就也是不容置疑的，苏轼《东坡续集》中说：“柳子厚诗在陶渊明下、韦苏州上”，从艺术表现上进行了归类。柳宗元诗的语言朴素无华，不求奇险华丽。如《与浩初上人同看山寄京华亲故》：“海畔尖山似剑芒，秋来处处割愁肠。若为化得身千亿，散向峰头望故乡。”

（张　健）

44. 杜牧

杜牧是晚唐著名诗人，他的咏史诗及抒情绝句尤为人称道。

杜牧（803—853 年），字牧之，京兆万年（今陕西省西安市）人。其祖父杜佑曾历任德、顺、宪三朝宰相，其堂兄杜悰在武宗和懿宗时也官至宰相。杜牧门第显赫，仕途却颇为坎坷。他二十六岁时举进士，初任弘文馆校书郎，因为性情刚直被排挤出京，在江西观察使、宣歙观察使和淮南节度使幕府中当了八年幕僚。其后，在京官和外任间数次徘徊，曾任史馆修撰，黄（今湖北省黄冈市）、池（今安徽省贵池）、陆（今浙江省建德县）三州刺史，湖州（今浙江省吴兴县）刺史等职。四十九岁时升为考功郎中，知制诰。五十岁拜中书舍人，一年后去世。杜牧所处的时期正是牛李党争激烈之时，两派都欣赏他的文才，但由于他不肯随人俯仰，仕途困顿就是自然的了。杜牧《上李中丞书》中写道：“往往闭户便经旬日，吊庆参请，亦多废阙。至于俯仰进趋，随意所在，希时徇势，不能逐人。是以官途之间，比之辈流，亦多困踬。”

晚唐时期，唐王朝已显衰势，国家危急日重，民不聊生。杜牧在《郡斋独酌》中抒发了这样的人生理想："平生五色线，愿补舜衣裳。弦歌教燕赵，兰芷浴河湟。腥膻一扫洒，凶狠皆披攘。生人但眠食，奉域富农桑"。可见，杜牧的人生理想并非空泛的议论，而是包含着平定藩镇和收复失地两个核心内容。为此，他留意"治乱兴亡之迹，财赋兵甲之事，地形之险易远近，古人之长短得失"（《上李中丞书》），不仅为《孙子》做注，还写了《原十六卫》《战论》《守论》等军事著作。因此，后人评价杜牧是唐代著名诗人中唯一一位"知兵事"者。由此不难理解杜牧的咏史诗向以具有独特的魅力。

《题乌江亭》：

胜败兵家事不期，包羞忍辱是男儿。江东子弟多才俊，卷土重来未可知。

《赤壁》：

折戟沉沙铁未销，自将磨洗认前朝。东风不与周郎便，铜雀春深锁二乔。

这两首咏史诗一写项羽不肯一人渡江的事，一写周瑜以火攻大破曹操事。但作者并非由旧史中寻找诗意，而是用"翻案法"反说其事，从而道出更为深刻的道理。《江南春》和《过华清宫绝句三首》其一是杜牧另外二首著名的咏史诗：

千里莺啼绿映红，水村山郭酒旗风。
南朝四百八十寺，多少楼台烟雨中。

长安回望绣成堆，山顶千门次第开。
一骑红尘妃子笑，无人知是荔枝来。

前一首借咏南朝皇帝迷信佛教终不能保国事讽刺晚唐皇室崇佛的风习，后一首以荔枝小事来鞭挞皇室的骄奢淫逸。据《新唐书》载："妃嗜荔枝，必欲生致之，乃置骑传送，走数千里，味未变，已至京师。"杜牧的这两首诗都以含蓄隽永见长。文字平易，不用典弄巧，却于自然处见凝练精深的咏史绝句，曾被后人誉为"二十八字史论"（《许彦周诗话》）。

杜牧在《献诗启》中称自己"苦心为诗，本求高绝，不务奇丽，不涉习俗"。在晚唐诗风转趋轻浅华靡的大气候下，他的一些词采清丽，俊爽秀逸的小

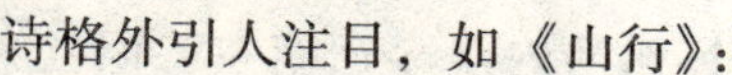

诗格外引人注目，如《山行》：

远上寒山石径斜，白云生处有人家。
停车坐爱枫林晚，霜叶红于二月花。

杜牧在唐代文学史上以“风流才子”闻名。怀才不遇的苦闷，再加上“十年为幕府吏，每促束于簿书宴游间”（《上刑部崔尚书状》），使其流连于声色场所。他自己在《追怀》中也说：“落拓江南载酒行，楚腰纤细掌中轻。十年一觉扬州梦，赢得青楼薄幸名。”但是杜牧的这类“风情之作”中有很多是较为真挚的，如《赠别二首》其二：多情却似总无情，唯觉樽前笑不成。蜡烛有心还惜别，替人垂泪到天明。有些还寄予着深切的同情，如《杜秋娘诗》《张好好诗》。杜牧的散文较多地承继了韩愈散文的笔法，大多写得清新质朴，如《答庄允书》《李贺集序》《窦列女传》等。《阿房宫赋》作于二十三岁时，是为讽喻唐敬宗营造宫室、沉湎声色而写的。作品的开头写“五步一楼，十步一阁”，“覆压三百余里，隔离天日”的建筑外观；次写“取之尽锱铢，用之如泥沙”的重敛轻用，招致“天下之人，不敢言而敢怒”；最后，诗人点出题旨：“族秦者，秦也，非天下也……秦人不暇自哀，而后人哀之。后人哀之而不鉴之，亦使后人而复哀后人也。”整篇文章将形象的描写和充满激情的议论结合起来，具有很强的表现力，是传诵至今的名篇。

作为晚唐诗人，杜牧无法摆脱时代赋予的感伤情调和缺乏理想与热情的消沉情绪。但他运用七律和七绝来咏史抒情，达到了很高的艺术造诣，后人甚至将他称为“小杜”以区别于杜甫。虽然二人相差悬殊并不具可比性，但这一称呼也在一定程度上说明了杜牧的文学地位和影响。

（张　健）

45. 李商隐

李商隐是晚唐著名的诗人，他的咏怀诗、无题诗和爱情诗以及深情绵邈、绮丽精工的独特诗风对后世产生了较大影响。

李商隐（812—858年），字义山，号玉溪生，怀州河内（今河南省沁阳县）人，其祖父、曾祖、高祖的官职都很低，没有超过县一级。李商隐生于父亲李嗣在镬嘉（今河南省新乡市）县令的任上。其后不久，李嗣罢官至南方做幕僚，李商隐就在绍兴和镇江一带度过了童年。十岁时，李嗣去世，李商隐回北方从其堂叔就读。李商隐有三个姐姐，五个弟妹，其父又早逝，一家人的生活状况可想而知。李商隐作为长子，充满了对没落家族的嗟叹和对逝去亲人的缅忆。这种经历，使李商隐缺乏李白那样浪漫豪爽的胸襟，也没有好友杜牧那样洒脱挺拔的气度。卑微的感伤情调一直延续到诗人去世，未有根本的改观。李商隐在二十二岁和二十四岁时两次应举不中，后来由于令狐绹的作用于开成二年（837年）登进士第。令狐绹的父亲十分赏识李商隐的才学，曾让儿令狐绹与其同学。令狐绹的好友高锴主考时，问令狐绹"'八郎之友，谁最善?'绹直进曰：'李商隐者。'三道而退"。也正由于和令狐一家的密切关系，使李商隐卷入了牛李党争，并影响了一生的经历。李商隐在中举的次年入原节度使王茂元府中做幕僚，并娶了王茂元的女儿。此举被令狐绹等人视为"背恩"，李商隐也因此两赴吏部应博学宏辞科考试而未中。第三次通过后担任了秘书省校书郎，不久又被排挤出京任弘农县尉。武宗时李党得势，而李商隐却因居母丧未能有所作为。三年后回京，牛党得势，令狐绹为相，双方隔阂颇深，只好再去外地做幕僚。其间曾两次回京任京兆尹掾曹和太学博士，时间都很短。大部分时间生活在桂州郑亚、徐州卢弘止、梓州柳仲郢幕中，四十七岁病逝于郑州。

李商隐早年关心政治，在他全部约六百首诗作中，以现实政治为题材、以古鉴今、托古讽今的作品约百首，对晚唐政治上藩镇割据、宦官擅权、朋党倾轧这三大问题均有揭露。如《有感二首》和《重有感》都是针对甘露事变而发的。前者一讲李训志大谋浅，徒误国事；一讲文宗暗弱无主，可气可怜。后者写昭义军节度使上表请求"清君侧"一事：

玉帐牙旗得上游，安危须共主君忧。窦融表已来关右，陶侃君宜次石头。岂有蛟龙愁失水，更无鹰隼与高秋。书号夜哭兼幽显，早晚星关雪涕收。

甘露事变诛杀宰相以下数千人，腥风血雨，人人自危。而李商隐能够站出来

呼吁诛讨宦官，表现出非凡的胆量和勇气，这在当时是绝无仅有的一位。诗中的虚词运用颇见深意，“须”字以示国家大义，“已来”“宜次”隐含敦促，“岂有”“更无”意在督责，“早晚”二字透露热望。《行次西郊作一百韵》是李商隐追溯有唐以来治乱兴亡的历史，集中表达政治思想的代表作品。诗的第一部分写唐前期由于官吏得人而形成了繁荣安定的社会景象。第二、三部分写安史之乱和甘露之变。最后一部分表达了对“使典做尚书，厮养为将军”的愤慨和下情不达的忧虑。

李商隐创作了大量的爱情诗。这些作品不像民歌那样直率，又不像某些文人诗那般靡艳，如著名的《夜雨寄北》：

君问归期未有期，巴山夜雨涨秋池。何当共剪西窗烛，却话巴山夜雨时。

李商隐以“无题”为名的诗歌共十七首，除少数有所寄托外，大部分是抒情对象模糊的爱情诗，有的也结合自己的身世抒发了些微的感慨，如：

相见时难别亦难，东风无力百花残。春蚕到死丝方尽，蜡炬成灰泪始干。晓镜但愁云鬓改，夜吟应觉月光寒。蓬山此去无多路，青鸟殷勤为探看。

昨夜星辰昨夜风，画楼西畔桂堂东。身无彩凤双飞翼，心有灵犀一点通。隔座送钩春酒暖，分曹射覆蜡灯红。嗟余听鼓应官去，走马兰台类转蓬。

李商隐之所以写出这样各种情感复杂交织的作品，和他的经历、地位不无关系。杜牧和李商隐同为晚唐著名诗人，但杜牧的感伤更多的是时代的烙印，李商隐的感伤更多源于其自身的卑微与软弱。

灵活巧妙地运用典故来点染意境气氛是李商隐诗的一大特色。如《马嵬》的末句：“如何四纪为天子，不及卢家有莫愁。”冷讽中寄意深远。再如，“地下若逢陈后主，岂宜重问《后庭花》”（《隋宫》）以假想之辞活用典故；“休夸此地分天下，只得徐妃半面妆”（《南朝》）别出心裁、寓意嘲讽等。有的作品也因用典而语意晦涩，令人费解，如《碧城》《锦瑟》。魏庆之《诗人玉屑》说：“李商隐诗好积故实”，胡应麟《诗薮》亦称：“用事之僻，始见商隐诸篇。”李商隐诗歌的这一特点直接影响了晚唐五代及宋的许多作家。

（张　健）

46. 温庭筠

词至中唐，文人开始介入，连白居易、刘禹锡、刘长卿、韦应物等大家也时有为之。但真正专心写词，并以篇目之丰、影响之大而闻名的是温庭筠。

温庭筠（约812—866年），字飞卿，太原祁（今山西省祁县）人。温庭筠的祖辈曾官至台辅，晚唐时，虽已衰微，也算世家。幼年时，温庭筠聪慧敏捷，悟性很高。但成年后“不修边幅”，喜欢“逐弦吹之音，为侧艳之词”（《旧唐书·温庭筠传》），与当朝权贵家的“无赖子弟”一起过着斗鸡走狗、狂饮纵欢的放荡生活。他的“狭邪丑迹”很为当时一些士大夫所不屑。所以，屡试不第，直到晚年才担任了方城（今河南省）尉和国子监助教，仕途尤为困顿。晚年又流落江湖，潦倒至死。

温庭筠的诗在当时名声很高，有“温李”之称，李即李商隐。感慨飘零沦落是温庭筠诗的主要内容，如《商山早行》：

晨起动征铎，客行悲故乡。
鸡声茅店月，人迹板桥霜。
槲叶落山路，枳花明驿墙。
因思杜陵梦，凫雁满回塘。

温庭筠也有不少诗作语意轻浅，虽不及齐梁诗般浓艳绮丽，但也明显地表现出一种风格上的相似之处。如《湘宫人歌》：

池塘芳草湿，夜半东风起。
生绿画罗屏，金壶贮春水。
黄粉楚宫人，芳花玉刻鳞。
娟娟照棋烛，不语两含颦。

温庭筠精通音律，熟悉词调。《花间集》收录其词六十六首，词调有《菩萨蛮》《更漏子》《归国谣》《酒泉子》《定西番》《杨柳枝》《南歌子》《河渎神》《女冠子》《玉蝴蝶》《清平乐》《遐方怨》《诉衷情》《思帝乡》《梦江南》《河传》《番女怨》《荷叶杯》共十八种。其中依《菩萨蛮》调填写的词最多，有十四首，其他各调均在六首以下。《菩萨蛮》属从西域传入的燕乐，乐器以琵琶为主，在唐代尤为流行。相传宣宗尤爱《菩萨蛮》，温庭筠所作之词乃是为令狐绹丞相捉刀。

小山重叠金明灭，鬓云欲度香腮雪。懒起画蛾眉，弄妆梳洗迟。照花前后镜，花面交相映。新贴绣罗襦，双双金鹧鸪。

这首《菩萨蛮》极言女子服饰的华贵，神态举止的娇懒，是浓艳香软词风的代表作品。温庭筠的词大多是从女子的角度来抒情，词的内容离不开女子的怨与喜、悲与欢，如此细腻地展示女子的心理，温庭筠是第一位。但在温词中，渲染铺排女子的装束发式以及卧具，辞藻华丽，词意轻靡的句子比比皆是。如写女子的发式，“春梦正关情，镜中蝉鬓轻”（《菩萨蛮》其五）；“城上月，白如雪，蝉鬓美人愁绝”（《更漏子》其四）；“玉钗斜簪云鬟髻，裙上金缕凤”（《归国谣》其三）；“鬓堕低梳髻，连娟细扫眉”（《南歌子》其三）。写卧具，“凤帐鸳被徒熏，寂寞花锁千门”（《清平乐》其一）；“鸳枕映屏山”（《南歌子》其五）；“锦帐锈帷斜掩”（《归国谣》其二）；“山枕腻，锦衾寒，觉来更漏残”（《更漏子》其三）；“垂翠幕，结同心，侍郎熏锈衾”（《更漏子》其四）。这些句子，不仅意境上缺少变化，词汇选择余地狭窄，在意义上，也过于靡艳，抒情的格调不高。在温词中，也有少数写得清丽而富有诗意的作品，如《更漏子》其六：

玉炉香，红蜡泪，偏照画堂秋思。眉翠薄，鬓云残，夜长衾枕寒。梧桐树，三更雨，不道离情正苦。一叶叶，一声声，空阶滴到明。

再如《望江南》其二：

梳洗罢，独倚望江楼。过尽千帆皆不是，斜晖脉脉水悠悠，肠断白苹洲。

前者写雨夜思人，却拿梧桐雨来衬托。本来就是离情正苦，寂寞难眠，滴滴嗒嗒的雨声更增添了女子的烦乱。后者写望远思人。起片用“梳洗罢”，与下句的“独倚”形成对照。女为悦己者容，但所牵挂的人不在身边，应是懒于梳洗的，可是，随时回来的可能性并非没有，那江中片片白帆难道就不会有一只停在望江楼下，圆了离人心愿?! 千帆过尽，斜晖脉脉，流水悠悠……词的结片，融情于景，回味悠长。

温庭筠对词的发展的贡献是多方面的。在意境营造上，他善于选择富于表现力的细节和景物；在抒情方式上，他更多地采取含蓄委婉的借景抒情；在言辞和声律上，他重视修饰与和谐的统一。但是，温庭筠词作的狭窄题材和柔靡的文风，对以后的词人，尤其是五代时的西蜀词人产生了巨大的影响，以致产生了中国文学史上的第一个词派——花间词派。

（张　健）

47. 李煜

李煜是一位君主，但却以词知名。他的词作虽称不上丰富，却把词这种艺术形式带到了一个新的境界和高度。

李煜（937—978年），字重光，初名从嘉，号钟隐。五代时南唐最后一任国主，也称李后主。早在李煜的父亲李璟时，南唐迫于后周的压力，已取消帝号、年号，只称国主，臣服于周。李煜即位时，赵匡胤已代周自立，建立了宋王朝，南唐更加岌岌可危。但李煜不思振作，为求得苟安，向宋贡奉大量钱财，以致国库空竭。在内政上，李煜不仅无所作为，而且偏听偏信，错杀良才。李煜沉湎于宫中的享乐生活，他先娶能歌善舞的大周后，继娶其妹小周后，骄奢侈靡，醉生梦死。宋太祖开宝七年（974年），宋兵渡江南下，次年攻占金陵。李煜与群臣肉袒出降，被押往宋都汴京（今河南省开封市），受封违命侯。宋太祖即位后，知李煜思念故国，甚为不满，于是将他毒死。

李煜具有多方面的艺术才能，他工书善画，精通音律，而以词的成就为最高。

以南唐亡国为界，李煜词分为前后两个时期。前期词基本上不脱宫廷生活的范围，如下面这首《浣溪沙》：

红日已高三丈透，金炉次第添香兽，红锦地衣随步绉。佳人舞点金钗溜，酒恶时拈花蕊嗅，别殿遥闻箫鼓奏。

在危难之际、存亡之秋，李煜仍津津乐道于夜以继日的酣歌狂舞，其治国的

心力也就可想而知了。李煜前期的词风不出花间一派，如《菩萨蛮》：“南堂昼眸见，一晌偎人颤。奴为出来难，教郎恣意怜。”但也有少数较为清新的作品，如《清平乐》在艺术上达到了较高的造诣，很能代表李煜的词人才华。

别来春半，触目愁肠断。砌下落梅如雪乱，拂了一身还满。雁来音信无凭，路遥归路难成。离恨恰如春草，更行更远还生。

李煜二十四岁登基，三十九岁亡国，过了十五年纵情声色，侈陈宴乐的生活。一朝沦为阶下之囚，其心情之痛楚懊丧使其词风转而变为痛彻凄婉。

四十年来家国，三千里地山河。凤阙龙楼通宵汉，玉树琼枝烟萝，几曾识干戈。一旦归为臣虏，沉腰潘鬓消磨。最是仓皇辞庙日，教坊犹奏别离歌，挥泪对宫娥。(《破阵子》)

帘外雨潺潺，春意阑珊，罗衾不耐五更寒。梦里不知身是客，一晌贪欢。独自莫凭栏，无限江山，别时容易见时难。流水落花春去也，天上人间。(《浪淘沙》)

《破阵子》是对被俘前生活的回忆，从中看不出反思的意味，一方面是由于所处环境的严酷，另一方面也是囿于李煜认识上的局限。《浪淘沙》写了一个“贪欢”的春梦，梦与现实对比，更增加了作者的深哀剧痛，而这一切，用一句“天上人间”淋漓尽致地表达了出来。

李煜抒写亡国之痛的词作，最著名的当属下面这首《虞美人》：

春花秋月何时了，往事知多少。小楼昨夜又东风，故国不堪回首月明中。雕栏玉砌应犹在，只是朱颜改。问君能有几多愁，恰似一江春水向东流。

杜甫在安史之乱中，面对“年年岁岁花相似”的春天之景，感慨时事，写下了“感时花溅泪，恨别鸟惊心”的名句。李煜面对同样的景物，却发出了“何时了”的怨恨，因为李煜毕竟拥有过天下，对于业已失去的东西，有一种盼其毁灭的愤愤然。同时，也是对自己屈辱生命的激愤之词。上片已说“故国不堪回首”，下片却仍写“雕栏玉砌应犹在”，这是因为明知回忆往事徒伤人心却又抑制不住，控制不了。词的结片以滔滔不绝的江水来比喻愁情，历来为人称道。江水的浩大，是愁情的物化；江水的涌动，是愁情激荡；更重要的是，江水的亘古长流，滔滔不息正如作者那与生俱存，永无止境的亡国之痛，源源而来，滔滔而逝，无穷无尽，永无息止。愁情有可解脱之愁与不可解脱之愁，李煜的愁情只有复国才可解脱，而这是根本不可能的。以江水来比喻这无望的愁情不仅造意独到，而且极为贴切传神。《相见欢》抒写的也是亡国后的愁情，但情调较为淡惘委婉：

无言独上西楼，月如钩。寂寞梧桐深院，锁清秋。剪不断，理还乱，是离愁。别是一番滋味，在心头。

李煜对词的贡献，在于他突破了花间词派写艳情的窠臼，把词从风花雪月、雕金镂玉、剪红刻翠的自我束缚中带向一个广大的抒情领域，使词在向述志言怀的新诗体的发展上迈出了巨大的一步。

（张　健）

48. 欧阳修

在北宋文学史上，欧阳修无疑是一个举足轻重的人物。他曾官居显要，为人有气节，忠直敢言，廉政爱民，为时人所敬重。他不仅倡导了对于当时和以后相当长的时期对文学都具有积极影响的诗文革新运动，还在散文、诗词、史传等方面取得了引人注目的成就，成为一代文学宗师。

欧阳修（1007—1072年），字永叔，四十岁自号醉翁，晚年更号六一居上。吉州永丰（今江西）人。因吉州原属庐陵郡，又自称庐陵人。卒谥文忠，世称“欧阳文忠公”。他一生为后世留下了一笔丰富的文学遗产，计有《居士集》五十卷，外集二十五卷，杂著十九卷。还有史书《新唐书》《新五代史》等。

欧阳修出生于一个清寒的小官吏家庭，但到其祖、父辈却家道中落。他幼年丧父，寡母郑氏对他的成长产生了深刻的影响。在母亲的教导下，他学习刻苦，常借书抄诵，尤爱韩愈的文章。希望通过努力能够与“文起八代之衰”的韩愈相比并。他二十岁时中进士，累官西京留守推官、馆阁校勘、夷陵县令、太常丞知谏院、滁州知州、礼部侍郎、参知政事等。《宋史·欧阳修》称他“天资刚进，见义勇为，虽机阱在前触之不顾”。因他为范仲淹上章批评时政而辩护和参与“庆历新政”的革新，仕途之中屡有贬迁。王安石行新法时，因政见不合，六十五岁时以太子少师之职辞官退隐。

欧阳修自入仕途后，宦海沉浮四十余年，在他的散文中，议论文所占比重最大，包括政论、史论、书序、书简等。这些文章有的是针对时弊抒论，有的是借古喻今，有的是因事寄慨，纵横议论，切直抒畅，却又不乏委婉变化之妙，都具有很强的现实性。如《与高司谏书》《朋党论》《纵囚论》等。欧阳修的散文中有不少是为人写的墓志、祭文，这些多是很好的人物传记。如《祭严师鲁文》《祭石曼卿文》《祭苏子美文》《梅圣俞尧臣墓志铭》《徂徕先生墓志铭》《黄梦升墓志铭》《泷冈阡表》等。欧阳修散文中另一类有突出成绩的，是写景叙事散文。这类散文或记亭堂，或写山水，或咏园林，取材广泛，其中有些篇幅重在抒发作者情怀，或在其中寓有较多的理趣。作者常从寻常习见的事物中翻出新意，发人思索，或由远处落墨，逶迤写来，突起转折，得出精警之论。如《峡州至喜雨亭记》《岘山亭记》《真州东园记》《相州昼锦堂记》《有美堂记》《画舫斋记》《菱溪石记》《丰乐亭记》《醉翁亭记》等。

作为开宋代笔记文创作先河的欧阳修，此类散文的代表作是《归田录》。这些随笔琐记写得不拘一格，并常能描摹细节，刻画人物，且富有情趣。

欧阳修的赋，写得也很出色。作为以骈偶和铺排以及声律为形式特色的赋到了宋代以后，由于内容的空泛和形式上的矫揉造作，已走向没落，当欧阳修散文革新取得成功之后，又回过头来为赋开辟了一条新路。其代表作有《鸣蝉赋》《秋声赋》等。

欧阳修的诗歌创作，影响虽不及散文，但也很有特色，今存诗作八百六十余首。他的诗在当时被推为大家之作。在诗歌创作上，旁搜远绍，对宋诗的发展起到了承前启后的作用。他的诗深受李白、韩愈、孟郊的影响，同时又受到苏舜钦、梅尧臣的启发，在有意矫正“西昆体”的流弊中，逐渐形成自己的风格特征。他的诗不用僻典，不堆砌华丽辞藻，不讲求奇巧对仗，语言浅明易懂，有一种自然流畅的风格。这是与当时流行的“西昆体”诗所不同的。他的诗歌另一重要特色是在诗中发议论。此举虽不始于欧阳修，但当把议论同抒情、记事结合起来，无疑扩大了诗歌表现领域，具有一定的现实意义。这对于五代以来的浮艳诗风是一有力冲击。然而由于说理的成分过度，对诗歌的形象性和抒情无疑是一损害。

在欧阳修的诗中，既有反映国计民生，抨击时弊，反对异族侵略的诗篇，如《食糟民》《明妃曲和王介甫作》《再和明妃曲》《唐崇徽公主手痕》；也有大量篇幅描写山水风光、亲朋之间的赠答的诗篇，以及描写个人生活中行役谪宦的作品，如《晚泊岳阳》《戏答元珍》《黄溪夜泊》《下牢溪》《劳亭驿》《题滁州醉翁亭》等。在他的诗中还有论诗诗，这些诗开创了宋代以诗论诗的风气。如《论蟠桃诗寄子美》等，表现出了他对诗歌艺术的很多精辟见解。可以说，宋诗至欧阳修时已渐趋成熟，形成了自己的特色。

欧阳修除了散文、诗的创作以外，还擅长写词，在宋代文坛上是一颇受人重视的词家。今存词二百多首，从数量上说超过了他以前的作家。不过与其散文、诗歌相比，作品内容要狭小得多，但论影响不在诗之下。南宋曾慥选《乐府雅词》，认为欧词为宋之冠。在词的创作上，民间俚曲对欧阳修影响不小。他的词作风格以清疏隽永、蕴藉深厚为特色。他的词主要内容虽仍是恋情相思，酣饮醉歌，惜春赏花等，但已摆脱了五代花间派的脂粉气，将词风从浮艳引向了清丽一路。其代表词作有《踏莎行》《侯门残馆》《生查子·元夕》。除此之外，欧阳修还善于以清新疏淡的笔触写景，如《玉楼春》“杏花红处青山缺，山畔行人山下歇”；《浣溪沙》“堤上游人逐画船，拍堤春水四垂天。绿杨楼外出秋千”；《渔家傲》“迷俯仰，月轮正在泉中漾”；《采桑子》“无风水面琉璃滑，不觉船移”等。另外感叹遭际，伤时叹老，也都纳入了词的描写范围，如《临江仙》“十年歧路，空负曲江花”；《玉楼春》“春色无情容易去”等。欧阳修在词的创作上，多以小令见长。既有韦庄词的清丽俊雅，又有冯延巳的深沉委婉。他不仅拓宽了词的题材领域，还在尝试慢词的创作以及口语化、俚俗词语入词等方面，起了拓展性的积极作用。这些都表明词在宋初已逐步摆脱花间、南唐词的影响，向社会生活的广阔领域和风格多样化发展。

（马胜利）

49. 王安石

王安石在宋代不仅是一位杰出的政治家、思想家，也是一位著名的文学家。他的诗、词、文都有很高的成就。王安石的文学创作体现了他的经世致用的思想，多服务于他革新政治的事业。他是继欧阳修、梅尧臣、苏舜钦之后，使诗文革新运动更为深入，成果更为辉煌的一人。

王安石（1021—1086 年），字介甫，晚号半山，抚州临（今江西临川）人。封荆国公，世称王荆公。谥文，又称王文公。著有《临川集》。王安石出身于中下层官吏之家，自幼随父转徙于各地。早年的搬迁生活，使他较早接触到下层社会，埋下了“矫世变俗之志”的种子（《宋史·王安石传》）。他少好读书，博闻强记，为他日后的文学创作打下了坚实的基础。仁宗庆历二年（1042 年）中进士，历任签书淮南判官、鄞县知县、群牧判官、常州知州、知制诰、参知政事等，并被召为翰林学士兼侍讲。神宗时拜相，实行革新变法。因遭反变法派的猛烈攻击，两度离开相位。后退居江宁钟山（今江苏南京），筑半山园，潜心于艺术研究和诗歌创作。元祐元年（1086 年）司马光执政，尽废新法，王安石忧愤病死。

作为文学家的王安石，取得很高成就的是诗，他的诗歌不仅量大，有一千五百余首，而且很有特色，并自成一家。欧阳修曾以“翰林风月三千首，吏部文章二百年”（《欧阳文忠公文集》卷五十七《赠王介甫》）的诗句来赞美他。他的诗歌创作，以熙宁七年（1074 年），退居江宁为界，分为前后两期。前期诗作多属于政治题材类诗，这是与王安石的政治生涯分不开的。他把自己长期对社会观察、体验和感受，与渴望济世匡俗的抱负写进了诗中。这一时期他以杜甫现实主义精神为宗，在艺术上，近体多仿杜诗句法，古体则吸取韩愈诗健拔雄奇，多用议论的特点。主要作品有《感事》《河北民》《促织》《出塞》《阴山画虎图》等。他的前期咏史、怀古为题材的诗作，也有很强的政治性。它们大都有感而发，寓意深刻，如《范增》《乌江亭》《杜甫画像》等。其中《明妃曲》二首，堪称代表作，历来脍炙人口。这一时期，王安石还写了大量的羁旅、登临、赠别、悼友、咏物之作，如《孤桐》《登飞来峰》《葛溪驿》《示长安君》《题西太一宫壁》等。王安石在艺术上为诗歌史作出较大贡献的是他的这些咏物抒情、述怀感旧、登山临水、酬答赠别的近体诗和他后期的一些抒情写景小诗。

王安石的后期诗作，在艺术上是以杜甫“老去渐于律诗细”为工，在对仗、典故、格律上精益求精，并且吸收了王维诗歌的取境之长。人评“遣情世外，其悲壮即寓闲淡之中”（《宋诗钞·临川诗钞序》）。严羽将此期诗歌称为“王荆公体”（《沧浪诗话》）。这一时期的主要作品有《北陂杏花》《梅花》《钟山晚步》《书湖阴先生壁》《泊船瓜洲》《江上》等。这些诗篇，构思新颖别致，字句千锤百炼，体物细腻，善用色彩，备受后人推崇。虽然诗的现实内容减弱，但在艺术上，更臻于炉火纯青的境地。

作为唐宋八大家之一的王安石，他的散文雄健峭拔，简劲明快。包括书、表、启、传、记、字、杂著、碑铭、祭文、墓志等。大体可分为论说和记叙两大类。王安石文章的长处在于说理，即使在他的记叙文中，也含有较多的议论成分。可见他要求文章直接为政治服务的良苦用心。他的散文以论说文的成就最为突出。在论说文中，直陈己见，揭露时弊，议政说理，论辩驳难，无不写得游刃有余，得心应手，有极强的说服力。如他的奏议《上仁宗皇帝言事书》，杂文《原过》《知人》，史评、人物论的《伯夷》《读孟尝君传》等，驳难的《答司马谏议书》等。

在王安石的散文中，记叙文占有较大比重。此类文章不重写景状物，铺陈点染，而属意于借端说理，载道见志。其记人、记事、记游散文各具特色。如记人叙事的《伤仲永》在碑志中借文生议，放言高论的《处士征君墓表》《葛兴祖墓志铭》《王逢原墓志铭》等。用杂言韵文写的《祭欧阳文忠公》，是王安石少有的美文。

王安石长于议论的特点，在记游的散文中也有鲜明的体现。这与欧阳修、苏轼抒情议论并重，文字充满情韵的“记体文”有所不同。作为记游的代表作《游褒禅山记》，通过记游来言志，表达了他的理想、探求，富有哲理思辨色彩。

王安石的文章强调直抒胸臆，注重文学功用和论辩说理，文字力求简古。由

于只注重说服力而不注重描写物象、酝酿气氛，增强感染力，因而许多文章缺少文采和形象性，有枯燥单薄之感，缺少韵味。

王安石词作数量不多，但艺术性较高。在词的创作上，为宋词开辟新意境的除欧阳修、范仲淹外，还有王安石。他的代表作是《桂枝香·金陵怀古》。词吊古喻今，以陈后主旧事警劝北宋统治者。词在捕捉形象、创造意境方面，都新颖而有气派，一扫花间习气。

（马胜利）

50. 苏轼

苏轼在三苏之中，堪称一代文学、艺术大师。作为北宋文坛的领袖人物之一，他建树了多方面的文学业绩；散文与欧阳修并称“欧苏”，又是唐宋八大家之一；诗歌与黄庭坚并称“苏黄”，开宋代诗歌新貌；词与辛弃疾并称“苏辛”，是豪放词派创始人；还是诗文革新的中坚和领袖。另外，在书画艺术方面也是名家高手；书法与黄庭坚、米芾、蔡襄并称“四大家”；绘画是“文湖州竹派”的重要人物，宋代文人画的重要代表。

苏轼（1037—1101 年），字子瞻，一说字和仲，号东坡居士。著有《苏轼诗集》五十卷；《苏轼文集》七十三卷；《东坡乐府》三卷等。苏轼幼承家训，涉猎极广，“学通经史，属文日数千言”（苏辙《东坡先生墓志铭》）。嘉祐二年（1057 年），中进士，深受主考官欧阳修的赏识。四年后授大理评事，签书凤翔府判官。并历任判官告院、开封府推官。熙宁四年（1071 年），因与变法派政见不合，请求外调，出任杭州通判，历知密、徐、湖三州。元丰二年（1079 年），被人罗织罪状弹劾作诗反对新法，讪谤朝廷，从湖州逮捕下狱，史称“乌台诗案”，后被释谪贬黄州、汝州等地。元祐元年（1086 年），旧党司马光执政，调回京都任中书舍人、翰林学士、知制诰等职。次年兼侍读。因与旧党政见不合，遭疑忌，于元祐四年（1089 年），自请出知杭州。后又被贾易等人寻隙诬告，历知颍、扬、定等州。绍圣元年（1094 年），哲宗起用新党，贬逐元祐旧臣，又被一贬再贬，由英州（今广东英德）、惠州（今广东惠阳）远贬到儋州（今海南儋县）。元符三年（1100年），徽宗即位才赦还。建中靖国元年（1101年），病卒于常州。

苏轼濡染儒、佛、老，既有儒家辅君治国、经世济民的理想，又有佛、老的超然物外的旷达襟怀，“君子可以寓意于物，而不可以留意于物”（《王君宝绘堂记》）。这些思想在他的作品中都有鲜明的反映。其一生经历的巨大的政治磨难，反倒成就了一代文学大师。

苏轼重视文学的社会功能，强调文学家要有充实的生活感受，要敢于创新，并且重视文艺技巧探讨和运用。

苏轼一生留下了两千七百多首诗、三百多首词和卷帙繁富的散文作品。

他的不少敢于揭露社会民族矛盾，关心百姓生活、生产的诗，大都写得情真意挚，犀利尖锐。如《荔枝叹》《正月十八日，蔡州道上遇雪，次子由韵二首》之二、《和子由苦寒见寄》《秧马歌》等。而作为“一肚皮不入时宜”的政治失意者（毛晋辑《东坡笔记》卷上《是中何物》），“我本不违世，而世与我殊”（《送岑著作》），自然就会有向往山水，厌弃官场生涯的流露。他的不少写景抒怀诗，艺术价值最高，也最为脍炙人口。如《游金山寺》《新城道中》《题西林壁》《琴诗》《入峡》《百步洪》《和陶归园田居》《东坡》《泛颍》《惠崇春江晚景》等。这些诗中，既有蜀中的奇绝、长江的夜色、江南的晴雨、西湖胜景、江北风物、岭外风光等景物，令人欣喜爱悦；也有从日常生活和自然小景中悟出的新意妙理，引人深思。它们即景寄意，因物寓理，意在言外，余味不尽。另外，他还写过不少品评书画的诗歌，如《读孟郊诗》《石苍舒醉墨堂》等，表达了其审美情趣和见解。

苏轼长于古体和七言诗，七古奇气横溢，如《雪浪石》《法惠寺横翠阁》等。五古则词清味腴，如《寒食雨》等。七律近于刘禹锡、白居易，如《汲江煎茶》《初到黄州》等。五律五绝少见，七绝则有不少是被人传诵的名篇佳作。其诗有以文、才学、议论为诗的特点。

读苏诗可感其“有必达之隐，无难显之情”（《瓯北诗话》）。诗人的才情是奔放的，艺术想象是丰富的，他熟练地驾驭各种艺术手法，以争取自由表达的最高境界。但也可看到一些诗篇存在着议论化影响诗的形象性、韵律美，以及用典过多、粗率冗长、近于文学游戏之弊。

苏轼作为豪放词派的开创人，创作了一批风貌一新的词章。在他的词中，记游、怀古、赠答、送别、说理，“无意不可入，无事不可言”（刘熙载《艺慨》卷四），“一洗绮罗香泽之态，摆脱绸缪宛转之度”（胡寅《题酒边词》），抒报国志，绘农家景，写谪居思等，扩大了词境。如《江城子》（老夫聊发少年狂）寄托立功报国豪情壮志；如《沁园春》（孤馆灯青）抒远大的政治抱负；如《满江红》（江汉西来）即景怀古，暗寓愤懑不平；如《卜算子》（缺月挂疏桐），写遭贬后的孤芳自赏；如《定风波》（莫听穿林打叶声）表现不畏坎坷，泰然自若的人生态度；如《浣溪沙》（五首）描绘了具有浓郁生活气息的农村风俗画。这些词都突破了词为艳科的藩篱，新天下耳目。尤其《念奴娇·赤壁怀古》《水调歌头·丙辰中秋》，更具代表性。

苏词颇具浪漫情怀，逸兴遄飞。这些篇章上承屈原、李白，下开辛弃疾，如《水调歌头》（明月几时有）、《念奴娇》（凭高眺远）、《满庭芳》（归去来兮）等，浮想联翩，或是不甘心天阙的清寂；或是飞上玉宇琼楼；或是巧遇仙女，直觉有仙气缥缈于毫端。在苏词的多样化词风中，除大江东去之类豪放词风外，还表现出或清旷奇逸；或清新隽秀；或婉转缠绵，各有风骚。如悼亡妻的《江城子》、咏杨花的《水龙吟》、写佳人风情的《蝶恋花》，等等。

苏词在体制、语言、音律上也都体现了创新精神。词人以诗文句法入词，始于苏轼。在词体的创制上，如《哨遍》是由《归去来辞》改写，《水调歌头》是由《听颖师琴诗》剪裁而成。还有不少词始用标题，有的还采用小序。他既重视音律，但不拘泥于音律。其创新不仅在于打破诗词题材、内容上的严格界限，还使词脱离了音乐而成独立抒情手段，扩大了词的表现力。

苏轼的散文，发展了欧阳修平易舒缓的文风。在苏文中艺术价值最高的是那些书札、杂记、游记、小赋等，或披露胸襟，或即事即景议论风生，体现了他在《文说》的观点。如记人物的《方山子传》《书刘庭式事》；记楼台亭榭的《喜雨亭记》《超然台记》《石钟山记》；品评书画、述治学心得的《文与可筼筜谷偃竹记》《日喻》。另外还有著名的前、后《赤壁赋》，也都写得意趣盎然。此外，还有流传较广的笔记文《东坡志林》（此书后人所辑）。其中不少随笔、杂感、琐记，写人记事，颇有情致。如《记承天寺夜游》《记游松风亭》等。随手拈来，即见意境和性情。

苏轼的文学创作代表着北宋文学的最高成就，并影响着后世。苏诗影响了宋代的诗歌面貌，并受到金、明公安派、清宗宋的诗人们的推崇。苏词的影响以至形成了豪放词派，直至清代仍为词家所效法。苏文中的小品、随笔，开明清小品、随笔的先河。在明公安派、清袁枚、郑板桥等人的散文中，都可找到承续的线索。他的影响至今仍未消失，各地还流传着他的不少传说，人们还在吟诵他的作品，就可说是一个明证。

（马胜利）

51. 李清照

李清照是中国古代文学史上少有的杰出女作家。她多才多艺，在诗、词、文上都取得了很高的成就，还工书、善画兼通音乐。

李清照（1084—1157年?），自号易安居士，济南章丘（今山东济南市）人。著有《漱玉集》《漱玉词》等。李清照生长于一个文学气氛很浓厚的官宦之家，父母皆善文，其父李格非尤有文名。她资质聪慧，少识音律，很早就有诗名。十八岁时与宰相赵挺之之子、太学生赵明诚结婚。婚后两人除诗词唱和外，还致力于收集和研究金石书画。“靖康之变”，被迫渡淮南奔，所携图书文物，在乱离中散失殆尽。赵明诚也在移知湖州途中病故。此后她只身一人，孤苦无依，漂泊不定。后又受小人诬陷，晚景凄凉，在乱离和贫困中度过了悲惨的晚年。

李清照在诗歌创作上，所遗留下来的诗歌，大都是南渡以后的作品。与其以婉约为主的词风迥异，呈现出高昂、豪迈、刚健之气。爱国感情表现得显著而强烈，“南来尚怯吴江冷，北狩应悲易水寒”，“南渡衣冠少王导，北来消息欠刘

琨”（庄季裕《鸡肋编》引）等诗句讥刺了南宋朝廷的苟且偷安。最有名的是五言诗《夏日绝句》：

生当作人杰，死亦为鬼雄。

至今思项羽，不肯过江东。

此诗借古讽今，慷慨沉雄，一洗儿女气。在她的诗中，还有些极具宏大气魄之作，其中题八咏楼一诗：

千古风流八咏楼，江山留与后人愁。

水通南国三千里，气压江城十四洲。

此诗作为李清照的晚年避难诗作，写得豪气充溢，是其少有的佳作。另外，她还有些颇具浪漫色彩的作品，如《晚梦》诗，以梦写其对理想生活的追求和向往，也具有豪迈洒脱的特色。

李清照还擅长散文。南宋赵彦卫说她“有才思，文章落纸，人争传之”，可惜与其诗词一样，流传下来的很少。南渡后所作的《金石录后序》是她散文的代表作，此篇序文可视作一篇颇佳的传记性散文。它详略有致地记叙了李清照夫妇颠沛流离的一生。文中那沉哀入骨的情思，却以平实的叙述风格出之，更增撼人心魄的力量。

李清照的词，从艺术成就上看，超过了诗文。从词的理论上看，她的《词论》，作为宋代第一篇系统的词论之作，在总结词的发展过程中，明确提出了对词的要求，并主张“词别是一家”之说。但这种观点，在一定程度上限制了她的创作。其中《词论》的有些要求，由于其生活境遇的变化，使得她突破了自己早期的“典重”“铺叙”的理论，形成了以善用白描手法，浅俗清新风格见长的“易安体”。词人善于通过富有特征的事物和动态描写形象，使所要表达的抽象感情有了具体的感性力量，再加之叠字、俗语的运用，更增其艺术感染力。

李清照的词以南渡为界，分为前后两期。前期作品，主要是对闺中欢娱生活、自然风光、离别相思的描绘和抒发。有些词，表达了对美好事物和自由生活的向往之情。在客观上有的还具有一定反对封建礼教束缚的意义。如《如梦令》（常记溪亭日暮）、《点绛唇》（蹴罢秋千）、《一剪梅》（红藕香残玉簟秋）、《醉花阴》（薄雾浓云愁永昼）等词，都给人留下了一幕幕难忘的印象。另外像她的《凤凰台上忆吹箫》（香冷金猊）、《如梦令》（昨夜雨疏风骤）、《蝶恋花》（泪湿罗衣脂粉满）等词，或即景抒情，或借物抒怀，也都写得语新意隽，婉转曲折，深沉细腻。

南渡，对李清照来说，是一极大不幸，但这不幸又促使她成为历史上最杰出的女词人。由于她经久而深切地承受了时代的巨变、生活的坎坷和精神的磨难，使她所抒写的忧愁烦恼，已不再是个人一己之悲辛、闺阁庭院这一狭小范围，而是融入了家国之恨，展示了那个时代的苦难在词人心中的印迹，直至后世仍具有打动人心的力量。她这一时期的词作，大致分为感伤时事、悲今悼昔、咏物自伤之类。如她的感时伤世之作《武陵春》（风住尘香花已尽），其中两个“舟”的使用，既与“愁”情之生相关，又是“愁”情极度深重的具体体现。其词具有立意新颖，设想奇特，语言浅显而又凝练，含蓄而不艰深，凄婉而又劲直等特色。她的悲今惜昔之作最为著名的是《永遇乐》（落日熔金）、《声声慢》（寻寻觅觅）。前首词抚今追昔，抒发了词人饱经忧患的苦楚与自甘寂寞的情绪，并从中透出对朝廷偏安的不满、对故国的眷念。百年之后，南宋末著名词人刘辰翁对此词读之又读，为之涕下。后一首词，表现了词人饱经国破、家亡、夫死的乱离之苦的忧患和哀愁。它是李清照词中特别讲究声调的一首名作，是自欧、秦以来的大词人所未曾有过的一首富有创造性的词作。其词中语言，与北宋末华贵典雅的词语形成了鲜明对照。咏物自伤类的词，较有名的是《清平乐》（年年雪里）。这些咏物词同其他类词一样也都成功地传达出其忧国思乡怀人之深情。

李清照虽也是沿着婉约派的道路发展，但她又不完全受婉约派的束缚，在她的某些词中，还具有想象大胆、感情奔放的豪放派词风的某些特色。如《渔家傲》一词，就写出了“九万里风鹏正举，风休住。蓬舟吹取三山去”的豪迈词句，无一丝钗粉气。李清照作为继秦观之后的另一个婉约派的大家，对后代产生了很大的影响。后人曾评价道：“两宋词人能词者不少，无出其右矣”（陈廷焯《云韶集》卷十）。由此可见李清照词在文学史上的地位和影响。

（马胜利）

52. 陆游

陆游是中国历史上杰出的爱国诗人，他一生处于北宋的末年和南宋的前半期。对于宋王朝来说，这将近一个世纪的历史阶段，正是阶级、民族矛盾异常尖锐的时代。在这一历史时期，陆游以其显著的文学成就，奠定了他在中国文学史上的崇高地位。

陆游（1125—1210年），字务观，号放翁。越州山阴（今浙江绍兴）人。陆游出身于一个世宦家庭，当他诞生的第二年，金兵就攻陷了宋都汴京（今河南开封），随父逃亡，历经艰辛。父辈师友的爱国情操，使他自幼立下了抗敌复国的壮志。绍兴二十三年（1153年），应礼部试，名在前列。次年复试，因居秦桧孙子名前，并不忘国耻、谈论国事，为秦桧忌恨而被除名。秦桧死后，出任福州宁德县主簿。孝宗即位，赐进士出身，历官镇江、隆兴通判。不久，以力说张浚用兵等罪名，罢黜还乡。乡居四年后，起用任夔州通判。乾道八年（1172年），入四川宣抚使幕中襄理军务。后因王炎被朝廷召回并罢免，陆游改任成都府安抚司参议官。此后，又任蜀、嘉、荣州代理通判、知州等职。淳熙二年（1175年），范成大任四川制置使时，邀陆游到其幕中任参议官。二人素有文字之交，且友谊很深。因不拘官场礼法，被人讥责为“颓放”。于是索性自号“放翁”。陆游的九年川陕生活，使其精神境界大开，是他创作上收获最多的时期。为此，将全部诗作题名为《剑南诗稿》。淳熙五年（1178年），受孝宗召见，派赴福州、江西做了两任提举常平茶盐公事。后因触犯当道，以“擅权”罢职还乡。家居六年后，被起用为严州（今浙江建德）知州，深受百姓爱戴，立碑、立祠，纪念其祖孙二人。后召赴临安任军器少监。光宗即位，改任朝议大夫礼部郎中，并再度被罢官。此后，长期蛰居农村有十二年之久。以坐拥书城为乐，并将书室名为“老学庵”。嘉泰二年（1202年），入朝参加修撰孝宗、光宗两朝实录，次年修毕，辞官返乡，赋诗作文不辍。嘉定二年（1209年）12月29日，年届八十五岁高龄的老诗人，带着国土未复的遗恨病逝。

陆游一生坎坷，政治上屡遭排挤打击；婚姻上也很不幸，二十岁初婚唐婉，

两情笃厚，婚后三年为母所迫而离异。隐痛郁结，遂成就了情感深挚的诗词。

陆游才气超群，诗、词、文等皆卓有成就，著有《陆放翁全集》，其中有《剑南诗稿》八十五卷、《渭南文集》五十卷（计有词两卷、《入蜀记》六卷）、《放翁逸稿》二卷、《南唐书》十八卷、《老学庵笔记》十卷等，其他尚有《放翁家训》《家世旧闻》等。

陆游的诸方面成就，以诗歌创作为最。现存诗共九千三百多首。陆游早年学诗曾师从江西派诗人曾几，受到不少启发，并在屈原、陶渊明、李白、杜甫、岑参等人诗作中汲取了不少营养。作为最能体现陆游创作精神的作品，是那些或倾诉收复失地的雄心；或抨击卖国求安的投降派；或抒发壮心难酬的愤懑情怀的作品。如《书愤》《金错刀行》《送七兄赴扬州帅幕》《胡无人》《病起书怀》《关山月》《出塞曲》《夜泊水村》《秋夜将晓出篱门迎凉有感》《十一月四日风雨大作》《纵笔》《陇头水》《夜读兵书》《老马行》《示儿》等，无不激昂慷慨、悲壮豪迈而又托兴深微。陆游在诗中还痛斥了那些不恤国难、唯知奢靡享乐的统治者，表达了对下层百姓痛苦生活的关怀和深深的同情，如《追感往事》《客从城中来》《醉歌》《秋赛》《农家叹》等。此外，描绘自然风光，抒写淳朴民风、咏史怀古、咏物言志等也有不少的佳作，呈现着自然流畅，清新俊逸的风格。有些作品还将诗情和哲理相交融，名篇佳句迭出。如《游山西村》《临安春雨初霁》《春晓》《剑门道中遇微雨》《黄州》《夜泊水村》《枕上作》《渡浮桥至南台》《枕上》《衡门独立》《楚城》等。陆游诗在反映现实生活时，许多诗又具有丰富而瑰丽的想象，擅长运用奇特的夸张，并用梦境寄托自己的理想，构成气魄壮观的意境。如《醉歌》《出塞曲》《神君歌》等。

陆游诗各体兼备，其中尤以七律写得又多又好。有人称他和杜甫、李商隐完成七律创作上的“三变”（舒位《瓶水斋诗话》）。除七律外，当推绝诗，可说直追唐音。对他的诗作，既有誉之为“可称诗史”，将他和杜甫媲美，又有称他为“小太白”的。诚如前人所说：“无意不搜而不落纤巧，无语不新而不事涂泽，实古来诗家所未见。”（赵翼《瓯北诗话》）但陆诗也有不足，就是句法和意思有时重复，在他晚年诗中，这种情况更多。另外，也有个别诗篇结构上显得堆砌拼

凑，有时不觅率尔成章，含蓄不足。但这些终归是小疵。

陆游专力于诗，以余力为词。现存词共一百三十首。前人评其词“纤丽处似淮海（秦观），雄慨处似东坡（苏轼）”（杨慎《词品》）。作为一位著名的词人，能在苏轼、秦观、辛弃疾诸大家之外自立一格，独树新态。他的词作中一些词与婉约派词风相近。如《钗头凤》（红酥手）、《鹧鸪天》（南浦舟中两玉人）、《临江仙》（鸠雨催成新绿）、《蝶恋花》（陌上箫声寒食近）、《水龙吟》（樽前花底寻春处）等，都可见其情致深婉的笔触。还有的词作则寄托着作者的人生感受和襟怀，如《卜算子》（驿外断桥边）、《南乡子》（早岁入皇州）等。有的词则近似苏轼，如《双莲头》（华鬓星星）、《渔家傲》（东望山阴何处是）等，给人苍凉旷远之感，并包孕深意。最能见其特色和个性特征的，当推慷慨雄浑的爱国激情之作，“超爽处更似稼轩（辛弃疾）”，如《诉衷情》（当年万里觅封侯）、《谢池春》（壮岁从戎）、《汉宫春》（羽箭雕弓）等。

陆游散文师法曾巩。其散文修辞洗练，结构整饬明晰，语言平易如话。议论、抒情、叙事，以至叙写生活琐事，不时的都体现着他的爱国情怀。如《静镇堂记》《铜壶阁书》《书渭桥事》《傅给事外制集序》等。还有些作品在叙写乡居生活中，呈现出淡雅隽永的特色，如《书巢记》《居室记》《艇记》等，别具一格。陆游的《入蜀记》《老学庵笔记》的文字也很优美。前者作为一部旅行日记，笔致简洁，描述了山川风土，有助考订古迹和地理沿革。后者作为随手杂录的笔记，大多关涉逸闻旧典的记叙，也有当时的时政、文学评论。从中可见作者的敏锐见识，文笔雅洁，既有寄托，也很风趣。

陆游的文学创作对当时和后代的文坛都产生了深刻的影响。如南宋后期的著名诗人刘克庄，宋亡之际的不少爱国诗人都与之发生了强烈的共鸣。陆游作品强烈的爱国精神和卓越的艺术成就，使他在中国文学史上获得了重要地位。

（马胜利）

53. 辛弃疾

在宋代文坛上，辛弃疾的词和陆游的诗并称，标志着南宋文学爱国主义的主流。其词作被誉为“慷慨纵横，有不可一世之慨”（《四库全书总目提要》），可说是在词史上异军突起，于剪红刻翠之外，屹然建立了足以领袖一代，雄视百家的独特词风，堪称中国文学史上一座瑰奇多彩的艺术峰峦。

辛弃疾（1140—1207年），原字坦夫，改字幼安，别号稼轩居士。历城（今山东济南）人。他出生在山东济南一个世代仕宦的家庭。这时正是岳飞被赵构一伙杀害的前两年，北宋的汴京（今河南开封）已沦陷十四年。其父早卒，由祖父辛赞抚育成人。幼年师从亳州诗人刘瞻。在其门下最优秀者有辛弃疾与党怀英，二人才华相当，并称“辛党”。后二人分道扬镳，一个仕金，一个走上抗金之路。绍兴三十一年（1161年），辛弃疾二十二岁时，聚众两千人，起事抗金。后加入农民耿京起义队伍，任掌书记，共谋恢复大业。南归后，历任湖北、湖南、江西、福建等地安抚使等职。其间写成《美芹十论》《九议》，提出抗金复国的方略，不被采纳。在任地方官朝间，政绩颇佳，引来权臣的忌恨。淳熙八年（1181年），受革职处分而退隐。闲居于江西上饶、铅山一带，自号稼轩居士。此后二十余年间，除短期赴福建、镇江、浙东任职外，主要时间都是闲居乡间。嘉泰三年（1203年），被起用，先后知绍兴府兼浙东安抚使、知镇江府，终因言罢职，赍志以殁于铅山。

作为南宋最杰出的词人，辛词存有六百二十九首，是宋人词集中最丰富的一家。有《稼轩长短句》（十二卷）、《稼轩词》（四卷）两种刊本。其词质量、数量都堪称两宋词人之冠。

辛弃疾的词，在文学史上历来是与北宋苏轼并称的。辛弃疾继承了苏轼的豪放风格。他的门人范开曾评说：“世言稼轩居士辛公之词似东坡，非有意于学坡也。自其发于所蓄者言之，则不能不坡若（似）也。”（《家轩词序》）可说是辛词成就自有其特定的历史背景和个人的境况的。

在辛词中，构成主旋律的词作是他那些歌唱抗金、恢复中原、抒发理想抱负的词篇。如《声声慢》（征埃成陈）、《水调歌头》（千里渥洼种）、《满江红》（汉水东流）、《水龙吟》（渡江天马南来）等。其中《破阵子》词，以浪漫的笔调，描写了一位意气昂扬的将军：

醉里挑灯看剑，梦回吹角连营。八百里分麾下炙，五十弦翻塞外声，沙场秋点兵。马作的卢飞快，弓如霹雳弦惊。了却君王天下事，赢得生前身后名。可怜白发生！

只可惜报国无路白了头，成为一片空想。

有些词为免祸则将“弓刀事业”隐藏于“诗酒功名”之中，以婉转的方式表达了被压抑的苦闷和被闲置的不满，并以借景抒情，借古讽今的手段针砭现实。如《木兰花慢》（老来情味减）、《水调歌头》（寄我五云字）、《水龙吟》（举头西北浮云）、《水调歌头》（日月如磨蚁）、《木兰花慢》（汉中开汉业）、《念奴娇》（倘来轩冕）、《摸鱼儿》（更能消几番风雨）、《菩萨蛮》（郁孤台下清江水）等。其中《永遇乐·京口北固亭怀古》《水龙吟·登建康赏心亭》《南乡子》（何处望神州）都是脍炙人口的名篇，如《水龙吟·登建康赏心亭》：

楚天千里清秋，水随天去秋无际。遥岑远目，献愁供恨，玉簪螺髻。落日楼头，断鸿声里，江南游子，把吴钩看了，栏杆拍遍，无人会，登临意。休说鲈鱼堪绘，尽西风，季鹰归来？求田问舍，怕应羞见，刘郎才气。可惜流年，忧愁风雨，树犹如此！倩何人，唤取红巾翠袖，揾英雄泪！

这种无人了解的孤愤，显然是代表了那个时代爱国者的心声。另外，《青玉案》（东风夜放花千树）也可看做词人的自我写照。

在辛词中，还有描写田园风光、农家风俗习尚以及爱情的词。如《清平乐·村居》：

茅檐低小，溪上青青草。醉里吴音相媚好，白发谁家翁媪？大儿锄豆溪头，中儿正织鸡笼。最喜小儿无赖，溪头正剥莲蓬。

词用自然闲淡的语言，描写了村居自然的田园景色和率真质朴的形象。其他如《西江月·夜行黄沙道中》的上片“明月别枝惊鹊，清风半夜听蝉；稻花香里说丰年，听取蛙声一片”；《鹊桥仙·己酉山行所见》下片“东家娶妇，西家归女，灯火门前笑语。酿成千顷稻花香，夜夜费一风露”；《鹧鸪天》（陌上柔桑破嫩芽）下片“山远近，路横斜，青旗沽酒有人家。城中桃李愁风雨，春在溪头荠菜花”等也都是颇有情趣的词篇。辛词中的爱情词，抒写情事，十分真切、生动。如《清平乐》（春宵睡重）等。这些词无疑是继苏轼之后，扩大了词的题材范围。

总之，辛弃疾在为民族、国家发出慷慨激昂的正义呼号，或低徊往复诉说自己不平遭遇的幽愤时，两种情绪，交流杂糅，成为他豪放而又沉郁婉约的文学风格。这是与当时现实复杂的矛盾分不开的。

辛词取得了很高的艺术成就，它承接南渡初年抗战词的余绪，发扬苏轼变革词风的传统，把豪放词的创作推向了艺术高峰，从而完成了词体、词风的大变革。其影响使南宋词坛形成了一个创作倾向大体相同的爱国词派。他的词创造出了雄奇阔大意境。在词中，写景、抒情、状物、记事、寄感慨、发议论，融会了诗、赋、文的长处，丰富了词的表现手法。并大量运用比兴寄托，典故，托古喻今，来增强词的感染力，还吸收了近体诗句、散文句、民间口语、经史、诸子、楚辞、李杜诗、韩柳文人词，使具词语丰富多彩。人称其词为“稼轩体”，可谓独树一帜。它既增强了词的体质，又不变其“本色”。

他的词以豪放为主，又才兼众体，能刚能柔，有的浓纤似“花间体”；有的明白通俗如“白乐天体”；有的仿效李清照的轻巧尖新；有的则情致缠绵，词意婉约如秦观、晏几道。在不同题材下，表现了不同的风格和情调。辛词的影响涉及后世的很多文人。如同时的陈亮、刘过，后来的刘克庄、元好问、刘辰翁，直至清代的陈维崧、文廷式以及近代的梁启超等人。

辛弃疾除词作外，其诗文也名扬一时。其存文十余篇，诗一百三十余首。其文《美芹十论》《九议》等，切中时弊，气势凌厉，有《权书》《衡论》之风，较为深刻地反映了社会现实。其诗风格俊逸，从各个侧面反映了作者的生活和思想感情，可与词相互印证。诗中有写政治遭遇的愤慨，如《送别湖南部曲》；有借咏物来表达政治牢骚的，如《送剑与傅岩叟》；也有借咏古来讽今的，如《江行吊宋齐邱》；还有写生活情趣而颇有寓意的，如《和扬民瞻》；言外带点哲理意味的，如《移竹》等。他的诗文虽不名世，但其成就却不可忽视。

（马胜利）

54. 关汉卿

中国的戏曲艺术，经过漫长的发展道路，到了元代，终于出现了一个繁荣兴盛的局面。元代的戏曲，包括杂剧和南戏两个戏曲种类。元代戏曲（主要是杂剧）所取得的伟大成就，远远超过了同时代的其他文学样式。元代的杂剧是在宋杂剧、金院本的基础上，进一步融合其他表演艺术而发展起来的。其中最有成就的作家是关汉卿。他是中国戏曲史与中国文学史上最伟大的戏剧家和文学家。他的生平事迹不详，只能从零星记载中窥其大略。

关汉卿（约1210—约1300年），名不详，号已斋叟。关汉卿的籍贯，历来说法不一，《元史类篇》说是山西解州（今解县）人，清乾隆间《祁州志》说是河北祁州（今安国县）人，《析津志》则说他是“燕人”。有关的解释是：解州是他的祖籍，实为河北安国县人。旧称蒲阳，宋属祁州，元属中书省。中书省所属，即可称为大都。故一般都称其为大都人。他曾当过医生，做过太医院尹。曾游历过杭州、扬州。《析津志》说他“生而倜傥，博学能文，滑稽多智，蕴借风流，为一时之冠”。而且他还“躬践排场，面敷粉墨。以为我家生活，偶倡优而不辞”（藏晋叔《元曲选·序》）。

《录鬼簿》中贾仲明悼词说他是“驱梨园领袖，总编修师首，捻杂剧班头”“姓名香四大神物”。从元至近代，都将他列为“元曲四大家”之首。他和不少杂剧作家、散曲作家及演员有着亲密的交往。他在套曲《南吕一枝花·不伏老》中说：“我是个普天下郎君领袖，盖世界浪子班头”，“分茶攧竹，打马藏阄，通行音六律滑熟”，可见他风流倜傥，高才博学。但又有其倔强不屈的一面：“我是个蒸不烂、煮不熟、捶不扁、炒不爆、响当当一粒铜豌豆，……你便是落了我牙、歪了我口、瘸了我腿、折了我手，天赐予我这几般儿歹症候，尚兀自不肯休。则除是阎王亲自唤，神鬼自来勾，三魂归地府，七魄丧冥幽，天哪，那其间才不向烟花路儿走。”从中体现了从事杂剧而百折不挠的意志与愤世嫉俗的精神。

关汉卿一生创作了六十三个杂剧，流传到现在的，只有十八种（其中有几本是否为关所作还有争论）。在已知的元人杂剧五百多种中，占全数的十分之一强。

可谓是个多产的剧作家。现存的杂剧作品十八种是：《关大王单刀会》《关张双赴西蜀梦》《闺怨佳人拜月亭》《诈妮子调风月》《感天动地窦娥冤》《杜蕊娘智赏金线池》《望江亭中秋切鲙旦》《温太真玉镜台》《赵盼儿风月救风尘》《钱大尹智勘绯衣梦》《钱大尹智宠谢天香》《包待制三勘蝴蝶梦》《包待制智斩鲁斋郎》《状元堂陈母教子》《刘夫人庆赏五侯宴》《山神庙斐度还带》《邓夫人苦痛哭存孝》《崔莺莺待月西厢记》第五本。仅见佚文的三种，即《唐明皇启瘗哭香囊》《风流孔目春衫记》《孟良盗骨》。其《中鲁斋郎》《斐度还带》《五侯宴》《西厢记》第五本，尚有争议。有今人编校的《关汉卿戏曲集》。

关汉卿从民间传说、历史资料和元代社会生活中选取具有典型意义的人物和事件，从而在杂剧中塑造了许多栩栩如生的人物形象，来反映百姓的疾苦，表现他们的抗争精神，寄寓人们的希望和作者的理想，对元代现实社会作了深刻的揭露和无情的抨击。在创作中，注意到了人物的社会属性和人物个性的刻画，人物具有血肉饱满，形象鲜明的特色；能够依据主旨和人物性格的必然发展安排剧情和场次，把人物放在戏剧冲突中展现，在戏剧的发生、发展、高潮、结局的不同阶段完成典型人物塑造；其杂剧文词素来被称做是“本色当行”（本色：指语言朴实、真切，当行：指符合演出的特殊要求），达到了雅俗共赏。

关汉卿所创作的杂剧内容大致有以下几类：一是揭露当时社会黑暗和统治者残暴昏庸的作品，有《窦娥冤》《鲁斋郎》《蝶蝶梦》等。其中《窦娥冤》是关剧的代表作。当时的社会，到处都是贪赃枉法的官吏，到处是冤狱，这就是产生《窦娥冤》的社会基础。剧作者通过窦娥这样一个具有善良温柔品格和自我牺牲精神的女子，被官府无辜斩杀了这一现实悲剧，来揭露和控诉官府的腐败和社会的黑暗。在剧中，窦娥同时又是有着坚强性格的女性，剧作者通过窦娥的觉醒过程，由相信官府到否定官府，看到了是非颠倒的黑暗社会。剧中第三折，是全剧的高潮，窦娥的反抗性格得到了充分体现。她在否定统治者的代表人物太守的同时，进一步将封建社会世俗观念中以为最公平、无私的日月、鬼神、天地全都否定了。此剧的悲剧意义还在于，这个社会既造就了女主人公这样安分守己、信奉礼教、与世无争的小人物，却又不给予保护，可见这个社会是不合理的。此剧可

说是“置之世界人悲剧之林亦无愧色”（王国维《宋元戏曲史》）。二是描写妇女的悲惨生活命运与她们的机智勇敢和反抗精神。在关汉卿现存的杂剧中，大部分以妇女为主人公，尤以描写下层妇女形象最为突出，如《调风月》《拜月亭》《谢天香》《金线池》等，最有名的则是《救风尘》《望江亭》。两剧以喜剧形式，前者寓庄于谐，后者活泼轻松，表现了关汉卿对妇女命运的同情，对她们为掌握自己命运所进行的斗争的支持。关剧中的妇女形象，在整个中国文学史上都是极为突出的。三是歌颂历史英雄人物的作品。代表作是《单刀会》《西蜀梦》。前者文词豪壮，情调昂扬；后者入情入理，凄楚动人。两剧都取材于三国，剧作者通过对关羽、张飞等人物的塑造，歌颂了敢于反抗强暴的大无畏精神和必胜的信念，这无疑是凝结着广大老百姓的理想和愿望的。关剧是中国古典戏曲艺术的一个高峰。关汉卿以其娴熟地运用元代杂剧这一艺术形式，在塑造人物形象、处理戏剧冲突、运用戏曲语言等各个方面，均取得了杰出的成就。

关汉卿还是一位散曲作家。今散曲，计套曲十四套、小令五十七首（一说三十五首），其内容有描绘都市盛景与艺人生活；述志遣兴；羁旅行役和离愁别绪。代表作品有《南吕一枝花·杭州景》《南吕一枝花·赠朱帘秀》《南吕一枝花·不伏老》《别情》等。这些作品都是浅而不俗、深而不晦、雅俗共赏之作。

关汉卿的作品是一个丰富多彩的宝库，早在一百多年前，其《窦娥冤》等作品已被翻译介绍到欧洲。1958 年，关汉卿被世界和平理事会提名为“世界文化名人”。他的作品已成为中国人民和世界人民共同的精神财富。

（马胜利）

55. 施耐庵

明代前期，在小说创作上，出现了两部杰出的长篇章回小说，其中之一的《水浒传》，是英雄传奇小说的杰出代表。它们的出现标志着中国古典小说创作已进入成熟阶段，是中国古典长篇小说发展过程中的第一个高峰。关于此部小说作者，明人记载不一。大致有三种说法：施耐庵作，罗贯中作，施、罗合作。现在学术界大都倾向于施耐庵作。

有关施耐庵生平事迹的材料极少，收集到的一些材料颇多抵牾之处。据《江苏兴化县续志》卷十三补遗载有《施耐庵传》一篇，卷十四补遗载有明初王道生撰《施耐庵墓志》一篇（及《施氏族谱》《施氏长门谱》等）的有关材料记载的大致情形是：施耐庵（约1296—约1370年），名子安，一说名耳。兴化（今江苏兴化县）人，原籍苏州。他曾中过进士，在钱塘（今浙江杭州）做过官，后回到苏州。曾与元末农民起义军有过联系，后避居于江苏兴化县白驹镇（今江苏大丰县），闭门著述。入明后曾多次被征召，都被他拒绝。

《水浒传》是一部描写北宋末年农民起义的长篇章回体小说。它是在民间创作的基础上，由施耐庵写定成书的。

据有关的史书记载（《宋史》中的《徽宗本纪》《侯蒙传》《张叔夜传》），宋江等人的起义大约在北宋宣和元年（1119年）至宣和三年（1121年）。这支起义军有很强的战斗力，曾给宋王朝造成一定的威胁，并在老百姓中影响不小。不同的史书听述虽有出入，但都有一定的传奇色彩。宋末元初龚开的宋江《三十六人画赞·序》中说："宋江事见于街谈巷语"，可见宋江故事已在民间流传，并引起了文人注意。宋、元期间，出现了以水浒故事为题材的话本和戏剧。南宋时，已有讲说鲁智深、武松、杨志、孙立故事的平话。元杂剧中有以李逵、燕青、武松为主角的戏。首次把水浒故事连缀起来的是元刊《大宋宣和遗事》。它记叙了从杨志押送花石纲，到征方腊为止的比较完整的水浒故事。元末明初的施耐庵，在宋、元以来民间故事、话本、戏剧的基础上，进行了艺术创造，写成了中国第一部反映农民起义的长篇章回小说《水浒传》。

《水浒传》集中地、多方面地反映了中国古代社会里一次农民起义从发生、发展到最后失败的全过程，从而形象地展示了乱自上作、官逼民反这一真理。小说热情地歌颂了农民起义英雄的大无畏的精神和社会理想。小说描写的梁山义军的悲剧结局真实地反映了农民起义的历史命运。

《水浒传》在艺术上取得的巨大成就，主要是因为它成功地塑造了人物众多的、个性鲜明的典型形象，在人物描写上发展了古代小说的艺术传统，表现出作

家自己的风格特色。作家善于把握人物的身世、经历、社会地位、生活环境等，从社会关系的各个方面来刻画人物的性格，这样就不仅能写出众多不同的性格特征，揭示出造就这些不同性格特征的社会根源和依据；而且还能随着矛盾冲突的变化与发展，进一步写出他们性格的变化与发展。如鲁智深、杨智、林冲三人，虽都是军官出身，同样都武艺高强，最后也都上了梁山，但由于其各自身世、经历和生活环境的不同，上梁山的道路也就不同，性格也各不相同。作家对此写得有根有据，真实可信，使人物的性格充分发展显示出合理性、必然性。其中对宋江的描写尤为突出。宋江是《水浒传》梁山义军的领袖，同时也是瓦解梁山大业的关键人物。他的一生，是复杂、矛盾的一生。在他的性格中一直贯穿着封建正统观念和正义感、反抗性的矛盾，并在他生活的不同阶段互有消长。小说就是在一系列的矛盾冲突中展现其复杂性格的。宋江的悲剧是他复杂性格的必然，但他的悲剧不仅是性格的悲剧，更重要的是中国古代社会农民起义的悲剧。就这个意义上讲，宋江的复杂性格符合历史真实。小说在描写人物上，还常常在对比中突出人物性格。作家不是把每个人物孤立起来进行描写，而是把不同人物放在同一环境、同一矛盾纠葛之中，使之互相联系，互相映衬。如宋江和李逵在招安问题上，二人的矛盾争执，从中进行对比，宋、李二人各自的性格特点由此更加鲜明，从而也更真实地揭示了社会生活的复杂性。这种对比的手法，有时还表现为同中见异。如鲁智深与李逵，即表现性格大致相同的人物所各有不同的内涵。

《水浒传》中的英雄人物形象，常常具有一种浓烈的浪漫、传奇色彩。这是与作家不为人物的现实条件所局限，在现实生活的基础上把人物高度理想化的结果。作家常将人物置身于生死存亡的关键时刻，着力渲染和夸张人物的非凡才能和英雄行为，从而使人物形象具有一种强大的震撼人心的力量。如武松景阳冈打虎，斗杀西门庆，醉打蒋门神，大闹飞云浦，血溅鸳鸯楼；鲁智深三拳打死镇关西；石秀法场救卢俊义等，使情节的高度传奇性与人物的高度理想化达到了和谐统一。作家在形象塑造方面，继承了传记文学和宋元平话的传统，表现出了卓越的才华，取得了杰出的成就。

《水浒传》的艺术结构完整而富于变化。全书总的结构特点是：单线发展，即以梁山英雄和统治者的矛盾斗争为主线，通过人物之间的联系展开情节，有如山峦起伏，逶迤不断，形成一个有机的整体。这种结构方式还残存着话本集中讲述某一人物故事的痕迹。每组故事都有其独自的中心人物，而且人物之间互相勾连，前一人物引出后一人物；各组故事间既有相对的独立性，又一环紧扣一环，由前一故事引出后一故事，相互勾连，总的形成一个有机整体。整个情节结构的发展，都有着精心的设计与安排，开端、高潮、结局，既符合生活发展的逻辑，又与故事的发生、发展和结局的整个故事相一致。

《水浒传》的语言，继承了平话的口语化特点，经过加工提炼，成为优秀的文学语言。小说的叙述语言非常形象，如描写鲁智深打镇关西的三拳，通过人们熟知的事物，贴切而又生动地传达出来了，字里行间渗透着作者的爱憎。再有就是人物语言的个性化，“有些地方，是能使读者由说话看出人来的”（鲁迅《看书琐记》），李逵、鲁智深，同为梁山好汉，个性不同，语言各异；西门庆、镇关西、牛二，同是市井恶霸，但身份有别，其语言也不相同。在作家笔下，只寥寥几笔，就达到了绘声绘色、惟妙惟肖的境地。这些都反映出《水浒传》在语言上所取得的卓越成就。

《水浒传》的出现，使古典小说的艺术传统得到总结提高。特别是在宋元话本的基础上，加以革新，使小说从民间口头文学形式，发展到书面文学。它与《三国演义》共同促成了章回体长篇小说的定型。它以其思想上和艺术上的卓越成就，深远地影响着明清以来的小说创作。如在它的题材影响下，产生了《水浒后传》《后水浒》；由它的人物作开端出现了《金瓶梅》；在结构上，《儒林外史》明显地受到了《水浒传》的启发。而且明清以来的不少戏曲的情节、人物也都源出此部小说。从此，小说登上了中国文学的大雅之堂，开始了以小说为主要标志的新阶段。《水浒传》曾陆续整理出版过七十回本及一百二十回本、一百回本等繁本。现知和现存《水浒传》较早刻本都系明刊本。一般认为，嘉靖时郭勋刊刻的武定版《水浒传》比较接近于原本，但已无存。今天所能见到的比较早而又较完整的是一百回本的天都外臣序本。还有万历时杨定见的一百二十回本、明末的金圣叹的七十回删改本。简本有明刊《新刊京本全像插增田虎王庆忠义水

浒全传》，《忠义水浒传评林》但为残本。清刊本十卷一百一十五回《忠义水浒传》是今存较全的简本（《水浒传》存在着繁、简本问题。繁本与简本区别在于，繁本描写细腻生动，文学性强于简本。无平田虎、王庆的故事。繁、简本先后问题，历来有争议，迄无定论）。

（马胜利）

56. 罗贯中

明代的文学成就是辉煌的，特别是小说和戏剧创作，在中国文学史上占有重要地位。《三国演义》作为长篇章回体历史演义小说，以其体式上的创新，艺术上的成就和语言上的特色，标志着中国古典小说发展到了一个新的阶段。此部小说的作家是元末明初的罗贯中。

罗贯中（约1330—约1400年），名本，名贯，字贯中，别号湖海散人。一说太原（今山西太原）人，一说钱塘（今浙江杭州）人。罗贯中的生平事迹多不可考，只是古书上有些零星的记载。明初贾仲明在《录鬼簿续编》中称罗贯中与他是“忘年交”，元顺帝至正二十四年（1364年），曾与贾仲明又一次见面。别后将近六十年，直到明永乐二十年（1422年），贾仲明编写《录鬼簿续编》时，“遭时多故，天各一方”，“竟不知其所终”。《录鬼簿续编》中，称他“与人寡合”。明王圻《稗史类编》中，说他是一个“有志图王者”，是具有远大抱负，希望创建一番事业的不凡之士。后专心致力于“传神稗史”的小说创作。清代徐渭仁《徐炳所绘水浒一百单八将图题跋》中，说“罗贯中客伪吴，欲讽士诚”，即指他与张士诚的元末农民起义军有过联系。虽系传言，但亦不排除有其可能。

罗贯中的文学创作包括两方面：戏曲和小说。《录鬼簿续编》说他“乐府隐语，极为清新”，写过杂剧三种，《宋太祖龙虎风云会》《三平章死哭蜚虎子》《忠正孝子连环谏》。其中仅《赵太祖龙虎风云会》流传了下来。此剧描写了赵匡胤、赵普忧国忧民的圣君贤相的形象。剧中写了赵匡胤陈桥驿登基，雪夜访赵

普，直至扫灭群雄。其主旨意在“正三纲，谨五常”来平息“奸雄争霸”所造成的“尸骸遍野”的景况。这种要求结束战乱，实现统一的思想，与《三国演义》中的政治观点是相同的。

罗贯中的文学成就，主要是小说。《西湖游览志余》说他“编撰小说数十种”，相传他有《十七史演义》。今存署名由他编著的小说有《三国志通俗演义》《隋唐两朝志传》《残唐五代史演义》《三遂平妖传》和《粉妆楼》。

在他所创作的小说中，以《三国志通俗演义》的成就最高。这是中国古代历史小说中最为杰出的一部。罗贯中根据有关三国的历史、杂记、遗闻逸事、小说讲史等丰富资料，加工写成了这样一部“七实三虚”的文学名著。

《三国演义》主要写魏、蜀、吴三国之间的政治斗争和军事斗争，描写了众多的人物，反映了真实的社会生活，其思想内容是丰富的。全书以魏、蜀之间的矛盾为主线。魏方代表是曹操，蜀方代表是刘备、诸葛亮，矛盾的主要方面是蜀汉。此部小说的主题就是通过矛盾双方的代表人物，特别是蜀汉一方的代表人物体现出来的。全书在描绘魏、蜀、吴三国的尖锐复杂斗争、塑造各种典型人物中，揭露了统治者的残暴与丑恶，表达了对圣君贤相的歌颂和对仁政理想的追求。但其中明显地存在着“拥刘反曹”倾向。这种倾向，一方面表现在选材与结构上，把刘备集团作为全书的主要方面，把曹操集团作为刘备的对立面，贬曹颂刘。实际上这种描写同历史的实际情况并不相符。这种明显的倾向，反映了作者的封建正统观念，寄托了古代社会民众反对战乱，厌恶欺诈暴虐，赞成宽厚仁义，渴望安定统一的愿望。这种倾向也同汉民族意识有关。

《三国演义》描写了四百多个人物，虽有类型化的倾向，但主要人物却形象鲜明。作家在对这些人物描写时，总是从生活的复杂性和性格的多层次方面入手，从不把人物简单化，从而写出人物多方面性格。如对曹操的描写，在历史人物原型的基础上，经过艺术再创造，集中了历代封建统治者的恶劣品质。作家没有把曹操写成平庸、昏聩的暴君，而是把“奸”和“雄”，丑恶品质和雄才大略结合在一起表现。煮酒论英雄，写出了他的胸襟，也表现了他的野心；剪除袁绍、吕布、刘表等群雄，表现了他政治、军事方面的杰出才能，也写出了他的奸

狡和欺诈；他手下猛将如云，谋臣似雨，说明他爱才；同时又写他借黄祖之手杀祢衡，恨杨修而加以死罪，说明他爱才还有笼络、控制的险恶用心。这些都使读者既看到曹操的正面，又看到他的反面，具有立体感。再有，小说在塑造人物时，很善于抓人物的基本性格特征，运用夸张、烘托、对比的艺术方法，来突显人物性格，展现人物形象。如写张飞的勇猛，长坂桥三声大喝，使“夏侯杰惊得肝胆破裂，倒撞于马下”，有力地表现了张飞的武勇威猛。又如写典韦死有余威，当其死了一个时辰，敌兵尚不敢近前。再如关羽“温酒斩华雄”，写他的武勇，这些例子都可说是上述艺术手法运用的极好例证。这样的例子在小说中是屡见不鲜的。

《三国演义》擅长战争描写，全书共写了大小四十余次战争，这些战争写得千变万化，各具特色。作家能抓住每次战争的特殊性，写出战争的特点。如官渡之战、赤壁之战、彝陵之战都是以少胜多的大战役，又都是用火攻，但写来毫不重复。小说的描写战争突出之处，是把着眼点放在最富戏剧冲突的事件和最能展示人物思想性格的情节上，不使复杂的情节掩盖人物性格。如赤壁之战，作家抓住孙、刘与曹操之间的主要矛盾，以及孙、刘之间的次要矛盾，通过一系列或公开或隐蔽的政治、军事、外交等斗争情节，展现了曹操、周瑜、诸葛亮三个足智多谋的军事家的性格和才能。其中的诸葛亮形象尤为突出。如对“舌战群儒”“智激周瑜”“借箭祭风”等情节的正面描写，与周、曹隔江斗智等情节的侧面烘托，使其性格特征得以凸显。在战争中表现人物，以人物为中心描写战争，表现了战争的复杂性和多样性。

《三国演义》的结构，既宏伟壮阔而又严密精巧。全书尽管所写时间漫长，事多人众，头绪纷繁，却自成一体。作家以历史的发展变迁为经线，以蜀、魏之争为重点，以蜀汉为中心来展开情节，结构全书。其情节连贯，主次分明，首尾呼应，环环相扣，表现出作家高超的才能和独到的匠心。

《三国演义》的语言文白间半，既是“文不甚深，言不甚俗”的浅近文言；又是白话，明白流畅，接近口语。它的叙述描写语言不以工笔重彩细腻刻画见长，而以粗笔勾勒见工。其人物语言个性鲜明，有声有色。

从《三国演义》开始，历史演义小说开始大量兴起，中国各历史时代在演义小说中都有反映。《三国演义》的丰富多彩，引人入胜的故事，为以后的诗词、戏剧、说唱文学提供了题材。清顾家相在《五余读书廛随笔》中说：“盖自《三国演义》盛行，又复演为戏剧，而妇人孺子，牧竖贩夫，无不知曹操之为奸，关、张、孔明三为忠，其潜移默化之功，关系世道人心，实非浅鲜。”由此可见其影响之深远和巨大。

至于这部小说艺术上的缺点，最明显的是：一是人物性格缺少发展；二是夸张过分，适得其反，以致欲显“刘备之长厚而似伪，状诸葛之多智而近妖”（鲁迅《中国小说史略》）。

（马胜利）

57. 冯梦龙

明代后期文学的突出成就，表现在小说、戏曲等通俗文学的创作上。小说、戏曲方面颇有一些大作家，但在小说、戏曲、民间歌曲三方面都作出杰出贡献的，在明代只有冯梦龙。

冯梦龙（1574—1646年），字犹龙，又字子犹，别号龙子犹、墨憨斋主人、顾曲散人、姑苏词奴等。长州（今江苏苏州）人。出身士大夫家庭，其兄善画，其弟善诗，当时人称三兄弟为“吴下三冯”。冯梦龙为人旷达，治学不拘一格，行动也不为名教所束缚。曾与钱谦益等人结社作文。但他自早年进学之后，科举考试屡考不中，曾以坐馆教书为生。由于多次应考不中，内心抑郁，促使他去歌场酒楼寻求精神寄托。这种生活使他有机会接近下层百姓，熟悉市民生活，这对他编著通俗文学作品起了积极作用。明崇祯三年（1630年），取得贡生资格，任丹徒县训导，七年后升任福建寿宁知县。六十六岁离任归隐乡里，继续从事通俗文学的撰述。明亡后，曾参加南明唐王政权，宣传抗清，不久忧愤而死（一说为清兵所杀）。有道是“早岁才华众所惊，名场若个不称兄。一时名士推盟主，千古风流引后生。桃李兼栽花露湿，宓琴流响讼堂清。归来结束墙东隐，翰鲙机传

手自烹”（文并简《冯犹龙》），可谓其一生的写照。今人编有《冯梦龙全集》。

冯梦龙是一个有多方面文学才能而又多产的通俗文学作家、戏曲家。

冯梦龙几乎是毕生致力于民间通俗文学的创作。他把小说与《孝经》《论语》相提并论。认为小说能够使“法者勇、淫者贞、薄者敦、顽钝者汗下”（《古今小说》序），他把自己所编撰的三部小说，题名为《喻世明言》《警世通言》《醒世恒言》，意思是想以此劝喻、警戒、唤醒世人。他强调作品的通俗化，要能为老百姓看得懂。在小说方面，除“三言”外，他还编撰或增补过《平妖传》《新列国志》等。在民间歌谣方面，整理编辑了《挂枝儿》《山歌》，收录了盛行于吴中的民间歌曲八百多首。认为它们是“借男女之真情，发名教之伪药”“民间性情之响”“天地间自然之文”（《山歌序》）。在戏曲整理及创作上，冯梦龙的传奇，传世的有《双雄记》《万事足》。为了纠正传奇存在的“人翻窠臼，家画葫芦，传奇不奇，散套成套”（《曲律序》）的弊端，主张修订词谱，制订曲律，提出“词学三法”，强调调、韵、词三者不可偏废。并提出了一系列创作和表演上的主张。冯梦龙更订了许多作品，可考的有十七种，其中有《牡丹亭》《邯郸梦》《西楼记》《一捧雪》《人兽关》《永团圆》《占花魁》《精忠旗》等。这对于纠正创作脱离舞台的案头化的倾向，起了一定的积极作用。他还写有散曲集《宛转歌》，诗集《七乐斋稿》（均已失传）。另外，他还曾参与校对精刻《水浒全传》，评纂《古今谭概》《太平广记钞》《智囊》《情史》《太霞新奏》《笑府》《广笑府》等。

冯梦龙的文学成就最大的是他的小说“三言”。“三言”中，《喻世明言》（又名《古今小说》）成书最早，大约于天启元年（1621 年）刊行；《警世通言》刊于天启四年（1624 年）；《醒世恒言》刊于天启七年（1627 年）。三部书各收小说四十篇，共计一百二十篇。其中包括宋、元、明话本。明代文人拟话本和冯梦龙自己的创作。

“三言”是一个时代的文学，它的刊行，不仅使许多宋元旧篇免于湮没，而且推动了短篇白话小说的发展和繁荣。正如《千古奇观序》中所言：“极摹人情世态之歧，备写悲欢离合之致，可谓钦异技新，洞心骇瞇目。”这标志着中国短篇白话小说的民族风格和特点已经形成。

“三言”的内容十分丰富，涉及了当时社会生活的各个层面，反映了市民阶层的逐渐兴起和封建社会的日趋衰落。其反映的内容大致有以下几个方面：

(1) 表现了市民阶层新的思想意识和爱情观念，抨击封建制度对妇女的迫害，揭露封建礼教和封建婚姻制度的虚伪和凶残，主张婚姻自主、自择夫婿，歌颂真挚的爱情和对美好生活的追求。其中《杜十娘怒沉百宝箱》《卖油郎独占花魁》《将兴哥重会珍珠衫》《玉堂春落难寻夫》《金玉奴棒打薄情郎》等都是名篇。这类作品在“三言”中所占数量最多。

(2) 描写商人贩夫，倡优游民、手工业者、落魄文士等市民阶层的和衷共济、生死不渝的友谊，表彰讲求信义，扶危济困，诚笃不欺的精神。如《吕大郎还金完骨肉》《刘小官雌雄兄弟》《施润泽滩阙遇友》等。

(3) 从不同程度上揭露了封建官僚地主的昏聩、无能、贪婪、残暴，批判了摧残人才的科举制度和一些假道学的虚伪面目。如《老门生三世报恩》《木绵庵郑虎臣报冤》《十五贯戏言成巧祸》《沈小霞相会出师表》《灌园叟晚逢仙女》《滕大尹鬼断家私》等。

“三言”在艺术上，与宋元话本相比，在保存宋元话本的基本特色的同时又有新的发展。它表现在篇幅加长，情节曲折；形象丰满，主题集中；描写细腻，刻画精深。

“三言”中也有一些糟粕，这是与明宋社会习俗的日趋糜烂，市民阶层庸俗落后的一面，以及编撰者的种种局限相关，因而表现出色情、宿命、因果轮回等不健康的地方。

（马胜利）

58. 凌蒙初

明末的短篇白话小说，继冯梦龙的“三言”之后，凌蒙初的“二拍”是最有代表性的白话短篇小说集。人称“三言二拍”。在其影响下，明末清初出现了

大批的拟话本小说，如由冯梦龙作序、天然痴叟著的《石点头》、车鲁古狂生编辑的《醉醒石》、周清源辑著的《西湖二集》及《鼓掌绝尘》《欢喜冤家》《清夜钟》等。

凌蒙初（1580—1644 年），字玄房，号初成，别号即空观主人。浙江乌程（今湖州）人。他出身于官僚家庭，十八岁补廪生，三十岁寓居南京，直到五十五岁时，才以副贡生授上海县丞。六十三岁时升任徐州通判，分署房村。明末农民军起，被征入幕，因献《剿寇十策》、单骑劝降有功，授楚中监军佥事，未赴，仍留任房村。后农民义军兵围房村，与之对抗，以致劳累呕血而死。

凌蒙初除“二拍”外，还写有戏曲《虬髯翁》《颠倒姻缘》《北红拂》《乔合衫襟记》《蓦忽姻缘》等。此外还著有《鸡讲斋诗文》《燕筑讽》《南音之籁》等。在凌蒙初所有的著作中，以“二拍”影响最大。

《初刻拍案惊奇》脱稿于天启七年（1627 年），崇祯元年（1628 年）刊出。《二刻拍案惊奇》刊行于崇祯五年（1632 年）。每集四十篇。其中《初刻》卷二十三《大姊魂游完宿愿》，《小姨病起续前缘》与《二刻》卷二十三相重复，又因《二刻》卷四十系《宋公明闹元宵》杂剧，所以“二拍”实际共有短篇话本小说七十八篇。

凌蒙初在他的《拍案惊奇序》里谈到，他撰写“二拍”，是直接受了冯梦龙编撰“三言”的影响而成。由于冯梦龙的“三言”已将宋、元以来的话本小说搜罗殆尽，所以，凌蒙初的“二拍”大多是根据文言笔记小说及戏曲故事推衍而成的。一方面是满足书商的需求，同时也“聊殊胸中磊块”（《二刻小引》），寓有“劝诫”。与“三言”相比，无论在思想内容、艺术上都远为逊色。

“二拍”的近八十篇小说，在一定程度上反映了城市市民的生活和思想，带有明末的时代气息。在不少篇章里，作者把城市中的商人、手工业者作为小说的主人公，反映了资本主义经济因素的萌芽和成长，它们是“二拍”中写得最有特色的篇章。如《转运汉巧遇洞庭红》，描绘了明中叶以后，商业贸易发展的某些时代特征。小说描写了商人文若虚的发财经历，表现了商人去海外冒险的理想，由一个不走运的商人，一跃而成为拥有百万家产的闽中大富商。在这个人物身上，商人们不惜投机冒险、渴求横财暴富的心理状态和性格特征有着鲜明的体现。《迭居奇程客得助》，写的也是商人的生活。他由破产后替人管账，到由神示而采取囤积居奇的手段，暴发为大商贾。在上述两篇中，反映的是商人那种不愿辛勤劳动，只凭侥幸来获取财富的发财幻想。《卫朝奉狠心盘贵产》，则勾出了一个重利盘剥的高利贷者的凶恶面目。

“二拍”中也有一些作品反映男女爱情，斥责了世态炎凉，对门第婚姻给以明确的否定。歌颂了生死不渝的爱情，赞扬了下层妇女追求真挚爱情的愿望。如《宣徽院隐仕女秋千会》《赵司户千里遗音》《莽儿郎惊散新莺燕》《李将军错认舅》等。

“二拍”中还有些作品，暴露了封建统治者的贪婪凶残、荒淫好色，针砭他们道貌岸然的假道学面孔。如《硬勘案大儒争闲气》《青楼市探人踪》《进香客莽看金刚经》《王渔翁舍镜崇三宝》《钱多处白丁横带》等。

（马胜利）

59. 曹雪芹

清代小说和戏曲仍然是文学发展中取得主要成就的文学形式。乾隆年间（1736—1795年），出现曹雪芹的《红楼梦》，把中国古典现实主义文学推向最高峰，成为中国封建社会的一面镜子。“自有《红楼梦》出来以后，传统的思想和写法都打破了”（鲁迅《中国小说的历史的变迁》）。

曹雪芹（1715—1763年），名沾，字梦阮，雪芹是其号，又号芹圃、芹溪。祖籍辽阳，先世原是汉族，后为满洲正白旗“包衣”人（满语奴仆的意思）。曾祖曹玺任江宁织造，祖父曹寅，伯父曹颙，父亲曹頫相继袭任此职，先后达六十年之久。曹玺之妻是康熙玄烨的保姆，曹寅又做过康熙的伴读和侍从，后任两淮巡盐监察御史，康熙六次南巡，有四次住在曹寅任内的江宁织造署。雍正五年（1727年），因政治斗争的牵连，曹頫被罢官、抄家，下狱治罪。曹雪芹随全家迁回北京居住，此后曹家一蹶不振，彻底败落。

曹雪芹学识渊博，工诗善画，其深厚的文艺素养和高超的写作才能，是与这个特殊的家庭环境的熏陶、培养分不开的。由于生活中的重大变故，曹雪芹深感世态炎凉，对封建社会有了更清醒的认识，所以过着远离官场、贫困如洗的日子。尤其是晚年生活在北京西郊的日子相当凄凉。后终因幼子夭折的打击及贫病无医而溘然长逝。

《红楼梦》是曹雪芹“披阅十载，增删五次”，“字字看来皆是血，十年辛苦不寻常”的心血结晶。曹雪芹写定的八十回，原名《石头记》。可惜在他生前，全书没有完稿。今传《红楼梦》一百二十回本，其中前八十回的绝大部分出于他的手笔，后四十回则为他人所续，一般定为高鹗（此说尚有争议）。但其续书成就大为不足。

《红楼梦》以贾宝玉和林黛玉的爱情悲剧为中心，描写了贾府衰亡的过程，广阔而深刻地反映了封建末世的社会生活，有力地批判了封建制度的腐朽与罪恶，形象地揭示了封建社会必然灭亡的历史趋势，表现了作者初步民主主义的社会理想。

《红楼梦》中宝黛爱情的描写继承了前代文学反封建的传统，并把爱情描写提高到一个新的层次。小说中热情地赞美了宝黛爱情的反封建的思想基础。共同的叛逆思想使他们之间产生了纯真爱情，纯真的爱情又加强了他们的叛逆精神。这就突破了已往作品中那种花前艳约、月下欢聚，金榜题名，夫贵妻荣的陈腐描写。小说深刻地揭示了宝黛爱情悲剧的社会根源。把爱情问题和整个社会、历史时代紧密地联系起来，这就突破了已往作品那种单纯暴露婚姻制度的肤浅描写。

《红楼梦》中描写了四百多个人物，贾宝玉、林黛玉、薛宝钗、刘姥姥、王熙凤、晴雯、焦大等几十个人物，性格鲜明，形象饱满，成为脍炙人口的人物典型。在小说中，不仅出身、教养相同的人物性格有很大差异，就连性格相近的人物也有着细微的差别。对此，作家成功地进行了对衬的人物设计，使相反的性格形成对照，相近的性格互为衬托。如薛宝钗的正统与林黛玉的叛逆。袭人柔顺中含有奸险，晴雯尖刻中带有天真爽直，她们又各自作为宝钗和黛玉的陪衬，活动在大观园中。妙玉和黛玉都孤高傲世，但妙玉是对现实的冷漠，从而烘托出黛玉

的内在人生理想追求。小说中作家不仅善于在日常生活的冲突中表现人物性格的某些侧面，而且善于在大事件、大冲突中表现对立的人物的主要性格。宝玉挨打这一情节描写就凸显了贾政和宝玉之间的根本对立的性格特征。同时，他还善于在矛盾冲突中揭示众多人物的不同性格。抄检大观园这一事件就同时表现了晴雯、探春、惜春的性格的不同。而小说人物性格的丰富内涵，又是与广阔的社会生活相连的。如凤姐在铁槛寺的仗势贪财。另外，在刻画人物中，其白描手法的运用，对心理、环境的描写也都有很多独到之处。而且在《红楼梦》中，尤其突出的是以对日常家庭生活为主的描写，它改变了古典小说以奇取胜的传统写法，以深入挖掘琐细生活中的不平常的美学意义来表现其主题，因而取得了小中见大，平中见奇的艺术效果。这是作家对中国小说史上的新贡献。

《红楼梦》的小说结构，以其卓越而独特的方式，打破了已往的小说对社会生活的平铺直叙的写法，以神话、幻境穿插其间。并在结构上都起着提纲挈领、统摄全局的作用。它同以往小说单线结构的形式不同，创造了网状的结构形式，使包罗万象的生活场景，互为因果地次第展现，此起彼伏，互相贯通，不可分割。而这些无不同宝黛悲剧、贾府衰败有着或直接或间接的关联。这样，全书主线、支线交错发展，既呈现出现实生活错综纷纭、气象万千的复杂面貌，又提纲挈领，有条不紊。

《红楼梦》有很高的语言艺术。小说在北方口语的基础上，又吸收了古典诗文语言方面的优秀传统，创造了通俗而又典雅、简洁而又含蓄、优美、纯净、极富表现力的文学语言。尤其是小说人物的对话多有弦外之音、言外之意。而且只用简短的文字把它们连贯起来，很少用辅助描写和大段的叙述，却把在场人物的个性鲜明地表现出来。另外，小说中的叙述、描写语言非常精确，常常非常逼真地刻画出人物的神情举止和心理状态。

《红楼梦》继承发展了中国古典文学的写实传统，不仅按照生活的本来样式精确地描绘生活，而且把社会生活纳入到一个有机的、完整的艺术结构之中，从而表现出现实生活的复杂性。它塑造人物不仅是细腻地描绘人物的声容笑貌，而是深入到人物的精神世界，延伸到人物的日常生活环境，真实地再现了典型环境

中的典型性格。

《红楼梦》是中国封建社会最后一部同时也是中国文学史上最伟大的现实主义巨著。

（马胜利）

60. 吴敬梓

在中国小说史上，讽刺艺术有悠久的传统，它的渊源可以追溯到先秦寓言和晋唐小说中的讽刺成分。至明代以后，讽刺手法得到了较广泛的运用，如《西游记》《聊斋志异》等，都有寓意深长的讽刺之作。吴敬梓的《儒林外史》吸收了前代的讽刺艺术的成功之处，并加以许多新的创造，达到中国古典讽刺小说的高峰。

吴敬梓（1701—1754 年），字敏轩，一说字粒民，晚年自号文木老人，因自故居安徽全椒移居南京，故又自称秦淮寓客。他的祖上定居安徽全椒县以前，原居江苏六合。他的祖辈有不少人由科举博取功名，至他父辈时，家道中落。吴敬梓的生父名雯延，吴敬梓是他三个儿子中最小的一个，他被过继给长房吴霖起为嗣。吴霖起是拔贡出身，做过江苏赣榆县教谕，为人正直，不羡功名，是个讲究学问品德的士子。对吴敬梓的思想有过影响。吴敬梓二十三岁考取秀才时的那一年，父亲去世，随之发生了争产纠纷。这使他认清了那些衣冠楚楚的缙绅人物的"孝梯慈爱"的虚伪面目。由此，"田庐尽卖，乡里传为子弟诫"（《文木山房集·减字木兰花》）。三十三岁时被迫移家南京，卖文度日。三十六岁时，曾被荐应博学鸿词之试，只参加了省里预试，即托病而回，最后客死于扬州旅次。吴敬梓一生除《儒林外史》，还写了不少诗、词、文、赋，部分结集在今存的《文木山房集》中，还有《金陵景物图》等诗文，但都不能和《儒林外史》成就相比。

《儒林外史》现存最早刻本是嘉庆八年（1803 年）的卧闲草堂本，为五十六回本（历来存有五十回，五十五回，五十六回等歧说）。卧闲草堂本所附的评语说："慎勿读《儒林外史》，读竟乃觉日用酬酢之间，无往而非《儒林外史》。"

《儒林外史》表面上是写明代生活，但实际上所描绘的是十八世纪清王朝的所谓“康乾盛世”，这是作家为免遭文字狱的迫害而作的假托。小说是以揭露八股取士科举制度为中心内容的，从中展现了士大夫们的生活和精神状态，由此来揭露科举制度以及在这个制度奴役下的士人丑恶的灵魂，进而讽刺官吏的昏聩无能、地主豪绅的贪吝刻薄、名士附庸风雅的虚伪卑劣，对整个封建礼教制度的腐朽和不堪救药以及这种社会制度下民众扭曲的灵魂给予了猛烈的抨击和辛辣的嘲笑。这种辛辣的讽刺是通过具有说服力的艺术形象来实现的。正如人所指出的那样“‘讽刺’的生命是真实的……它所写的事情是公然的，也是常见的，平时是谁都不以为奇的，而且自然是谁都毫不注意的。不过这事情在那时却已经是不合理，可笑，可鄙，甚而可恶。但这么行下来了，习惯了，虽在大庭广众之间，谁也不觉得奇怪；现在给它特别一提，就动人”（鲁迅《且介亭杂文二集·什么是“讽刺”》）。

《儒林外史》的讽刺艺术，是以真实为生命，秉持公心，如实描写，略加夸张，击中要害。小说所讽刺的对象是鲜明的。它讽刺的锋芒所向不是针对某一个人，而是针对毒害和滋生这种人的科举制度和封建礼教。因此，针对不同的人有不同的讽刺态度，即使同一个人由于他的生活环境和社会地位发生了变化，其讽刺对象也随之变化。作家的这种讽刺分寸的准确把握，使得在喜剧性的外形下，深刻地暴露了悲剧性的社会本质，揭示人性被毁灭的社会大悲剧。如范进中举而发疯等。

《儒林外史》写了三百多个人物，没有一个人物是贯穿全书的。在人物描写上，作家善于通过讽刺艺术塑造性格迥异的典型人物，并能使人物于共性之中又各自显出独特的个性。如严贡生的脸皮老厚，娴于世故，严监生的贪婪吝啬等。在作家的笔下不是以主观偏见去阉割对象的丰富内容，不会因去显露描写对象的喜剧性特征、突出它们可笑的一面，而忽视对象的客观整体内容。不作主观说明，无一贬词，而真伪毕露。它让人物用自己的行动去否定自己的谎言，使冠冕堂皇的言辞与卑鄙龌龊的行为形成鲜明的对照，从而将深藏于人物心灵深处的卑污揭示出来，造成强烈的讽刺效果。如匡超人吹嘘自己，说已出过九十五本书，

每回出，定要卖掉一万部，北方五省的读书人，家家供着“先儒匡子之神位”。牛布衣当场揭穿说，“所谓先儒者，乃已经去世之儒者，今先生尚在，何得如此称呼?”几句简短的对话，就暴露了伪君子、吹牛家的真面目。小说中，作家往往让同一个人在不同的情况下对待同一对象采取不同的甚至完全矛盾的态度，造成强烈对比，来产生喜剧效果。如胡屠户在范进中举前后的行为变化，暴露了人物的市侩心理，揭露了人情冷暖、世态炎凉的世俗习气。作家善于对人物的最富特征的细节进行夸张描写。如范进因母丧守制，不用银镶杯箸，也不用磁杯象牙箸，但却用一双竹筷“在燕窝碗里拣了一个大虾元子送在嘴里”，大吃大嚼。“无一贬词，而情伪毕露，诚微词之妙选，亦狙击之辣手矣!”（鲁迅《中国小说史略》）这也是中国古典小说中所说的“微言大义，皮里阳秋”。

《儒林外史》，是中国叙事文学中讽刺艺术的高峰，它开创了以小说直接评价现实生活的范例。它完全摆脱了传统小说才子佳人的香艳俗套，只依靠对生活和人物性格的真实的艺术塑造，取得长久的生命力。《儒林外史》既是古代讽刺小说的开创之作，又是谴责小说的渊源。对晚清小说产生了重大影响，并形成了小说流派，开一代小说的创作风气。如受其影响的《海上花列传》《官场现形记》《二十年目睹之怪现状》《孽海花》《老残游记》等，都可视为它的余脉。

（马胜利）

后　　记

在大约二十年前，笔者应台湾建安出版社之约，邀集几位志同道合的朋友，共同完成了《国学三百题》的编写工作。该书于1987年在台湾出版。当时大陆虽然已经开始出现国学热，但是远远未达到社会普及的程度，因此不能同时在大陆出版。但是笔者坚信，世界文明的进程存在着某些共同的规律，一个民族、一个国家固然要与时俱进，但是它们文化中的某些深层的东西是不会变的，中华民族永远也不会变成欧罗巴民族。不仅如此，一个国家当然要注重物质利益，但是还必须有某些超越物质利益的东西，这样才不会变成全民的物质至上，唯利是图。这种东西在不同民族国家有不同的表现，在西方国家是宗教，在中国就是国学。

经过将近二十年的发展，大陆地区随着经济的起飞和对精神家园的探求，国学越来越热。当代的国学热不仅表现在学术界的大声呼吁，更重要地表现在社会民众对国学的迫切需求。中国财富出版社的编辑宋宇女士独具慧眼，发现了这部二十年前的作品，建议重新出版。考虑到版权期已过，我们决定根据大陆的社会需要重新整合成《国学基础知识问答》。在本书再版编辑的过程中，考虑到大陆初学者的需求，我们对《国学三百题》中适应台湾读者需要的一些比较深的内容进行了删减。同时考虑到时过境迁，当时的一些论述也有不和当前社会需要的内容，笔者对此也进行了少量、局部的改编。为了表现文责自负，功劳自得的原则，我们在每一个词条下都标出了作者。经删定，现在书中仅保留了张践、王国元、汤泽林、马胜利、张健、张志英等几位作者的作品。笔者作为主编，对于其他作者的成果未能入选表示真诚的歉意。笔者自作主张对于少量内容进了改动，也请原作者谅解。

张践识于北京

2013 年 3 月 4 日